HANDBOOK OF ELECTRIC VEHICLE

总主编 孙逢春 **主编** [德]章 桐 **主审** 李 骏

Volume 3

第三卷

电动汽车工程手册

燃料电池电动汽车设计

《电动汽车工程手册　第三卷　燃料电池电动汽车设计》涵盖了燃料电池堆、燃料电池发动机、燃料电池电动汽车车载供氢、燃料电池电动汽车动力系统、燃料电池轿车、燃料电池商用车等内容，全面介绍了从燃料电池关键材料、零部件、发动机系统、储氢系统、动力系统直至整车的相关技术。

本手册旨在梳理电动汽车现有技术成果、推进电动汽车产业链全面发展，不仅可以为高等院校、汽车研究机构和企业工程技术人才培养提供非常有价值的教材和参考资料，而且可以直接服务于电动汽车产业的自主创新，希望能够对深入推进供给侧结构性改革、提高我国电动汽车产业研发自主创新能力、提升自主品牌零部件和整车企业的竞争力、培育汽车产业新动能做出贡献。

北京市版权局著作权合同登记　图字：01-2019-6067

图书在版编目（CIP）数据

电动汽车工程手册. 第三卷，燃料电池电动汽车设计 /（德）章桐主编. —北京：机械工业出版社，2019.11

ISBN 978-7-111-63874-2

Ⅰ. ①电…　Ⅱ. ①章…　Ⅲ. ①电动汽车－汽车工程－技术手册　Ⅳ. ① U469.72-62

中国版本图书馆 CIP 数据核字（2019）第 217718 号

机械工业出版社（北京市百万庄大街 22 号　邮政编码 100037）
策划编辑：何士娟　责任编辑：何士娟　徐　霆　杨民强
责任校对：刘雅娜　责任印制：张　博
北京铭成印刷有限公司印刷
2019 年 12 月第 1 版第 1 次印刷
184mm × 260mm · 19.75 印张 · 3 插页 · 459 千字
0001—3000 册
标准书号：ISBN 978-7-111-63874-2
定价：238.00 元

电话服务	网络服务
客服电话：010-88361066	机　工　官　网：www.cmpbook.com
010-88379833	机　工　官　博：weibo.com/cmp1952
010-68326294	金　　书　　网：www.golden-book.com
封底无防伪标均为盗版	机工教育服务网：www.cmpedu.com

《电动汽车工程手册》卷目

总主编 孙逢春（北京理工大学，中国工程院院士）

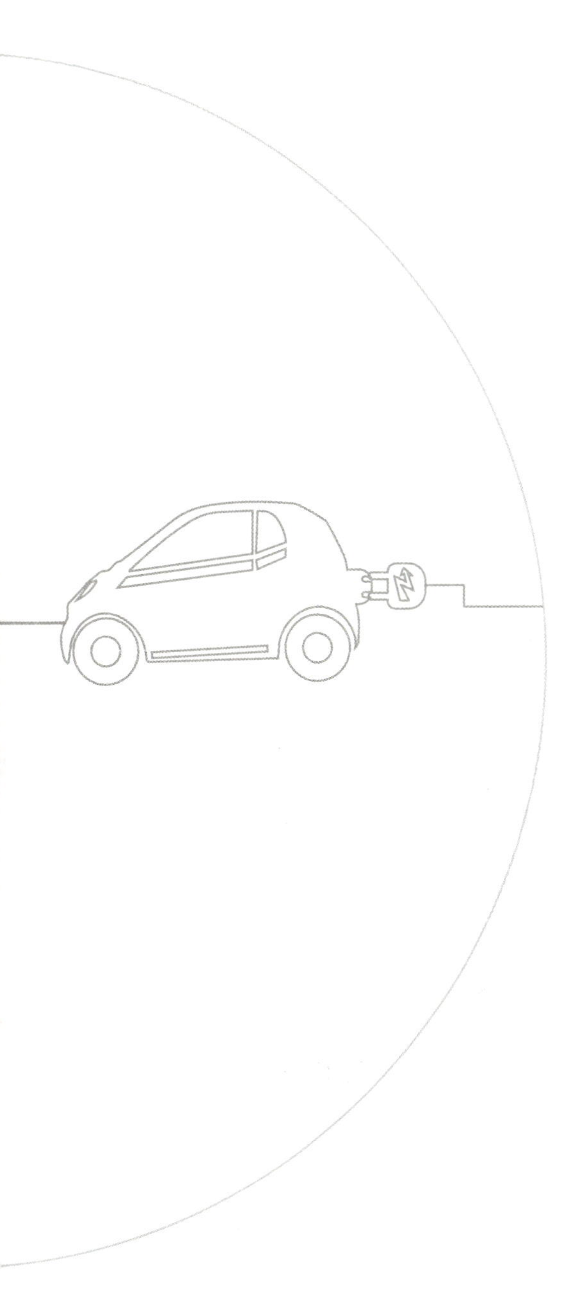

第一卷 纯电动汽车整车设计

主编 北京理工大学 林 程

主审 北京汽车集团有限公司 林 逸

第二卷 混合动力电动汽车整车设计

主编 北京理工大学 何洪文

主审 清华大学 张俊智

第三卷 燃料电池电动汽车设计

主编 同济大学 章 桐

主审 清华大学 李 骏（中国工程院院士）

第四卷 动力蓄电池

主编 中国电子科技集团公司第十八研究所 肖成伟

主审 中国科学院上海微系统与信息技术研究所 夏保佳

第五卷 驱动电机与电力电子

主编 上海电驱动股份有限公司 贡 俊

主审 中国科学院电工研究所 温旭辉

第六卷 智能网联

主编 清华大学 李克强

主审 清华大学 李 骏（中国工程院院士）

第七卷 基础设施

主编 北京交通大学 张维戈

主审 中国科学院电工研究所 王丽芳

第八卷 测试评价

主编 中国汽车工程研究院股份有限公司 周 舟

主审 湖南大学 刘敬平

第九卷 运用与管理

主编 北京理工大学 王震坡

主审 北京航空航天大学 王云鹏

第十卷 标准与法规

主编 中国汽车技术研究中心有限公司 吴志新

主审 比亚迪汽车工业有限公司 廉玉波

谨以此书献给

为中国电动汽车事业
砥砺奋进的电动汽车人！

……

《电动汽车工程手册》指导委员会

主　任： 付于武　　中国汽车工程学会

委　员：（按姓氏笔画排序）

王传福　　比亚迪汽车工业有限公司
朱华荣　　重庆长安汽车股份有限公司
衣宝廉　　中国工程院院士，中国科学院大连化学物理研究所
安　进　　安徽江淮汽车集团股份有限公司
李　骏　　中国工程院院士，中国汽车工程学会
李开国　　中国汽车工程研究院股份有限公司
林忠钦　　中国工程院院士，上海交通大学
欧阳明高　中国科学院院士，清华大学
钟志华　　中国工程院院士，中国工程院
徐和谊　　北京汽车集团有限公司
徐留平　　中国第一汽车集团有限公司
曾庆洪　　广州汽车集团股份有限公司
曾毓群　　宁德时代新能源科技股份有限公司
魏建军　　长城汽车股份有限公司

《电动汽车工程手册》编撰委员会

《电动汽车工程手册》出版委员会

序

《电动汽车工程手册》正式和广大读者见面了。这是对我国新能源科技与工程领域的一个贡献，也是我国新能源汽车产业的一项重大基础性建设。

从顶层上看，中国汽车产业发展战略一定要与国家的能源战略相契合。国家的能源战略很明确，就是立足国情，多元替代。2009年，我国将新能源汽车上升为国家战略，在全球率先启动了产业化进程。2014年，发展新能源汽车被认为是迈向汽车强国的必由之路，这更进一步坚定了相关企业的信心，汽车产业总体由燃油汽车的跟踪追赶转向新能源汽车的“换道先行”。

近几年来，我国新能源汽车技术快速发展，整体素质和实力有所增强，产品的质量和水平有较大提高，产品的门类和品种有了较快的发展，为我国社会主义现代化建设做出了应有的贡献。但是也应当看到，与国民经济蓬勃发展的需要和国际先进水平相比，我国电动汽车技术还存在着一定差距。在我国社会主义市场经济体制逐渐建立和完善的进程中，在世界范围新技术革命步伐加快的过程中，我国电动汽车工业既有机遇，又有挑战。为此，电动汽车工业发展必须真正调整到依靠科技进步和提高劳动者素质的轨道上来，要下大力气掌握和追踪新技术，开发和应用新技术，改造传统工艺，发展新兴产业，不断增强电动汽车工业在国内外两个市场的竞争能力。只有这样，才能更好地完成党和人民赋予我们的发展民族汽车工业的历史重任。

《电动汽车工程手册》正是为完成这个历史任务而诞生的。它梳理了电动汽车产业多年发展的知识积累，凝结了我国电动汽车产业近20年来自主研究的重要成果，对于总结电动汽车现有技术成果、强化关键共性技术、引领技术发展方向有重要意义；另外，它涉及的内容全面，对于推进电动汽车产业链全面发展、加快国家基础体系建设具有重要意义，对于发展新能源汽车的国家战略、加快新能源汽车的推广应用、有效缓解能源和环境压力、促进汽车产业转型升级也将起到重要的参考作用，具有非常重要的出版价值。

这部手册的编写与审稿队伍，由国内千余名有专长、有经验的学者和专家所组成。手册扼要地总结了电动汽车各个关键细分领域的科学技术成就，同时也吸收了国外的成熟经验。聚沙成塔，集腋成裘。名为手册，实为巨著。

读书不易，写书颇难，写工具书更难。为了编好这部“立足全局，勾画全貌，反映共性，突出重点”的手册，从技术全面性、知识完整性、分卷协调性的角度出发，编者们做了很大努力，从无到有，诸事草创，困难重重，艰辛备尝。值此手册出版之际，我谨向各参编单位、各审稿单位和出版印刷单位，向数以千计的全体编写、审稿人员，向遍及全国的为手册提供资料和其他便利条件的单位和同志们，表示衷心的感谢。

“大道行于百年，权宜利于一时”。《电动汽车工程手册》是积累、扩充和传播知识的工具，是新能源汽车科技领域的一项宏远工程。唯有以渊博的科学技术知识作为基础，才能不断创新。它既可供从事技术工作的各类人员在工程实践中查阅使用，也可供企事业单位从事相关管理工作的人员参考使用。读者可以从中了解相关专业领域的国内领先科技和国际先进科技，了解和把握技术动向，以便能科学、准确地做出决策和规划，使我们的工作更具系统性、预见性和创造性，更好地为汽车工业的持续、快速、健康发展服务。

实践是检验真理的唯一标准。在我国，这类工具书的编撰和出版工作刚刚开始，现在是从无到有，将来是精益求精。我们将严肃认真地听取广大读者的意见和建议，以作为评价和改进这部手册的主要依据。在新的长征途中，希望我们全体的中国汽车人勠力同心，再接再厉，去完成时代赋予我们的光荣使命。

付于武

前　言

2014 年 5 月 24 日，习近平总书记在上海汽车集团考察时指出："发展新能源汽车是我国从汽车大国迈向汽车强国的必由之路。"他的重要讲话为我国汽车工业的发展指明了前进和发展方向。2010 年，国家把新能源汽车列入七大战略性新兴产业之一；2015 年，节能与新能源汽车列入《中国制造 2025》十大重点支持领域之一。

保障我国能源安全、实现节能和环保、促进汽车产业技术革命及产业转型升级，是发展新能源汽车的国家战略和大势所趋。以新能源汽车为基础的智能网联汽车，将会在生产环节以及整个消费环节、服务环节取得全面发展。

经过国家四个"五年计划"的科技攻关，特别是通过 2008 年北京奥运会、2010 年上海世博会，我国新能源汽车行业取得了四大标志性成果：一是新能源汽车产业规模和产销量全球第一，并占有全球 50% 以上市场份额，技术水平处于国际先进行列；二是充电基础设施规模全球第一；三是动力蓄电池、电机、电控等核心关键技术产品产销量全球第一；四是构建了全球领先的新能源汽车安全运行监管平台技术和标准体系。

目前，我国新能源汽车产业基本掌握了整车技术和关键零部件技术，有了一定的技术积累，进入了成长期。

成长中的中国新能源汽车，对知识的需求极度渴望。在完全开放的全球市场中，技术竞争压力越来越大，中国汽车企业亟须解决电动汽车核心关键技术。加快新能源汽车持续创新，推进中国汽车产业技术转型升级，是中国科技发展的重大战略需求。

我国新能源汽车发展了 20 多年，是到了一个该总结、该展望的时刻了。

《电动汽车工程手册》是一部系统概括电动汽车各专业主要技术内容的大型工具书，总结了三种电驱动车辆——纯电动汽车、混合动力电动汽车和燃料电池电动汽车相关的技术成果和知识链。

《电动汽车工程手册》的编写初衷，是响应国家建设制造强国的发展战略目标要求，系统地、完整地梳理我国电动汽车这 20 多年来的知识体系，对电动汽车各个关键细分领域专题技术路线进行深入剖析，总结电动汽车现有技术成果，强化关键共性技术，引领技术发展方向，希望能够从供给侧的角度推进电动汽车产业链全面发展。

根据国家电动汽车重大专项部署，依据我国科技开发和产业化"三纵三横"布局，《电动汽车工程手册》规划了 10 卷：《纯电动汽车整车设计》《混合动力电动汽车整车设计》《燃料电池电动汽车设计》《动力蓄电池》《驱动电机与电力电子》《智能网联》《基础设施》《测试评价》《运用与管理》和《标准与法规》。其中，前三卷为整车卷，第四卷和第五卷为关键技术卷，第六卷到第十卷涉及三种整车共同的基础建设和相关产业链。手册内容广泛，卷帙浩繁，各卷的内容又相互渗透，互为补充，构成了一个纵横交错的知识体系。

从2016年开始，《电动汽车工程手册》编撰委员会盛情邀请在智能网联新能源汽车研究开发和产业化领域积极进取、攻坚克难和卓有建树的相关单位和专家，积极参与《电动汽车工程手册》的编撰工作。这套手册的编撰是一个从无到有的大工程，三年来，在千余位专家学者的共同努力下，书稿终成。

本手册集成产、学、研各方力量和智慧，实属来之不易。在这里，衷心地感谢《纯电动汽车整车设计》林程主编 / 林逸主审、《混合动力电动汽车整车设计》何洪文主编 / 张俊智主审、《燃料电池电动汽车设计》章桐主编 / 李骏主审、《动力蓄电池》肖成伟主编 / 夏保佳主审、《驱动电机与电力电子》贡俊主编 / 温旭辉主审、《智能网联》李克强主编 / 李骏主审、《基础设施》张维戈主编 / 王丽芳主审、《测试评价》周舟主编 / 刘敬平主审、《运用与管理》王震坡主编 / 王云鹏主审、《标准与法规》吴志新主编 / 廉玉波主审；感谢北汽新能源、宁德时代、福田汽车、广汽新能源、宇通客车、比亚迪汽车、中国一汽、东风汽车、上汽集团、长安新能源、奇瑞新能源等知名企业的技术总监和技术专家；感谢清华大学、北京理工大学、北京航空航天大学、北京交通大学、同济大学、吉林大学、南开大学、天津大学、重庆大学、湖南大学等院校的教授和老师；感谢中国电子科技集团公司第十八研究所、中国科学院电工研究所、中国科学院理化技术研究所、中国汽车技术研究中心有限公司、中国汽车工程研究院股份有限公司等研发机构的工程师。

《电动汽车工程手册》还是一个新生儿，希望大家能够不断地对之修正补充完善，使之始终伴随并助力中国电动汽车产业的健康成长。

手册终于和大家见面了，但在总体编排和一些具体问题的处理上仍有些不尽如人意之处，欢迎广大读者批评指正，并请将意见和建议发到邮箱 evhandbook@163.com。感谢大家的支持！

本卷编写与审稿人员

主编：[德] 章桐　主审：李骏

章号	章名	负责人	其他编写人员	审稿人员
第 1 章	燃料电池电动汽车概论	东风汽车集团有限公司技术中心：张新丰	东风汽车集团技术中心：李洪涛，胡立中，张剑； 北京新能源汽车技术创新中心有限公司：梁晨	清华大学：李骏； 同济大学：章桐； 中国汽车技术研究中心有限公司：何云堂； 东风汽车集团有限公司技术中心：蒋文彬，张宇，张泽，李名剑
第 2 章	燃料电池堆技术	中国科学院大连化学物理研究所：侯明； 武汉理工大学：潘牧	安徽明天氢能科技股份有限公司：姜永燚； 武汉理工大学：郭伟	清华大学：李骏； 同济大学：章桐
第 3 章	燃料电池发动机技术	同济大学：章桐； 嘉兴德燃动力系统有限公司：倪淮生	嘉兴德燃动力系统有限公司：李义； 同济大学：张智明，高源，陈会翠； 东风汽车集团有限公司技术中心：张新丰； 广州汽车集团股份有限公司汽车工程研究院：周飞鲲； 北京新能源汽车技术创新中心有限公司：梁晨	清华大学：李骏
第 4 章	车载供氢系统	燃料电池氢供应系统及空压机北京市工程实验室，北京兰天达汽车清洁燃料技术有限公司：徐焕恩	北京兰天达汽车清洁燃料技术有限公司：高石，张璇； 燃料电池氢供应系统及空压机北京市工程实验室，北京伯肯当代氢燃料电池实验室有限公司：徐子介； 北京伯肯节能科技股份有限公司：张伟、孟恭明； 北京天海工业有限公司：詹合林； 有研科技集团有限公司：李志念，叶建华，武媛方，郭秀梅； 中国地质大学（武汉）：杨明，程寒松	清华大学：李骏； 同济大学：章桐； 中国汽车技术研究中心有限公司：何云堂； 北京天海工业有限公司：岳增柱； 有研科技集团有限公司：蒋利军，王树茂
第 5 章	燃料电池汽车动力系统	同济大学：章桐，宋珂	同济大学：陈焕，刘罗祥，张晓杰，宋震，樊智鑫，安灿灿，王小迪； 吉林大学：曾小华； 中国第一汽车集团有限公司：王宇鹏，浦及，秦晓津	清华大学：李骏； 中国第一汽车集团有限公司：赵子亮

（续）

章号	章名	负责人	其他编写人员	审稿人员
第 6 章	燃料电池轿车	中国第一汽车集团有限公司：赵子亮	中国第一汽车集团有限公司：赵洪辉，都京，张行，李玮，丁天威，马秋玉，盛夏，黄兴，张爱文，浦及，鲍金成，丁磊； 吉林大学：曾小华； 山东科技大学：李玉善	清华大学：李骏； 同济大学：章桐
第 7 章	燃料电池商用车	郑州宇通客车股份有限公司：李进	郑州宇通客车股份有限公司：张龙海，王宗田，刘军瑞，陈勇刚，张金亮，柴结实	清华大学：李骏； 同济大学：章桐； 中国汽车技术研究中心有限公司：何云堂

本卷前言

在全球的节能减排以及能源结构变革的背景之下，以车载氢气通过燃料电池转换为电的燃料电池电动汽车被广泛地认为是21世纪非常具有市场前景的新能源汽车之一。欧美和日韩等发达国家的燃料电池汽车关键技术瓶颈已经取得突破，燃料电池汽车的动力性、可靠性、耐久性和环境适应性等各方面均达到传统燃油汽车的水平，已经进入小批量市场推广阶段。以日本、韩国、德国等为代表的一些国家，政府在政策上给予了燃料电池电动汽车相应的扶持，公布了氢能源配套基础设施建设的规划。以丰田、现代、戴姆勒、通用、本田等为代表的汽车企业都已推出了具体的产品市场规划。

自国家“十五”计划以来，在国家及地方科研项目的支持下，中国在燃料电池电动汽车基础研究、系统集成、示范应用领域均取得了一定的进展，初步掌握了燃料电池电动汽车的核心技术，通过产学研合作培养孵化了一批系统及关键零部件生产企业，部分整车企业也投入了一定的资源，研制出燃料电池轿车和商用车，在一些特定区域进行了示范性的商业运行。目前，中国在相关规划纲要中将燃料电池电动汽车技术列入新能源汽车之列，强调了发展燃料电池电动汽车的重要性，并计划进一步推进加氢站建设以及燃料电池电动汽车的示范运行和市场化推广。

《电动汽车工程手册　第三卷　燃料电池电动汽车设计》分为燃料电池电动汽车概论、燃料电池堆技术、燃料电池发动机技术、车载供氢系统、燃料电池电动汽车动力系统、燃料电池轿车、燃料电池商用车共7章，全面介绍了从燃料电池关键材料、零部件、发动机系统、储氢系统、动力系统直至整车的相关技术。各章的编写工作主要由高校、科研院所、零部件企业及整车厂的各位学者、专家及工程师承担，具体的编写和审稿人员在文前已明确列出，这里就不一一赘述了。在此，谨向所有的编写和审稿人员表示衷心的感谢。

相比传统燃油汽车和纯电动汽车，燃料电池电动汽车技术在国外尚属于第一代技术，尤其是产业化技术仍处于保密非公开的阶段。中国在燃料电池汽车领域仍处于市场化起步阶段，相关的技术尚未完全成熟，行业内相关的体系、标准及规范尚不完整。因此，在本手册的内容中，肯定存在不完整、不准确之处。手册的宗旨是为汽车与相关行业从事技术研发的专业人员提供较为全面的燃料电池汽车技术参考。特别希望初入燃料电池汽车领域的相关人员，可以通过手册系统地了解、认识和掌握相关的技术知识，尽快地进入相关的研究、开发工作，为本手册的改版提供更好、更新、更准确的素材。

最后，再一次衷心感谢所有参与手册编写和审阅的朋友、学者和专家。欢迎所有读者不吝指出本手册谬误之处并提出宝贵意见。

编　者

目　录

第 3 章 燃料电池发动机技术

第4章 车载供氢系统

第5章 燃料电池汽车动力系统

第7章 燃料电池商用车

第1章 燃料电池电动汽车概论

1.1 术语

交通能源领域的碳排放问题是影响全球温室效应的主要因素之一，发展氢燃料对人类社会而言是必要的，也是可行的。不同类型的燃料电池作为汽车动力源有其固有的约束性和可行性，质子交换膜燃料电池因其独特的性能，适合作为汽车动力源。世界范围内，燃料电池电动汽车经历了不同阶段的发展趋势。

本章主要术语见表 1-1。

表 1-1　本章主要术语

术语名称	英文名称及缩略词	概念
无碳能源	Carbonless fuel	在产生能量的过程中没有碳原子的参与、不会产生二氧化碳的能源
清洁能源	Clean energy	指不排放污染物、能够直接用于生产生活的能源
工业副产氢	Industrial byproduct hydrogen	从氯碱工业副产气、煤化工焦炉煤气、合成氨产生的尾气、炼油厂副产尾气中进行提纯获得的氢气
油井到车轮	Well to wheel	指燃料从最初的一次能源开始，到汽车消费完毕的整个周期
电解	Electrolyze	将电流通过电解质溶液或熔融态电解质，从而在阴极和阳极上引起氧化还原反应的过程
光解	Photolysis	化合物被光分解的化学反应过程
热解	Themolysis	物质受热发生分解的反应过程
固定式燃料电池发电系统	Stationary fuel cell power system	固定于某一位置的燃料电池发电系统

（续）

术语名称	英文名称及缩略词	概念
便携式燃料电池发电系统	Portable fuel cell power system	在运行时可移动，不被紧固或用其他方法固定在某特定地方的燃料电池发电系统
移动式燃料电池发电系统	Mobile fuel cell power system	在结构上适合于移动电源的燃料电池发电系统
微型燃料电池发电系统	Micro fuel cell power system	小型、低压、小功率燃料电池系统
燃料电池发动机	Fuel cell engine	专指用于车辆、航空航天和水下等场所作为驱动动力电源和辅助动力的燃料电池发电系统
燃料电池电动汽车	Fuel cell electric vehicle，FCEV	以燃料电池系统作为动力源或主动力源的汽车，可简称为燃料电池汽车
生成焓	Enthalpy of formation	用处于标准状态（1atm①，25℃）的各种元素的最稳定单质生成标准状态下该物质的量所需的能量
吉布斯自由能	Gibbs free energy	在化学热力学中为判断过程进行的方向而引入的热力学函数，又称自由焓、自由能
极化特性曲线	Polarization curve	表示电极电位与极化电流或极化电流密度的关系曲线
活化极化损失	Activation polarization loss	由于电极电化学反应能耗而引起其电位偏离平衡电位，从而产生电能损失的现象
欧姆损失	Ohmic loss	流过电流的材料因电阻效应导致发热而出现的损耗
浓差极化损失	Concentration loss	反应界面两侧气体扩散移动过程中遇到阻力，从而产生能量损失的现象

① atm 即标准大气压，1atm=101.325kPa。

1.2 无碳排放与氢燃料

1.2.1 出行与能源需求

在过去的 20 年里，许多发达国家的汽车和其他车辆数量大幅增加，而在发展中国家，汽车保有量每年也以 15% ~ 20% 的速度增长。环保意识在世界范围内越来越普及，有利于可持续交通系统的发展，同时也能够促进社会自由移动的发展。

2017 年，全球能源需求增长了 2.2%，高于 2016 年的 1.2%，高于过去 10 年平均的 1.7%。中国能源消费增长 3.1%，连续 17 年成为全球能源消费增量最大的国家 [1]。图 1-1 所示为世界一次能源消费及需求预测，显示了 1990 年至今世界能源消费及未来 20 年的预测，可以注意到可再生能源在今后 20 年间呈现快速增长的趋势，煤炭消费呈现下降趋势，但化石资源至今为止仍然是占用资源的最大部分。

石油的可利用性和不可再生性尚存怀疑，许多石油生产商宣布的储量往往大于获得财政或政治贷款的真正储量，寻找新油田需要的新的勘探技术仍在发展之中，任何有利于增加现有或新建油井产量的新技术都会带来重大投资。石油伴随着工业增长和 20 世纪汽车市场的发展，其相比于煤炭最大优势是较高的能量密度（比煤高约 25%），且常温存储状态为液态，这样更容易处理和运输。直到 20 世纪 70 年代，石油价格还能保持稳定，但此后发生的第一次石油危机让人们注意到了石油的一些问题：地缘政治、金融利益、可用储量的枯竭以及环境影响。

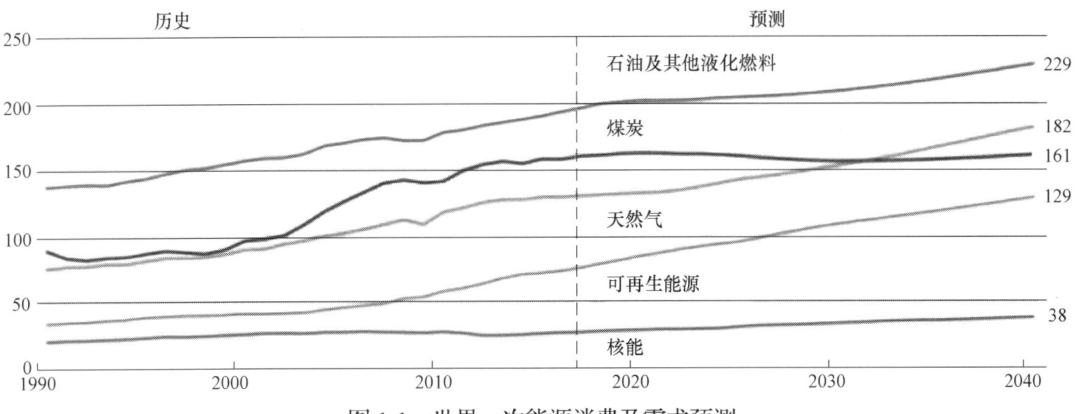

图 1-1　世界一次能源消费及需求预测

1.2.2　温室效应及其危害

地球上最丰富的天然温室气体是水蒸气（主要来自海洋蒸发）、二氧化碳（来源于植物和动物的呼吸作用）和甲烷（通过有机物质的厌氧降解产生），而其他存在于大气中并且能够吸收地球红外辐射的气体，一般都会在非常短的时间内被清除，不会以明显的浓度积累。天然温室效应的结果是导致地球平均温度保持为 15℃；如果没有这些天然温室气体的话，大约为 –19℃。

人类活动可以进一步促进大气中温室气体的聚集，不仅涉及水蒸气、二氧化碳和甲烷（主要来源于包括天然气在内的化石燃料的燃烧），还涉及一氧化二氮（N_2O，来自农业使用肥料）的排放及合成卤烃（主要用作溶剂、杀虫剂和制冷剂）。主要温室气体的存活时间、气候强迫能力和全球变暖潜力见表 1-2[2]。

表 1-2　主要温室气体的存活时间、气候强迫能力和全球变暖潜力

化学成分	存活时间	气候强迫值 / (W/m^2)	全球变暖潜能值（20 年）	全球变暖潜能值（100 年）
水蒸气	几天	—	—	—
二氧化碳	>100 年	1.3 ~ 1.5	1	1
甲烷	12 年	0.5 ~ 0.7	72	25
一氧化二氮	114 年	0.1 ~ 0.2	289	298
氢氟烃	270 年	0.01	12000	14800

温室气体增加与全球变暖之间的联系，在科学界仍然有强烈的分歧，特别是关于气候强迫因子的自然变异性和时间历史的巨大不确定性，使得这种联系非常难以明确建立。与自然变异性相比，过去几十年中记录的全球变暖幅度过大的现象，只能表明温室气体浓度增加与气候变化之间关系的有效性，但并未构成严格的科学论证。

政府间气候变化专门委员会专家根据其他大量事实所得出的结论是，自 20 世纪中叶以来，全球平均气温的增加很可能是由于观测到的人为温室气体增加所致，根据评估预

测，发生的概率超过 90%。

1.2.3 无碳燃料与氢燃料

从工业革命之前可用的主要燃料木材（C/H=9）开始，C/H 比率急剧下降，过渡到煤炭（C/H=1.63）、石油（C/H=0.56）和甲烷（C/H=0.25）。从这个角度来看，氢气（C/H=0）被认为是储量丰富且易于使用的清洁燃料。

氢能源的用途在未来将十分广泛，燃料电池与氢能联合组织（FCHJU）预测到 2050 年氢能源可占最终能源需求的 24%[3]，除现有工业用氢之外，主要的增量需求来自建筑物能耗、发电站的缓冲及交通运输行业。氢燃料在 2050 年间细分的应用领域预测如图 1-2 所示（圆圈直径代表应用潜能）[3]。

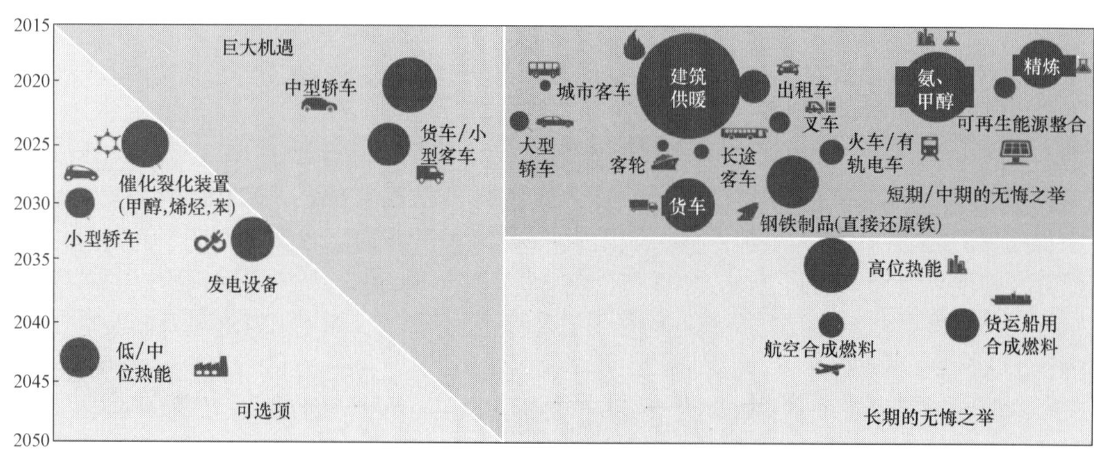

图 1-2 氢燃料在 2050 年间细分的应用领域预测

在交通运输行业中，使用氢气作为燃料的优势不仅在于其比能量很高，最重要的特性是其应用期间不排放任何碳质排放物，水是它唯一的氧化产物。

1.3 氢能源产业链

氢能是一种低碳高效的清洁能源，随着全球变暖控制步伐加快，氢能源发展存在迫切需要，市场空间也越来越广阔。目前，很多国家相继出台了强有力的氢能及燃料电池扶持政策，其中力度最大、响应最积极的是日本、韩国、中国、欧盟和美国，巴西、加拿大等国家也有相关部署。

1.3.1 氢气基本物理性质

氢是化学元素周期表中的第一个元素，也是宇宙中重量最轻、分布最广的元素。氢气的基本特性见表 1-3。

表1-3 氢气的基本特性

特性参数	值
H_2 的分子量	2.0016
低热值（LHV）	120MJ/kg
标准状态下的密度	0.080kg/m^3
高热值	143MJ/kg
1atm 下的液化温度	−253℃
临界温度	−240℃
临界压力	1.29MPa
在空气中的蒸发潜热	446kJ/kg
在空气中的火焰温度	2045℃
在空气中的燃烧当量比（体积分数）	29.5%
在空气中的燃烧范围（体积分数）	4.1%~75%
最小点火能量	2×10^{-5}J
标准状态下空气中的燃烧速率	2.7~3.3m/s
标准状态下空气中的扩散系数	0.61cm^2/s
标准状态下密度	0.0899kg/m^3

与其他气体相比，氢气的密度最小，仅为空气的 7%；在空气中的可燃范围为 4.1% ~ 75%，远宽于汽油、天然气等其他燃料；其最小点火能量仅为 0.02mJ，而且在阳光下火焰也不可见。氢的积聚是最大的安全隐患。不过在敞开的空间发生泄漏时，泄漏出的氢因其扩散性好，将会迅速逃逸，并不易发生积聚。

1.3.2 氢气来源与生产

尽管氢是宇宙中最丰富的化学元素（大约 80%，其余大部分是氦），而且是排在氧和硅之后地球上第三大广泛分布的元素，但是自由状态的氢气在我们的星球上并不存在。作为汽车燃料的氢气生产方式，必须采用可大规模推广、低成本实现的技术。根据氢气产生过程机理不同，主要分为化工副产氢、热解过程制氢、电解过程制氢、光解过程制氢和生物过程制氢几种。

1. 化工副产氢回收

多种化工过程如电解食盐制碱工业、发酵制酒工业、合成氨化肥工业、石油炼制工业等均有大量副产氢气，如能采取适当的措施进行氢气的分离回收，每年可以得到数亿立方米的氢气，这将是一笔不容忽视的资源，应设法加以回收利用。

由于不同工业过程杂质不同，其纯化过程所采用的设备、纯化装置，以及过程中压力、温度等控制参数均不相同。

2. 热解过程制氢

热解过程需要利用热能来促进以氢作为直接产物的化学反应进程。热学方法涉及了各种各样的、在分子结构中包含氢原子的反应物，如碳氢化合物和水，而为了直接获得高氢产量的转化进程则可以通过催化剂的添加（烃重整）或化学化合物的使用（热化学循环分解水）来进一步得到改善。

利用一次能源转换制氢成本低廉，工艺流程短，操作简单，能源利用合理，是目前广泛采用的最经济的制氢技术之一，包括：

1）煤气化制氢。该工艺是指煤与汽化剂（水蒸气或氧气）在一定的温度和压力等条件下发生化学反应而转化为煤气的工业化过程，且一般是指煤的完全汽化，即将煤中的有机质最大限度地转变为有用的气态产品（主要成分为一氧化碳），而汽化后的残留物只有灰渣。然后一氧化碳经过变换、分离和提纯处理获得一定纯度的产品氢。

2）天然气蒸气重整制氢。其主要工艺为：天然气经过压缩，送至转化炉的对流段预热；经脱硫处理后与水蒸气混合，进入转化炉加热后进入反应炉；在催化剂的作用下，发生蒸气转化反应以及一氧化碳变换反应，出口混合气含氢量约为 70%，经过提纯可以得到不同纯度的氢气产品。

3）甲醇裂解制氢。其主要工艺为：甲醇和水的混合液经过预热、汽化后，进入转化反应器，在催化剂作用下，同时发生甲醇的催化裂解反应和一氧化碳的变换反应，生成约 75% 的氢气和约 25% 的二氧化碳以及少量杂质。该混合气经过提纯净化，可以得到纯度为 98.5% ~ 99.99% 的氢气。

4）氨、甲烷、硫化氢或其他生物质等含氢物质的热裂解制氢。

3. 电解水制氢

电解水制氢的原理如图 1-3 所示，当两个电极分别通上直流电，并且浸入水中时，在直流电的作用下，水分子分解为氢离子和氢氧根离子，在阳极氢氧根离子失去电子产生氧气，在阴极氢离子得到电子产生氢气。电解水制氢的效率较高，且工艺成熟，设备简单无污染，但耗电量较大，一般氢气电耗为 4.5 ~ 5.5kW/m^3，使其应用受到一定的限制。但随着电解水工艺、设备的不断改进（例如开发采用固体高分子离子交换膜为电解质，选用具有良好催化活性的电极材料，在电解工艺上采用高温高压参数以利于反应进行等），水电解制氢技术将会有更好的应用和发展。电解水制氢技术制得的氢气纯度高，操作简便，制氢过程不产生二氧化碳，无污染，但其耗电量大，生产成本高，电费占整个生产费用的 80% 左右。

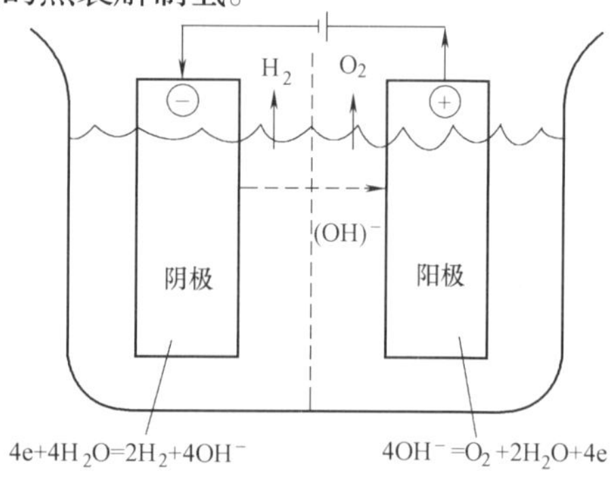

图 1-3　电解水原理

4. 太阳光解制氢

光解作用代表了另一种可以直接利用太阳光的技术。理论上，这个过程可以直接将水分子分解成氢气和氧气。近来该领域鼓励广泛的、针对个性化技术路径的研究工作来替代热物理、热化学的和电解的方法，以此来对中长期的制氢做出贡献。太阳光解制氢有两种工艺过程正处于研究中：

1）基于光敏电池的光电化学过程，电池内掺杂的半导体电极浸没在水溶液或水中。

2）与特殊微生物的特定活动相关的光生物的水分解。

在光电化学过程中，被太阳能辐射出来的、在阳极表面形成的电子电荷能够产生电子 - 空穴对。在电场的作用下，空穴和电子被迫朝相反的方向运动，这就决定了水分子在阳极侧被氧化为氧气，氢离子在阴极侧被还原为氢分子。光电化学的研究主要集中在寻找能够以合适的方式分解水的可靠半导体。另一方面，光生物过程可以利用藻类和细菌在消耗水方面的潜力，同时生产出作为其自然代谢过程中的副产品的氢气。这项研究的重点在于修改和设计这些方法的可能性，以及解决太阳能选择性制氢的问题。

5. 生物过程制氢

生物制氢技术作为一种符合可持续发展战略的课题，已在世界上引起了广泛的重视。生物制氢技术主要可以分为两类：

1）利用微生物自身的生理作用，在一定的环境条件下，通过新陈代谢获得氢气。根据生物制氢技术所用产氢微生物的不同，可分为光合细菌制氢、藻类制氢和发酵细菌制氢。

2）生物质热化学转化制氢，指通过热化学方式将生物质转化为富含氢气的可燃气，然后通过气体分离得到纯氢。虽然生物制氢是利用可再生能源生物质制取氢气，但由于技术不够成熟，其产氢纯度和速率都比较低。

6. 不同制氢技术对比

不同制氢技术在实用性、稳定性、环保及经济性方面有不同的特点，不同制氢技术对比见表 1-4。

表 1-4　不同制氢技术对比

	实用性	稳定性	环保（二氧化碳排放）	经济性
副产氢	虽依据不同的种类，但是已经引入了很多	受成为本来目的的产品的生产量左右	排放二氧化碳，但是没有追加性环境负担	因活用的是副生产物，经济实用
化石燃料改质	已经引入，处于实用化阶段	能够进行稳定并且大规模生产	除非使用 CCS① 等技术，否则就会排放二氧化碳	技术上已经确定，能够用比较便宜的成本制造
水电解（火力）	已经引入，处于实用化阶段	根据再生能源的种类存在输出变动	除非使用 CCS 等技术，否则发电时会排放二氧化碳	与改质相比成本高，但是相对比较便宜
水电解（再生能源）	技术已经确定。再生能源发电的低成本化是未解决课题	根据再生能源的种类存在输出变动	不排放二氧化碳	因使用再生能源发电，一般成本较高
生物质	技术已经确定。低成本化是未解决课题	供给地分散	可以看作二氧化碳零排放	现阶段成本高
热分解	研究开发阶段（一部分实证已经实施）	能够实现稳定供给	使用的热度依据取出物的不同而不同	—
光催化剂	基础研究阶段（现在的变换效率是 0.5% 的程度）	受气象条件左右	不排放二氧化碳	—

① CCS 是 Carbon Capture and Storage 的缩写，意思是碳捕捉和储存。

目前应用较为广泛的氢气生产工艺主要有副产氢提纯、石化裂解和电解水制氢。其他制氢方法都在不断地发展中。

2017 年全球氢气生产量超过 6000 万 t，其中 96% 来自化石燃料，大部分采用天然气和煤、油制氢技术；电解水制氢产量仅占 4%，制氢成本较高，是化石燃料制氢的两倍多。但是随着化石能源的紧张，环境的日益恶劣，可再生能源电解水制氢是一项非常值得发展的技术。

1.3.3 氢气存储

1. 高压容器存储

由于气态的氢气质量密度很低，通常以高压气体的方式进行存储。最高压力为200bar[⊖]的高压容器目前是一种成熟可靠的技术，广泛应用于储存氢气和天然气。再高的压力允许容积能力现已得到改善，但当达到较高压缩比时，压缩功耗就不能忽略。为了应对安全问题，未来的压力容器包括三层：聚合物衬垫内层，高强度和高弹性的碳纤维复合材料包裹中层，以及能够承受机械和腐蚀损伤的芳纶材料外层。

2. 低温液态存储

低温液态存储技术是一种可以代替高压储气的有效方法。它可显著提高氢气以气态化合物储存时不理想的体积密度值。在很高的压力（700bar）作用下，气态氢气的质量密度不到40kg/m^3，而液态的质量密度大约是70kg/m^3。然而，需要考虑一些安全和制造方面的问题来对这项技术进行全面的分析。

3. 固体材料存储

根据形成氢载体的原理不同，可以把固体材料储氢分为物理吸附储氢和化学氢化物储氢。

（1）物理吸附储氢

某些金属可以用作储氢介质，因为某些金属或合金在加热后能吸收氢并释放，从而产生所谓的金属氢化物。从理论上讲，这是氢与金属合金或金属之间的反应，金属氢化物是最简单的储氢过程之一。有不少种金属元素可以储存氢气，然而只有少数金属能在合适的温度和压力下实现存储。还有一些材料也可以储氢，例如金属有机物、碳和其他纳米结构等。

（2）化学氢化物储氢

化学氢化物是化学上与氢结合的材料。能够储存化学氢的材料有金属氢化物、甲酸、碳水化合物、氨、合成烃和液态有机氢载体。与物理吸附相比，化学储氢可以获得更高的能量密度。

1.3.4 氢气运输

在使用中需要将氢气从存储地运送分配到加氢站。按照输送时氢气所处状态的不同，氢气的运输方式可分为气态氢气（Gaseous H_2）输送和液态氢气（Liquid H_2）输送。两者都是将氢气加压或液化后再利用交通工具运输，是目前加氢站正在使用的方式。

1. 高压氢气运输

氢气通常经加压至一定压力后，利用集装格、长管拖车和管道等工具输送。集装格由多个水容积为40L的高压钢瓶组成，充装压力通常为15MPa。集装格运输灵活，对于需求量较小的用户，这是非常理想的运输方式。

⊖ 1bar=10^{5}Pa。

2. 液氢运输

将氢气深冷至 21K（–252℃）液化后，再利用槽罐车、管道，或者利用铁路和轮船进行长距离或跨洲际输送，这种方式可大大提高运输效率。深冷铁路槽车长距离运输液氢是一种既能满足较大输氢量又比较快速、经济的运氢方法。

液氢管道都采用真空夹套绝热，由内外两个等截面同心套管组成，两个套管之间抽成高度的真空。国外加氢站采用槽车液氢运输的方式要略多于气态氢气的运输方式。

3. 固体氢运输

固态氢气输送主要通过金属氢化物进行。迄今尚未有固态氢气输送方式，但随着固氢技术的突破，这种方便的输配方式预期可获得使用。

4. 氢运输方式对比

高压氢气运输一般采用集装格、长管拖车和管道传输，而液氢一般采用槽车、铁路等运输，短途也会采用管道运输。不同氢气运输方式对比详见表 1-5[4]。

表 1-5 不同氢气运输方式对比

	运输量范围	应用情况	优缺点
集装格（GH_2）	5 ~ 10kg/ 格	广泛用于商品氢运输	非常成熟，运输量小
长管拖车（GH_2）	250 ~ 460kg/ 车	广泛用于商品氢运输	运输量小，不适宜远距离运输
管道（GH_2）	310 ~ 8900kg/h	主要用于化工厂，未普及	一次性投资成本高，运输效率高
槽车（LH_2）	360 ~ 4300kg/ 车	国外应用广泛，国内仍仅用于航天液氢输送	液化投资大，能耗高，设备要求高
管道（LH_2）	—	国外较少，国内没有	运输量大，液化能耗高，投资大
铁路（LH_2）	2300 ~ 9100kg/ 车	国外非常少，国内没有	运输量大

1.3.5 车载氢燃料气的加注

氢气加注是将氢（或含氢燃料）加入燃料电池汽车内，通常在加氢站内完成。目前加氢站的技术类型可按氢气来源分为站外制氢（Off-site）和站内现场制氢（On-site）；按氢气存储方式可分为液态存储和高压储氢瓶（简称储氢瓶）存储两类；按可加注压力等级，分为 35MPa、70MPa 及兼容 35MPa/70MPa 三类。

1. 站外制氢

站外制氢是指氢气在制氢厂集中制取，然后输送到加氢站，输送方式有高压氢气输送、液氢输送和管道输送等。其特点是氢气集中制取可以降低制氢成本，站外制氢（Off-site）型加氢站工艺流程如图 1-4 所示[5]。

2. 站内制氢

站内制氢是指氢气在加氢站内现场制取，目前站内制氢的技术路线主要是化石燃料（天然气、甲醇等）重整制氢和电解水制氢。电解水制氢是在一些电解质水溶液中通入直流电，利用电解器将水电解成氢气和氧气。氢气经压缩机增压后进入储氢瓶内储存，加氢时，加气机从储氢瓶内取气。站内电解制氢（On-site）型加氢站工艺流程如图 1-5 所示。

3. 站内设施配置

（1）卸气系统或制氢系统

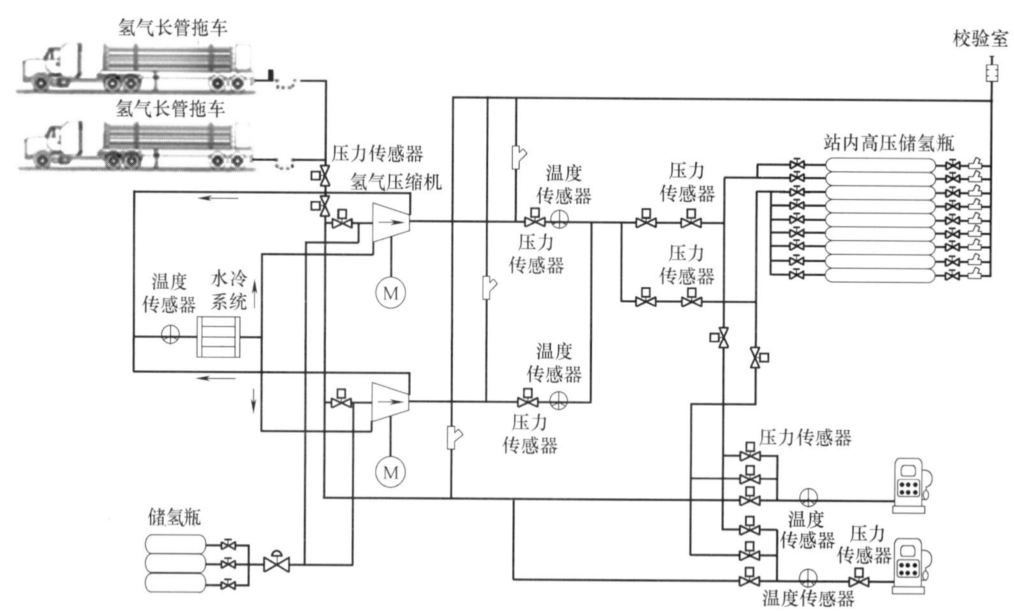

图 1-4　站外制氢（Off-site）型加氢站工艺流程

氢气由管束拖车将高压氢气（18 ~ 20MPa）从气源处运至加氢站，现场设置管束拖车车位。通过各泊位内的卸气柱，将氢气从管束内卸载，并输送至氢气增压系统和加氢机。

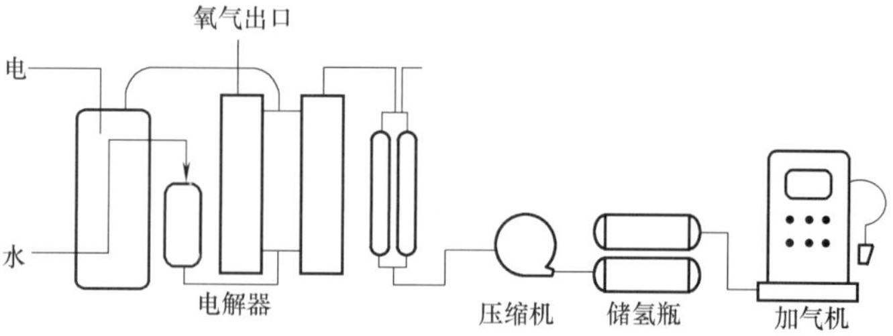

图 1-5　站内电解制氢（On-site）型加氢站工艺流程

（2）增压系统

多级压缩时的冷却系统可采用风冷或冷却液冷却，风冷简单却存在气缸寿命短、电能消耗大的缺点，因此尽可能选择冷却液冷却。驱动可采用电动机或天然气发动机。目前氢气压缩机按类型可分为隔膜式压缩机和离子式压缩机。

（3）储氢系统

一般采用高压钢瓶为主的固定式储气方式。国外也常采用管束拖车上的瓶组作为临时站内储气。

（4）加氢系统

加氢系统主要包括高压管道和加氢机。加氢机上安装压力传感器、温度传感器、过压保护装置、软管拉断保护装置、优先顺序加气控制系统等。氢气在节流膨胀后温度升高，具有特有的“焦汤热效应”，因此需要采用温度补偿系统。

（5）氮气系统

氮气作为气控系统气源和加氢站管道、设备的吹扫气体。

（6）放散系统

为提高站内的安全性，一般采用氢气集中放散系统，其中卸气柱、压缩机、固定式储

气瓶和加氢机的放散均接至总管集中放散。

（7）安防监控系统

氢气无色、无臭，分子运动速度快，具有最大的扩散度和很高的导热性，其着火能很小，很容易着火，在微小的静电火花下也容易着火。考虑到氢气的易扩散性、易缩胀性、易燃烧性、易爆炸性等特点，需要在站内增加一套氢气泄漏安防监控系统，以确保加氢站的运营安全。

1.4 燃料电池作为汽车动力源

1.4.1 燃料电池种类

1. 质子交换膜燃料电池

质子交换膜燃料电池（Proton exchange membrane fuel cell，PEMFC）采用亲水的氟化磺酸聚合物膜为电解质，通常采用铂/碳颗粒（Pt/C）作为催化剂。这种燃料电池运行在较低的温度（低于100℃）下，可以改变输出电流大小以满足动态功率输出要求。由于相对较低的温度和使用的贵金属铂基电极，这种电池必须在纯氢气条件下工作。质子交换膜燃料电池是目前轻型车辆和物料搬运车辆的主流先进技术，在固定设备和其他设施上也有小范围的应用。

质子交换膜燃料电池的一个变种是高温质子交换膜燃料电池，其可以在较高的温度下运行。通过把电解质膜由亲水氟化磺酸膜改造为基于无机矿物酸的材料，高温质子交换膜燃料电池可在高达200℃下运行。高温质子交换膜燃料电池能够使用含少量一氧化碳的燃料，辅助系统也因为不需要加湿器而变得更加简化。

质子交换膜燃料电池也被称为聚合物电解质膜燃料电池（Polymer electrolyte membrane fuel cell），它们的英文缩写都是PEMFC。

2. 固体氧化物燃料电池

固体氧化物燃料电池（Solid oxide fuel cell，SOFC）用固体电解质（陶瓷材料，如氧化锆和氧化钇），而不是液体或膜。它们的高工作温度意味着燃料可以在燃料电池内部进行重整。它们对燃料中的少量硫等有害物质也具有抗中毒性。因此与其他类型的燃料电池相比，它们的燃料来源广泛，比如可以使用天然气、煤制气等。高工作温度的另一个优点是，化学反应动力学得到改进，可以减少催化剂的使用。

3. 直接甲醇燃料电池

直接甲醇燃料电池（Direct methone fuel cell，DMFC）是一种相对较新的燃料电池技术，它类似于质子交换膜燃料电池，使用聚合物膜作为电解质。直接甲醇燃料电池阳极中的铂钌催化剂能够从液体甲醇中抽氢，这样就可以省下燃料重整器，使得纯甲醇可以直接用作燃料。

4. 碱性燃料电池

碱性燃料电池（Alkaline fuel cell，AFC）是最早发展的燃料电池技术之一，它使用碱性电解质，例如氢氧化钾溶液，并且供给纯氢燃料，典型的工作温度在70℃左右。碱性燃料电池不需要在系统中使用铂催化剂，而是可以使用各种非贵金属作为催化剂以加速在阳极和阴极处发生的反应。镍是碱性燃料电池单元中最常用的催化剂。

5. 熔融碳酸盐燃料电池

熔融碳酸盐燃料电池（Molten carbonate fuel cell，MCFC）以多孔陶瓷基质中悬浮的熔融碳酸盐作为电解质。常用的熔融盐包括碳酸锂、碳酸钾和碳酸钠。熔融碳酸盐燃料电池系统可以使用多种不同燃料，包括煤气、沼气或天然气，没必要使用燃料重整器。

6. 磷酸燃料电池

磷酸燃料电池（Phosphoric acid fuel cell，PAFC）使用液体磷酸为电解质。磷酸燃料电池的工作温度要比质子交换膜燃料电池和碱性燃料电池的工作温度略高，为 150 ~ 200℃，一般需要在电极上添加铂金属催化剂来加速反应。阳极和阴极上的反应与质子交换膜燃料电池相同，但因为其工作温度较高，所以其阴极上的反应速度要比质子交换膜燃料电池的阴极反应速度快。

7. 不同类型燃料电池特性对比

上述 6 种燃料电池，不仅在电解质、催化剂材料上不同，还具有不同的工作温度、适用燃料及生成物，不同类型的燃料电池特性对比见表 1-6。

表 1-6　不同类型燃料电池特性对比

电池种类	工作温度 /℃	催化剂	电解质	燃料	生成物
AFC	50 ～ 220	Pt/C、Ni	KOH 溶液	纯氢	H_2O
PAFC	150 ～ 200	Pt/C	液态 H_3PO_4	重整气	H_2O
PEMFC	25 ～ 100	Pt/C	Nafion 膜	纯氢	H_2O
DMFC	25 ～ 100	Pt/C	Nafion 膜	甲醇	CO_2、H_2O
MCFC	650 ～ 700	Ni	熔融碳酸盐（K_2CO_3）	氢气、甲烷、重整气	H_2O、CO_2
SOFC	900 ～ 1000	钙钛矿（陶瓷）	固体氧化物（ZrO_2）	净化煤气、天然气、氢气	H_2O、CO_2

1.4.2　汽车对化学动力源的需求

选择何种类型的燃料电池作为车载动力来源，主要依据是汽车的应用场景对动力装置的需求。选取功率密度、动态响应速度、效率、耐久与寿命、燃料形态、排放与环保等几个关键的指标，对不同类型的燃料电池进行定性分析。如果以“★”代表其相应的优势，“☆”代表优势不够明显或不足，那么不同种类燃料电池在汽车上应用的优劣对比见表 1-7。

考虑汽车功率特性需求，直接甲醇燃料电池暂未达到汽车所需功率密度要求；考虑起动性能，固体氧化物及熔融碳酸盐燃料电池也不适合车载。碱性燃料电池和磷酸燃料电池理论上也具备作为汽车动力源的潜力，但相比于质子交换膜燃料电池而言，仍在某些方面显得不足：碱性 / 酸性液体（氢氧化钾溶液或磷酸）对密封具有较高的要求，因此碱性燃料电池以及磷酸燃料电池也不太适宜作为车载电池使用。

表 1-7 不同种类燃料电池在汽车上应用的优劣对比

种类	功率密度	动态响应速度	效率	耐久与寿命	燃料形态	排放与环保
PEMFC	★★★	★★	★★★	★★★	★	★★★
SOFC	★★	☆	★★	★★	★★	★★★
DMFC	☆	★★★	★★	★★	★★	★
AFC	★★	★★	★★	★★★	★	★★★
MCFC	★★	☆	★★	★★★	★★	★
PAFC	★★	★	★★	★★★	★	★★★

质子交换膜燃料电池则在功率密度、动态响应速度、系统效率、耐久与寿命、排放与环保等方面，比其他类型燃料电池更具有优势，质子交换膜燃料电池可以满足车用动力源的需求。车用燃料电池系统（也称为燃料电池发动机）是燃料电池汽车的核心部件，最新的燃料电池发动机如图 1-6 所示，已接近商业应用水平。

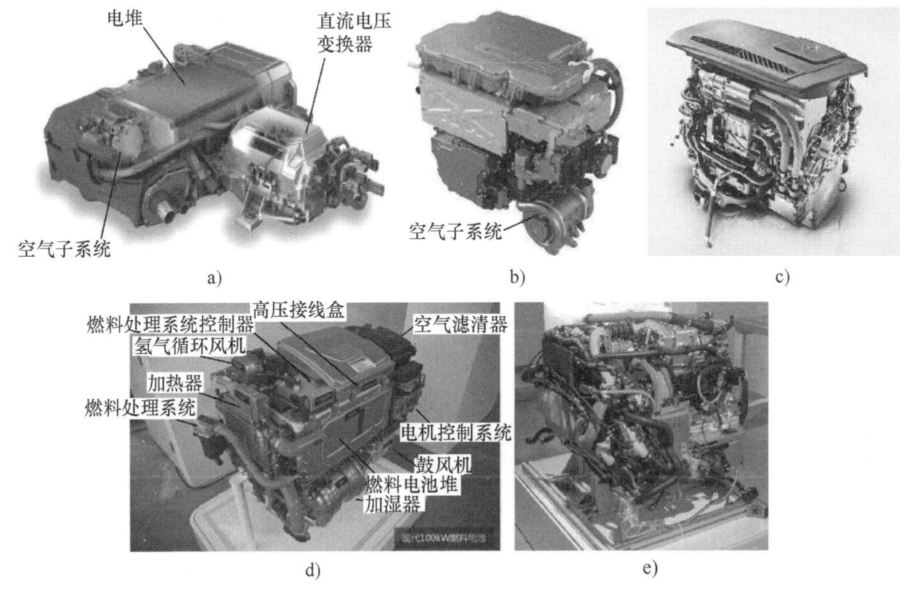

图 1-6 燃料电池发动机

a）丰田燃料电池发动机 b）本田燃料电池发动机 c）宝马燃料电池发动机
d）现代燃料电池发动机 e）戴姆勒燃料电池发动机

1.4.3 车用氢能源的效率

任何关于替代能源使用的评估都不能忽略效率的问题，必须充分考虑能源的生产、储备、分配及使用过程的各个环节。表 1-8 及表 1-9 分别是从化石初级能源开始，不同类型车辆的矿井到车轮的百分比效率（即矿井 - 车轮效率，简称井 - 轮效率）和从可再生能源开始的不同类型车辆的矿井 - 车轮效率，以化石燃料和可再生能源为初级能源，通过“从矿井到车轮”的分析，对不同类型车辆的能源效率进行了评估[2]。

表 1-8　从化石初级能源开始，不同类型车辆的矿井到车轮的百分比效率

初级能源	能源载体	车辆类型	能源转换效率（%）	车辆效率（%）	井 - 轮效率（%）
煤炭	电力	电动汽车	37	61	22
天然气	电力	电动汽车	51	61	31
天然气	氢	燃料电池汽车	73	34	25
原油	柴油	柴油车	95	20	19
原油	柴油	混合动力汽车	95	29	27

表 1-9 仅涉及来自非化石资源的能源，即电力和氢气，作为交通运输部门的能源载体，并提出了纯电动和燃料电池汽车之间的比较。

表 1-9　从可再生能源开始的不同类型车辆的矿井 - 车轮效率

初级能源	能源载体	车辆类型	能源转换效率（%）	车辆效率（%）	井 - 轮效率（%）
核能	电力	电动汽车	28	61	17
核能	氢	燃料电池汽车	28（到电力）47（电解）	34	4.5
光伏	电力	电动汽车	11	61	6.7
光伏	氢	燃料电池汽车	11（到电力）47（电解）	34	1.8
生物质能	电力	电动汽车	1（光合作用）42（到电力）	61	0.26
生物质能	氢	燃料电池汽车	1（光合作用）59（到氢气）	34	0.20

对于特定技术在初级能源利用效率方面的潜力，这种精确的矿井到车轮的效率分析可以提供有用的指导，但不足以完全判定某种技术或能源载体是最佳选择。比如纯电动汽车所耗电能如果以核能等一次能源为来源，则有很高效的井 - 轮效率，但是要实现这种效率，还必须得解决能量存储、能量配送等过程问题，还需考虑产品的实际可用性。在现有技术的基础上，续驶里程依然是电池驱动车辆在未来能否被普遍推广使用的主要限制因素；另外，燃料的加注时间（充电时间）也是另一个目前无法解决的问题。

采用非化石资源生产的氢，用来作为燃料电池车辆的燃料来源，尽管相对于纯电动汽车和其他类型的车辆而言，其矿井到车轮的效率并不高，但也可能成为中长期无碳运输系统的解决方案。

1.5　质子交换膜燃料电池基本原理

1.5.1　基本工作原理

1. 电化学过程

氢燃料在阳极反应，氢原子上的电子在铂基催化剂的表面与质子分离；质子通过质子交换膜进入电池的阴极侧，电子通过外部电路运动，产生电池的电流输出。在阴极侧，质子和电子与氧在阴极催化剂三相表面结合产生水，并作为燃料电池唯一的废物排出。阴极氧气的供应方式可以是纯氧，也可以直接提供空气。

两电极的反应式分别为：

阳极（负极）：$2H_2 \rightarrow 4H^+ + 4e^-$

阴极（正极）：$O_2 + 4H^+ + 4e^- \rightarrow 2H_2O$

由于质子交换膜只能传导质子，不能传导电子，阳极产生的质子（即氢离子）可直接穿过质子交换膜到达阴极，而电子只能通过外电路方式到达阴极，并产生了直流电。

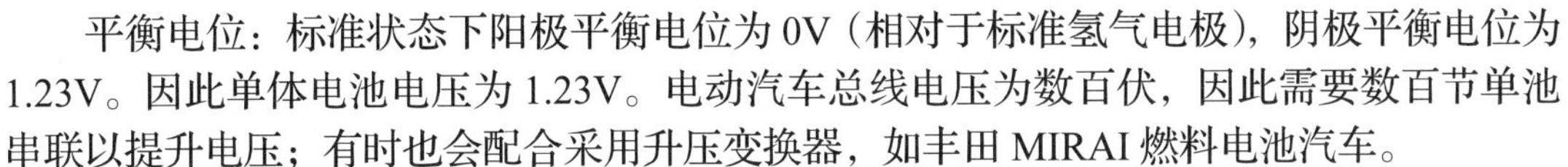

平衡电位：标准状态下阳极平衡电位为0V（相对于标准氢气电极），阴极平衡电位为1.23V。因此单体电池电压为1.23V。电动汽车总线电压为数百伏，因此需要数百节单池串联以提升电压；有时也会配合采用升压变换器，如丰田MIRAI燃料电池汽车。

2. 电荷传输

电化学反应进行速度与电极产生或消耗电子的速度相关，电流是电化学反应速率的直接量度。根据法拉第定律，电荷传输速率是

$$i=\frac{\mathrm{d}Q}{\mathrm{d}t} \tag{1-1}$$

式中 Q——电荷（C）；

t——时间（s）。

假设每mol电化学反应物质有N个电子转移，则

$$\frac{\mathrm{d}N}{\mathrm{d}t}=\frac{i}{nF} \tag{1-2}$$

式中 $\mathrm{d}N/\mathrm{d}t$——电化学反应的速率（mol/s）；

F——法拉第常数（96485C/mol）；

n——每个化学反应结果电子转移数目。

对式（1-2）进行积分：

$$\int_0^t i\mathrm{d}t=Q=nFN \tag{1-3}$$

式（1-3）表明电化学反应产生的总电量正比于反应物摩尔数、转移的电子数和法拉第常数。

3. 电荷传输反应

在电极上发生的电化学反应，可采取下面的形式来描述：

$$\mathrm{Ox}+\mathrm{e}\xleftrightarrow{k}\mathrm{Rd} \tag{1-4}$$

式中 Ox——物质的氧化形式；

Rd——物质的还原形式。

式（1-4）中上述正向和逆向反应同时进行。如果电极电势比平衡电位更加偏阴性，反应将产生更多的还原形式；如果电极电势比平衡电位更加偏阳性，反应将形成更多的氧化形式。反应物消耗率正比于表面的浓度，对于正向反应：

$$j_\mathrm{f}=k_\mathrm{f}C_\mathrm{Ox} \tag{1-5}$$

式中 k_f——前向反应速率常数，无量纲；

C_Ox——反应物质的表面浓度（$\mathrm{mol/cm^2}$）。

对于逆向反应：

$$j_\mathrm{b}=k_\mathrm{b}C_\mathrm{Rd} \tag{1-6}$$

式中 k_b——后向反应速率常数；

C_Rd——反应物质的表面浓度。

这些反应消耗或释放电子，产生的净电流是释放与消耗电子数之差：

$$i=nF\ (k_\mathrm{f}C_\mathrm{Ox}-k_\mathrm{b}C_\mathrm{Rd}) \tag{1-7}$$

当电荷传输反应达到平衡时，净电流应等于零，原因是反应在两个方向上以同样的速率同时进行。平衡时的反应速率所产生的电流密度为交换电流密度。反应平衡时有如下

关系：

$$K = \frac{k_f}{k_b} = \frac{C_{Rd}}{C_{Ox}} \tag{1-8}$$

式中　K——反应平衡常数。

1.5.2　氢燃料电池的能量转换

1. 生成焓

生成焓（Enthalpy of formation）是某温度下，用处于标准状态（1atm，25℃）的各种元素的最稳定单质生成标准状态下单位物质的量（1mol 某纯物质）的热效应，也称生成热。氢气、氧气单质的生成焓被定义为 0；水的生成焓为 –285.838kJ/mol（液态）或 –241.825kJ/mol（气态）。

质子交换膜燃料电池化学反应前后，释放的能量由反应物（氢气、氧气）及生成物（水）的生成焓决定。电化学反应的焓变为：

$$\Delta H = H_{H_2} + H_{O_2} - H_{H_2O}$$

在标准状态下，质子交换膜燃料电池电化学过程焓变为 285.838kJ/mol（液态）或 241.825kJ/mol（气态）。

按照惯例，计算效率时生成焓采用低热值（假定生成水为水蒸气）。常温下燃料电池的理论发电效率可以达到 80%。

2. 吉布斯自由能

吉布斯自由能（Gibbs free energy）是在化学热力学中为判断过程进行的方向而引入的热力学函数，又称自由焓或自由能。

电化学的能量转换，就是自由能直接通过化学反应转换为电能的转换过程。这种自由能变化是系统在恒温恒压下，进行电化学反应所能做的最大电功（W_{elec}）。电功可由反应过程中吉布斯自由能的负变化给出，每单位（mol）物质反应所能释放的最大电功，即吉布斯自由能变化量：

$$W_{elec} = -\Delta G \tag{1-9}$$

吉布斯自由能是系统在恒温、忽略体积变化，并减去由于热流转移到环境中去的热能的能量变化。这个方程在大多数恒温恒压下的燃料电池中都可用。根据热力学第二定律，当一个“完美”的燃料电池做不可逆运行时，自由能的变化（或者说是最大有效功的输出）取决于温度。因此最大电能的输出 W_{elec}，可以写成：

$$W_{elec} = \Delta G = \Delta H - T\Delta S \tag{1-10}$$

式中　G——吉布斯自由能（kJ/mol）；

H——内含的热量（也就是生成焓），kJ/mol；

T——热力学温度（K）；

S——熵［kJ/(mol・K)］。

如果熵值不变，则吉布斯自由能和焓值相等。由吉布斯自由能函数的定义可以看出，它是一个随温度线性递减的函数，但是变化很复杂，主要取决于熵和焓随温度的变化关系。随着温度增长，$T\Delta S$ 比 ΔH 增长快，因为它的形式是乘法与对数关系［形如 $T\times$

ln（T/T）]，而焓只是简单的差分关系［形如（T−T）］形式。系统中电能做功的电动势主要由电荷 Q（库仑）通过电势差 E（伏特）产生，其大小为：

$$W_{elec}=EQ \tag{1-11}$$

如果电荷是由电子引起的，那么

$$Q=nF \tag{1-12}$$

式中 n ——传输电子的摩尔数（mol）；

F ——法拉第常数（96485C/mol）。

3. 可逆电压

通过分析自由能，在25℃的标准条件下进行线性化，假设焓变不随温度变化，导出可逆电压和温度的关系：

$$\begin{aligned} E_r &= -\frac{\Delta G_{rxn}}{nF} = -\frac{\Delta H - T\Delta S}{nF} \\ \Delta E_r &= \left(\frac{dE}{dT}\right)(T-25) = \frac{\Delta S}{nF}(T-25) \end{aligned} \tag{1-13}$$

式中 E_r ——标准状态可逆电压（V）；

ΔG_{rxn} ——反应中的自由能变化（kJ/mol）。

对于标准状态下的氢氧燃料电池，有

$$\begin{aligned} E_{H_2/O_2} &= \frac{-237.3\dfrac{kJ}{mol}}{2\,mol\times 96485\dfrac{C}{mol}} = 1.229V \\ &\left(\Delta H = -285.8\frac{kJ}{mol};\ \Delta G = -237.3\frac{kJ}{mol}\right) \end{aligned} \tag{1-14}$$

在标准状态的压力和温度下，这是氢氧燃料电池可获得的最高电压。大多数燃料电池反应电压在0.8 ~ 1.5V范围内，为了获得更高的电压，可以将单节电池串联在一起使用。

4. 能斯特方程

在非标准状态下，氢氧燃料电池反应的可逆电压可以通过能斯特方程式写成以下形式：

$$E_{T,p} = \left(\frac{\Delta H}{nF} - \frac{T\Delta S}{nF}\right) + RT\ln\left(\frac{P_{H_2}P_{O_2}^{\frac{1}{2}}}{P_{H_2O}}\right) \tag{1-15}$$

式中 $E_{T,p}$ ——实际电池开路电压（V）；

R ——普适气体常量［8.314J/（mol・K）］；

T ——绝对温度（K）；

n ——在反应中消耗的电子数；

F ——法拉第常数（96485C/mol）；

ΔH ——焓变（kJ/mol）；

ΔS ——熵变［kJ/（mol・K）］；

P_i ——各反应物及生成物浓度（mol/L）或分压（Pa）。

如果燃料电池在低于100℃下运行，假设水为液态，水的活性度被设置为1。

1.5.3 能量转换中的损失

如果燃料电池能把燃料中最大可转换的热值能量全部转换为电能，那么单片电池就可以得到1.48V的理论电压；利用较小的热值能量获得的电压同样也可以计算出来。但由于受到热力学第二定律熵$T\Delta S$的限制，电池理论电压最大为1.229V。

当电池在热力学可逆条件下运行时，可以实现最大的电能输出，以及阴极、阳极之间最大的电位差。这个最大可能的电池电压就是可逆电池电压。在一定电流密度下，燃料电池的净输出电压是可逆电池电压减去不可逆电池电压，可以写成：

$$V(i)=V_{\text{rev}}-V_{\text{irrev}} \tag{1-16}$$

式中　V_{rev}——最大（可逆）燃料电池电压（V），$V_{\text{rev}}=E_{\text{r}}$；

V_{irrev}——电池中的不可逆电压损失（过电位，V）。

1. 极化特性曲线

理论效率是电流无限小时燃料电池的效率。实际使用时，燃料电池在有限电流下工作，效率会大大降低。

由于电化学反应过程中的其他不可逆性，燃料电池实际输出的电功比最大有效功要小。这些不可逆性（体现在输出电压上，就是电压损失）包括活化极化损失（v_{act}）、欧姆极化损失（v_{ohmic}）和浓差极化损失（v_{conc}），燃料电池的三种损失如图1-7所示。

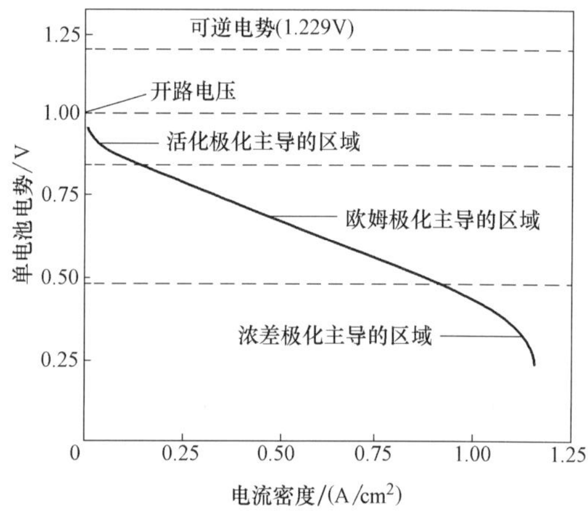

图1-7　燃料电池的三种损失

2. 活化极化损失

在电解质反应中，大部分反应的速率k都是随温度变化的，一般而言$\ln k$正比于$1/T$。阿伦尼乌斯（Arrhenius）首先提出了以下关系：

$$k=A\exp\left(\frac{-E_{\text{A}}}{RT}\right) \tag{1-17}$$

其中，E_{A}是活化能，代表了活化势垒的高度；幂指数表示克服活化势垒的可能性；A与为克服势垒而尝试的次数有关。根据状态转换理论，为了促成反应，必须克服势垒。需要克服的势垒量级等于反应物与生成物之间的吉布斯自由能变化。

3. 欧姆极化损失

每种材料天生都具有对电荷流动的阻抗，材料对电荷流动的自然阻抗引起了欧姆极化损失，它导致了电池电压的损失。所有的燃料电池部件组成了它的总电阻，包括电解质、催化剂层、气体扩散层、双极板、端面接触和末端连接。欧姆极化损失包括电子（R_{elec}）

和离子（R_{ionic}）两部分对燃料电池电阻的作用，可描述为：

$$v_{ohmic} = iR_{ohmic} = i(R_{elec} + R_{ionic}) \tag{1-18}$$

式中 R_{ionic}——电解质的离子阻抗（Ω）；

R_{elec}——包括双极板、电池互连、接触以及电子流经的其他电池组成部件的电阻（Ω）。

R_{ionic} 是式（1-18）中电压损失的主要来源，是氢离子在质子交换膜中的传输阻抗。

4. 浓差极化损失

扩散流动存在于气体扩散层和催化剂层，质量传输发生在微观层面。发生在催化剂层的电化学反应消耗反应物，导致浓度下降，反应物浓度下降会极大地影响电池性能。催化剂层中的反应物以及生成物的浓度差值决定浓差损失的程度和大小。

气体扩散层和催化剂层交界处的反应物浓度低于流道中的浓度。电流密度增加，浓差损失加剧，降低气体扩散层厚度，增加孔隙度或扩散率，可减小浓差损失。

当电流密度达到一定程度，催化剂表面反应物浓度降低为 0，即从流道经气体扩散层到达催化剂表面的气体扩散速率等于反应速率，此时电流达到极限。电流极限密度值（i_L）可按下式计算：

$$i_L = -nF\frac{C_0}{\dfrac{1}{h_m} + \dfrac{\delta}{D^{eff}}} \tag{1-19}$$

式中 C_0 ——流道中氧气浓度（mol/m^3）；

h_m ——气体扩散层界面等效传质系数（m/s）；

D^{eff} ——气体扩散层中氧化剂等效扩散系数（m^2/s）；

δ ——气体扩散层厚度（m）。

通过合理设计流场、优化气体扩散层和催化剂层的孔隙度及厚度，以及调节运行条件等措施，可提高 C_0，那么极限电流密度也随之增加。

5. 内部渗透电流能量损失

尽管电解质（质子交换膜）是无法传导电子的，而且气体通常也无法渗透，但是微量氢分子和电子会通过电解质发生扩散，通过电解质扩散的氢分子将导致流向外部负载的电子减少。在燃料电池工作过程中，这些损失通常是很小的，但是当燃料电池工作于低电流密度，或者处于开路电压时，它们的影响就会变得很大。

如果总的电流为可用电流与损失电流的和，则

$$i=i_{ext}+i_{loss} \tag{1-20}$$

式中 i_{ext}——可用电流；

i_{loss}——损失电流。

如果在式（1-20）中使用总的电流密度，则

$$E = E_r - \frac{RT}{\alpha F}\ln\left(\frac{i_{ext} + i_{loss}}{i_0}\right) \tag{1-21}$$

氢分子渗透和内部电流对燃料电池有不同的影响。通过电解质内部扩散的氢通常将形成水，并降低电池电势。氢渗透是电解质特性的函数，如渗透性、厚度和氢气分压等。

1.5.4 燃料电池能量转换效率

1. 电堆热力学理论效率

一个理想燃料电池的效率可以通过最大功输出除以焓值输入得出，所以燃料电池的效率为：

$$\eta_{\text{fuel\_cell}} = \Delta G / \Delta H \tag{1-22}$$

由之前给定的标准生成焓和自由能值可得（ΔG=−237.2kJ/mol，ΔH=−285.8kJ/mol)，由此可得燃料电池热力学最大效率约为 83%。

燃料电池可以直接将化学能转换为电能。最大理论效率可以通过下式计算得出：

$$\eta_{\max} = 1 - T\frac{\Delta S}{\Delta H} \tag{1-23}$$

也可以按照燃料的高热值得出能量消耗，换句话说，对于氢气而言：

$$\eta = \frac{P_{\text{out}}}{P_{\text{in}}} = \frac{n_{\text{electrons}} F \Delta H_{\text{HHV}}}{n_{\text{hydrogen}} \Delta H_{\text{HHV}}} = \frac{2FV_{\text{output}}}{\Delta H_{\text{HHV}}} \tag{1-24}$$

式中 $n_{\text{electrons}}$，n_{hydrogen}——电子和氢气的摩尔流速；

F——法拉第常数（96485C/mol)；

V_{output}——电池输出电压（V)；

ΔH_{HHV}——−285.8kJ/mol。

高热值可以被转换为等效电压 1.481V，因此以高热值计算发电效率为

$$\eta = \frac{V_{\text{output}}}{1.481}(\text{V}) \tag{1-25}$$

等效电压的概念在计算效率和余热时非常有效，生成的余热可以简单写成：

$$Q = n\Delta H_{\text{HHV}}(1-\eta) \tag{1-26}$$

一个理想的可逆恒温的燃料电池的效率在热力学上被限制在 83%。

2. 电堆能量转换的实际效率

燃料电池堆能量转换的实际效率为电堆输出电功率与实时消耗氢气的生成焓的比：

$$n_{\text{stack}} = \frac{V_{\text{out}} I}{\Delta H} \tag{1-27}$$

3. 燃料电池系统效率

燃料电池系统的辅助系统（比如压缩机、水泵、散热器组件）在工作中需要消耗能量，需要将这部分能量扣除。另外，系统中由于吹扫、启停等原因，有部分氢气未经反应而被直接排掉，产生有效氢气利用率的问题。

因此系统的效率定义为净输出功率 E_{net} 与总消耗的氢的焓变的比：

$$\eta_{\text{sys}} = E_{\text{net}} / \Delta H \tag{1-28}$$

1.6 国外燃料电池汽车发展史

世界范围内，燃料电池汽车发展大致可以分为五个阶段：创新探索、原理验证、技术攻关、市场切入及商业应用。

1.6.1 创新探索阶段

20 世纪 80 年代以前曾出现过以燃料电池为汽车动力源的创新探索，但当时的燃料电池技术并未成熟，更无法实现商业化生产。

人们以创新和尝试的方式，将燃料电池作为汽车动力源来驱动汽车。创新探索阶段的燃料电池汽车代表如图 1-8 所示：美国 Allis-Chalmes 公司 Harry Karl Ihrig 博士使用碱性燃料电池开发的农业拖拉机（1959 年，图 1-8a）；通用汽车公司开发的氢燃料电池厢式货车（1966 年，图 1-8b）；捷克发明家 Karl Kordesch 基于碱性燃料电池改装的燃料电池轿车（1970 年，图 1-8c）；加利福尼亚大学洛杉矶分校师生改装发明的氢燃料电池汽车（1979 年，图 1-8d）；俄罗斯 Kvant-RAF 燃料电池客车（1979 年，图 1-8e）。

a)

b)

c)

d)

e)

图 1-8 创新探索阶段的燃料电池汽车代表

之后人们似乎放弃了利用燃料电池作为汽车动力源的设想，直到十多年之后的 20 世纪 90 年代，随着高功率密度质子交换膜燃料电池的问世，燃料电池汽车的探索又重新开始。

1.6.2 原理验证阶段

20 世纪 90 年代之后的十多年间，各大跨国汽车公司开始了氢燃料电池汽车的概念设计和原理性验证，推出了很多型号的氢燃料电池汽车。比较有代表性的包括戴姆勒 - 克莱斯勒的 NECAR1/2/3 系列氢燃料电池概念车（1994—1997 年）、丰田的 FCHV1/2/3 氢燃料电池混合动力概念车（1997—2001 年）、本田 FCX-V1/2/3/4 氢燃料电池概念车（1999—2001 年）、通用汽车公司 HydroGen1/2/3 氢燃料电池概念车（2001—2004 年）等。

1.6.3 技术攻关阶段

2005 年之后，燃料电池作为车用动力源的可行性已经得到汽车行业的认可，各大公司开始进入工程化的技术攻关阶段，开始大力开展燃料电池汽车技术攻关研究，陆续进行了技术验证性示范考核。其主要技术问题集中在功率密度、耐久性、环境适应性（零下冷起动）的提升及成本的控制上。

与此同时，试图通过示范运营逐步向公众推广，比如以租赁、公共出行服务等方式供客户体验使用。以推出时间先后排序，包括本田的 FCX 氢燃料电池汽车（2002—2007 年，美国加州，日本）、福特的氢燃料电池版福克斯轿车（2003—2006 年，美国的加州、佛罗里达，加拿大）、日产的氢燃料电池版 X-Trail（2003—2013 年，美国加州，日本）、奔驰的 F-Cell（2005—2007 年，全球）、通用雪佛兰的 Equinox 燃料电池轿车（2007—2009 年，美国的加州和纽约）。与乘用车租赁使用同期，数十辆氢燃料电池客车在全球各地开展了商业化示范运行。主要包括：以 30 辆奔驰公司 Citaro 氢燃料电池客车为主、在欧盟 7 个城市以及中国北京和澳大利亚珀斯进行的欧盟 HyfleetCUTE 工程（2003—2010 年），以及在全球多个城市开展的氢燃料电池客车商业化运行示范（2003 年至今）、日本 JHFC 工程（2002—2010 年）、美国氢燃料电池客车示范工程（2006 年至今）等。

1.6.4 市场切入阶段

2010—2015 年期间，氢燃料电池汽车开始寻找市场，并在某些特殊领域率先取得商业化。氢燃料电池系统在 2010 年开始应用于物料运输领域，如美国沃尔玛、可口可乐和西斯科等超市和食品批发的物流运输领域。截至 2015 年，共有 34 家企业 8000 多辆氢燃料电池叉车投入运行，由于具有良好的经济性，企业主动购买使用的车辆数量超过政府支持的 10 倍，起到了积极的技术和市场引导作用，真正实现了商业化成功。在私人市场，燃料电池轿车仍然没有获得足够优势。

1.6.5 商业应用阶段

在美、日、加等国及欧洲，燃料电池以乘用车、城市公交客车和燃料电池叉车应用为主。

1. 燃料电池乘用车

早在 2014 年，现代公司的燃料电池汽车在美国加利福尼亚州以租赁形式开始出售；2015 年，丰田公司推出 Mirai 氢燃料电池轿车，仅限在日本、美国和欧洲销售；2016 年，本田推出仅在日本本土销售的氢燃料电池轿车 Clarity。

2015 年之后，燃料电池乘用车开始在部分区域面向私人用户销售，初步进入商业化阶段。以丰田 Mirai、本田 Clarity 及现代 NEXO 为代表的量产燃料电池汽车，正式进入商业销售。截至 2019 年，国外各大汽车公司均已推出自己的燃料电池乘用车品牌，国外燃料电池汽车量产乘用车见表 1-10。

2. 燃料电池客车

燃料电池城市客车在加速时间、最高车速等动力性指标方面与燃油车型基本相当。其最高车速以 80km/h 居多，0—50km/h 加速时间在 20s 左右，续驶里程适中，一般在 250 ~ 400km，储氢瓶的最高压力均为 35MPa。国外燃料电池商用车应用进展见表 1-11。

表 1-10 国外燃料电池汽车量产乘用车

生产厂家	丰田	现代	通用	日产	奔驰
车重	1850kg	2290kg	1800kg	1860kg	1718kg
最高车速	175km/h	160km/h	160km/h	150km/h	170km/h
0~100km/h 加速时间	9.6s	12.6s	12s	14s	11.3s
发动机功率	114kW	100kW	92kW	90kW	100kW
发动机体积 / 重量	37L/56kg	60L	130kg	34L/43kg	—
低温起动性能	-30℃	-30℃	-30℃	-30℃	-25℃
铂用量	20g	40g	30g	40g	20g
耐久性	>5000h	5500h	5500h	—	>5000h
氢系统参数	122.4L，5kg	144L，5.6kg	4.2kg	—	—
电机参数	113kW	100kW	94kW	90kW	100kW
	335N·m	300N·m	320N·m	280N·m	290N·m
辅助电池类型 / 参数	镍氢 1.6kW·h	锂离子 24kW	镍氢 1.8kW·h，35kW	—	9kW·h
续驶里程	650km	594km	320km	500km	500km

表 1-11 国外燃料电池商用车应用进展

客车厂家	比利时 Van Hool	加拿大 New Flyer	德国 戴姆勒 - 奔驰	日本 丰田和日野
燃料电池功率	120kW	150kW	2×60kW	2×114kW
燃料电池供应商	US FuelCell	Ballard HD6	AFCC	Toyota
动力电池类型 / 参数	17.4kW·h，锂离子（EnerDel）	47kW·h，锂离子（Valence）	26kW·h，锂离子（A123）	2×1.6kW·h，镍氢电池
电机功率	2×85kW	2×85kW	2×80kW	2×110kW
氢气气瓶	350bar，8 个	350bar，8 个	350bar，7 个	350bar，8 个
氢气量	40kg	56kg	35kg	480L，18kg
耐久性	18000h	8000h	12000h	未公开
续驶里程	483km	483km	250km	未公开

3. 燃料电池叉车

相比于电动叉车，燃料电池叉车燃料加注时间短，停机时间非常少，因此运行效率高。在美国有超过 2 万台叉车在运行，美国市场上出售的氢燃料电池叉车应用进展见表 1-12。

表 1-12 美国市场上出售的氢燃料电池叉车应用进展

生产厂家	产品名称	电池类型	功率 /kW	燃料量 /kg	加注时间 /min	电堆温度 /℃
H_2Logic（丹）	H_2Drive	PEM	10	1.5	<4	—
Hydrogenics（加）	HyPx PowerPack	PEM	22~30	0.8~1.6	<3	2~35
Nuvera Fuel Cell（美）	Orion	PEM	10~30	—	—	-40~60
Oorja Protonics（美）	Oorja Pack Model III	DMFC	1.5	<1	<1	-20~45
Plugpower（美）	Gen Drive 1000	PEM	8~10	<3	<3	-30~40
	Gen Drive 2000	PEM	8~10	<2	<2	-30~40
	Gen Drive 3000	PEM	1.8~3.2	<1.5	<1.5	-30~40

1.7 中国燃料电池汽车发展

中国燃料电池汽车发展，经历了政府主导的科技攻关阶段、示范运营阶段和市场切入应用期。

1.7.1 技术攻关阶段

在国家十五“863”电动车重大科技专项、十一五节能与新能源汽车重大项目、十二五及十三五新能源汽车重点专项的资助下，我国燃料电池汽车技术研发取得重要进展，基本掌握了整车、动力系统与关键零部件的核心技术；建立了具有自主知识产权的燃料电池汽车动力系统技术平台，形成了燃料电池发动机、动力电池、DC/DC 变换器、驱动电机、储氢与供氢系统等关键零部件配套研发体系，具有百量级燃料电池汽车动力系统平台与整车生产能力。

该阶段以东风汽车研制的“楚天一号”、同济大学研制的“超越”系列、上汽集团的“上海牌”和“帕萨特”、一汽集团的“奔腾”、长安汽车的“志翔”以及广汽和奇瑞汽车等国内主流整机厂的原型样车为代表。商用车方面，以清华大学联合其他客车厂研制的四代燃料电池城市客车为代表。

1.7.2 示范应用阶段

在商业化应用之前，通过示范运营可以积累不同工况下汽车的运营数据，与传统燃油汽车的运营数据对比；还可以积累大量的车辆使用、故障监测与检测诊断数据。国内燃料电池汽车规模较大的示范运营包括 2008 年北京奥运会示范及 2010 年上海世博会示范。

北京奥运会倡导“绿色奥运”，以氢燃料电池为动力的轿车及客车替代一部分车辆参加运营。其中福田汽车与清华大学开发的 3 辆氢燃料电池电动客车完成了北京奥运会服务用车任务和为期 1 年的示范运行；由上海燃料电池汽车动力系统有限公司与上海大众联合生产的 20 辆燃料电池轿车作为北京奥运会期间科技部、奥组委、北京运输局的公务用车。

上海燃料电池汽车动力系统有限公司与国内五大整车厂合作生产了上汽荣威、一汽奔腾、大众新领驭、长安志翔、奇瑞东方之子等多种型号的 70 辆燃料电池轿车及 100 辆燃料电池观光车，运行在世博园区为游客服务。3 辆燃料电池客车出勤 1835 次，接送游客 5252 人次，服务总里程数 86000km；70 辆燃料电池轿车运行总里程数 195188km，单车最大运行里程 6565km，累计供车车次 2800 多次；100 辆燃料电池观光车累计接待游客 2230475 人次，总运营里程 578655km。这是截至当时，世界上最大规模的燃料电池汽车示范运营[7]。

1.7.3 商业化应用阶段

在国家的政策鼓励下，燃料电池汽车逐步进入商业应用领域。我国城市治理大气污染压力很大，对汽车排放要求高，很多大城市都限制传统燃油汽车的使用。氢燃料电池物流车及城市公交车行驶过程零排放，可以规避城市环保管理压力，这有利于其完成同城公共交通及物流配送功能。

2015年广东佛山市首批28辆氢能大巴在佛山云浮示范运营，2016年佛山全国首个全商业化运营的加氢站正式投入使用，成为全国第一个燃料电池汽车商业化运营示范区。2016年上海大通汽车V80型燃料电池轻型货车发布，并于2018年交付400辆作为上海金山化工园区通勤车辆使用。这是继氢燃料电池车在佛山首次实现商业运营后第二个商业化运营区域。截至2018年8月，获得工信部产品公告目录的燃料电池车型已达到100多个[8]。

随着快递物流行业的快速发展，物流行业可能成为燃料电池汽车应用的突破口。城市物流车车型多样，包括无车厢的平板车、带护栏的轻型货车，厢式货车等。不仅汽车企业，如上海大通、东风特汽等企业积极进入物流车市场。物流及零售企业，如京东、申通都通过战略合作形式开发出燃料电池物流车。

国内各地加氢站及相关基础设施也开始逐步建立。2016年北京重启氢燃料电池车示范运营，并为2022年冬奥会燃料电池汽车商业运营做准备。2017年11月，江苏如皋根据江苏省特色小镇建设规划，立足氢能产业优势，开展氢能特色小镇建设。2017年12月，广东佛山以佛山（云浮）产业转移工业园为基础，围绕新能源（含燃料电池、混合动力、纯电动）汽车进行研发、生产、销售，打造成为“氢能之城”。2018年1月，《武汉氢能产业发展规划》中的建议方案显示，3年内将以武汉沌口开发区为核心，打造“氢能汽车之都”。2018年2月，四川省氢能与燃料电池产业创新联盟由省能投天然气公司、清华大学、东方电气、启迪能源、北京氢能时代等科研机构和骨干企业组建，将通过集聚相关产业技术资源，加强协同创新，统筹推动包括制氢、储运氢、加氢基础设施、燃料电池应用的全产业链技术突破。2018年4月，由中国汽车工程学会携手上海市和江苏省苏州、南通、如皋、盐城四城市共同推进“长三角氢走廊”。2018年9月，山东省人民政府印发了《山东省新能源产业发展规划（2018—2028年）》，内容涵盖新能源汽车、核电、智能电网及储能、热泵、太阳能、风能、生物质能、氢能、可燃冰、海洋能等领域。2018年12月，大同市政府与燃料电池行业专业机构联合组织的2018“氢都”大同氢能产业发展高峰论坛，探讨大同氢能技术发展路径。2019年1月，宁波市政府通过了《宁波加快氢能产业发展的指导意见》，打造氢能装备制造基地，推进氢能技术创新研发，推进氢能示范应用，建设氢能产业创新协同平台，引进培育氢能龙头企业以及推进氢能公共服务平台建设。

参考文献

[1] International Energy Agency.World Energy Outlook 2018［R/OL］.（2018-11-13）［2019-09-01］. https://webstore.iea.org/world-energy-outlook-2018.

[2] PASQUALA C，FURTONATO M，OTTORINO V.Hydrogen Fuel Cells for Road Vehicles［M］. New York:Springer，2011.

[3] Fuel Cell and Hydrogen Joint undertaking.Hydrogen Road Map Europe [R/OL].(2019-06-01)[2019-09-01]. https://www.fch.europa.eu/sites/default/files/Hydrogen%20Roadmap%20Europe_Report.pdf.

[4] 马建新，刘绍军，周伟，等.加氢站氢气运输方案比选[J].同济大学学报(自然科学版).2008，36(5)：615-619.

[5] 吴竺，傅玉敏，肖方暐，等.上海世博会氢燃料电池汽车加氢站设计[J].煤气与热力.2013，33(3)：60-64.

[6] 清华大学.车辆与载运学院[EB/OL].(2019-06-01)[2019-09-01].https://www.tsinghua.edu.cn/publish/dae/4426/index.html.

[7] 上海燃料电池汽车动力系统有限公司.燃料电池汽车动力系统平台应用[EB/OL].(2018-08-01)[2019-09-01].http://www.fcv-sh.com/news.

[8] 工业和信息化部.道路机动车辆生产企业及产品公告[EB/OL].(2018-08-01)[2019-09-01].http://www.miit.gov.cn/.

第 2 章 燃料电池堆技术

2.1 术语

燃料电池术语部分参考中华人民共和国国家标准《质子交换膜燃料电池　第 1 部分：术语》（GB/T 20042.1—2017）[1]，内容包括膜电极和燃料电池堆两部分，下文中的燃料电池如无特殊说明均指质子交换膜燃料电池。

2.1.1 膜电极部分

膜电极物理量及参数相关术语见表 2-1。

表 2-1　膜电极物理量及参数相关术语

术语名称	英文名称及缩略词	概念
电催化剂	Electrocatalyst	加速电极反应过程但本身不被消耗的物质
合金催化剂	Alloy catalyst	由两种或两种以上金属形成的合金构成的催化剂
电催化剂载体	Electrocatalyst support	作为电极的组成部分，用于担载电催化剂的物质
质子交换膜	PEM; proton exchange membrane	以质子为导电电荷的聚合物电解质膜
聚合物电解质	Polymer electrolyte	含有可移动离子，具有离子传导能力的聚合物
全氟质子交换膜	Perfluorinated PEM	高分子链上的氢原子全部被氟原子取代的质子交换膜
复合膜	Composite membrane	由两种或两种以上材料组成的膜
碳纸	Carbon paper	（以可碳化的黏结剂）把均匀分散的碳纤维粘结在一起而形成的多孔纸状型材
碳布	Carbon cloth	由碳纤维织成的多孔布

（续）

术语名称	英文名称及缩略词	概念
电极	Electrode	和电解质相接触，提供电化学反应区域，并将电化学反应产生的电流导入或导出电化学反应池的电子导体（或半导体）
阳极	Anode	燃料发生氧化反应所在的电极
阴极	Cathode	氧化剂发生还原反应所在的电极
催化层	Catalyst layer	含有电催化剂的薄层，通常具有离子和电子传导性
气体扩散层	Gas diffusion layer，GDL	放置在催化层和极板之间形成电接触的多孔基层，该层允许反应物进入催化层以及反应产物离开催化层
支撑层	Supporting layer	气体扩散层中具有机械支撑作用的多孔基层
微孔层	Microporous layer，MPL	处于催化层和支撑层之间，促进反应气及反应产物有效传递和分配的多孔薄层
气体扩散电极	Gas diffusion electrode，GDE	将催化层直接制备在气体扩散层上而得到的多孔电极
催化剂涂覆膜	Catalyst-coated membrane，CCM	双表面带有催化层分别形成阴极和阳极反应区的质子交换膜
膜电极组件	Membrane electrode assembly，MEA	由电解质膜和分别置于其两侧的气体扩散层电极，或由催化剂涂覆膜和分别置于其两侧的气体扩散层，通过一定的工艺组合在一起构成的组件，被简称为膜电极
催化剂担载量	Catalyst loading	燃料电池（电极）单位活性面积上催化剂的量
催化剂（质量）比活性	Catalyst (mass) specific activity	燃料电池在给定电压下，电极上单位质量的电催化剂所输送的电流
催化剂面积比活性	Catalyst area activity	燃料电池在给定电压下，电极中单位电化学表面积的电催化剂所输送的电流
电极活性 / 有效面积	Electrode active/ Effective area	垂直于电流流动方向的电极的几何面积
电化学活性面积	Electrochemical active surface area	电极中能够参与电化学反应的电催化剂表面的面积总和
内电阻（燃料电池内阻）	Internal resistance	由电子和离子电阻造成的燃料电池内部的欧姆电阻
内电流	Internal current	电子穿过电解质移动到另一侧所形成的电流，或燃料分子穿过电解质移动到另一侧所对应的法拉第电流
极限电流	Limiting current	反应物到达催化剂表面瞬间便全部反应，致使其在催化剂表面的浓度为零时的电流，表现为燃料电池输出电压为零
额定 / 满载电流	Rated/full-load current	制造商规定燃料电池电堆或系统的最大连续输出电流，燃料电池电堆或系统设计在该电流下运行
电流密度	Current density	单位电极活性面积上通过的电流
交换电流密度	Exchange current density	当一个电极反应处于热力学平衡状态，不产生任何净电流时，其正反应和逆反应的速率相等，该反应速率所对应的电极中催化剂的单位活性表面积上的电流为交换电流密度
透氢电流密度	Hydrogen crossover current density	单位时间内单位膜电极活性面积的透氢量所对应的法拉第电流
Pt 担载量	Pt loading	燃料电池（电极）单位活性面积上 Pt 的量

2.1.2　燃料电池堆部分

燃料电池堆物理量及参数相关术语见表 2-2。

表 2-2 燃料电池堆物理量及参数相关术语

术语名称	英文名称及缩略词	概念
质量比功率	Mass specific power	电堆或燃料电池发电系统额定功能和其质量的比值
体积比功率	Volumetric specific power	电堆或燃料电池发电系统额定功能和其体积的比值
额定功率	Rated power	制造厂规定的燃料电池堆在特定工况条件下能持续工作的功率
净功率	Net output power	燃料电池堆输出功率减去辅助系统消耗的功率后所剩的功率
电压效率	Voltage effciency	单电池或电堆输出的直流电压与在该运行条件下其理论电压（即热力学平衡电压）的百分比
电效率	Electrical efficiency	燃料电池堆或发电系统的净电功率和向燃料电池堆或发电系统提供的总焓流的百分比
理论电效率	Theoretical electrical efficiency	一个反应的吉布斯自由能和其热焓的百分比
功率密度	Power density	单电池单位面积的功率（W/cm^2）
极化曲线	Polarization curve	燃料电池阴、阳极电位或两者的电位差随电流或电流密度变化的曲线
极化	Polarization	由于电流流过电极界面引起的电极电势偏离其热力学电势的现象
透氢	Hydrogen crossover	氢气通过扩散从阳极穿过质子交换膜迁移到阴极的现象
窜气	Internal gas leakage	气体在燃料腔、氧化剂腔或冷却液腔之间发生的相互泄漏
气体泄漏	External gas leakage	除有意排出的气体之外，产生气体漏出燃料电池的现象
增湿	Humidification	通过燃料和 / 或氧化剂反应气体，向燃料电池内部引入水的过程
逆向流动	Counter-flow	（如在热交换器或燃料电池中）两路流体以相反的方向平行流过一个装置的相邻且互相隔离的流体空间
燃料	Fuel	能够在阳极被氧化产生自由电子的物质
氧化剂	Oxidant	能够在阴极得到电子被还原的物质
洁净反应气	Clean gaseous reactant	不含气体污染物或其含量低到不会对燃料电池性能和寿命带来任何影响的反应气
污染物	Contaminant	存在于反应气或（除水以外的）电解质中，以很低的浓度便可对电极的氢氧化或氧还原催化活性或电解质的质子传导能力造成影响，进而影响电池性能或寿命的物质
极板	Polar plate	电池堆中隔离单电池、引导流体流动、传导电子的导电板
单极板	Monopolar plate	仅一侧含有反应物（燃料或氧化剂）供应、分布和生成物排出的流场（也可能包含传热介质流场）的极板
双极板	Bipolar plate	两侧均含有反应物（一侧为燃料，另一侧为氧化剂）供应、分布和生成物排出的流场（也可能包含传热介质流场）的极板
端板	End plate	位于燃料电池电流流动方向的两端，用于给叠放在一起的电池传送所需的压紧力
集流板	Current collector	电堆内收集并向外导出电流的导电板
流场	Flow field	为反应物、反应产物或冷却介质的进出及（合理）分布，而在极板上加工的各种形状的流道的组合
电堆接线端子	Stack wiring lead	燃料电池堆向外供应电力的输出接线端，也称为电堆电端
歧管	Manifold	为燃料电池或电池堆输送流体或从中收集流体并排出的管道
单电池①	Single cell/unit cell	燃料电池的基本单元，由一组膜电极组件及相应的单极板或双极板组成
燃料电池	Fuel cell	将外部供应的燃料或氧化剂的化学能直接转化为电能（直流电）及生成热和反应产物的电化学装置
质子交换膜燃料电池	Proton exchange membrane fuel cell	用质子交换膜做电解质的燃料电池
电堆 / 燃料电池堆	Stack/fuel cell stack	由两个或多个单电池和其他必要结构件组成的、具有统一电输出的组合体②

（续）

术语名称	英文名称及缩略词	概念
短堆	Short stack	具有额定功率电堆的结构特征，但其中单电池数量显著小于按额定功率设计的电堆中单电池数量的电堆
燃料电池模块	Fuel cell module	一个或多个燃料电池堆和其他主要及适当的附加部件构成的集成体
组装	Stacking	以串联的方式将单电池彼此相邻放置而形成燃料电池堆的过程
单电池或电池堆寿命	Single cell or stack lifetime	燃料电池在一个基准运行电流下，从活化完毕后首次起动运行开始，到其电压降至低于规定的最低可接受电压时的累计运行时间③

① 通常，处于电堆中的某一节单电池称为 unit cell，具有独立结构的一个单电池称为 single cell。

② 必要结构件包括：极板、集流体、端板、密封件等。

③ 最低可接受电压值应考虑到具体的使用情形，由参与各方协议确定，通常为电压衰减一定比例（10%）计算得到。

2.2 性能参考指标

美国能源部（DOE）针对燃料电池技术发展和商业化要求，提出了《DOE 2020 燃料电池发展路线图（DOE 2020 roadmap target)》[2]，并具体定义了燃料电池各关键材料、部件及电堆在实现大批量生产时所要达到和实现的目标，美国能源部（DOE）对催化剂、质子交换膜、膜电极、双极板的性能及指标要求见表 2-3 ~ 表 2-6，表 2-7 描述了 80kW 净输出车用氢燃料电池堆技术要求。这些指标可以作为产品研发过程的参考。

2.2.1 燃料电池膜电极的性能及指标要求

表 2-3 美国能源部（DOE）对催化剂的性能及指标要求

特征	2020 年目标
铂族金属总量（两极总和）①	0.125g/kW
铂族金属（PGM）总载量①	$0.125mgPGM/cm^2$
初始催化活性损失②	<40% 质量活性损失
电催化剂载体稳定性③	<10% 质量活性损失
质量活性④	$0.44A/mg_{Pt}$@900 $mV_{iR\text{-}free}$
单位体积担载型非铂催化剂活性⑤	$300A/cm^3$@800 $mV_{iR\text{-}free}$

① 为实现系统成本目标，PGM 含量与担载量目标需要更低。

② 稳定性通过将 25 ~ $50cm^2$ 的 MEA 在 0.6 ~ 1.0V 之间，于 80℃下，以 50mV/s 采用三角波电压扫描，大气压力，100% 相对湿度，H_2 为 $200scm^3$ 与 N_2 为 $75scm^3$ 下的 $50cm^2$ 全电池进行测试。根据美国车用燃料电池组件加速衰减测试与极化曲线测试方案 (http://www.uscar.org/commands/files_download.php?files_id=267)，参考电催化剂循环与度量表。活性损失以初始催化剂质量活性为准，在测试结束后考察质量活性损失。

③ 稳定性通过将 25 ~ $50cm^2$ 的 MEA 在 1.2V，于 80℃下，H_2/N_2 气氛，150kPa 绝对压力，100% 相对增湿进行测试。根据美国车用燃料电池组件加速衰减测试与极化曲线测试方案 (http://www.uscar.org/commands/files_download.php?files_id=267)，参考电催化剂载体循环与度量表。活性损失以初始催化剂质量活性为准，在测试结束后考察质量活性损失。

④ 于 80℃，H_2/O_2 对 MEA 进行测试；全增湿，总出口压力 150kPa；阳极计量比为 2；阴极计量比为 9.5 [Gasteiger et al. Applied Catalysis B: Environmental, 56 (2005) 9-35]。

⑤ 体积 = 活性面积 × 催化层厚度。

表 2-4 美国能源部（DOE）对质子交换膜的性能及指标要求

特征	2020 年目标
最大氧气渗透①	2mA/cm^2
最大氢气渗透	2mA/cm^2
面积比质子电阻 最大操作温度与水分压 40 ~ 80kPa 80℃与水分压 25 ~ 45kPa 30℃与水分压 4kPa −20℃	 0.02Ω · cm^2 0.02Ω · cm^2 0.03Ω · cm^2 0.2Ω · cm^2
操作温度	≤ 120℃
最小短路电阻	1000Ω
成本②	20$/kW
寿命③：机械 / 化学	20000h/>500h

① 组装成 MEA 后在 1atmO_2 或 H_2，同等电堆操作温度，增湿气体，0.5V 直流电压下测试。

② 大批量生产成本（按每年生产 500000 套 80kW 电堆计算）。

③ 机械稳定性通过将 25 ~ 50cm^2 的 MEA 在 80℃与常压下，相对湿度 0%(2min) 与 90℃露点 (2min) 两种加湿度条件下循环，两侧采用 2SL/min 空气流动测试。化学稳定性通过将 25 ~ 50cm^2 的 MEA 在开路电压，90℃，氢气 / 空气计量比 10/10 且流量与 0.2A/cm^2 相当，进气压力 150kPa，阴极与阳极两侧相对湿度 30% 条件下测试。根据美国车用燃料电池组件加速衰减测试与极化曲线测试方案 (http://www.uscar.org/commands/files_download.php?files_id=267)，MEA 化学稳定性与度量及膜机械循环与度量。

表 2-5 美国能源部（DOE）对 PEMFC 膜电极的性能及指标要求

特征	2020 年目标
成本①	14$/kW
启停循环稳定性②	5000h
性能 @0.8V③	300mA/cm^2
额定功率性能	1000mW/cm^2

① 大批量生产成本（按每年生产 500000 套 80kW 电堆计算）。

② 需要达到或超过 80℃到最高温度。依据美国车用燃料电池公司电池组件加速衰减测试与极化曲线图 (http://www.uscar.org/commands/files_download.php?files_id=267), 经过测试后额定功率衰减小于 10%。

③ 0.8V 下的电池性能相当于 1/4 额定功率。

2.2.2 燃料电池双极板的性能及指标要求

表 2-6 美国能源部（DOE）对双极板的性能及指标要求

特征	2020 年目标
成本①	3$/kW
金属板氢气渗透系数②	$<1.3\times10^{-14}$ Std cm^3/(s cm^2 Pa)
阳极腐蚀③	<1μA/cm^2
阴极腐蚀④	<1μA/cm^2
电导率	>100S/cm
面积比阻抗⑤	0.01Ω · cm^2

（续）

特征	2020年目标
抗弯强度⑥	>25 MPa
成型延伸率⑦	40%

① 大批量生产成本（按每年生产 500000 套系统计算），假定 MEA 达到 $1000mW/cm^2$。
② 根据标准气体传递测试（ASTM D1434）。
③ pH3 0.1×10^{-6} HF, 80℃，峰值活性电流 $<1\times10^{-6}A/cm^2$［0.1mV/s，−0.4 ~ +0.6V(Ag/AgCl) 下动电位测试］，用 Ar 除去空气。
④ pH3 0.1×10^{-6} HF, 80℃，24h 内峰值活性电流 $<5\times10^{-8}A/cm^2$［+0.6V(Ag/AgCl) 下动电位测试］，含空气溶液。
⑤ 包含界面接触电阻（刚接收时和恒电位测试之后），测量时两侧压力分别为 $138N/cm^2$［Wang, et al. J. Power Sources 115 (2003) 243-251］。
⑥ ASTM-D 790-10 关于非强化与强化塑料及绝缘材料的屈曲性能测试。
⑦ 依据 ASTM E8M-01 关于金属材料拉伸试验的标准测试方法。

2.2.3 燃料电池堆的性能及指标要求

表 2-7 80kW 净功率车用氢燃料电池堆技术要求①

特征	2020年目标
燃料电池堆体积比功率②	2500W/L
燃料电池堆质量比功率	2000W/kg
性能 @0.8V	$300mA/cm^2$
25% 额定功率下的电堆效率③	65%
成本④	20$/kW
寿命⑤	5000h
$Q/\Delta T_i$⑥	1.45kW/℃

① 不包含氢气储存、动力电子设备、电力驱动装置及燃料电池配件、热、水与空气管理系统。
② 功率指净功率（即电堆功率减去配件功率），体积指“箱体积”，包含死空间。
③ 直流输出能量与输入氢燃料的低热值之比，效率最大值出现在 25% 额定功率处。
④ 大批量生产成本（按每年生产 500000 套 80kW 电堆）。
⑤ 依据美国车用燃料电池公司电池组件加速衰减测试与极化曲线图（http://www.uscar.org/guest/view_team.php?teams_id=17），经过测试后额定功率衰减小于 10%。
⑥ $Q/\Delta T_i$=［堆功率 (90kW) × (1.25V− 额定功率下电压) ÷ 额定功率下电压］÷［堆冷却剂出口温度 − 环境温度 (40℃)］(http://www.uscar.org/commands/files_download.php?files_id=267)。

2.3 燃料电池堆结构

燃料电池堆是由两个或多个单电池和其他必要的结构件组成的、具有统一电输出的组合体，其中必要结构件包括：极板、集流板、端板、密封件等。图 2-1 所示为燃料电池堆剖面示意图，燃料电池堆结构可表示为双极板与膜电极交替层叠，同时在各单元之间嵌入密封件，用于流体之间及对外密封，其端部设有集流板用于电流输出，经前后端板压紧后用螺杆或绑带组装固定，形成一燃料电池电堆，70kW 燃料电池电堆实物如图 2-2 所示。PEMFC 电堆在运行时，首先分别从进口引入燃料（主要为氢气或甲醇等）和氧化剂（氧气、空气），分别经过电堆阳极和阴极歧管进入双极板中，均匀分布到膜电极组件中的阳极和阴极催化层内，最后在催化剂作用下进行电化学反应。电堆在工作过程中会产生大量的热量，因此必须通过加入冷剂（如冷却水）来控制电堆温度，冷剂流道在双极板中间。

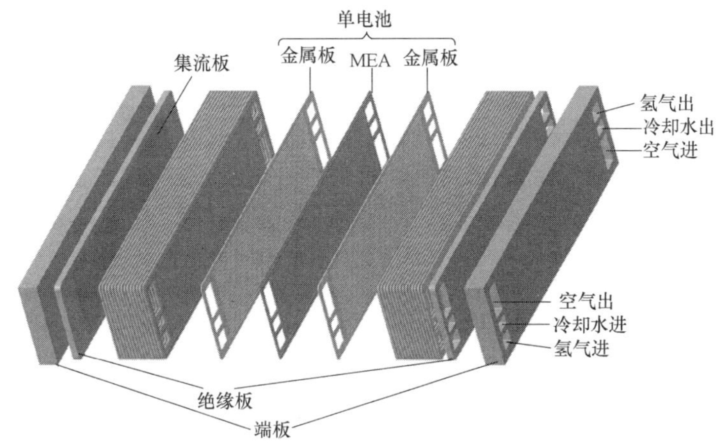

图 2-1　燃料电池堆剖面示意图

图 2-2　70kW 燃料电池电堆实物（图片来源：新源动力官网）

2.4　膜电极

2.4.1　催化剂

1. 催化剂定义及功能

在燃料电池催化层中，阳极侧的燃料被氧化，阴极侧的氧化剂被还原，反应生成水的同时伴随着化学能转化成电能。催化剂可以降低电极反应的反应活化能垒，使电极反应更容易发生。

2. 催化剂技术要求

燃料电池催化剂必须具备以下特点：

1）较高的电催化活性。

2）适当的比表面积。

3）优良的导电性。

4）优异的催化稳定性。

目前质子交换膜燃料电池的评价标准主要依据美国 DOE 关于燃料电池测试协议，美国 DOE 对催化剂的性能及指标要求见表 2-3。催化剂性能关键评价指标为 0.9 $V_{iR\text{-}free}$ 情况下的质量比活性（Mass Activity，MA）和面积比活性（Specific Activity，SA），目前主要商用燃料电池贵金属催化剂的动力学活性数据如图 2-3 所示[3]。

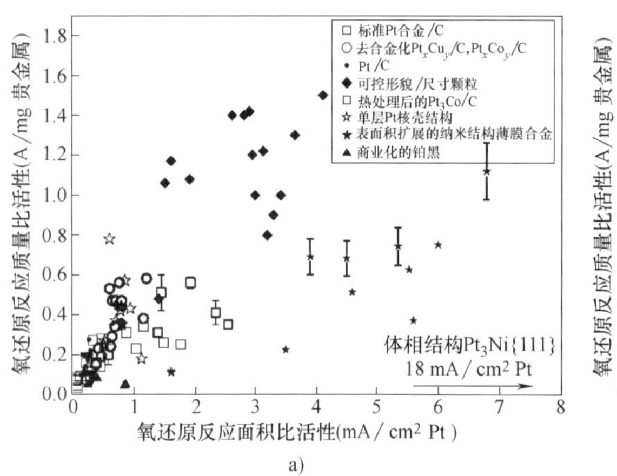

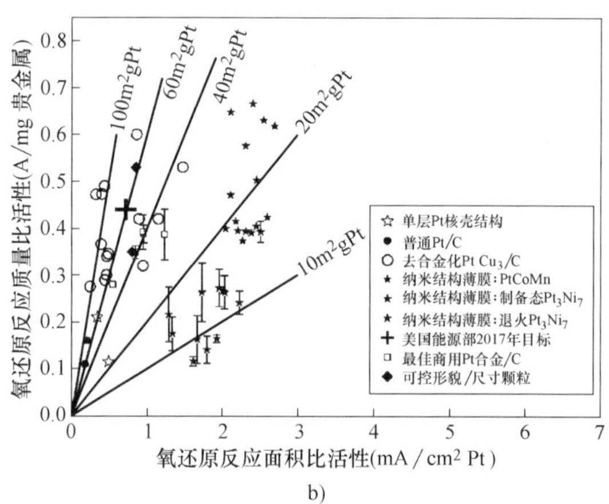

图 2-3　目前主要商用燃料电池贵金属催化剂的动力学活性数据

a）不同 Pt 基催化剂在旋转圆盘电极下测试得到的动力学活性数据

b）不同 Pt 基催化剂在 MEA 下测试得到的动力学活性数据[4]

3. 催化剂种类

燃料电池催化剂按照用途可以分为两类：阳极催化剂和阴极催化剂。

阳极催化剂因为用量少且要求不高，所以几乎全部为商业 Pt/C 催化剂，也有部分阳极催化剂中加入 IrO_2 等氧化物来改善膜电极反极造成的性能退化[5]。

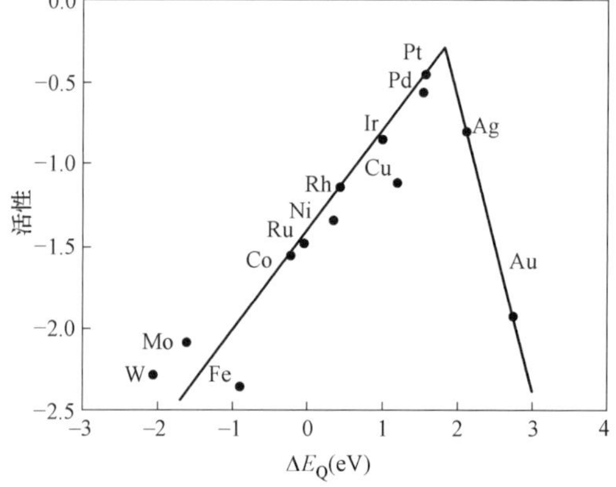

图 2-4　DFT 计算得到的不同金属氧还原活性与氧结合能关系图

燃料电池阴极氧还原（ORR）反应速率比阳极氢氧化要慢 6 个数量级以上，因此膜电极氧还原性能的好坏直接限制了其电池性能。Nørskov 等人根据 DFT 计算得到具有 ORR 活性的金属主要为 Pt、Pd、Ir、Cu、Ag 等，DFT 计算得到的不同金属氧还原活性与氧结合能关系如图 2-4 所示[6]。结果表明，Pt 和 Pd 是 ORR 反应的最佳催化剂，而对于氧结合能过强的金属（如 Ag、Au 等）易形成稳定的中间产物，阻碍后续的基本反应步骤，对于氧结合能过弱的金属（如 W、Mo、Fe 等）则反应能量不足以活化反应物，从而使氧吸附过慢。目前 Pt 基催化剂因其优异的电催化活性而成为最常用的阴极催化剂。为了降低成本，合金催化剂和非铂催化剂也是未来主要发展方向。

目前还没有一款商用阴极催化剂能够兼顾性能、耐久性、成本等要求，所以目前商业燃料电池阴极催化剂种类繁多，氧还原催化剂材料分类如图 2-5 所示[7]。

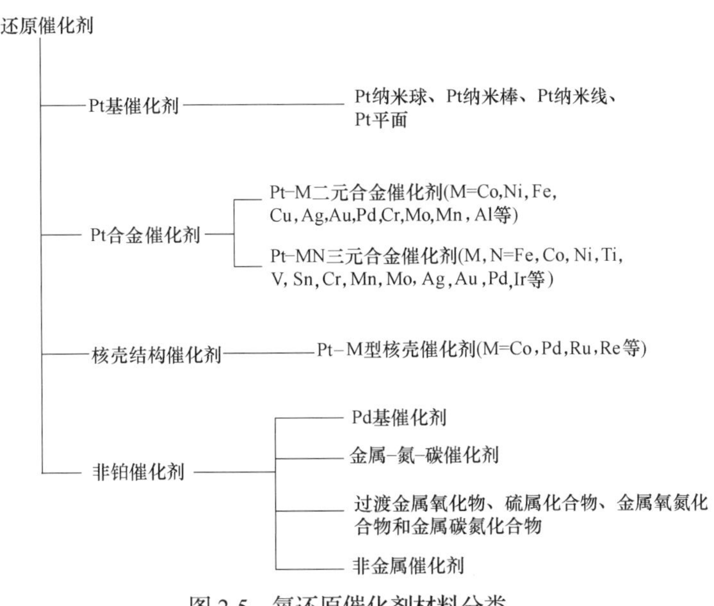

图 2-5　氧还原催化剂材料分类

（1）Pt 基催化剂

目前，商用燃料电池膜电极阴极催化剂主要以 Pt 基催化剂为主，而 Pt/C 催化剂最为常用。Pt/C 催化剂的载体一般为导电炭黑、活性炭、碳纳米管等，目前商业化的铂碳催化剂主要以活性炭为载体。铂碳催化剂的制备方法有很多，如浸渍法、离子交换法，胶体法等[8]。其中浸渍法由于操作简单、控制方便，成为目前最有效的 Pt/C 催化剂制法之一。根据浸渍法的制备过程，影响合成的铂碳催化剂的质量活性主要与碳载体性质和还原剂类型有关。碳载体类型、亲疏水性、表面官能团都会影响 Pt 颗粒的分散性，还原试剂如甲醇、硼氢化钠、乙二醇等会对金属颗粒的粒径及分散度产生影响[9]。传统商业 Pt/C 催化剂 TEM 图片如图 2-6 所示[10]。

Pt/C 催化剂的特点是氧还原活性高，制备方法简单，但是碳载体的不稳定性使其在燃料电池运行环境中容易腐蚀，造成 Pt 颗粒团聚长大，Pt 颗粒很难维持初始形貌，进而活性降低[11]。此外，Pt 金属为稀有金属，成本较高。为推广燃料电池的商业应用，降低 Pt 金属用量是必然趋势，而仅仅依靠单金属 Pt 基催化剂很难实现。

（2）Pt 合金催化剂

自从美国联合技术公司（United Technologies Corporation，UTC）在 20 世纪 80 年代开发出适用于燃料电池 ORR 的 Pt 合金催化剂以来，Pt 合金催化剂被视为纯 Pt 催化剂之后第二代燃料电池 ORR 催化剂而得到广泛的关注。它比纯 Pt 具有更高的活性和耐久性，因此在 UTC 的固定式燃料电池发电站和丰田 Mirai 燃料电池汽车中都得到应用[7]。

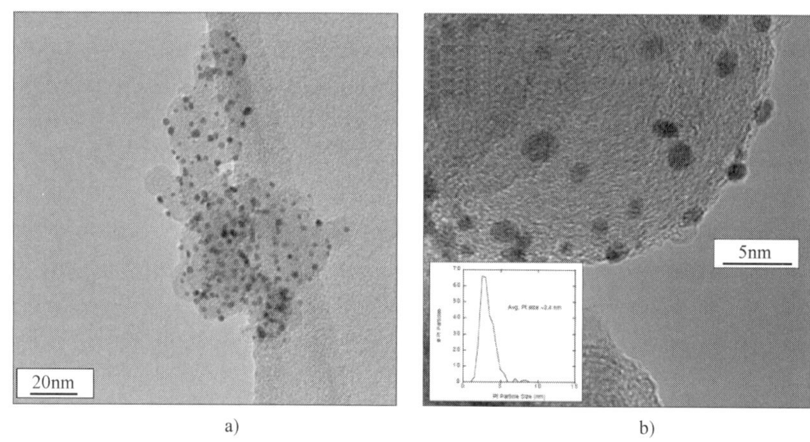

a) b)

图 2-6 传统商业 Pt/C 催化剂 TEM 图片

但是在燃料电池运行过程中，Pt 合金催化剂中掺杂的过渡金属溶解造成的污染会导致燃料电池膜电极出现致命的衰退，因此目前 Pt 合金催化剂还处于进一步开发完善阶段。通过适当的后处理（如酸洗），可以有效地缓解过渡金属的溶解，从而提高其耐久性。也有研究表明，通过制备有序 Pt 合金、多孔 Pt 合金、尺寸控制 Pt 合金、纳米线、纳米棒和纳米管状 Pt 合金等不同形貌的材料，也可以有效提高 Pt 合金催化剂的 ORR 性能和耐久性[7, 12]。

铂合金的活性增强来源于过渡金属的掺杂。因此，过渡金属的类型和掺杂量对 ORR 活性有显著影响。不同金属 M (M = Co，Ni，Fe，Cu，Ag，Au，Pd，Cr，Mo，Mn，Al 等) 掺杂组成的 Pt-M 合金催化剂，其中 Co、Ni、Fe 体现出优越的 ORR 活性而得到了更为广泛的关注。但是 Pt-M 二元合金催化剂中过渡金属的溶解电位较低，虽然这会有效地增强合金催化剂的氧还原能力，但是也带来了化学稳定性差的特点。因此，合金催化剂在使用一段时间后会由于掺杂金属的流失而变为纯铂催化剂，掺杂金属原子下移而形成 Pt-skin 型结构[6, 7, 12-14]。

除了双金属合金催化剂外，近年来还对三元合金、四元合金和五元合金进行了研究。不同 Pt-MN 组合（M, N =Fe，Co，Ni，Ti，V，Sn，Cr，Mn，Mo，Ag，Au，Pd，Ir 等）已被合成出来并评估了其 ORR 性能。由于可能存在协同效应，三元合金催化剂的活性和稳定性普遍高于相应的二元合金催化剂。Pt 合金催化剂在 ORR 活性上的尺寸效应比纯 Pt 的更加复杂，除了尺寸效应外，其他参数如成分、合金化程度、退火温度、形状等因素也决定了其活性。因此很难取得一个有意义的结论参数（如退火温度、成分等）来分析多元合金催化剂的催化活性增强原因，目前更多的是合成经验型多元催化剂[7]。

（3）核壳结构催化剂

由于只有表面原子接触电解质并参与电催化反应，传统纯 Pt 纳米催化剂的铂利用率较低。例如，对于一个 3nm 的 Pt 颗粒，只有大约 30% 的原子在表面，其余原子被浪费在粒子内部[7]。核壳结构催化剂核心的构想是利用 Pt 原子形成壳结构，围绕一个非 Pt 的核心，比如 Pd、Ru 和 Re 等纳米颗粒，图 2-7 为 Pt_3Ni 合金催化剂的透射电子显微镜照片（TEM）。有各种各样的方法来合成核壳结构催化剂，包括但不限于 Cu 介质沉积、化学还原、自发沉积、脱合金、电化学沉积和原子层沉积等[15-20]。核壳结构催化剂的 ORR 活性本质上还是类似于纯 Pt 催化剂，因此其催化机理可参考纯 Pt 催化剂的晶面效应和尺寸效应。PtNi 核壳结构催化剂结构如图 2-8 所示[21]。

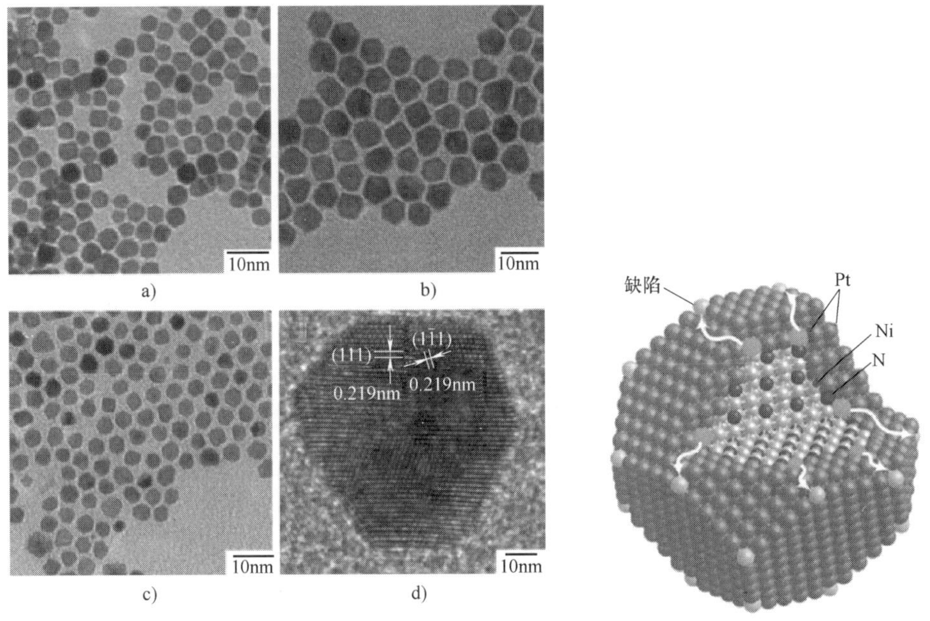

图 2-7　Pt_3Ni 合金催化剂的透射电子显微镜照片（TEM）

图 2-8　PtNi 核壳结构催化剂结构

（4）非铂催化剂

非铂催化剂的目标是寻找一种可以完全替代铂的低成本 ORR 催化剂。目前可用的非铂催化剂主要分为以下几种[22]：

1）Pd 基催化剂。

2）金属 - 氮 - 碳催化剂。

3）过渡金属氧化物、硫属化合物、金属氧氮化合物和金属碳氮化合物。

4）非金属催化剂。

Pd 和 Pt 属于同一族金属原子，具有相似的电子结构，因此 Pd 具有与 Pt 相似的催化性质。且 Pd 储量远高于 Pt，而成本仅为 Pt 的 1/4 ～ 1/2，因此开发高效 Pd 基催化剂是替代 Pt 基催化剂、降低商业化成本的有效途径[23]。然而迄今为止，在酸性条件下，Pd 基催化剂的活性和稳定性还是很难与铂基催化剂相媲美，无法满足商业化使用的要求。目前对 Pd 基催化剂的改性主要方向为通过与过渡金属如 Fe、Ni、Au 等形成 Pd 合金，过渡金属可以调节 Pd 原子电子结构，从而使 Pd 基催化剂具有与 Pt 基催化剂相当的催化活性[24-26]。

非贵金属催化剂和非金属催化剂是完全摆脱对贵金属依赖的最终途径，因此是目前燃料电池 ORR 催化剂的一个主要研究方向。在众多非贵金属催化剂中，过渡金属氮掺杂碳基催化剂（M-N-C，M=Fe，Zn，Ni，Mn，Cu，Cr）表现出优异的 ORR 催化活性，其中

Fe-N-C 型催化剂的催化活性最高[27]。尽管对于金属物种是否直接参与形成活性中心仍存在争议，但碳环结构中吡啶氮和吡咯氮的掺杂对提高 ORR 活性的作用是显而易见的。因此在基础上，进一步开发出氮掺杂碳基非金属催化剂（N-C）。基于当前对非贵金属催化剂和非金属催化剂的理论认识和实验探究，非贵金属催化剂和非金属催化剂的催化活性已有大幅提高，但其 ORR 活性和稳定性仍与 Pt 基催化剂具有很大差距[28, 29]。而过渡金属氧化物，尤其是锰基和钴基氧化物虽然在碱性溶液中表现出很好的催化氧还原活性，但是在酸性条件下活性偏低，还处于研究阶段，离商业化运用还有很长一段距离。探究非贵金属催化剂和非金属催化剂的 ORR 活性与原子组成、电子构型、表面形貌的构效关系，结合理论计算在分子、电子水平确定活性位点，开发提高活性位密度的技术，构筑高效新型非铂催化剂结构，提高催化剂的稳定性，是未来非铂 ORR 催化剂研究发展的主要方向[30]。

2.4.2 质子交换膜

1. 质子交换膜定义及功能

质子交换膜（Proton exchange membrane，PEM）是一类以其卓越的离子电导率和化学 - 机械稳定性而闻名的离子导电聚合物薄膜，它可以为质子的迁移和输送提供通道，在运行过程中只允许水和质子（或称水合质子，H_3O^+）穿过，使得质子能够经过膜从阳极到达阴极，而电子只能够通过外电路转移从阳极到达阴极，从而能够向外界提供电流。PEM 在燃料电池中具有双重作用[31]：

1）作为电解质提供氢离子通道，传导质子。

2）作为隔膜隔离两极反应物，防止它们直接反应。

2. 质子交换膜技术要求

根据燃料电池的工作特点，高效率的质子交换膜性能应该满足以下要求[32]：

1）较高的质子传导率和较低的电子传导率。

2）反应物在膜中的渗透性尽可能小，避免燃料和氧化剂直接接触。

3）较强的化学稳定性，在活性物质的氧化、还原和酸性作用下不会发生降解。

4）足够高的机械强度和热稳定性，可以承受在加工和运行过程中不均匀的机械和热量冲击。

5）较好的表面黏结性，可以很好地与催化剂黏结。

6）较高的性价比。

评价 PEM 的性能指标主要为离子基团当量值（EW 值）、离子交换能力（Ion-exchange capacity，IEC，和 EW 值成反比关系）、离子传导率、膜厚度、气体渗透率、机械强度以及成本等。

3. 质子交换膜类型

质子交换膜可以分为均质膜和复合膜两种，质子交换膜分类如图 2-9 所示。

（1）均质膜

根据材料的主链组成和官能团不同，可以将均质膜分为五种不同类型：全氟磺酸膜、部分氟化磺酸膜、非氟化磺酸膜、聚苯并咪唑 (PBI)/H_3PO_4 膜以及碱性离子膜。

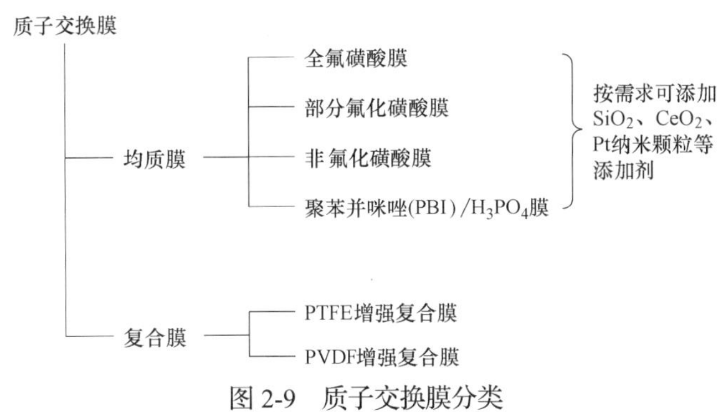

图 2-9 质子交换膜分类

以 Nafion 为代表的全氟磺酸膜是最常用的 PEM，并且由于其优异的化学和电化学稳定性以及卓越的质子导电能力，被用作表征质子交换膜性能的基准。它具有独特的结构，包括四氟乙烯疏水性主骨架和带有亲水端磺酸基团的侧链，前者使其具有一定的物理强度和优秀的化学稳定性，而后者使其在含水时具有理想的质子传导性。水在膜中的存在状态会影响 PEM 离子通道形成、尺寸和连接性，从而决定着 PEM 的质子传导率[33]。

部分氟化磺酸膜主要包括辐射接枝膜和以商用氟聚物为主体的共混膜两种。目前，在 PEMFC 中使用的辐射接枝膜通常是使用两步法制备而成：先将苯乙烯或 α，β，β- 三氟苯乙烯接枝到含氟的惰性高分子膜上，这种惰性高分子膜通常是聚四氟乙烯（PTFE)、聚偏氟乙烯（PVDF)、共聚的四氟乙烯和六氟丙烯（FEP）或交联的乙烯和四氟乙烯（ETFE）等，然后磺化接枝。共混改性法研究主要集中在共混膜材料的选择及共混膜的制备上，一般选取聚砜 (PS) 、聚丙烯腈 (PAN) 、聚偏氟乙烯、醋酸纤维素等高性能高分子材料作为共混制膜材料，近年又开展了对丝素、壳聚糖和甲壳素等医用高分子材料的研究。聚合物共混或掺杂作为一种有价值的技术也被用于改进氟聚合物的力学、热学、表面和质子传导性能。但是到目前为止，这种技术制备的部分氟化磺酸膜还没有可实用的报道[34]。

非氟质子膜是 PEM 的一个重要分支。这些 PEM 材料包括聚芳基醚、聚酰亚胺、聚醚酰亚胺、苯乙烯及其衍生物等。聚芳醚基膜由于其可加工性、优异的热化学稳定性、良好的力学性能和低成本等优点，是最有前途的可选 PEM 材料之一。磺酸基团是聚芳醚基膜的质子交换位点，比羧酸和膦酸更容易被引入芳香环。聚酰亚胺基磺酸膜，特别是磺化六元环（萘）聚酰亚胺，由于其优良的化学和热稳定性、较高的机械强度、良好的成膜能力和较低的燃料气体（或液体）渗透能力，被认为是 PEM 的理想候选[35]。

（2）复合膜

由于受到全氟磺酸树脂自身强度和制备工艺的限制，均质膜的机械强度较低、溶胀严重，并且厚度较厚，目前难以得到可以实用的低于 25μm 厚度的均质膜。为了进一步降低膜厚度，提高自身强度和降低溶胀，美国 Gore 公司研制出了聚四氟乙烯（ePTFE）增强型复合 PEM。这种复合 PEM 将 PSFA 填充到 PTFE 的微孔当中，在保证膜的机械性能的前提下，使膜的厚度进一步降低至 10 ~ 20μm，甚至更低，相应的质子导电性得到大幅提高。目前车用燃料电池 PEM 已经大部分改为使用复合膜，表 2-8 列出了 Gore 公司 15μm 复合膜的性能指标。

复合质子交换膜是将全氟磺酸树脂加注到具有多孔结构的增强基体材料（如 PTFE、

PVDF 等）中形成的复合结构的膜。全氟磺酸树脂填充到多孔增强基体材料的微孔内，既可以不阻塞质子传导通道，保持膜的质子传导性能，又可提高膜的机械强度和尺寸稳定性。美国 Gore 公司采用带有微孔的 PTFE 膜对全氟磺酸树脂进行微观增强是目前最主流的复合膜制备方法。这种增强工艺并没有改变全氟磺酸树脂的化学特性，但膜的厚度可大幅降低到 10 ~ 20μm，同时其质子电导率得到提高（60S/cm）。通过对比 20μm 厚、1100EW 的 Gore-select 膜与 175μm 厚、1100EW 的 Nafion117 膜发现，在同样的含水量情况下，前者的拉伸强度是后者的 2 倍，同时失水后的收缩率是后者的 1/4，并且电池性能方面前者也大幅高于后者。但是由于膜厚度降低，导致前者的氢气渗透性是后者的 4 倍[36]。

表 2-8　Gore 公司 15μm 复合膜的性能指标

性质		单位	M820.15	方法
电导率		S/cm	7.6	【测试方法】交流阻抗 【电池】Gore 自制 【膜电极结构】阳极：A584 0.1mg/cm²，阴极：C580 0.4mg/cm² 【测试条件】80℃，30%RH
抗拉强度	MD	MPa	43	等同于 ISO527-3 形状：样品型号 4（窄的平行部分的宽度），夹具之间的初始距离：80mm，十字头速度：200 mm/min，23℃，50%RH
	TD	MPa	45	
EW 值		g/eq	967	在 100℃下真空干燥 2~3h 后，测量电解质的干重。将电解质、去离子水（25mL）放入密封的电池装置中，充入 N_2 后搅拌 15min，倒入 3M NaCl 溶液（55mL）然后搅拌 45min，最后滴定 0.01M NaOH 溶液至 pH 为 7.00
溶胀率	MD	%	–1	在 23℃、50%RH 条件下测量膜的尺寸（干态尺寸）；在 100℃下煮沸 10min 后，测量膜的尺寸（湿态尺寸）。膨胀率（%）= 湿态尺寸 / 干态尺寸
	TD	%	4.5	

（3）质子交换膜添加剂

质子交换膜均质膜和复合膜中均可以通过添加无机小分子（如 SiO_2、CeO_2 等）或金属纳米颗粒（如 Pt）等添加剂来改善其性能。质子交换膜中添加 SiO_2 等无机小分子主要对膜材料进行自增湿改性，使得燃料电池在低湿度条件下能够保持良好的保水吸湿性能，同时能够促进阴极的产物水反扩散到膜和阳极。而添加 CeO_2 等无机小分子主要作为自由基淬灭剂，从而消灭来自催化层中产生的自由基，提升膜的耐久性。最近几年，在质子交换膜阴极侧添加 Pt 纳米颗粒得到广泛关注，并且在主要的膜制造商中已经开始量产。在阴极侧添加 Pt 纳米颗粒可以同时作为膜材料的自增湿添加剂和自由基淬灭剂，大幅提升其耐久性，其性能得到实际验证。

4. 全氟磺酸树脂介绍

质子交换膜的 EW 值、IEC 和离子传导率等关键技术指标直接取决于全氟磺酸树脂（Perfluorinated sulfonic-acid，PFSA）的成分和结构，选择合适的 PFSA 是选择质子交换膜必须优先考虑的因素。PFSA 结构如图 2-10 所示。

PFSA 由聚四氟主链和功能基团支链两部分组成，其化学结构如图 2-10a 所示。离子传导率与主链长度 m、n 和支链长度 x、y 的大小相关，同时热处理温度、溶剂等成膜条件也会影响 PEM 的离子传导率。EW 值代表离子基团在 PFSA 中的总含量，见图 2-10b。表 2-9 对比列举了部分公司生产的全氟磺酸树脂 EW 值[32]。

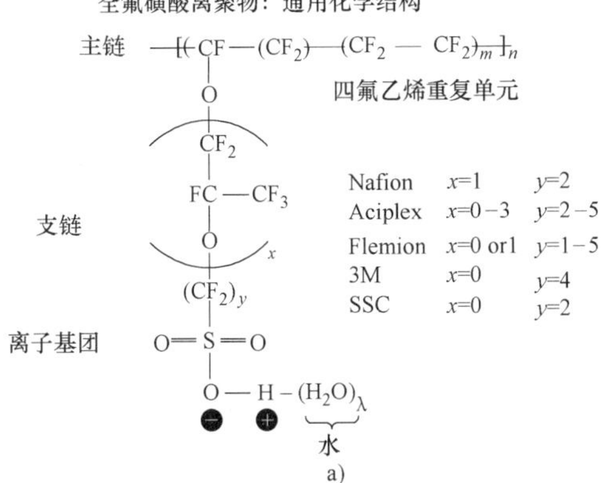

a)

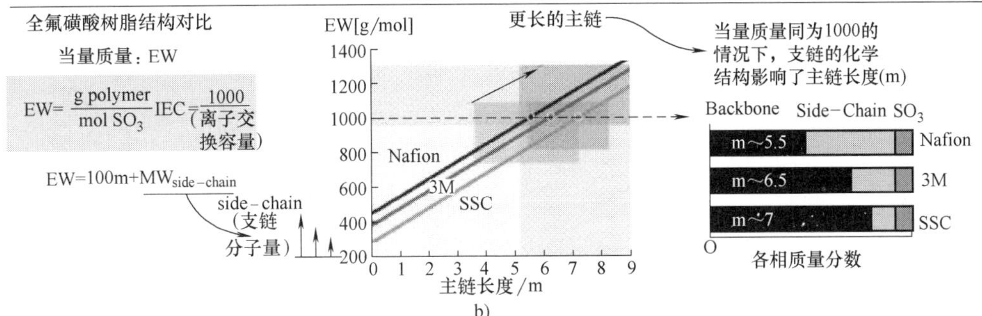

b)

图 2-10 PFSA 结构

a）全氟磺酸树脂化学结构示意图 b）不同全氟磺酸树脂的 EW 值和侧链长度关系

表 2-9 部分公司生产的全氟磺酸树脂 EW 值

商品化名称（供应商）	EW Value/(g/mol)
Nafion® (Dupont)	1100 ～ 1200
Dow membrane(Dow Chemical)	800
Flemion (Asahi Glass)	1000
Aciplex(Asahi Chemical)	1000 ～ 1200
3M Ionomer(3M)	600 ～ 800
Aquivion (Solvay Solexis)	700 ～ 900
Fumapem® (Fuma Tech)	700 ～ 1000

2.4.3 气体扩散层

1. 气体扩散层定义及功能

气体扩散层（Gas diffusion layer，GDL）在燃料电池中主要起到支撑催化层、传导电子、传导反应气体和排出反应产物水等作用，其通常由多孔基底层和微孔层（Microporous layer，MPL）组成。PEMFC 运行过程中反应物和产物的传输虽然不直接参与电化学反应，但是传输速度会直接影响电池性能，而 GDL 是气体和水传输的主要场所[37]。

2. 气体扩散层技术要求

根据燃料电池的工作特点，气体扩散层基底材料必须满足以下要求：

1）均匀的多孔结构、较高的孔隙率和较大的孔径，以保证优异的透气性能。

2）较低的电阻率，保证较高的电子传导能力。

3）结构紧密、表面平整，减小接触电阻，提高导电性能。

4）具有一定的机械强度，利于制作电极。

5）适当的亲疏水性，利于反应产物水的排出。

6）具有化学稳定性和热稳定性。

7）较低的制造成本，较高的性价比。

微孔层通常由纳米尺度碳颗粒和疏水性的黏结剂构成，厚度约为 30 ~ 100μm，其主要作用是改善气体扩散层的孔隙结构和表面的平整度，从而降低催化层与扩散层之间的接触电阻，改善界面处的气体和水发生再分配，防止电极催化层“水淹”，同时防止催化层在制备过程中渗漏到多孔基底层[38]。

3. 气体扩散层类型

目前，基底层通常使用多孔的碳纤维纸（碳纸）、碳纤维编织布（碳布）、非织造布、扁平的泡沫金属和金属网等材料经过改进制备而成，其厚度约为 100 ~ 400μm，主要作用为支撑微孔层和催化层，同时可以传导反应气体和排出反应产物水。其中多孔碳纸是最常用的扩散层基底材料[39]。

根据燃料电池运行情况不同（如阴阳极加湿度、阴阳极运行气体压力、温度、工作电流密度等参数），研发人员会设计不同类型的 GDL，通常通过加入 PTFE 来调整扩散层憎水性。不同公司生产的气体扩散层性能参数见表 2-10。

表 2-10　不同公司生产的气体扩散层性能参数

商品化名称（供应商）	总厚度 /μm	内阻 /mΩ · cm^2	密度 /g · m^{-2}
SGL Group(Sigracet® GDL)	105 ～ 325	4 ～ 12	40 ～ 125
Freudenberg(H series GDL)	150 ～ 290	4 ～ 10	65 ～ 150
Engineered Fibers Technology(Spectracarb™GDL)	127 ～ 381	—	—
AvCard(AvCarp GDL)	184 ～ 330	14 ～ 17	60 ～ 182
FuelCellsEtc(ELAT® GDL)	406 ～ 490	0.1 ～ 0.17	130 ～ 250
Toray Company(Toray Carbon Paper)	110 ～ 370	4 ～ 80	—

2.4.4 膜电极组件

1. 膜电极结构及功能

膜电极组件（Membrane electrode assembly，MEA）是由质子交换膜和分别置于其两侧的阳极、阴极催化层以及气体扩散层组成的复合体，其结构主要有质子交换膜、催化层和扩散层三部分，膜电极组件结构如图 2-11 所示。

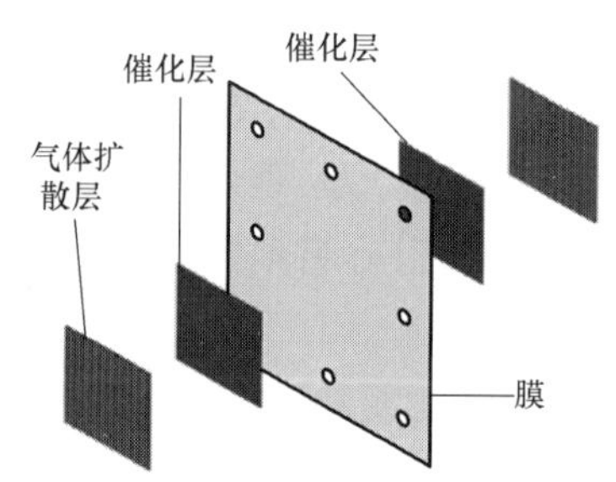

图 2-11　膜电极组件结构

2. 膜电极技术要求

在燃料电池系统中，电化学反应只能发生在“三相边界”处，即固态电解质（质子交换膜等）、反应气体（氢气、氧气等）和催化剂之间的三相边界区域，而电化学反应速率和效率则依赖于这种多边环境之间的通过不同制备方法而得到的结构差异，以及催化剂载量、树脂含量等其他重要参数[40]。

随着车用质子交换膜燃料电池商业化发展的需要，美国能源部（DOE）2016 报告提出膜电极的性能指标见表 2-5，其中 Pt 用量、0.8V 下的性能和耐久性是最重要的三个指标。膜电极结构及材料必须满足以下要求：

1）改善催化层结构，提高氧传质能力以提高催化剂利用率。

2）开发新型 Pt 合金催化剂，降低 Pt 载量。

3）加入自由基淬灭剂以提高催化层耐久性。

4）改善微孔层结构，以提高反应气体传质能力和反应产物水排出能力。

然而对于提升 MEA 的性能和耐久性，不能仅仅依靠 MEA 自身材料和结构的改进，而必须结合双极板流场结构、电堆组装、辅助关键零部件性能和控制策略进行综合考虑。

3. 膜电极类型

MEA 是由阳极气体扩散层、阳极催化层、质子交换膜、阴极催化层和阴极气体扩散层等经一定工艺制备而成。

根据不同的制备方法和实际应用要求，MEA 可以分为 GDE（Gas diffusion electrode）工艺型、CCM（Catalyst coating membrane）工艺型和有序化膜电极三种类型[41]。

（1）GDE 工艺

GDE 工艺是将催化剂、PTFE 乳液或 Nafion 溶液与醇类溶剂通过一定比例混合制备催化剂浆料，然后通过涂布或喷涂等方法制备到气体扩散层（或微孔层）表面形成电极，最后将质子交换膜夹在两层电极之间进行热压制成膜电极。该方法制备的膜电极催化层较厚，导致铂利用偏低，一般铂用量都超过 $1mg/cm^2$。同时由于膜电极是通过热模压法直接将质子交换膜与含催化层的气体扩散层热压制备，为了避免质子交换膜被刺穿，必须使用较厚的质子交换膜，导致膜电极内阻较高。因此到目前为止，GDE 工艺除了在氢氧燃料电池膜电极和电解水膜电极上还有应用外，在其他种类膜电极制备中已经逐步被 CCM 工艺所取代[40, 42, 43]。

（2）CCM 工艺

第二代膜电极技术是将催化层通过转印法或直接涂覆法直接制备到质子交换膜两面，后将气体扩散层夹在两侧形成膜电极。CCM 工艺制备膜电极流程如图 2-12 所示。该方法制备的膜电极催化层较薄，目前铂载量已经降低到 $0.2\text{~}0.4mg/cm^2$。同时，由于气体扩散层和质子交换膜之间没有高强度热压过程，膜厚度可以降低至 20μm 以下，在有效节约离子交换树脂用量的同时也提高了质子传导率。CCM 工艺是目前最主流的商业化膜电极制备方法，并已被全世界广泛采用。杜邦公司在 2009 年统计的世界主要商业膜电极供应商如图 2-13 所示，其产品绝大部分均为 CCM 工艺制备[40, 41]。

（3）有序化膜电极

理论仿真与实验测试研究表明，燃料电池膜电极内多物理量（如电压、电流、温度、氧气浓度、氢气浓度、水含量等）在空间多个维度上（垂直或平行厚度方向）存在不均匀

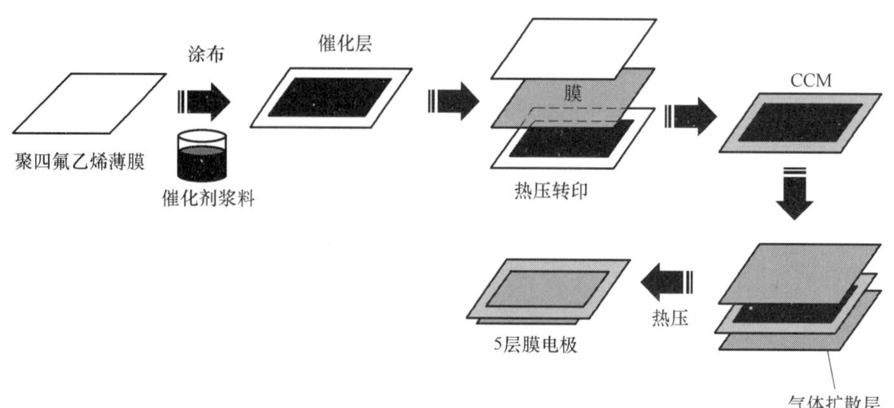

图 2-12 膜电极工艺制备流程

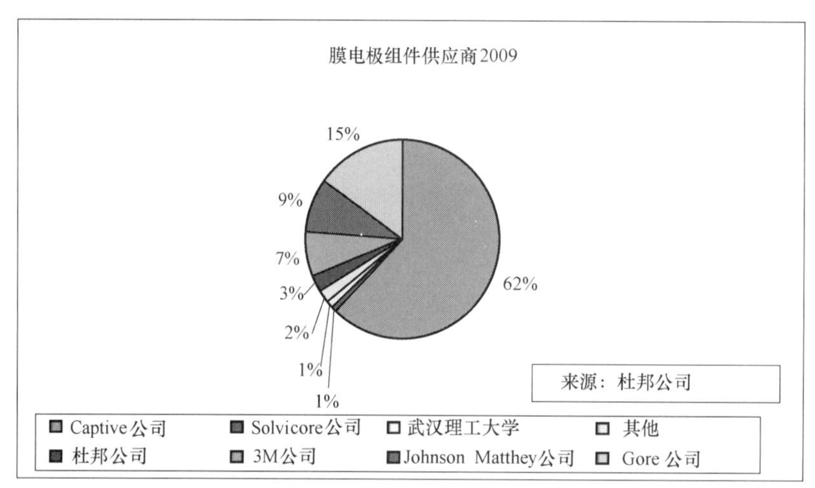

图 2-13 杜邦公司在 2009 年统计的世界主要商业膜电极供应商

性，这种不均匀性会导致电极在不同区域内的电化学反应效率出现差异。传统 GDE 工艺和 CCM 工艺均采用催化剂料浆制备催化层，从而导致电极内部空间排布不可控，催化层中物质与孔隙的分布均为无序状态，催化层的三相边界混乱，其传质过电位占燃料电池总传质过电位的 20% ~ 50%。针对这种不均匀性，研究人员尝试在膜电极的结构设计中引入有序化设计理念。有序化设计是通过结构控制将催化层的三相边界进行有序排列，使电极内部质子传导和电子传导形成有序通道，从而提高三相传输效率和 Pt 利用率[21, 44]。

目前的研究主要有基于碳纳米管的有序化膜电极、基于催化剂薄膜的有序化膜电极和基于质子导体的有序化膜电极三种方向，各电极如图 2-14 所示。美国 3M 公司通过有机晶须模板开发出纳米有序电极（NSTF），其有机晶须基底材料高度小于 1μm，直径为 30 ~ 55nm，密度为 30 ~ 40 根晶须 /μm^2，并通过磁控溅射方法加载 Pt 原子层在纳米晶须表面。这种有序阵列电极厚度相当于传统 Pt/C 电极的 1/30 ~ 1/20，同时在 Pt 载量仅为 0.2mg/cm^2 时拥有更高极限电流[44]。有序化膜电极目前并没有得到实际应用，还要解决电极水淹等问题。

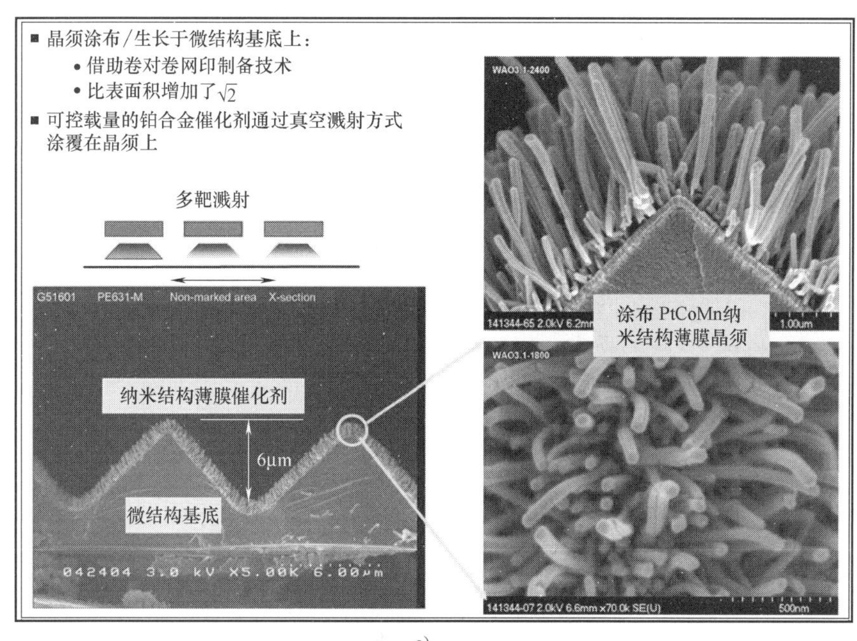

a)

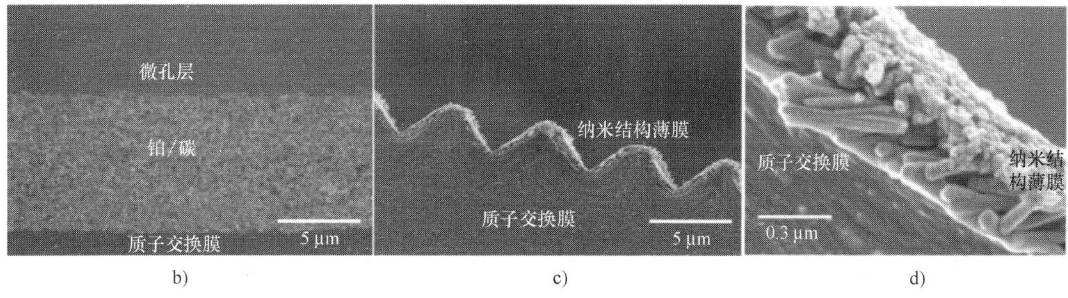

b) c) d)

图 2-14 电极

a）美国 3M 公司开发的纳米有序电极 b）传统电极 c）3M 有序电极 d）断面 SEM 图片

2.5 双极板

2.5.1 双极板定义及功能

双极板是 PEMFC 的关键部件之一，起着均匀分配燃料和氧化剂、实现电堆内各单池间的电的连接、支撑电堆、收集并导出电流、阻隔反应气体等功能[45，46]。

2.5.2 双极板技术要求

在 PEMFC 中，双极板应具有以下功能及要求[45,47]：

1）实现电池组内各单池间的电的连接，收集并导出反应生成的电流，因此双极板材料必须具有良好的导电性，并且与相邻电池组件间的接触电阻要小。

2）双极板用于分隔氧化剂和还原剂。

3）双极板材料在 PEMFC 运行的苛刻条件下（一定的电极电位，湿热、有氧化剂 / 还原剂的酸性环境）应具有良好的耐蚀性能。

4）双极板必须是热的良导体，以确保电池运行时温度分布均匀并及时排出废热。

5）均匀分配燃料和氧化剂。

6）具有足够的机械强度，以支撑电堆。

7）双极板的加工及制备工艺宜简单、环保、成本低，适合批量化生产。

8）环境适应性强，如低 / 高温环境和特殊自然环境等。

详细技术指标可参考美国能源部（DOE）对双极板的性能及指标要求（表 2-6）。

2.5.3 双极板分类

双极板按制作材料类型大体可分为三类[48]：碳基双极板、复合双极板和金属双极板。双极板材料分类如图 2-15 所示。

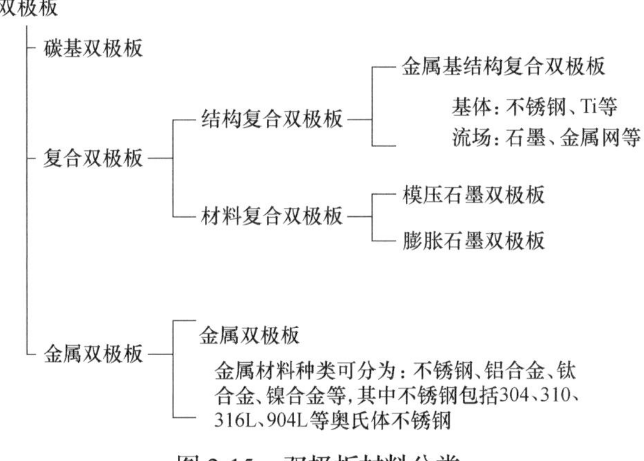

图 2-15　双极板材料分类

1. 碳基双极板

碳基双极板目前主要指硬质纯石墨双极板[45]。制造工艺：一般采用石墨粉、粉碎的焦炭与可石墨化的树脂或沥青混合，经过多次浸渍与焙烧，然后在石墨化炉中严格按一定的升温程序进行高温（一般要达到 3000℃）石墨化处理，此外还需经过特殊处理以达到高致密性；接着，将制备的无孔或低孔隙率（不大于 1%）、仅含纳米级孔的石墨块，经切割、研磨，加工成厚度为 2 ~ 5mm 的石墨板，再使用机加工设备，在石墨板上加工出公用孔道在其表面刻绘需要的流场即可。采用蛇形流场的石墨双极板如图 2-16 所示。

特点：石墨材料具有良好的化学稳定性与优良的导电性，但材料成本较高，体积比功率低，加工工序复杂，制造成本高，难以实现批量化生产。

石墨双极板材料难以克服的缺点是它的非致密性，会直接导致燃料电池发电效率的降低和潜在的安全问题；且随着双极板的减薄，会给材料的致密性带来更大的挑战，同时影响石墨板燃料电池的比功率提高。此外，在0℃以下运行时，由于石墨板微孔内有一定的水残存，水的冷冻与解冻会削弱材料的强度。

图 2-16　采用蛇形流场的石墨双极板

2. 复合双极板

复合双极板按照结构可分为结构复合双极板和材料复合双极板。

（1）结构复合双极板

结构复合双极板是以金属薄板或其他高强度、高致密性的导电板作为分隔板，以膨胀石墨、金属网等材料作为流场板复合而成。以金属分隔板与石墨流场复合双极板为例，由于金属板的引入，使石墨材料除了导电、形成流体流道外，不需要致密与增强作用，不需树脂填充。另外，由于石墨板的间隔，金属隔板可避免直接接触腐蚀介质，从而减轻了危害程度。图2-17所示为典型的结构复合双极板[49]，它以薄层膨胀石墨材料作为流场板，以阻气性较好的薄金属板作为分隔板，两者复合构成结构复合双极板。因为金属的机械强度较高，透气性较小，所以用作分隔板的金属板较薄，进而使得结构复合双极板具有较轻的质量、较小的体积。

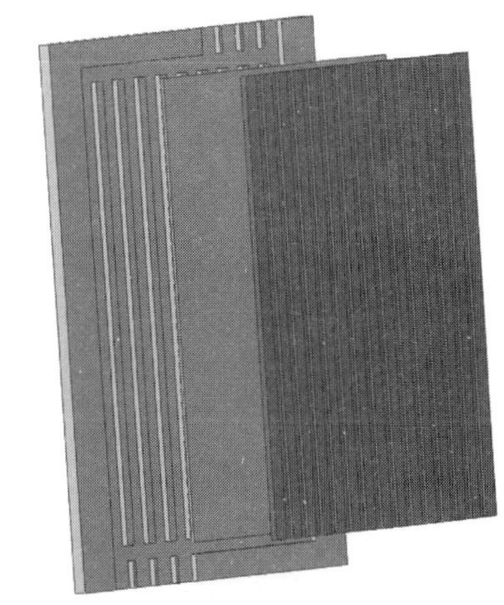

图 2-17　典型的结构复合双极板（流场为石墨，分隔板为不锈钢）

丰田公司Mirai电堆即采用了结构复合型的双极板，阴极侧采用金属钛为分隔板，流场采用金属网，组成了金属隔板与金属网的复合双极板，从而使流场实现了3D复杂结构，强化了传质，避免了金属分隔板的流场成形过程。

特点：该结构复合双极板兼具了两种材料的优势，具有耐腐蚀、良导电、体积小、质量轻、强度高等特点；分隔板为平板，易于实现高质量的表面涂层，独立的流场结构可以实现复杂的流场加工。

（2）材料复合双极板

材料复合双极板主要指碳基材料复合双极板，包括模压石墨双极板、膨胀石墨双极板。

1）模压石墨双极板。模压石墨双极板又称模铸石墨双极板，该工艺是将炭/石墨粉与热塑性树脂（如乙烯基醚Vinylester）均匀混合，必要时需加入催化剂、阻滞剂、脱模剂和增强剂（如碳纤维）等，在一定温度、几十到上百大气压下冲压成型。树脂起到黏结与增强作用，包括热固性树脂（如酚醛树脂PF、环氧树脂PE和乙烯基树脂VE等）和热塑性树脂（如聚偏氟乙烯树脂PVDF、聚丙烯树脂PP等），模压石墨双极板如图2-18所示。

特点：该制备工艺通过模压等方式直接成型，降低了原材料处理与机加工成本；其体电阻高于纯石墨双极板，可通过改进黏合树脂材料与石墨粉配比及模铸条件，减小模铸板的体电阻及接触电阻；模压石墨双极板的柔韧性较好，有利于增加电池的组装弹性及对误差的容忍度。

图 2-18　模压石墨双极板

2）膨胀石墨双极板。膨胀石墨双极板是一种以可膨胀石墨为基材并辅以材料复合改性的双极板，属于复合材料双极板类型中衍生出的一种具有广泛应用潜力的类型。膨胀石墨双极板如图 2-19 所示。膨胀石墨双极板的工艺制备过程包括：天然石墨材料膨化处理、柔性石墨板制备、模压柔性石墨板制备单极板、真空浸渍树脂处理、热压整平极板、丝网印刷涂胶、双极板粘接处理、极板切边，其中柔性石墨板的制备、真空压制、浸渍处理是整个制备过程的核心。石墨骨架形成了导电网络，树脂起到了填孔与增强作用。膨胀石墨中常含有一些杂质，如 SiO_2、Al_2O_3、P_2O_5、S、FeO 等，这些杂质带入双极板中，会在燃料电池环境中形成金属阳离子、硫化物等毒化成分，对电池性能产生不利影响，因此制备前需要采用物理、化学 / 电化学等方法对原材料进行净化前处理。

特点：膨胀石墨被广泛用作各种密封材料，其透气率小，具有良好的导电与导热能力，特别适于批量生产廉价的石墨双极板。同时，为提高双极板的阻气能力和机械强度，还可以用低黏度的热塑性树脂溶液浸渍膨胀石墨双极板。

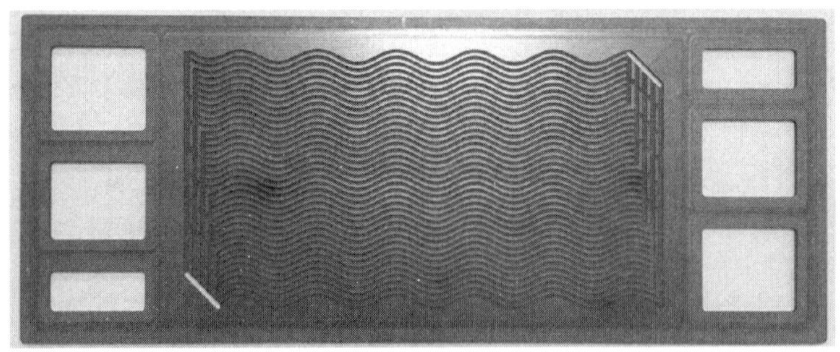

图 2-19　膨胀石墨双极板（图片来源：嘉裕碳素官网）

3. 金属双极板

金属双极板是将具有可加工性的金属薄板，采用冲压、焊接或黏结、表面镀膜处理等工艺加工而成[47]。金属薄板材料需具有良好的阻气性能、高强度、高比功率密度以及优良的可加工性。金属双极板按金属基材有不锈钢（Stainless steel）、钛（Ti）合金、铝（Al）合金、镍（Ni）合金等；不锈钢和钛合金是最普遍采用的材料，其中不锈钢材料主要为奥氏体不锈钢，包括 304、310、316L、904L 等。

图 2-20 所示为金属双极板。一般而言，金属双极板的设计与制造工艺包括流场设计、冲压成型技术、焊接技术、表面处理技术和密封技术等。其中，薄金属板冲压成型技术和表面处理技术是技术难度较高的两个工艺。质子交换膜燃料电池内部是一个具有腐蚀性的酸性环境（pH2 ~ 3），且温度常在 60 ~ 90℃，金属的腐蚀除了会增加电阻外，产生的金属离子溶解 / 扩散进入离聚物膜中，会加速聚合物的降解。因此，金属双极板必须满足耐腐蚀性和界面导电性要求。

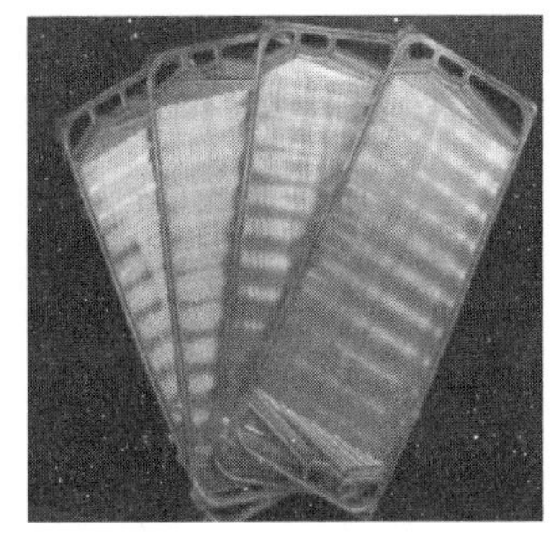

图 2-20 金属双极板（图片来源：中科院大连化物所）

金属双极板表面处理镀层材料大致分为如下三种：碳类、金属化合物和贵金属。表 2-11 列出了文献中已发表的金属双极板表面处理方法和性能参数。碳类镀层能够提供较高导电性，且成本较低；金属化合物镀层是目前研究较多的表面处理方案，主要是在金属表面形成一层氮化物、碳化物、硼化物等导电耐蚀层，如 Ti-N、Cr-N、Cr-C 等；贵金属涂层，如金、银、铂等，尽管成本高，但其具有优异的耐蚀性和较低的接触电阻，目前在特殊领域仍有使用，一般通过减薄表面镀层厚度来降低使用成本。此外，表面镀层中存在的针孔缺陷，以及表面镀层与基体材料之间的结合力，是影响双极板使用寿命的关键因素，对燃料电池输出性能具有重要影响。

表 2-11 文献中已发表的金属双极板表面处理方法和性能参数

双极板种类 / 目标参数		腐蚀电流 $<16\ \mu A \cdot cm^{-2}$	接触电阻 $<10 m\Omega \cdot cm^2$ (1.4MPa)	参考文献
合金基材	不锈钢：SS316L	100 ~ 500	50 ~ 150	[52]
	铁基非晶合金：Fe41Cr18Mo14Y2C15B6N4	5 ~ 36	10	[53]
金属基材 + 镀层	电镀：Au /SS316	5.65	5	—
	电聚合：PANI/SS304	0.1	800	[54]
	电泳沉积：TiN–SBR/SS310	—	—	[55]
	热氮化：Ni-50Cr/CrNCr2N	0.1	12	[56]
	磁控溅射：(Ti,Cr)NX/SS316	0.01 ~ 0.1	4.5	[57]
	化学气相沉积：C/SS304	—	—	[58]

也有文献称采用无镀层处理的不锈钢金属双极板[50]，其已成功在现代最新款燃料电池汽车 NEXO 中得到应用。无镀层的不锈钢双极板主要是通过调节不锈钢表面的金属元素组成，尤其是 Cr 元素含量，从而提高和平衡不锈钢双极板的导电和耐蚀性，无镀层的不锈钢金属双极板如图 2-21 所示。

2.5.4 双极板流场

流场的基本功能是引导反应气流动方向，确保反应气均匀分配到电极的各处，同时能及时排出电池运行过程中的生成物。

常规流场形式主要包括：平行直流场、单通道蛇形流场、多通道蛇形流场、交指状流场、网状流场、点状流场、螺旋流场等。但各种流场形式均有不足之处，常规流场的主要优缺点见表 2-12。

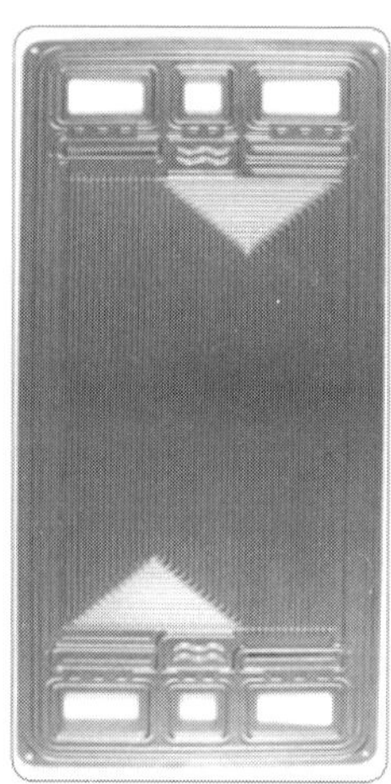

图 2-21　无镀层的不锈钢金属双极板

表 2-12　常规流场的主要优缺点

流场形式	优点	缺点
平行直流场	可实现各流道流量相等，电流密度分布较均匀	流道数目过多和气流流速不大导致水不易排出，造成部分水淹
单通道蛇形流场	气体流速大，反应速率快，能迅速排出反应生成的水	气体压降较大，流道过长和大量转折导致气体传输中消耗过多的功
多通道蛇形流场	涵盖了蛇形流道和平行直流道的设计，可以灵活设计出适合不同需要的流道形式	相邻流道由于气流方向相反而具有一定的压力差，易导致气体在部分流道内短路或走旁路
交指状流场	由于流道不连续，气体被强迫流经扩散层，强化了扩散层的传质能，从而提高了气体利用率	扩散层阻力较大，使气体压力降很大，空压机内耗大，导致系统效率降低
网状流场	设计形式灵活，流体分配均匀，有利于反应气传质（可使流体产生垂直于催化层的分量，如 3D 精细网格流场），另外保湿能力较强	流速较低，排水能力较差，且金属网的防腐工艺很难，流场与分隔板之间的阻力降较高
点状流场	结构简单，适于气态排水	易发生短路，使流体分布不均匀，反应气线速度不高，难以排出液态水
螺旋流场	排水能力强，靠近进出口的流道交错安排，使得反应气与水浓度的分布更均匀	易产生二次流，流道数目较少，而造成流道间产生较大的压力差

1. 平行直流场

可以通过改变沟与脊的宽度比和通道的长度来改变流经沟槽的反应气的线速度，以排出液态水。平行流道的缺点是，一个流道中的障碍物将导致剩余流道中流体的重新分配，并因此存在一个阻塞死区，导致气体分配不均匀。优点是加工简单，流体阻力小。目前，很多电堆空气侧采用这种流场，流体从歧管进入并通过流场分配段过渡到平行沟槽流场内，平行直流场如图 2-22 所示[51]。

变截面直通道流场是平行直流场的一种改进流场，变截面直通道流场如图 2-23 所示[51]。由于流场截面的变化，气体沿流道的速度和方向均会发生变化，可以有效促进传质。图 2-23a 中是一种方形变截面流道，流道沟槽顶部和底部不平行，形成一定夹角，模拟分析表明：相比平行流道，这种变截面流道有利于增大电流密度和最大功率密度。图 2-23b 设计流道内部为起伏波浪形结构的的流场，模拟分析表明：周期性变化的波浪结构可以提高反应气体流速和催化剂的效率，降低大电流密度下的传质极化。

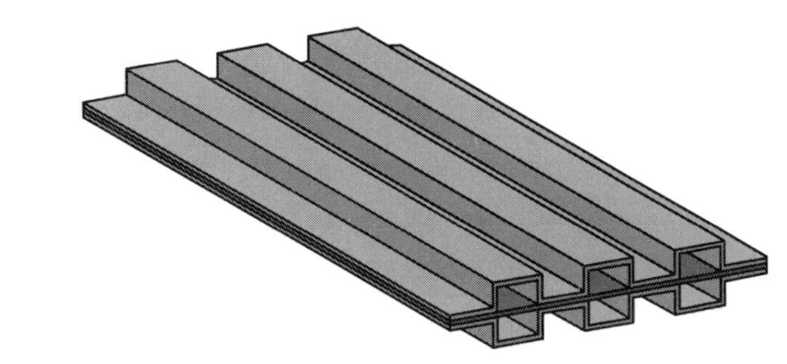

图 2-22 平行直流场

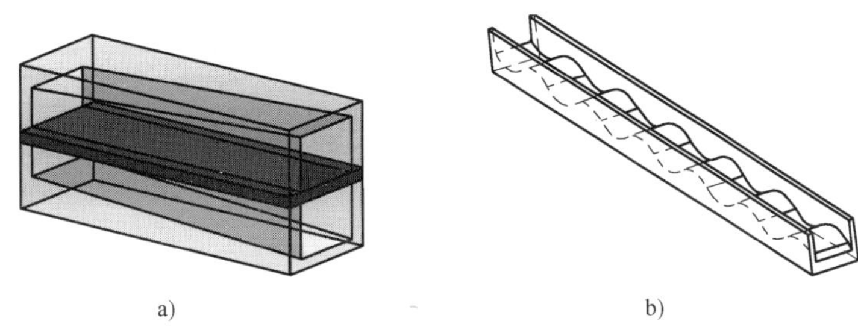

a) b)

图 2-23 变截面直通道流场

a）方形变截面流道 b）波浪形变截面流道

2. 蛇形流场

蛇形流场分为单通道和多通道结构，蛇形流场如图 2-24 所示[52]。对于单通道蛇形流道（图 2-24a），所有气体在一根流道中流动，气体流速很大，且流道长，造成压损过大，虽有利于反应水的排除，但不利于电流密度的均匀性和催化剂的利用。且单根流道一旦堵塞，直接会导致电池无法使用。

为了避免上述单蛇流场的缺点，多采用图 2-24b 所示的多通道蛇形流道。多通道蛇形流场兼有直流场和单蛇流场的优点，即使单根道堵塞，其他流道也会发挥作用，同时相同活性面积采用多通道有利于减少流道的转折，可有效降低压力损失，保证电池的均匀性。蛇形流场具有反应气体流量多、流速大、化学反应速率快、反应产生的水可随气体排出的特点。但因其流道过长，气体压力损失大，进出口气体压差大，不利于催化剂的利用和电流密度的均匀性。

蛇形流道是连续的，通过改变沟与脊的宽度比、通道的数目和沟槽的总长度来调整反应气流动的线速度，以排出液态水。其优点是流体可以强制流经流道，当然这需要一定压头的空压机作为保障；缺点是流体阻力较大，在流道的末端会产生极化损失。

3. 交指状流场

交指状流场从极板入口到极板出口的流道通常是不连续的，流道是死端，这使得反应物流在压力作用下穿过多孔的反应物层，到达连接于歧管装置的流道上。交叉梳状流场配置可有效地将水从电极结构中移走，防止淹没并增强性能；缺点是阻力较大，且容易发生短路现象，目前实际较少采用。交指状流场如图 2-25 所示[53]。

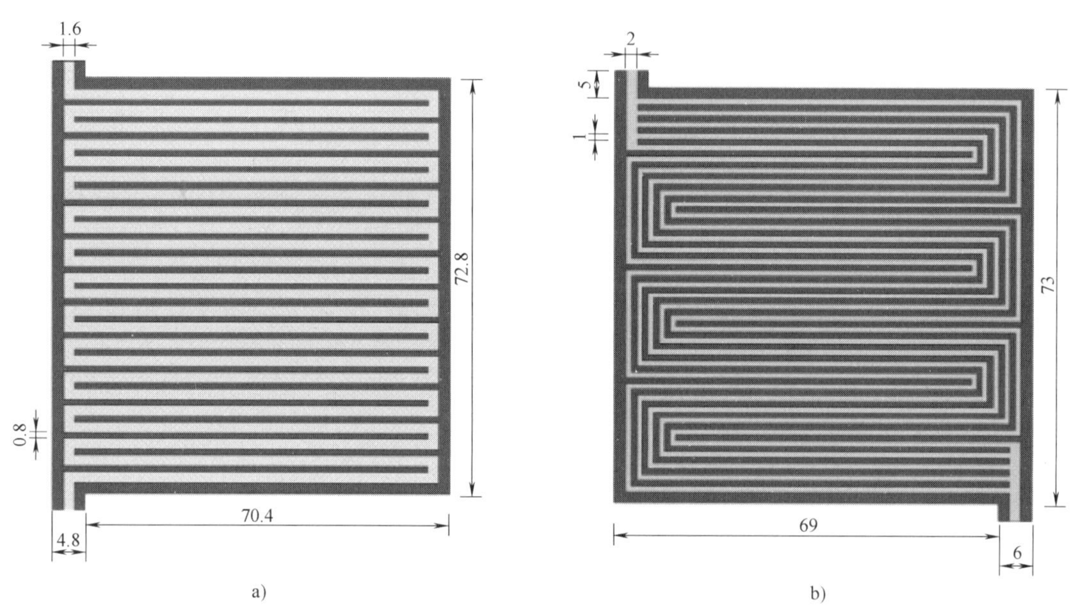

图 2-24　蛇形流场

a）单通道蛇形流道　b）多通道蛇形流道

4. 网状流场

网状流场通常是将阻挡物规则地排列在流体进出口之间，使流体在阻挡物间的孔隙中绕流。这种设计灵活性更大。因为这种流场中的流体流速比较低，所以排水能力较差，不过其保湿能力相对较强。日本丰田公司在 Mirai FCV 上即采用网状流场的设计，利用 3D 精细网格形成空气与水的流通通道。与平行沟槽流场比较，该网状流场提高了氧气扩散进入催化层的能力，降低传质极化[54]。3D 精细网格流场如图 2-26 所示。

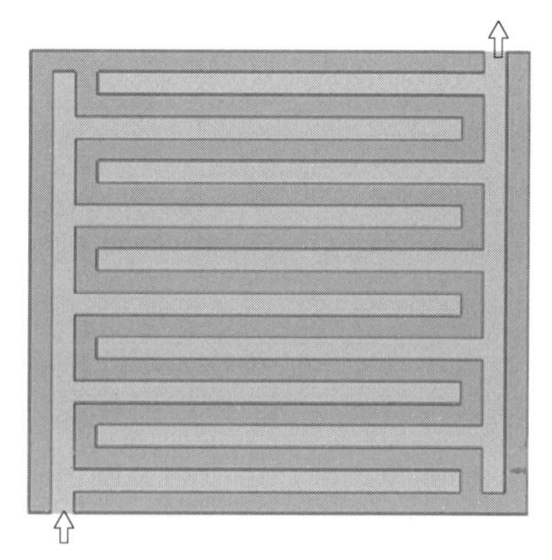

图 2-25　交指状流场

特点：3D 流场可使流体产生垂直于催化层的分量，从而强化流体传质；但其要求空压机的压头较高，以克服流体在流道内的流动阻力。可以采用减少流道长度的途径，减小阻力。

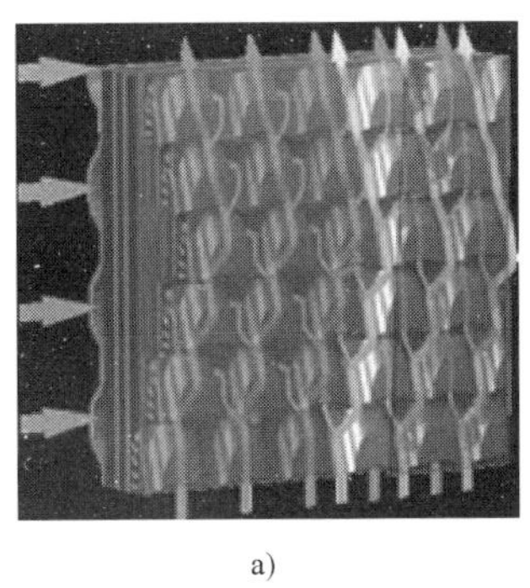

a)

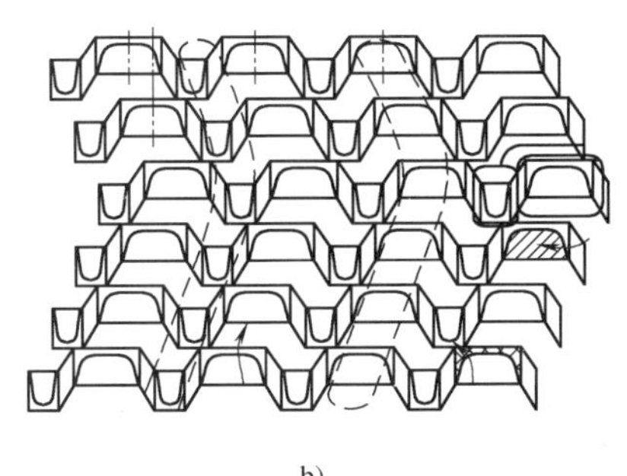

b)

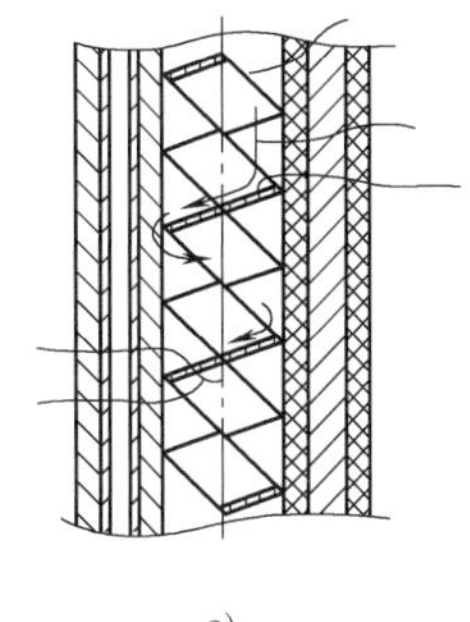

c)

图 2-26 3D 精细网格流场

2.6 端板与集流体

2.6.1 端板

燃料电池的工作状态受到温度、应力、应变和膜电极表面接触压力分布形式及变化规律的影响，而这些量与封装载荷密切相关，因此选取适当的封装载荷、优化设计端板结构等尤为重要[55]。

1. 端板定义及功能

端板是指位于燃料电池电流流动方向的两端，用于给叠在一起的电堆组件传送所需压紧力的部件。端板的主要功能是将各电池组件封装成一体，而组装过程中的封装载荷几乎全部是通过端板施加在内部各组件上[46]。因此，对端板结构进行合理设计，以保证封装载荷尽可能均匀地传递到内部接触面上是十分必要的。

一般而言，封装载荷过大，对电堆组件产生的应力将导致组件发生塑性变形甚至产生裂纹，对流道内与气体扩散层的流体流动产生不利影响；封装载荷过小，将导致气体扩散层和双极板间界面接触电阻等明显增加，降低效率，甚至可能引起产物水和反应燃料在密封面处的泄漏。

端板通过施加在其上的组装力，以保证提供给燃料电池堆内部足够的接触压力。其具体的功能包括：

1）防止相邻单电池或电池组件的界面互相错动。

2）保证极板边缘密封良好。

3）保证燃料电池各组件承受较一致的封装载荷。

4）减小电池堆各部件间的界面接触电阻。

2. 端板技术要求

合理的端板结构应具备足够的机械强度、刚度，能够保证内部接触压力均匀分布，并且具有质量轻、体积小、易于加工等特点。目前，铝、钛和不锈钢等金属材料及塑料等非金属材料都已经被广泛用作端板材料。

从设计的角度看，首要目标是保证端板足够的强度和刚度，从而使封装载荷产生的接触压力均匀分布，避免引起反应气体泄漏、接触电阻分布不均、热应力分布不均等问题，从而影响电堆工作。一般可以根据受力分析，计算端板的厚度及结构形式。此外，要求端板材料性能稳定（耐氧化腐蚀）、质量轻、电绝缘性好，但电绝缘性并不意味着只能采用非金属端板。

3. 端板材料

理想的端板材料应具有如下特征：低密度、高机械强度和刚度、优异的电化学稳定性、电绝缘。在实际使用过程中，端板材料包括金属、非金属和复合材料三大类。

（1）金属材料

常见的金属端板材料有铝合金、钛合金及不锈钢等。铝合金端板材料是应用较为广泛的端板材料，它具有低密度、高机械强度且易加工等特点。钛合金同样拥有低密度和高机械强度特性，并且钛的耐腐蚀性较好，但钛材料成本较高，这一点限制了钛端板的使用。不锈钢材料具有较高的机械性能、较低的成本，但是较重。采用金属作为端板材料，一般要在电堆组装时加装绝缘板或隔板。另外，燃料电池端板可能会经常暴露在空气、含湿、腐蚀性环境下，从而引起或加速端板材料腐蚀。因此，对于金属制的端板还需要做表面处理，以增加端板材料的耐腐蚀性，如铝端板通常采用阳极化方法增加表面耐腐蚀性。此外，端板通常都设有反应气及冷却液的进出口，一般采用加装非金属衬里结构件解决歧管处的腐蚀。

（2）非金属材料

常用的非金属端板材料有通用塑料和工程塑料，它具有质量轻、价格低、热传导率低和热容低的特点，同时还具有优异的耐腐蚀性。非金属端板材料有聚乙烯（PE）、聚丙烯（PP）、聚苯乙烯 (PS) 等通用塑料，聚酰胺、聚碳酸酯（PC）、聚酯、ABS 等工程塑料，以及复合材料等[46]。

（3）复合材料

这种端板一般以非金属（如热塑性材料）作为主体，以氧化铝、碳纤维、玻璃纤维或陶瓷粉末等作为无机填料，混合制作而成。相比于非金属材料端板，由于无机填料的加入，复合材料端板的尺寸稳定性、抗蠕变性均得到提高。

4. 端板形式

（1）按结构划分

几种典型的端板样式如图 2-27 所示，端板形式按照结构划分，有实心端板和加强筋端板[46]。一般而言，实心端板多见于小型单电池，以石墨板或以镀银金属为材质，另有部分燃料电池堆采用塑料制实心端板，其特点在于定制化较强、加工制作简单，但会较大程度上增大燃料电池堆的质量。现阶段，加强筋端板是燃料电池堆的主流形式，其端板材料多为带有镀层的金属。

UTC 公司在 US Patent 006048635A[56] 中描述了一种带有实心的端板，如图 2-28 所示[56]。其主体为金属材料，端部气体进出口材料采用塑料，如掺杂玻璃纤维的聚苯醚工程塑料。采用这种复合材料结构，可以在保证满足端板机械强度和热稳定性的条件下，尽量减轻端板重量，提高流体进出口部位的耐腐蚀能力，并改善其绝缘性能。

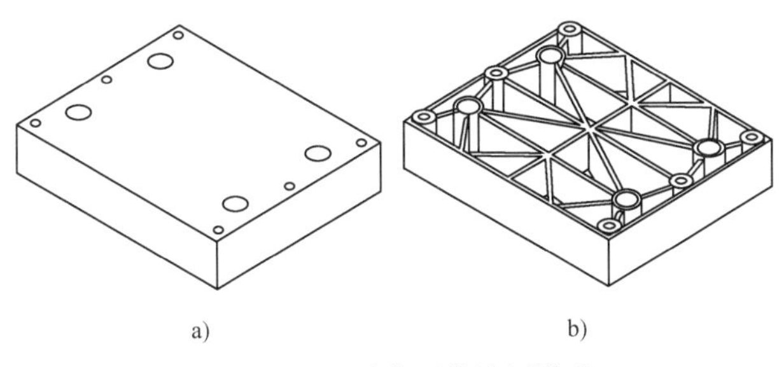

图 2-27　几种典型的端板样式
a）实心端板　b）加强筋端板

US Patent 6764786B2 中描述了一种带有加强筋的复合端板[57]，如图 2-29 所示。该端板由非导电性的纤维增强材料制成，具有质量轻、结构紧凑的特点，且热容较低。采用此结构端板的优点：能够有效减轻整个电池堆的重量；由于纤维类复合材料具有较低的热容，有利于电堆的低温冷起动过程。

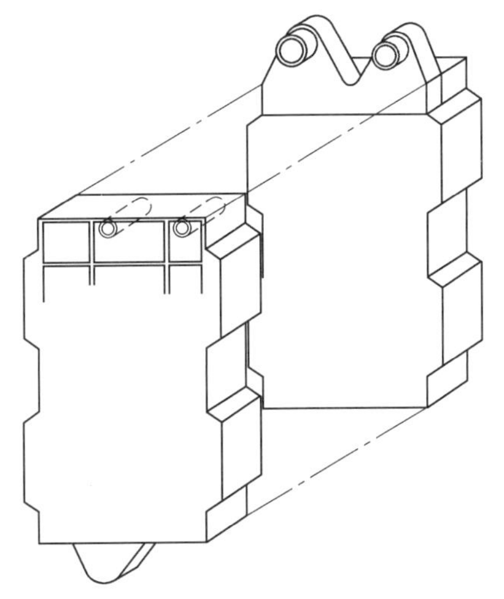

图 2-28　UTC 公司公布的一种端板形式

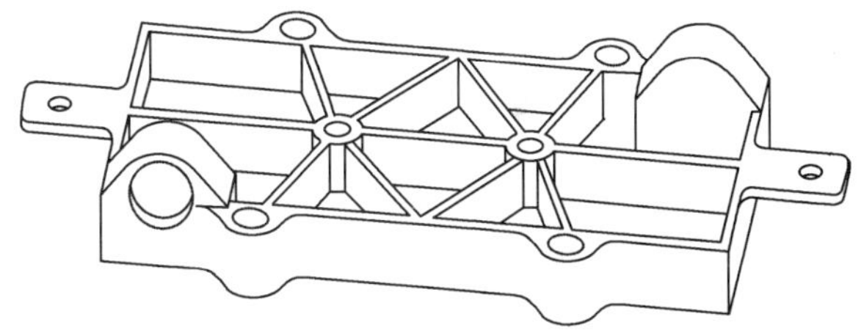

图 2-29　UTC 公布的一种加强筋端板

（2）按功能划分

燃料电池堆的端板形式按照功能可划分为两种：普通端板和多功能端板（功能集成性端板）。普通端板具有氢气、空气和冷却剂的进出口，从端板强度和刚度考虑，只要保证产生预期的封装载荷，并使得封装载荷均匀分布即可。

多功能端板除了满足上述要求外，还要满足一定的功能集成要求；多功能端板上要安装一定数量的机械或电气阀件，如氢气排水电磁阀、排气电磁阀、氢气压力传感器、空气温度传感器、水压传感器、水温传感器等。对于多功能端板而言，集成阀件的具体类型要结合电堆操作特性与系统要求进行设计。端板形式如图 2-30 所示。

丰田公司在 CN 105591119A（US 9991525 B2/ JP 6137120 B2）中[58]公开了一种燃料电池堆端板 170F，如图 2-31 所示。它包括燃料进出口、氧化剂进出口和冷却剂进出口，另外，该发明公布的燃料电池端板，其前侧端板上集成有若干泵和阀件，如氢气泵 140 被固定在端板 170F 上，另集成有高压氢气调节阀等。

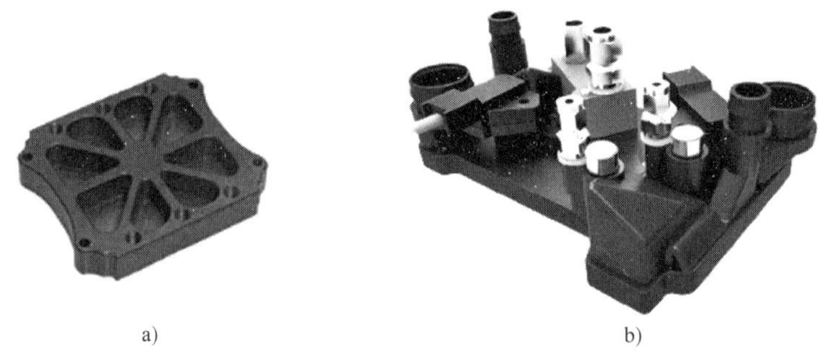

图 2-30　端板

a）普通端板　b）多功能端板

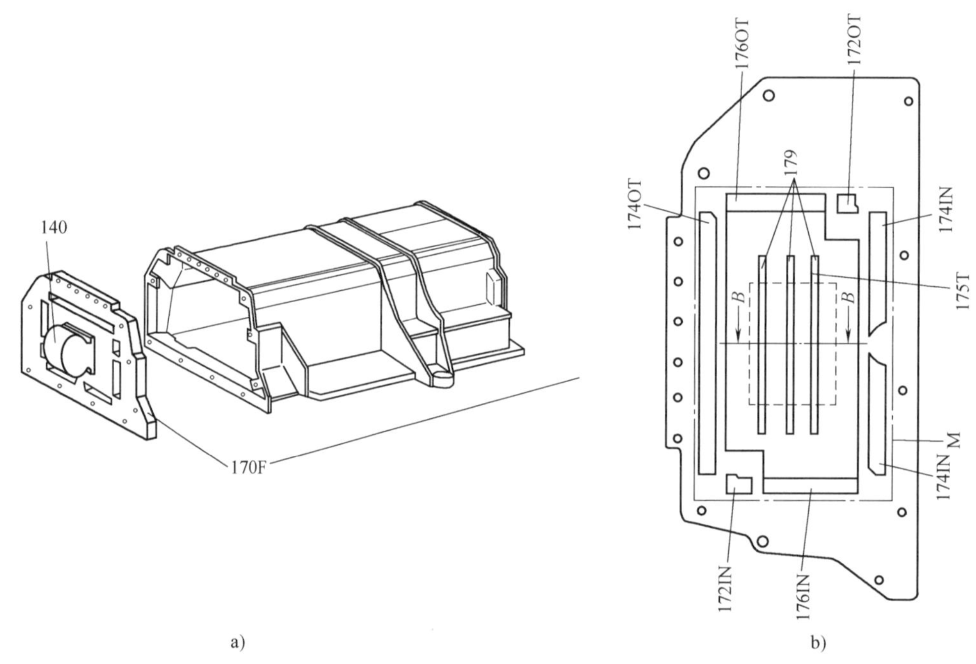

图 2-31　丰田公司公布的一种车用燃料电池堆端板

a）丰田公司公布的一种端板形式　b）该端板俯视图

丰田公司在 CN 103563151 B（US 9172110 B2/JP 5354026 B2）中描述了另一种端板结构[59]，如图 2-32 所示，该端板包括各流体歧管、阴极气体入口 18/ 出口 20、冷却剂入口 22/ 出口 24、阳极气体入口 26/ 出口 28、歧管内冷却剂流路 30。

Hydrogenics 公司在 US patent 6875535 B2 中公布了一种多功能集成端板[60]，如图 2-33 所示，该端板上除了包含燃料、氧化剂和冷却剂的入口和出口外，还集成有氢循环泵、散热风扇、压缩机和增湿器等安装孔或安装部位。这一结构有效提高了整个燃料电池系统的集成度，同时该多功能集成性端板还带来了如下优点：①将流体流动通道集成进端板内，减少了软管和相关配件，显著减小了系统的尺寸和质量。②改善热响应和流体流动损失，从而提高系统效率并有利于系统控制。

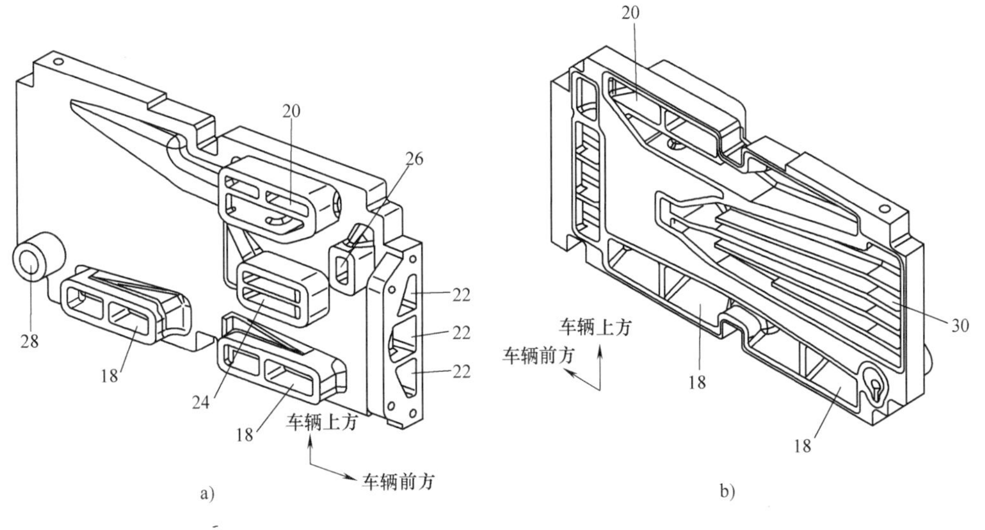

图 2-32 丰田公司公布的一种燃料电池堆端板

a）从燃料电池堆外部向端板观察的视角 b）从燃料电池堆内部向端板观察的视角

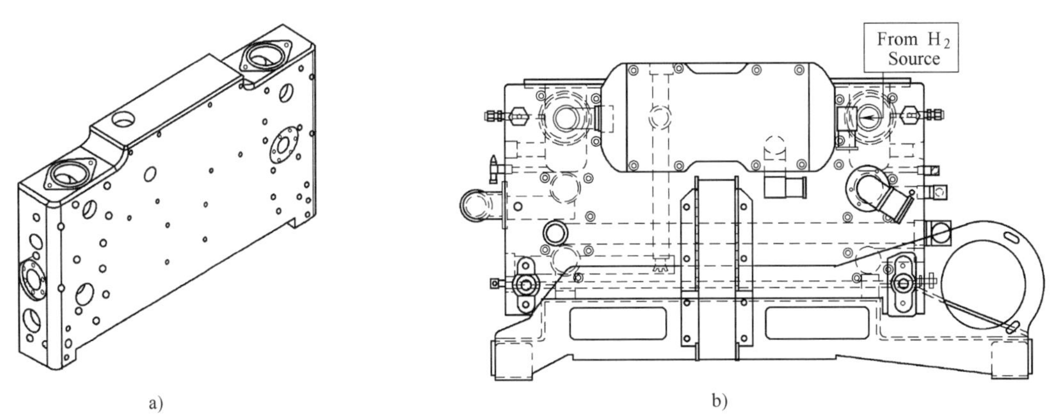

图 2-33 端板结构图

a）从燃料电池堆内部往外端板观察的视角 b）从燃料电池系统角度来看的位置结构

2.6.2 集流体

1. 定义及功能

集流体是用于收集电流（或传导电子）的部件，它通常由导电性较好的金属或石墨材料制成，安装于端板内侧、密封双极板之间 。

2. 集流体技术要求

集流体的主要作用是收集电流，同时理想的集流体还要有助于低温起动过程等。因此，对集流体的技术要求如下：优良的导电性；较高的机械强度，可以忍受冲击振动；较高的耐腐蚀性；防止氢气渗透；低热容；易于组装[61]。

3. 集流体材料

满足上述技术要求的集流体材料有金属和石墨两大类。金属材料如铜、不锈钢、铝和钛等，通常为了增加集流体的导电性或耐腐蚀性，会对金属板进行镀膜处理，如表面镀银或镀金处理等。另外，随着柔性固态燃料电池的兴起，以多孔银线制作的金属网格集流体得到一定研究[62]。常见的集流体样式如图 2-34 所示，表 2-13 列出了集流体材料类型及各自优缺点[61]。

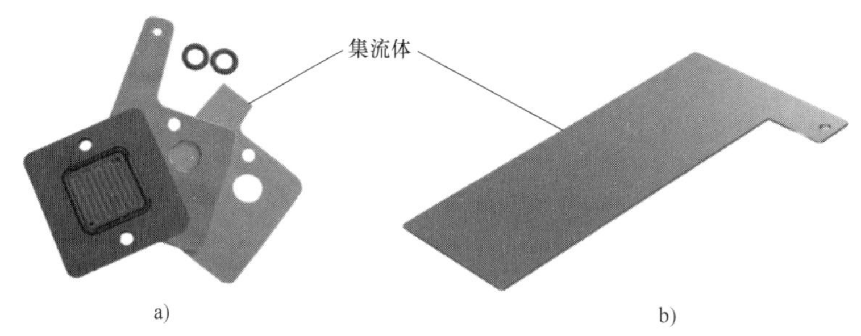

图 2-34　常见的集流体样式

a）小电池的集流体，材质为铜　b）电堆集流体

表 2-13　集流体材料类型及各自优缺点

材料类型		优点	缺点
金属	铜板	价格低，导电性好，机械强度高，易于加工	—
	不锈钢	价格低，机械强度高，易于加工	密度高，质量重
	钛	质量较不锈钢轻，导电性优异，易于加工，机械强度高	纯钛板表面易形成绝缘性氧化物层
	铝	价格低，质量轻	易于毒害质子膜
非金属	石墨	价格低，易于加工成各种形状，导电性优异，耐腐蚀性优异	机械强度差

2.7　电堆密封

通常，一台燃料电池堆有几十个甚至数百个密封面或密封部位，密封面又分为一次性密封面和活动性密封面[63]。一次性密封主要采用树脂胶黏剂，活动性密封主要采用橡胶弹性体。现阶段，针对燃料电池堆内部单电池间的密封，多采用弹性体密封，即所谓的静态密封，需要一个适当的组装压力作用在电池堆各个组件的接触面上，通过静摩擦力约束组件的移动，以达到密封的效果。燃料电池堆的密封结构与 MEA 的结构密切相关，密封的

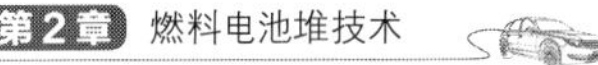

主要作用是保障电池堆在运行过程中，在操作压力下的各腔室气体的隔绝及外部密封。

2.7.1 密封要求

燃料电池堆对密封可靠性要求高，不允许有任何泄漏，尤其在车用和军用等领域。为了达到较好的密封效果，需要选择适宜的密封结构和密封材料。总体来看，电池堆的密封通常要满足以下要求：

1）反应气、冷却液不外漏，燃料、氧化剂和冷却液不互窜。

2）密封组件安全可靠，寿命长。

3）密封组件结构紧凑，制造维修方便。

2.7.2 密封材料

1. 密封材料的一般性要求[64,65]

密封材料应该满足密封功能的要求。由于被密封的介质不同，以及设备的工作条件不同，要求密封材料具有不同的适用性。对密封材料的一般要求如下：

1）材料的致密性好，不易泄漏介质。

2）有适当的机械强度和硬度。

3）压缩性和回弹性好，永久变形小。

4）高温下不软化、不分解，低温下不硬化、不脆裂。

5）耐腐蚀性能好，在酸、碱、油等介质中能长期工作，其体积和硬度变化小，且不黏附在密封面上，对燃料电池其他部件不产生污染。

6）摩擦系数小，耐磨性好；具有与密封面结合的柔软性；耐老化性能好，经久耐用。

7）加工制造方便，价格便宜，取材容易。

虽然几乎没有材料可以完全满足上述要求，但是具有优异密封性能的材料一般能够满足上述大部分要求。

2. 密封材料种类

燃料电池常采用的密封材料为橡胶类高分子材料，其制品种类繁多，包括硅橡胶、氟橡胶、丁腈橡胶（NBR）、氯丁橡胶（CR）、三元乙丙橡胶（EPDM）等[66]。表2-14为几种常用密封材料的优缺点比较。

表2-14 几种常用密封材料的优缺点比较

密封材料种类	优点	缺点
硅橡胶（SR）	气密性好，具有良好的耐寒性，使用温度范围大（-100~300℃）	可能引起气流变形和阻塞
丁腈橡胶（NBR）	耐化学稳定性好，物理机械性能优异，加工性能较好，长期使用温度较高（120℃），耐低温性能较好	酸性和高温下的长期稳定性不如氟类橡胶
三元乙丙橡胶（EPDM）	优良的化学稳定性，耐热老化性能优异，电绝缘性能较好	硫化速度慢，黏合性差，弹性差
氯丁橡胶（CR）	具有较高的拉伸强度、变形伸长率，化学稳定性优异，长期使用温度在80~100℃	耐低温性能较差，储存稳定性差

对橡胶密封件而言，回弹性越好、内部应力保存时间越长，密封效果越好。橡胶密封件的密封效果，除取决于密封件的结构设计之外，还主要取决于橡胶材料的力学性能，最主要的是取决于橡胶材料保持内部应力、形变复原时间的长短，即应力松弛时间。该时间长，橡胶密封件密封效果就好；反之，橡胶密封件内应力不易保持，密封效果就不好。

2.7.3 密封结构形式

密封组件通常位于燃料电池堆中的双极板和膜电极之间，以起到防止气体和冷却剂向外泄漏和交叉互窜的作用。

当前，密封组件按照形成方式大致分为：MEA 集成式密封、双极板集成式密封、独立式密封件和其他复合式密封[64]。

1. MEA 集成式密封

MEA 集成式密封，是指将密封集成在 MEA 边框或扩散层边缘，与 MEA 形成整体结构。常采用注塑成型法形成密封结构。由于 MEA 与密封是整体结构，一旦密封失效就需要更换整个 MEA。

一种典型的密封结构如图 2-35 所示，首先需把预先压制好的 MEA 固定在模具中，然后利用螺杆泵将液体硅橡胶注入模具，使之充分包覆在 MEA 之上，最后加热使硅橡胶硫化。图中密封组件的 a 部分浸入到 MEA 之中与其紧密结合，防止气体绕过密封元件造成短路；c 部分吸收几乎全部的组装力，在达到良好的密封效果的同时确保与 MEA 结合处不受挤压以保护 MEA ；b 部分的弧形设计可以防止应力集中，在 a 和 c 之间起到过渡的作用；d 部分与特别设计的双极板配合，起到缓冲和防振的作用。

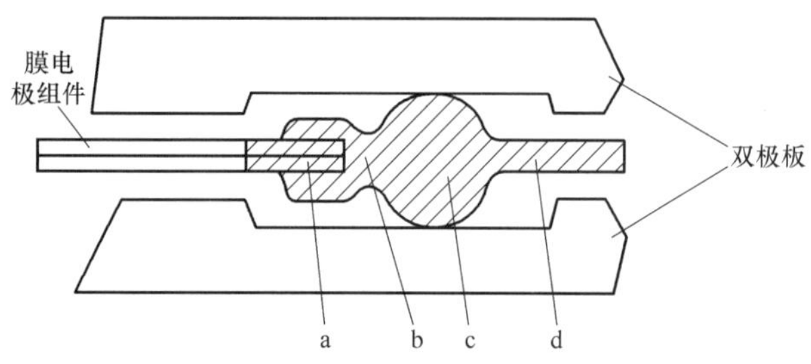

图 2-35　一种典型的密封结构

a—连接部分　b—过渡部分　c—形变部分　d—延伸部分

这种密封结构设计，可提高装配效率，同时能防止气体短路，与双极板配合可达到优异的密封效果。但该设计的难点在于选择适宜的橡胶材料，使其在硬度、固化时间、化学稳定性和 MEA 的相容性等方面达到最佳的平衡；另外，如果密封组件失效，整个 MEA 也随之报废，因此它对硅橡胶的性能和模具的加工精度提出了更高的要求。

2. 双极板集成式密封

双极板集成式密封如图 2-36 所示，是指将密封组件与双极板集成在一起，形成带有密封功能的双极板。该制备工艺通常是将特定的密封材料，通过一定成型工艺在双极板的密封沟槽内原位成型得到，根据成型方式不同又可分为点胶、注射成型；根据密封材料固化方式可分为热压固化、冷压固化和紫外光固化等。双极板集成式密封易于组装，适合大批量生产。

图 2-36 双极板集成式密封

3. 独立式密封

独立式密封是指密封组件独立于 MEA 与双极板之外，通常先将密封材料通过模压等方法制成一个与 MEA、双极板结构及尺寸匹配的密封组件，在组装时把密封原件固定在双极板上。

此类密封原件一般用平板胶皮冲剪或密封材料注塑（或模压）成型。在组装电池过程中，利用胶黏剂将该独立式密封组件黏结在双极板的沟槽内。图 2-37 为一种典型的独立式密封结构示意图，采用这种方法，MEA 尺寸比双极板略小，仅比双极板流场部分稍大。

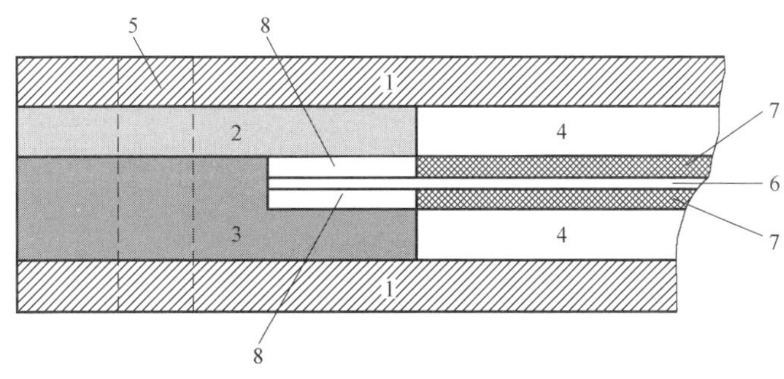

图 2-37 一种典型的独立式密封结构

1—双极板 2—平皮 3—台皮 4—流场 5—共用孔道 6—膜 7—电极 8—PTFE 膜或无孔塑料片

这种密封结构的特点是密封组件加工成型相对容易，当密封组件失效后可单独替换，维护成本低；但缺点是电堆装配过程烦琐。

4. 复合式密封

目前，有汽车厂商采用另一种电堆密封形式[4]，图 2-38 所示为燃料电池单体、密封部件的剖视图。每个电池单元由极板 4U、MEA、极板 4D 整体密封制成，其中上极板表面采

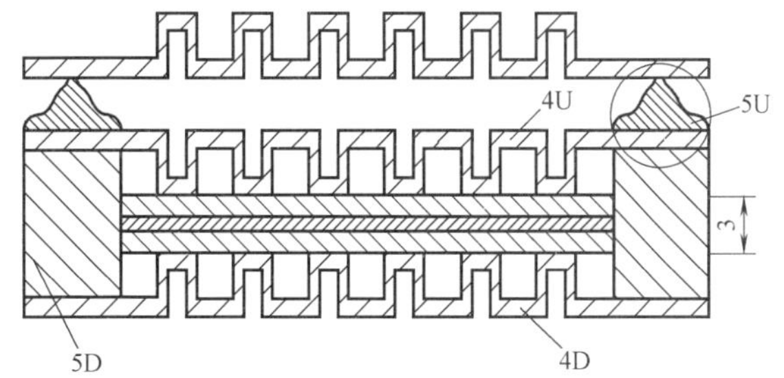

图 2-38 燃料电池单体、密封部件的剖视图

用橡胶弹性体密封，如图 2-38 中 5U；另外，两个极板之间部位 5D，采用橡胶弹性体进行一体化密封。该种密封结构形式，从制造工艺上看，步骤较为复杂，但它能确保极板与 MEA、极板与极板之间较优异的密封性，确保在低压缩率时较好的密封性、高压缩率时较高的密封耐久性。

2.8 电堆组装

PEMFC 反应的标准理论电压为 1.229V，但通常情况下，单节燃料电池的工作电压设定在 0.6~0.7V，为达到应用所需的电压和功率要求，通常将多个单电池串联在一起组成燃料电池堆，这一串联的过程即是电堆组装（或封装）。燃料电池组装是将一定数量的膜电极、双极板、密封原件、集流板、端板等，运用一定的组装形式，按一定顺序组装成一个完整的电堆。

对于电堆组装，一是要满足密封要求，二是要使得各层之间的接触电阻最小。通常采用尺寸控制和压力控制确定组装尺寸。

2.8.1 组装尺寸确定

不同的燃料电池堆具有不同的组装特性，但每个电池堆的封装力均有一个上下极限值。上限值为不使电堆内任何部件产生塑性变形或压溃破坏的最大封装力，下限值为保证结构密封特性（密封界面达到最小密封比压）的最小封装力。

1. 尺寸控制

电堆组装除了要保证电堆密封性外，还要保证 MEA 与双极板界面的良好接触。电堆设计阶段要考虑电堆密封元件形变与 MEA 形变的匹配，在组装过程中通过控制电堆高度定量双极板向膜电极扩散层中嵌入深度，并同时使密封元件达到预定的变形量 i。图 2-39 为电堆组装过程密封件、双极板与 MEA 相对位置图[45]，电堆组装高度为 $h=h_1=h_2$，其中 h_1 为满足 MEA 压深以获得预期较小接触电阻的组装高度，h_2 为满足密封变形要求的组装高度。一般通过离线试验可以确定获得较小接触电阻 MEA 的压深率 f_M 和密封件压缩率 f_r，对密封件压缩率 f_r 可根据密封结构与材料在一定范围内调整（如 30%~60%）。

$$
\begin{aligned}
h_1 &= [\,b_{M_1}(1-f_M)+b_b\,]\,n+K \\
h_2 &= [\,2d(1-f_r)+(b_b-2C)+b_{M_2}\,]\,n+K
\end{aligned}
\tag{2-1}
$$

式中 f_r——密封件压缩率；

f_M——双极板对 MEA 压深率；

b_b——双极板的厚度；

n——电堆中单池节数；

K——其他硬件如集流板、端板等的厚度。

2. 压力控制

除了用高度控制来获得电堆最佳组装匹配外，还可采用组装力控制法确定电堆部件之间的良好匹配关系。组装力可以通过组装机械（如油压机）实施。电堆组装力控制与接触电阻随着组装力变化的示意图如图 2-40 所示。随着组装力加大，双极板与 MEA 间的接触电阻逐渐减少，当达到平缓区即为最佳的组装力控制区。通常接触电阻与组装力的关系可以在电堆组装前通过单电池试验离线获得，并确定接触电阻达到较小状态时对应的组装力。

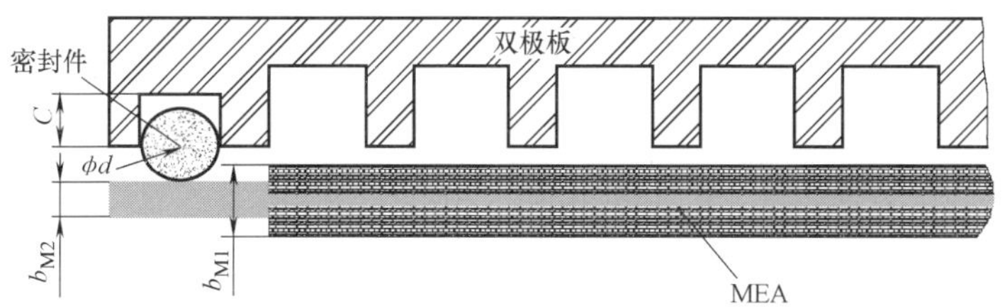

图 2-39 电堆组装过程密封、双极板与 MEA 相对位置图

C—双极板密封槽深度 d—密封件直径 b_{M1}—MEA 对应密封部分的厚度

b_{M2}—MEA 对应密封部分的厚度

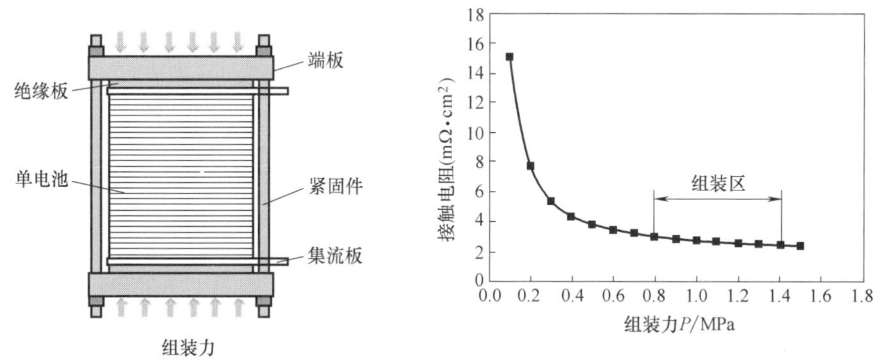

图 2-40 电堆组装力控制与接触电阻随着组装力变化示意图

2.8.2 紧固形式

目前，主流的燃料电池堆紧固方式有两种：一是螺栓紧固 (Tie-rod and bolt)；二是钢带紧固 (Band)。其他紧固方式，如箱式弹簧紧固（Box wrapping with bolts)、平板紧固 (Flat board) 等，现阶段已经较少被使用。

螺栓紧固是一种最常用紧固方式，它适用于小单池、多片电池和大电堆的组装，螺栓紧固如图 2-41 所示。目前，国内外各燃料电池企业和整车厂如新源动力、明天氢能、Hydrogenics、Elringklinger、丰田、现代等，国内科研院所如中科院大连化物所、武汉理工大学等，均采用此种紧固方式。螺栓紧固的特点是简单易行，可靠性较高；但该紧固方式常常由于局部螺栓与周边部位受力差异，导致端板受力不均的问题，严重时会在螺杆间部位出现“密封真空”，发生密封不严的状况。一般这种情况下，可通过优化螺栓数量、位置及组装载荷来改善电堆密封性能。钢带紧固目前较多被应用于石墨板电堆，国内外燃料电池企业如广东国鸿氢能、北京氢璞、Ballard、ZSW 等均采用这种电堆紧固方式，钢带紧固如图 2-42 所示。钢带紧固的特点是结构紧凑，比螺栓紧固节省空间，它能够分散钢带与电堆紧固处的紧压力，避免出现局部端板受力不均匀的情况。目前，钢带紧固方式是大型燃料电池堆比较先进的紧固技术，但该组装工艺的设计及实施较为复杂。

a)

b)

图 2-41　螺栓紧固

此外还有一种电堆紧固技术叫双极板互嵌式自动紧固技术。这种紧固方式的结构更加紧凑，但其仅适用于微型电池，对于加工精度和组装工艺均要求较高。

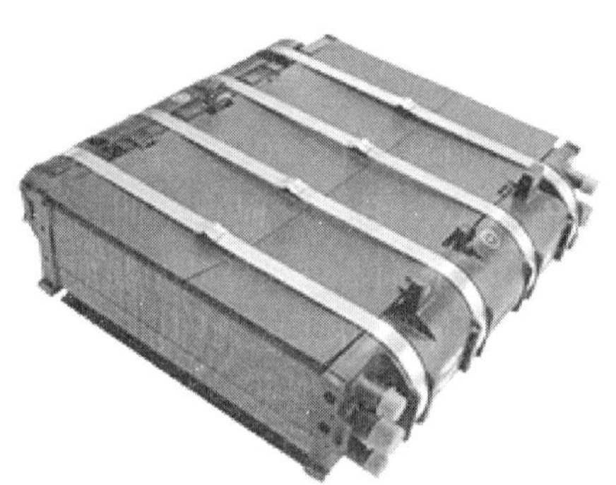

图 2-42　钢带紧固

2.8.3　电堆合格检测条件

电堆在达到合格下线之前，要经过检测，达到一定的合格要求。表 2-15 列举了燃料电池堆试验检验项目及检验依据。

表 2-15　燃料电池堆试验检验项目及检验依据

序号	试验项目	试验子项目	检验依据
1	常规检查	—	GB/T 33978—2017
2	气密性测试	三腔外漏测试	GB/T 33978—2017
		氢氧互窜测试	GB/T 33978—2017
		气水互窜测试	GB/T 33978—2017
3	氢泄漏测试	—	GB/T 33978—2017
4	电安全测试	绝缘测试	GB/T 29838—2013
5	最大许可工作压力测试	—	GB/T 29838—2013
6	冷却系统耐压测试	—	GB/T 29838—2013
7	阴阳极最大允许压差测试	—	GB/T 29838—2013
8	绝缘测试	—	GB/T 29838—2013
9	电磁兼容性测试	电磁发射测试	GB/T 33978—2017
		电磁辐射抗扰度测试	GB/T 33978—2017
		电磁传导抗扰度测试	GB/T 33978—2017
		静电抗扰度测试	GB/T 33978—2017
10	防水防尘测试	防水测试	GB 4208—2008/GB/T 33978—2017
		防尘测试	GB 4208—2008/GB/T 33978—2017
11	振动冲击测试	振动测试	GB/T 36288—2018/SAE—J2380
		冲击测试	GB/T 36288—2018/SAE—J2380

（续）

序号	试验项目	试验子项目	检验依据
12	低温启动测试	—	GB/T 31035—2014
13	储存测试	低温储存测试	GB/T 33978—2017
		高温储存测试	GB/T 33978—2017
14	接地测试	—	GB/T 33978—2017
15	高压电缆检测测试	—	GB/T 18384.3—2015

2.9 典型的商业化燃料电池堆

2.9.1 典型的石墨板和复合板电堆

国际上商业化石墨板电堆供应商有加拿大 Ballard（巴拉德）和 Hydrogenics 等公司，国内供应商有江苏清能、北京氢璞等，广东国鸿氢能通过引进 Ballard 技术，也已实现石墨板电堆的批量化生产和销售。复合板燃料电池堆供应商有大连新源动力，其已在上汽大通 FCV 80 车型上得到较好的商业化应用。典型的石墨板和复合板电堆企业和其商业化产品见表 2-16，图 2-43 所示为加拿大 Ballard 公司的 FCvelocity–9SSL 石墨板电堆以及大连新源动力的 HYSTK-40 复合板电堆实物。

表 2-16 典型的石墨板和复合板电堆企业和其商业化产品

对比项	Ballard/ 国鸿氢能	北京氢璞	新源动力
产品型号	FCvelocity–9SSL	—	HYSTK-40
双极板类型	石墨板	石墨板	复合板
电堆产地	广东云浮	江苏扬州	大连
功率 /kW	17.2 (gross)	38 (gross)	39 (gross)
片数 / 片	90	320	—
重量 /kg	14.3	18	40
尺寸 /mm	255/760/60	—	430/125/427
冷启动温度 /℃	>2	–10	–20

a)

b)

图 2-43 电堆实物图

a）巴拉德 FCvelocity–9SSL b）新源动力 HYSTK-40

（图片来源：巴拉德和新源动力）

2.9.2 典型的金属双极板电堆

目前，全球各大汽车企业、系统与电堆制造商，以及各大科研院所等都竞相开展金属双极板燃料电池堆（图 2-44）的开发和研制。整车企业已有丰田、本田、现代、上汽等公司成功推出量产型燃料电池车，此外，已实现金属双极板燃料电池堆商业化并对外供应的电堆供应商有 ElringKlinger、PowerCell 等企业，国内有新源动力、安徽明天氢能、爱德曼氢能源等公司。国内外典型金属双极板电堆厂商及相应产品介绍见表 2-17。从技术来讲，目前在薄金属板成型、防腐涂层，以及结构设计等方面，国内外企业均已趋于成熟，金属双极板电堆有望得到更大范围的应用和推广。

表 2-17 国内外典型金属双极板电堆厂商及相应产品介绍

	丰田 Mirai	本田 Clarity	现代 NEXO	上汽下一代
峰值功率 /kW	114	103	95	115
排水体积 /L	37	33.2	30.6	37.1
体积比功率 /(kW/L)	3.1	3.1	3.11	3.1
片数 / 片	370	335	—	—
质量 /kg	57	51.5	—	44.8
耐久性 /h	5000	5000	5000	—

a) b)

图 2-44 金属双极板电堆

a）本田最新一代 Clarity 燃料电池堆模块 b）大连化物所第二代金属板燃料电池堆模块

参考文献

［1］全国燃料电池及液流电池标准化技术委员会 . 质子交换膜燃料电池 第 1 部分：术语 : GB/T 20042.1—2017［S］. 北京：中国标准出版社，2017.

［2］Department of Energy. DOE 2020 roadmap target［R/OL］.（2017-01-01）［2019-09-01］.https://www.energy.gov/sites/prod/files/2017/05/f34/fcto_myrdd_fuel_cells.pdf. 2017.

［3］DEBE, MARK K. Electrocatalyst approaches and challenges for automotive fuel cells［J］. Nature,

2012, 486(7401):43-51.
[4] KADONO H,SATO K, KURIHARA T, et al.Rubber gasket for fuel cell：US 9470314B2 [P]. 2014.
[5] JANG I, HWANG I, TAK Y. Attenuated degradation of a PEMFC cathode during fuel starvation by using carbon-supported IrO2 [J]. Electrochimica Acta, 2013, 90(5): 148-156.
[6] NIE Y, LI L, WEI Z. Recent advancements in Pt and Pt-free catalysts for oxygen reduction reaction [J]. Chemical Society Reviews, 2015, 46(25): 2168-2201.
[7] SHAO M, et al. Recent advances in electrocatalysts for oxygen reduction reaction [J]. Chemical Reviews, 2016, 116(6): 3594.
[8] ANTOLINI E. Formation, microstructural characteristics and stability of carbon supported platinum catalysts for low temperature fuel cells [J]. Journal of Materials Science, 2003, 38(14): 2995-3005.
[9] JOB N, et al. Design of Pt/carbon xerogel catalysts for PEM fuel cells [J]. Catalysts, 2015, 5(1): 40-57.
[10] MORE K L, BORUP R, REEVES K S. Identifying contributing degradation phenomena in PEM fuel cell membrane electrode assemblies via Electron microscopy [J]. Ecs Transactions, 2006, 3(3).
[11] YU X, YE S. Recent advances in activity and durability enhancement of Pt/C catalytic cathode in PEMFC: Part I. Physico-chemical and electronic interaction between Pt and carbon support, and activity enhancement of Pt/C catalyst [J]. Journal of Power Sources, 2007, 172(1): 133-144.
[12] BING Y, LIU H, ZHANG L, et al. Cheminform abstract: nanostructured Pt-alloy electrocatalysts for PEM fuel cell oxygen reduction reaction [J]. Chemical Society Reviews, 2010, 39(6): 2184-2202.
[13] DUBAU L, DURST J, MAILLARD F, et al. Heterogeneities of aging within a PEMFC MEA [J]. Fuel Cells, 2012, 12(2): 188-198.
[14] CHEN S, GASTEIGER H A, HAYAKAWA K, et al. Platinum-alloy cathode catalyst degradation in proton exchange membrane fuel cells: nanometer-scale compositional and morphological changes [J]. Journal of the Electrochemical Society, 2009, 157(1): A82-A97.
[15] ZHOU W P, SASAKI K, SU D, et al. Gram-scale-synthesized Pd2Co-supported Pt monolayer electrocatalysts for oxygen reduction reaction [J]. Journal of Physical Chemistry C, 2010, 114(19): 8957-8957.
[16] DAI Y, CHEN S. Oxygen reduction electrocatalyst of Pt on Au nanoparticles through spontaneous deposition [J]. Acs Applied Materials & Interfaces, 2015, 7(1): 823-829.
[17] CUI C, AHMADI M, BEHAFARID F, et al. Shape-selected bimetallic nanoparticle electrocatalysts: evolution of their atomic-scale structure, chemical composition, and electrochemical reactivity under various chemical environments [J]. Faraday Discussions, 2013, 162(8): 91-112.
[18] STRASSER P, KOH S, ANNIYEV T, et al. Lattice-strain control of the activity in dealloyed core-

shell fuel cell catalysts [J] . Nature Chemistry, 2010, 2(6): 454-460.

[19] SU L, JIA W, LI C M, et al. Mechanisms for enhanced performance of platinum-based electrocatalysts in proton exchange membrane fuel cells [J] . Chemsuschem, 2014, 45(18).

[20] YANG H. Platinum-based electrocatalysts with core-shell nanostructures [J] . Angew Chem Int Ed Engl, 2015, 50(12): 2674-2676.

[21] WANG C, WANG S B, PENG L F, et al. Recent progress on the key materials and components for proton exchange membrane fuel cells [J] . Energies, 2016, 9(8): 603.

[22] WANG B. Recent development of non-platinum catalysts for oxygen reduction reaction [J] . Journal of Power Sources, 2005, 152(1): 1-15.

[23] ANTOLINI, ERMETE. Palladium in fuel cell catalysis [J] . Energy & Environmental Science, 2009, 2(9): 915-931.

[24] WANG R, LIAO S, FU Z, et al. Platinum free ternary electrocatalysts prepared via organic colloidal method for oxygen reduction [J] . Electrochemistry Communications, 2008, 10(4): 523-526.

[25] SAVADOGO O, LEE K, OISHI K, et al. New palladium alloys catalyst for the oxygen reduction reaction in an acid medium [J] . Electrochemistry Communications, 2004, 6(2): 105-109.

[26] NIE M, SHEN P K, WEI Z. Nanocrystaline tungsten carbide supported Au–Pd electrocatalyst for oxygen reduction [J] . Journal of Power Sources, 2007, 167(1): 69-73.

[27] WU G, ZELENAY P. Nanostructured nonprecious metal catalysts for oxygen reduction reaction [J] . Acc Chem Res, 2013, 46(8): 1878-1889.

[28] WU G, MORE K L, JOHNSTON C M, et al. High-performance electrocatalysts for oxygen reduction derived from polyaniline, iron, and cobalt [J] . Science, 2011, 332(6028): 443-447.

[29] WU G, FERRANDON M, ARTYUSHKOVA K, et al. Performance durability of polyaniline-derived non-precious cathode catalysts [J] . Ecs Transactions, 2009, 25(1): 1299-1311.

[30] GANG W U. Current challenge and perspective of PGM-free cathode catalysts for PEM fuel cells [J] . 能源前沿 (英文版), 2017, 11(3): 286-298.

[31] HAMROCK S J, YANDRASITS M A. Proton exchange membranes for fuel cell applications [J] . Journal of Macromolecular Science Part C, 2006, 46(3): 219-244.

[32] KUSOGLU A, WEBER A Z. New insights into perfluorinated sulfonic-acid ionomers [J] . Chemical Reviews, 2017, 117(3): 987.

[33] KREUER K D, et al. Transport in proton conductors for fuel-cell applications: simulations, elementary reactions, and phenomenology [J] . Cheminform, 2004, 35(50): 4637-4678.

[34] SUBIANTO S, PICA M, CASCIOLA M, et al. Physical and chemical modification routes leading to improved mechanical properties of perfluorosulfonic acid membranes for PEM fuel cells [J] . Journal of Power Sources, 2013, 233(233): 216-230.

[35] SONG M K. Polymer electrolyte membrane for fuel cell and fuel cell system including the same: US20070122676A1 [P] . 2014.

[36] HERRING A M. Inorganic-polymer composite membranes for proton exchange membrane fuel

cells [J]. Journal of Macromolecular Science Part C, 2006, 46(3): 245-296.

[37] FADZILLAH D M, ROSLI M I, TALIB M Z M, et al. Review on microstructure modelling of a gas diffusion layer for proton exchange membrane fuel cells [J]. Renewable & Sustainable Energy Reviews, 2017, 77.

[38] CINDRELLA L, KANNAN A M, LIN J F, et al. Gas diffusion layer for proton exchange membrane fuel cells—A review [J]. Journal of Power Sources, 2009, 194(1): 146-160.

[39] OMRANI R, SHABANI B. Gas diffusion layer modifications and treatments for improving the performance of proton exchange membrane fuel cells and electrolysers: A review [J]. International Journal of Hydrogen Energy, 2017, 42(47).

[40] SASSIN M B, et al. Fabrication method for laboratory-scale high-performance membrane electrode assemblies for fuel cells [J]. Analytical Chemistry, 2016, 89(1): 511.

[41] LIU C Y, SUNG C C. A review of the performance and analysis of proton exchange membrane fuel cell membrane electrode assemblies [J]. Journal of Power Sources, 2012, 220(4): 348-353.

[42] HUANG T H, SHEN H L, JAO T C, et al. Ultra-low Pt loading for proton exchange membrane fuel cells by catalyst coating technique with ultrasonic spray coating machine [J]. International Journal of Hydrogen Energy, 2012, 37(18): 13872-13879.

[43] HUANG X, RIGDON W A, NEUTZLER J, et al. High performance membrane electrode assembly fabricated by ultrasonic spray technique [J]. Ecs Transactions, 2011, 41(1).

[44] DEBE, MARK K. Tutorial on the fundamental characteristics and practical properties of nanostructured thin film(NSTF)catalysts [J]. Journal of the Electrochemical Society, 2013, 160(6): F522-F534.

[45] 衣宝廉 . 燃料电池 - 原理 • 技术 • 应用 [M] . 北京 : 化学工业出版社 , 2003.

[46] KIMI J S, et al. Fuel cell end plates: a review [J] . Int. J. Precis. Eng. Manuf, 2008. 9(1): 39-46.

[47] 侯明 , 衣宝廉 . 燃料电池的关键技术 [J] . 科技导报 , 2016, 34(06): 52-61.

[48] 张化冰 . 质子交换膜燃料电池金属双极板表面改性研究 [D] . 大连 : 中国科学院大连化学物理研究所 ,2010.

[49] 王胜利 . 质子交换膜燃料电池金属双极板表面改性研究 [D] . 大连 : 中国科学院大连化学物理研究所 , 2016.

[50] International Stainless Steel Forum. New Application Awards 2018 [R/OL] . (2018-01-01) [2019-09-01] . http://www.worldstainless.org/Files/issf/non-image-files/PDF/ISSF_New_Applications_Award_2018.pdf.

[51] XIAO K, et al. Research status of bipolar plate flow field structure of PEMFC [J] . Chinese Journal of Power Sources, 2018, 42(1): 153-156.

[52] MACEDO-VALENCIA J, et al. Numerical study of heat transfer in a PEM fuel cell with different flow- fields: Proceedings of the XV International Congress of the Mexican Hydrogen Society [C] . [s.n.], 2015.

[53] LIU H, LI P W, JUAREZ-ROBLES D, et al. Experimental Study and Comparison of Various

第2章

Designs of Gas Flow Fields to PEM Fuel Cells and Cell Stack Performance [J] . Frontiers in Energy Research, 2014, 2(2).

[54] KAWAJIRI K, SUGINO Y, KANIE T, et al. Gas channel forming plate for fuel cell and fuel cell stack：US20170054156A1 [P] . 2015.

[55] 周平 . 燃料电池封装力学及多相微流动 [D] . 大连 : 大连理工大学 ,2009.

[56] GUTHRIE R J. Polymeric header for fuel cell pressure plate assemblies : US 6048635A [P] . 1998.

[57] RESTO A W,et al. Fuel cell stack having an improved pressure plate and current collector : US 6764786B2 [P] . 2002.

[58] 武山诚 , 高山干城 . 用于燃料电池的端板、燃料电池和燃料电池系统：CN105591119A [P] . 2014.

[59] 堀田裕 , 糸贺道太郎 , 武山诚 . 燃料电池系统：CN 103563151 B [P] . 2016.

[60] YE J M, R B, CARGNELLI J. Manifold for a fuel cell system. US 6875535 B2 [P] . 2002.

[61] HENTALL P L, LAKEMAN J B, MEPSTED G O, et al. New materials for polymer electrolyte membrane fuel cell current collectors [J] . Journal of Power Sources, 1999, 80(1-2): 235-241.

[62] CHANG I, PARK T, LEE J, et al. Bendable polymer electrolyte fuel cell using highly flexible Ag nanowire percolation network current collectors [J] . Journal of Materials Chemistry A, 2013. 1(30): 8541-8546.

[63] 周平 , 吴承伟 . 燃料电池弹性体密封特性的若干影响因素 [J] . 电源技术 , 2005(04): 236-240.

[64] 付宇飞 . 质子交换膜燃料电池系统密封与组装的研究 [D] . 大连 : 中国科学院大连化学物理研究所 ,2008.

[65] TAN J, CHAO Y J, YANG M, et al. Chemical and mechanical stability of a Silicone gasket material exposed to PEM fuel cell environment [J] . international journal of hydrogen energy, 2011, 36(2): 1846-1852.

[66] 林鹏 . 质子交换膜燃料电池电堆的热力耦合封装力学研究 [D] . 大连 : 大连理工大学 ,2011.

第 3 章　燃料电池发动机技术

3.1　燃料电池发动机基本概念

3.1.1　术语及概念

本章主要术语及概念见表 3-1。

表 3-1　本章主要术语及概念

术语名称	英文名称及缩略词	概念
燃料电池	Fuel cell	将外部供应的燃料和氧化剂中的化学能通过电化学反应直接转化为电能、热能和其他反应产物的发电装置
燃料电池电动汽车	Fuel cell electric vehicle（FCEV）	以燃料电池系统作为动力源或主动力源的汽车
冷启动	Cold start	在充分的浸车之后，在标准环境温度进行启动
热启动	Hot start	关机后启动，此时燃料电池系统的温度还在其正常工作温度范围内
启动时间	Start-up time	在启动程序初始化后，燃料电池系统达到规定输出功率的时间（包括热启动时间和冷启动时间）
运行压力	Operating pressure	系统在工作时的压力
减压	Depressurize	将高压压力容器或管路中的压力降低至工作所需压力的过程
燃料放空	Defuel	将压力容器或其他管路内的燃料排空的过程
吹扫	Purge	借助外部条件把燃料电池堆及管路进行排空的过程
尾气	Off gas /tail gas	燃料电池堆里排出的气体，包含未反应气体、生成的气体和 / 或惰性气体
气体净化	Gas cleanup	用物理或化学的方法清除气体中的杂质的过程
氢脆	Hydrogen embrittlement	氢原子进入金属后使晶格应变增大，因而降低韧性及延性，引起脆化的现象

（续）

术语名称	英文名称及缩略词	概念
氢渗透	Hydrogen permeation	氢气穿过结构材料，而导致氢的释放
循环利用	Recycle	经过采集、分离和处理等系列活动，将有效成分回收利用的过程
燃料电池堆额定压力	Stack rated pressure	额定功率时，燃料电池堆进气口处的空气压力 （注：推荐使用绝对压力，如果用测量压力，应注明）
开路电压	Open circuit voltage	燃料电池堆与外部电路断开时的电压
额定电压	Rated voltage	特定工况条件下，在额定功率时的燃料电池堆的端电压
额定电流	Rated current	特定的工况条件下，在额定功率时燃料电池堆的电流
输出特性	Output characteristics	燃料电池电压和电流关系的特性（注：许多情况下，电流表示为燃料电池的电流密度，燃料电池输出电压和输出电流关系曲线也称为极化曲线）
质量比功率	Mass specific power	单位质量的额定功率
体积比功率	Volume specific power	单位燃料电池堆体积的输出功率
燃料电池堆	Fuel cell stack	由多个单体电池、隔板、冷却板、歧管等构成，而且把富氢气体和空气进行电化学反应生成直流电，并同时产生热、水等其他副产物的总成
增湿器	Humidifier	使反应气体湿度增加的装置
质子交换膜	Proton exchange membrane（PEM）	以质子为导电电荷的膜，是燃料电池内的一个独立层，它作为电解质（质子交换膜传导），是阻隔阳极侧富氢气体和阴极侧富氧气体的屏障
气水分离器	Water separator	将燃料电池排除的气体进行冷凝和分离气体中水分的装置
气体泄漏	Gas leakage	除正常排气放气外，供气系统和燃料电池系统中出现的气体外泄现象
低可燃极限	Lower flammability limit（LFL）	可燃气体可以在空气中燃烧的最低体积浓度值（注：氢为 4%）
最大功率	Maximum power	系统或部件所能输出的最大功率值
待机状态	Standby state	燃料电池系统已经具备开机所需的运行条件，可随时接受启动命令进行启动的状态
冷态	Cold state	在环境温度下，燃料电池系统内部与外部环境温度相同，且燃料电池系统处于停机状态
怠速状态	Idle state	燃料电池系统处于工作状态，其输出的功率全部用于维持自身辅助系统的消耗，净输出功率为零的状态
额定功率响应时间	Respond time to rated power	在燃料电池系统正常工作状态下，从怠速状态到达额定功率的时间
动态响应时间	Dynamic response time	在正常工作状态下，燃料电池系统从一个状态变化到另一个状态的时间
额定功率启动时间	Start response time to rated power	燃料电池系统从待机状态进入额定功率状态所需的时间，包括额定功率冷启动和额定功率热启动
怠速启动时间	Start response time to idle state	燃料电池系统从待机状态到达怠速状态的时间。到达怠速状态后能够稳定运行，包括怠速冷启动和怠速热启动
热回收效率	Heat recovery efficiency of a fuel cell power system	在给定的工况下，燃料电池系统回收的热能和燃料电池系统供入燃料热值（低热值）的比率
燃料电池系统净输出功率	Fuel cell engine net output power	燃料电池堆输出功率减去辅助系统消耗功率后所剩的净输出功率
燃料电池系统额定功率	Fuel cell engine rated power	制造厂规定的燃料电池系统在特定工况条件下能够持续工作的净输出功率
过载功率	Overhand power	系统制造厂规定的燃料电池系统在特定工况条件下，在规定时间内工作可输出的最大净输出功率
燃料电池堆效率	Fuel cell stack efficiency	在规定的稳定状态运行条件下，燃料电池堆输出功率与进入燃料电池堆的燃料热值（低热值）之比
中毒	Poisoning	燃料电池部件，如燃料电池膜电极受到污染，导致催化剂性能衰减，而使燃料电池性能降低

（续）

术语名称	英文名称及缩略词	概念
燃料电池系统效率	Fuel cell engine efficiency	在规定的稳定状态运行条件下，燃料电池系统净输出功率与单位时间内进入燃料电池堆的燃料热值（低热值）之比
氢气利用率	Hydrogen utilization	在规定的稳定状态运行条件下，氢气的理论消耗量与实际进入燃料电池系统的氢气量之比
燃料消耗率	Fuel consumption rate	在特定运行条件下，燃料电池电动汽车运行 100km 所消耗的燃料量，单位为 kg/100km

3.1.2 燃料电池系统原理介绍

燃料电池系统指用于车辆、游艇、航空航天及水下动力设备等作为驱动动力电源或辅助动力，通过电化学反应过程将反应物（燃料和氧化剂）的化学能转化为电能和热能的系统。

燃料电池系统原理如图 3-1 所示，整个燃料电池系统由燃料电池堆、空气供应子系统、氢气供应子系统、水热管理子系统、控制子系统组成。燃料电池堆是整个系统电化学反应的场所，其他子系统主要是相互协调确保燃料电池堆的电化学反应能够正常、高效、可靠地工作。

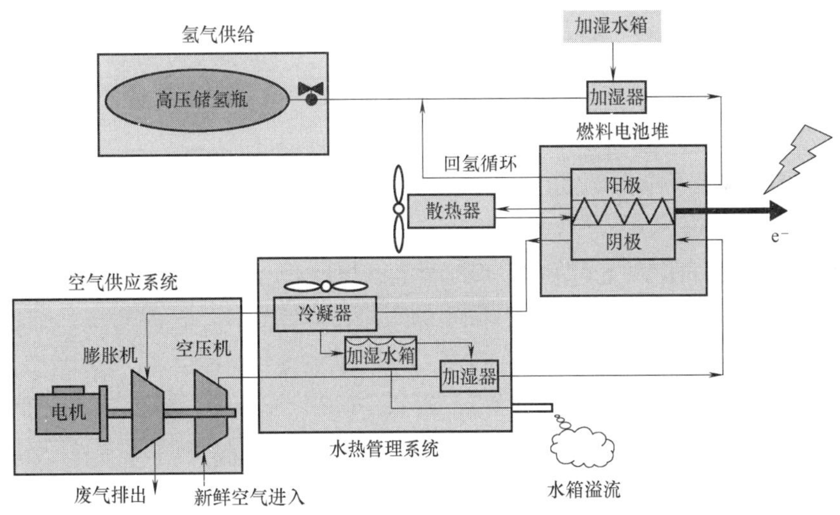

图 3-1 燃料电池系统原理

3.1.3 子系统构成及作用

1. 燃料电池堆（fuel cell stack）

燃料电池堆由多个单体电池、隔板、冷却板、进气歧管等构成，是把富氢气体和空气进行电化学反应生成直流电，并同时产生热、水等其他副产物的总成。

燃料电池堆由多个单体电池以串联方式层叠组合而成。将双极板与膜电极三合一组件

（MEA）交替叠合，各单体之间嵌入密封件，经前、后端板压紧后用螺杆紧固拴牢，即构成质子交换膜燃料电池堆。

2. 空气供应子系统（air supply system）

空气供应子系统的主要作用是对进入燃料电池的空气进行过滤、增湿、压力调节等方面的处理，保证燃料电池电堆阴极侧温度、湿度、压力及流量在最佳范围内。

3. 氢气供应子系统（fuel processing system）

氢气供应子系统也叫燃料处理系统，其主要作用是把输入的燃料进行增湿等相关处理，从而转变成适于在燃料电池堆内运行的富氢气体，保证燃料电池堆阳极侧温度、压力及流量（湿度），同时保证氢气的利用率。

4. 水热管理子系统（thermal management system）

水热管理子系统用以维持燃料电池系统的热平衡，可以回收多余的热量，并在燃料电池系统启动时能够进行辅助加热的系统，保证燃料电池堆内部快速到达适宜的温度区间，同时保证阴阳极两侧在最佳的工作区域内运行。

5. 电子控制子系统

电子控制子系统也叫自动控制系统（automatic control system），包含传感器、执行器、阀、开关、控制逻辑部件等总成，保证空气子系统、氢气子系统及水热管理子系统的各部件能够协调、高效地工作，使其可以发挥出最大效能。

3.2 空气供应子系统

3.2.1 空气供应子系统简介

空气供应子系统的作用是将具有一定压力、流量以及湿度的空气供应给燃料电池堆。通常空气供给系统包括过滤装置、空压机、加湿器、调节阀等。其中地面应用的燃料电池一般采用空气作为氧化剂，而航空和潜艇等特殊场所则采用纯氧。空气经过过滤装置（过滤掉空气中的油滴、灰尘、水滴等杂质）、空气流量计、空压机（增加空气进堆压力）、加湿器（增加空气进堆湿度）、调节阀（调节空气流量）等进入反应堆，空气供应子系统原理如图 3-2 所示。

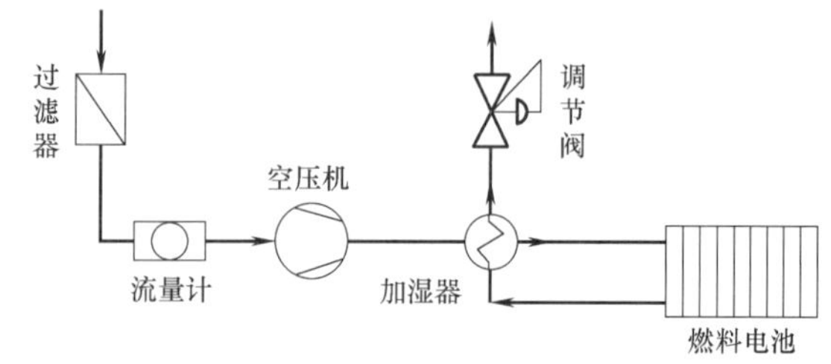

图 3-2 空气供应子系统原理

空气作为燃料电池的氧化剂，其流量和压力直接影响燃料电池堆的发电效率，当采用常压供给燃料电池堆时，燃料电池堆前的空气增湿相对湿度要高，否则会导致膜电极失水，大幅度降低电池性能。采用加压空气供气，电池组阴极的极化小于采用常压空气的极化，即电池组的性能会上升。因此，低成本、低功耗、低质量体积比的空压机已成为研究热点。

3.2.2 燃料电池专用空压机

1. 燃料电池汽车空压机的作用及性能要求

燃料电池汽车核心部分的燃料电池系统有燃料电池堆、氢气循环系统、加湿器和空压机这四个关键部件。其中空气压缩机的作用是根据燃料电池堆的输出功率为燃料电池提供所需压力和流量的空气，对于燃料电池系统的性能有着重要的影响。增加氧气的供气压力可以使燃料电池系统的功率密度增加、燃料电池堆效率提高、体积尺寸减小。空压机有以下几点性能要求：

1）效率高。燃料电池空压机的动力由燃料电池的输出的电能提供，在辅助功耗中占比高达 80%。如果空压机效率过低会严重降低燃料电池系统的性能。

2）无油。燃料电池堆中的质子交换膜对油污十分敏感，如果不在无油环境下工作可能会因催化剂中毒而导致质子交换膜失效。

3）质量轻、体积小。车载燃料电池空压机要安装在汽车上，如果体积过大则会占据大量空间，影响整车的布置；而质量过大则会增加整车惯性，影响起步加速和制动性能。

4）动态响应快。车载燃料电池的功率变化频繁，所以空压机应尽量做到无延迟地对流量和压力进行调整，以能够跟踪输出功率的变化。

5）喘振线在小流量区。喘振线在小流量区能够实现燃料电池在小流量高压比的工况下高效运行。

6）噪声低。空压机作为燃料电池系统中最大的噪声源之一，如果其噪声不能被有效控制或隔离，则会降低驾车的舒适度。

2. 燃料电池汽车空压机的类型

目前常用的空压机类型有涡旋式、螺杆式、活塞式、离心式、罗茨式和滑片式。

1）涡旋式空压机容积效率较高，压力和流量可连续调整，高效率工作区较宽，但质量和体积较大；在丰田、UTC 等公司的燃料电池中已有应用。涡旋式空压机如图 3-3 所示。

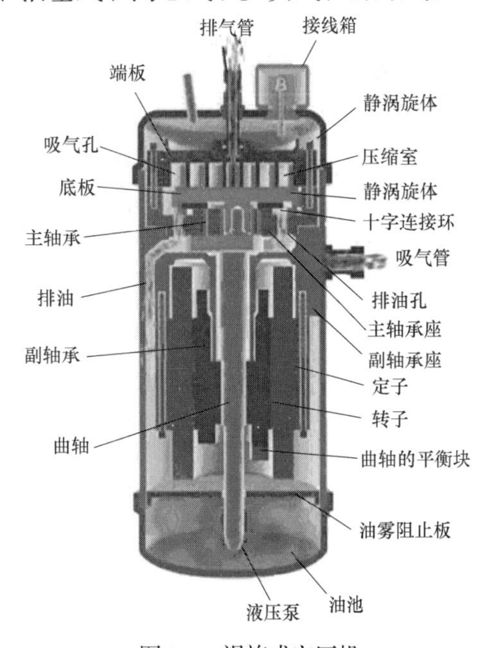

图 3-3 涡旋式空压机

2）螺杆式空压机的工作原理是利用螺旋齿相互啮合，螺杆啮合线把螺旋槽分割成多个密封工作腔，螺杆转动，密封腔在一端形成，不断向另一端移动。螺杆式空压机又分为双螺杆和单螺杆两种，其工作原理如图 3-4 所示，双螺杆和单螺杆空压机如图 3-5、图 3-6 所示。

螺杆式空压机由于结构紧凑、可靠性好、质量轻，压力和流量调整灵活，在 PlugPower、Ballard 等公司的燃料电池中被采用。

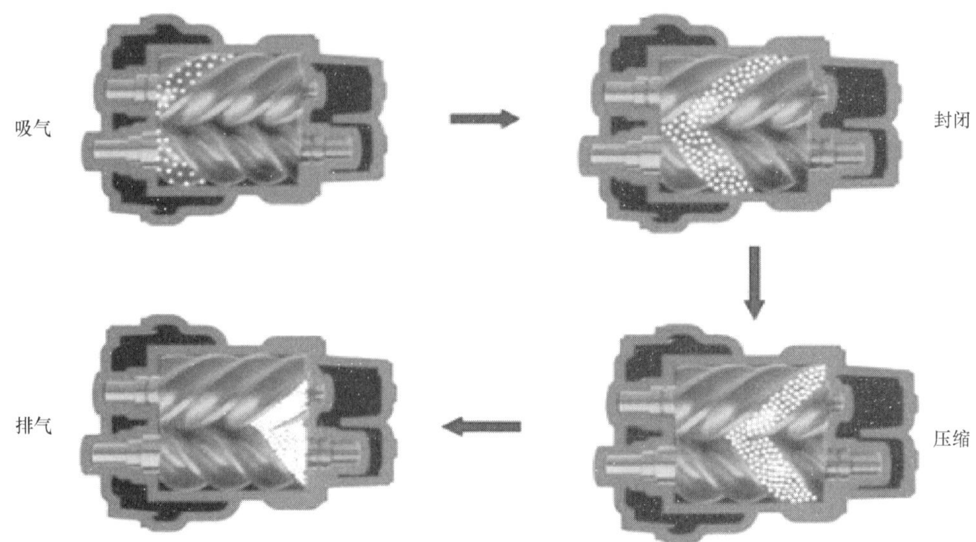

图 3-4　螺杆式空压机工作原理

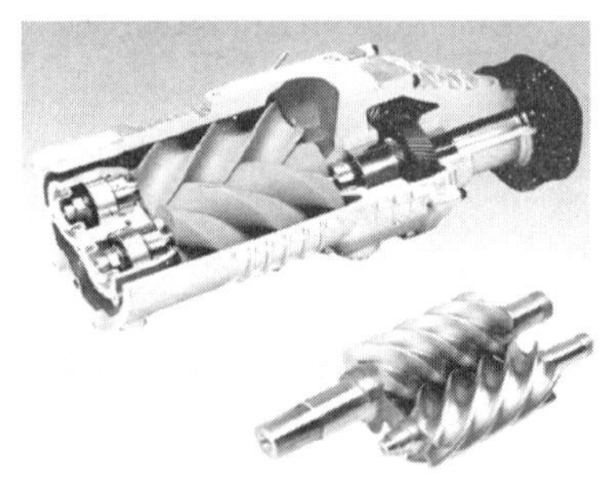

图 3-5　双螺杆空压机

图 3-6　单螺杆空压机

3）离心式空压机具有排气量大、结构紧凑、体积小、响应快、效率高、工作平稳和寿命长等特点，被认为是未来最有前途的增压方式之一，但在低转速时要避免“喘振”的发生。

离心式空压机的工作原理是通过高速旋转的叶轮对气体做功，在叶轮和扩压器的流道内，利用离心升压和降速扩压作用，将机械能转换为气体压力能。Honeywell、MITI、LIEBHERR、AERITECH、MOHAWK、德燃动力等公司已研发了一系列用于燃料电池的离心式空压机。图 3-7a 为离心式空压机原理图，图 3-7b 为某型离心式空压机实物与性能 MAP 图。

4）罗茨式空压机属于回转式空压机，其工作原理如图 3-8 所示。在其内部有两个罗茨转子互相啮合从而将气体截住，并将气体从进气口送到排气口。罗茨压缩机的工作过程可以概括为：从入口封入气体→排气口的高压过热气体返流→将封入及返流的气体挤出。伊顿公司已研制出适用于 80kW 燃料电池系统的 VS 系列罗茨式空压机，且该空压机在做功能力、功率密度以及经济性等方面具有较大的优势。

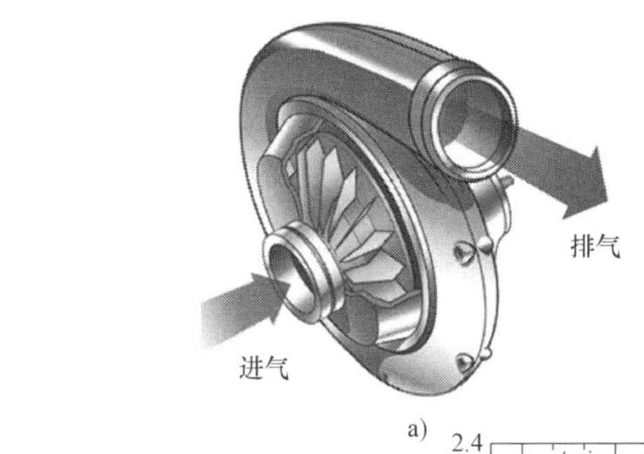

a)

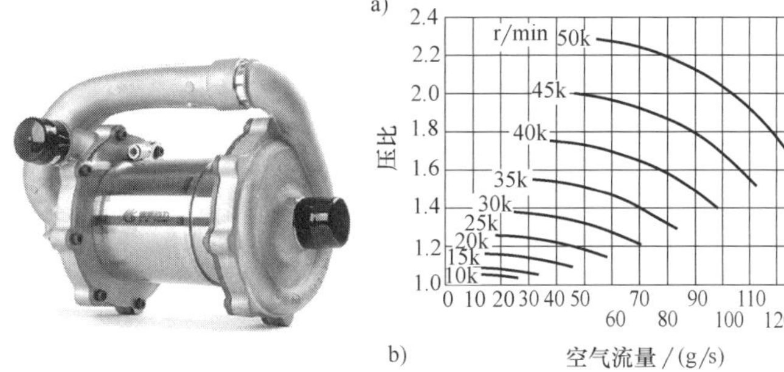

b)

图 3-7 离心式空压机

a）离心式空压机原理图 b）某型离心式空压机实物与性能 MAP 图

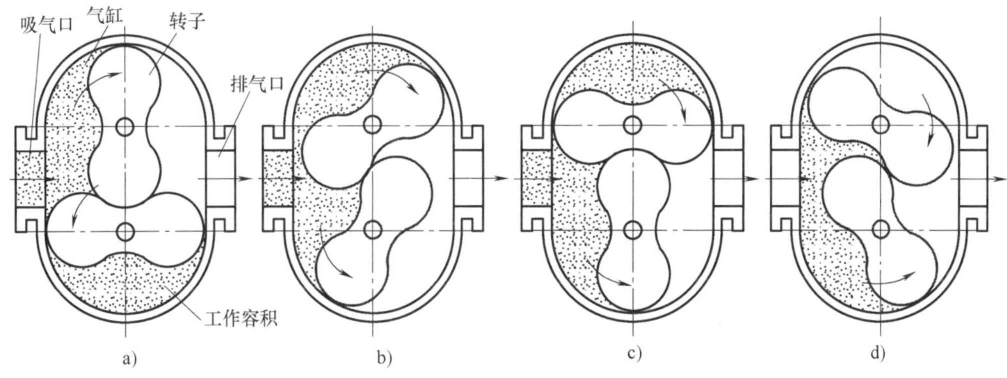

图 3-8 罗茨式空压机工作原理

5）滑片式空压机是容积式旋转压缩机。转子旋转时，滑片受离心力的作用从槽中甩出，其端部紧贴在气缸内表面上，把月牙形的空间分割成若干扇形小室，称之为基元。随着转子的连续旋转，基元容积从大到小周而复始地变化，由此达到压缩气体的目的。滑片式空压机工作原理如图 3-9 所示。

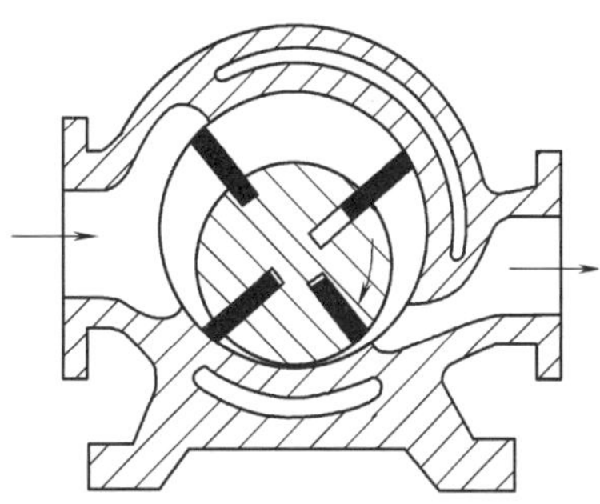

图 3-9 滑片式空压机工作原理

目前美国 MechanologyLLC 公司开发了用于燃料电池系统的螺旋式交叉滑片压缩机。

3.2.3 加湿器

燃料电池系统需要加湿反应气体，对于采用质子交换膜的燃料电池系统而言，气体反应物的相对湿度对膜的性能的影响是至关重要的。膜传输质子时需要质子以水合离子的形式存在，而干燥的膜不具备传导质子的能力。因此，对反应气体进行加湿以保证质子交换膜的湿润，是增加质子交换膜的质子传导能力不可缺少的方法。增加反应气体的相对湿度会提高质子交换膜的电导率，降低膜电阻，从而提高燃料电池系统的输出性能；但相对湿度过高也容易导致燃料电池堆内部发生水淹，从而影响其性能。

现在燃料电池堆采用的加湿技术主要分为内部加湿、自加湿和外部加湿三种。内部加湿是利用燃料电池反应生成的水和水在质子交换膜内的传递特性，实现膜的自增湿；自加湿法是将催化铂金微粒子加入质子交换膜中，在燃料电池发电时，依靠膜内自动生成的水来增湿；外部加湿是在燃料电池之外加上一个部件，使水蒸气和反应气体同时进入电池组中。以下是几种加湿方法的介绍。

1. 鼓泡法加湿

鼓泡法加湿是在燃料电池进气口前加入一个盛有蒸馏水的装置，此方法通过调节进入燃料电池气体的流量、蒸馏水的温度和液面高度来改变加湿量。图 3-10 为鼓泡法加湿示意图。

2. 液态水喷射加湿

液态水喷射加湿装置由两个部分组成：高压喷射室和膨胀室。该装置是把水直接喷入燃料电池堆的气体导流板或进气管路中，水喷入后在气体管路中形成雾状，当这股混合气体遇到燃料电池本身的反应热时，水雾就能迅速蒸发。此加湿装置是通过调节加湿气体的流量、喷射水的压力来改变加湿量的大小。图 3-11 为液态水喷射增湿法示意图。

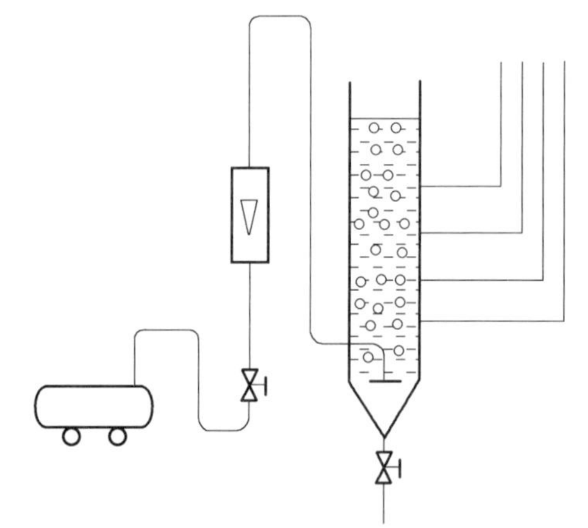

图 3-10 鼓泡法加湿示意图

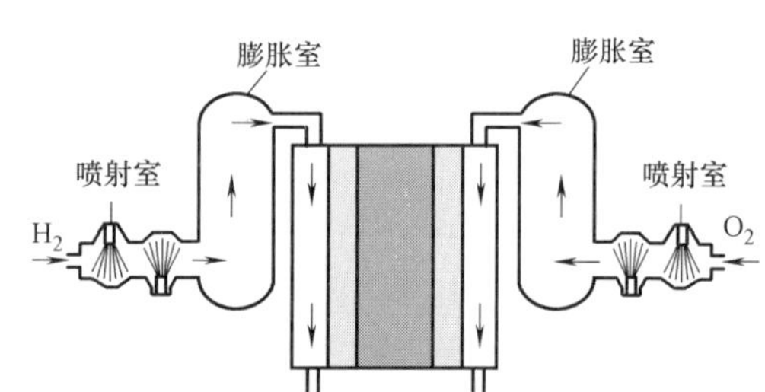

图 3-11 液态水喷射增湿法示意图

3. 湿膜加湿

湿膜加湿的过程是空气在与湿膜接触的过程中实现热质的交换。通过改进电池内部结构，使其不需要借助外部设备就能保持膜电极的适当湿度，维持燃料电池的性能。这种技术主要体现在以下两个方面：一是通过增强膜两侧水浓度梯度的方法来增强水由阴极向阳极的扩散；二是自增湿电解质膜的研究，通常用在电解质膜内加入铂和 SiO_2 颗粒的方法，其中铂起催化氢氧化合生成水的作用，SiO_2 起储存水分的作用，在电池缺水时释放出水。

通过调节气体流量、湿膜的大小和厚度以及水温来改变湿膜加湿器加湿量的大小，将满足燃料电池工作所需的具有一定温度、湿度的气体送入燃料电池。图3-12为湿膜增湿示意图。

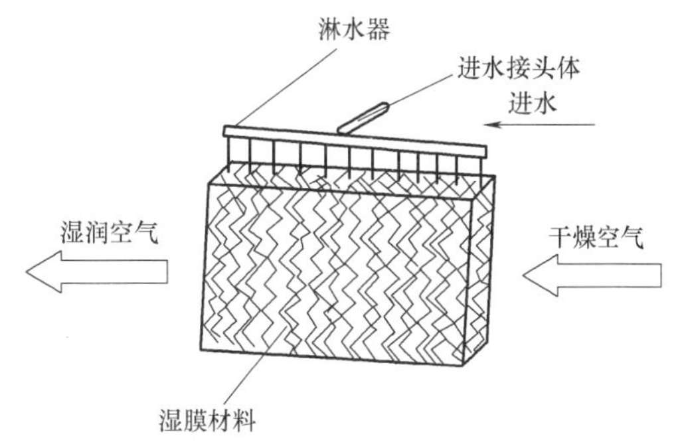

图 3-12 湿膜增湿示意图

4. 渗透膜增湿

渗透膜增湿器是目前常用的大功率增湿器之一，图 3-13 所示为渗透膜增湿原理示意图。它利用电池尾气对燃料电池堆的氧化剂（还原剂）进行增湿，温暖潮湿的尾气（液态水）通过膜的一侧，然后在浓度差的作用下扩散到膜的另一侧，最后蒸发至电池反应气中。这种增湿器所用的膜有很多种：微滤膜、超滤膜、反渗透膜、Teslin 膜、Nafion 膜和 Gore-Tex 膜。

5. 焓轮增湿器

焓轮增湿器增湿原理如图 3-14 所示，核心部件为多孔陶瓷转轮，其表面覆有一层吸水材料。增湿器工作时，陶瓷转轮在电动机的带动下转动。当燃料电池湿热尾气（湿度接近 100% 的热、湿空气）经过增湿器一侧时，陶瓷转轮吸收尾气中的热量且将水分储存于其表面，然后转动到增湿器另一侧；当新鲜空气进入焓轮时，由于相对湿度以及温度较低，新鲜空气会将多孔陶瓷表面吸附的水分以及热量带走，从而完成对反应气的加湿，同时吸收热量，温度也得到提高；最后将具有一定温度、湿度的气体送入燃料电池。

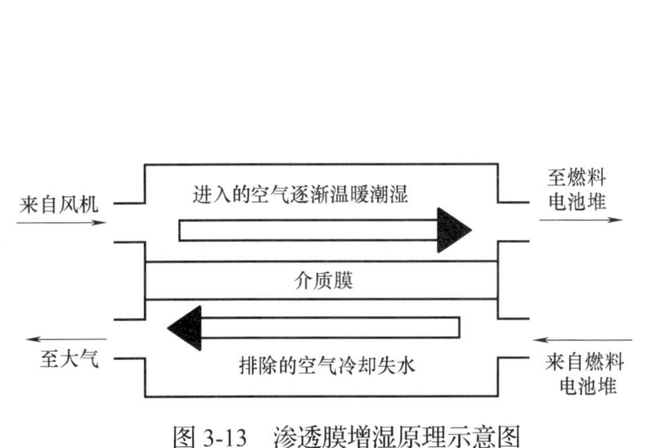

图 3-13 渗透膜增湿原理示意图

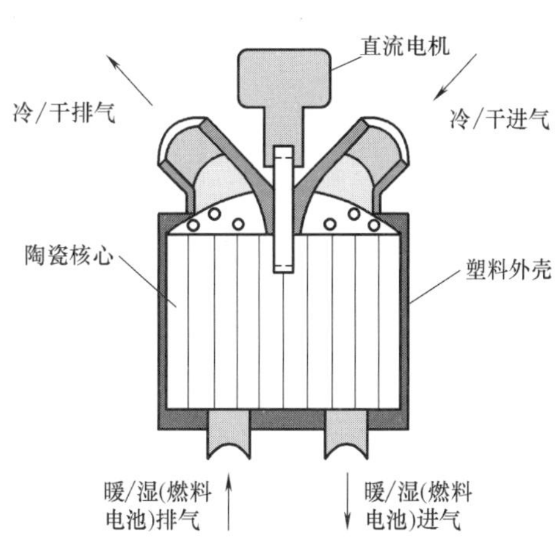

图 3-14 焓轮增湿器原理示意图

3.2.4 中冷器

空气经过空压机压缩之后，温度会迅速升高，可以达到150℃以上。而PEMFC的工作温度区间一般为60~90℃，高温空气直接进入燃料电池堆不仅会导致燃料电池堆性能下降，更有可能造成质子交换膜损坏。因此，需要使用中冷器将空气温度降低到适合进堆的温度，经过中冷器之后，空气温度会明显下降，相对湿度也会有所提高。燃料电池系统使用的中冷器多使用间壁式中冷器，按照冷却介质不同可以分为风冷式和水冷式两大类。中冷器工作原理如图3-15所示。

3.2.5 调节阀

调节阀是通过接受调节控制单元输出的控制信号，借助动力操作去改变燃料电池堆阴极工作压力与流量的控制元件。一般对于燃料电池系统而言，提高燃料电池堆的工作压力有利于改善燃料电池堆的输出特性。在燃料电池系统中常利用调节阀的开度调整空气路的背压，以提高燃料电池堆的性能，调节阀的安装位置多在阴极排气管末端。

调节阀一般由执行机构和阀门组成。如果按行程特点，调节阀可分为直行程和角行程两种；按其所配执行机构使用的动力，可分为气动调节阀、电动调节阀和液动调节阀三种；按其功能和特性，可分为线性特性、等百分比特性及抛物线特性三种。调节阀实物如图3-16所示。

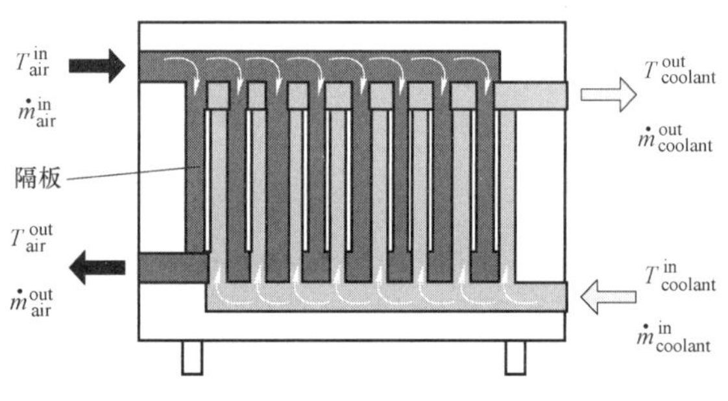

图3-15 中冷器工作原理

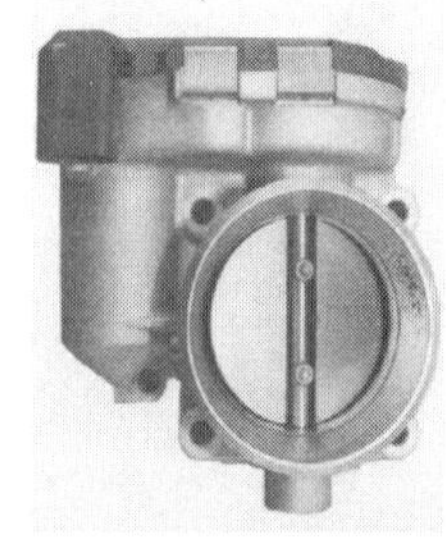

图3-16 调节阀实物

3.3 氢气供应子系统

3.3.1 氢气供应子系统简介

氢气供应子系统的作用是持续地将高纯度的、具有一定流量和压力的氢气提供给燃料电池堆，该子系统结构包括氢气供给、传输、反应、排气和循环过程。氢气作为燃料电池发电用燃料，其流量大小直接关系到燃料电池系统的发电效率：氢气流量过小会导致供氢不足，对燃料电池膜造成损伤，影响燃料电池寿命；氢气流量过大则会导致燃料浪费，降低燃料的利用率。

通常氢气供给系统包括氢源、减压阀、压力调节阀、气水分离器、氢气循环泵、氢气尾排阀等。目前常见的车载氢源一般以高压压缩氢气为主；也有使用储氢材料作为氢气存储介质；另外还有通过车载的天然气、甲醇、汽油高温裂解装置进行现场制氢的方式。氢气储存于高压储氢瓶中，经瓶口的气罐阀（用以开关储氢瓶）、减压阀（降低氢气压力）、电磁阀、氢气流量传感器等进入燃料电池堆。燃料电池发电系统的氢气回路结构如图 3-17 所示。

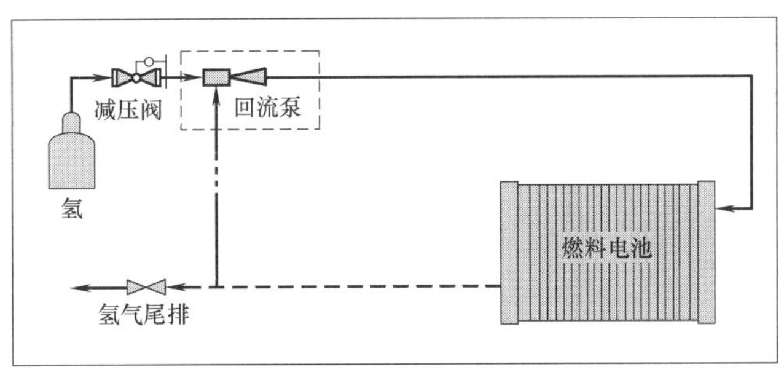

图 3-17　燃料电池发电系统氢气回路结构

3.3.2　氢气循环原理

在车用质子交换膜燃料电池系统中，为了提高氢气利用率，降低燃料电池发电成本，并且获得更高的燃料电池堆性能，往往对电池堆阳极氢气进行闭端操作。常见的燃料电池的氢气闭端技术有氢气死端模式（Dead End Anode，DEA）和氢气循环模式（Flow Through Anode，FTA）两种。

1. 氢气死端模式

氢气死端模式是直接在燃料电池堆阳极尾排端设计常闭电磁阀，增加电池堆运行压力，同时提高氢气利用率。对于氢气死端模式的质子交换膜燃料电池来说，由于阳极出口处于关闭状态，没有氢气从阳极出口流出，氢气利用率得以提高。但这种操作模式会导致水气在阳极累积形成液态水，堵塞氢气扩散通道，减小催化剂活性面积，电池性能下降。针对上述问题，通常采用间隙排氢的方法，将燃料电池堆内部生成的水和累积的杂质气体排出。排氢频率太低，容易造成堵水和杂质气体累积，从而导致燃料电池堆性能下降；排氢频率太高，则既浪费了氢气，又带来潜在危险[1-4]。

2. 氢气循环模式

为了保证燃料电池的高效、稳定运行，又能将燃料电池中生成的水排放到电池外部，通常采用氢气循环的方法，即利用氢气把燃料电池堆内部生成的水带出，经气水分离装置将液态水分离，再将氢气循环送回到燃料电池堆阳极重复使用；同时对进入燃料电池堆的新鲜氢气进行加湿，以提高氢气利用率，降低燃料电池外加湿难度[5]。

通过各个运行参数的耦合优化，保证燃料电池处于稳定高效的水、气平衡状态至关重要。氢气循环操作模式可以强制氢气在电池内部均匀分配，延长燃料电池的使用寿命。在氢气循环过程中，氢气中的杂质以及阴极空气中的氮气和反应产生的水透过质子交换膜会在阳极累积，长时间运行后造成氢气分压的降低，甚至局部 H_2 饥饿会引起 MEA 的电化学腐蚀，导致燃料电池堆性能的不可逆下降，因此同样需要在运行过程中间歇性打开尾气排气阀进行吹扫，排出累积在阳极的杂质、N_2 和水，此过程也会造成一部分氢气的浪费[6]。因此，需要对排气阀的吹扫时长、吹扫间隔、吹扫流量、吹扫体积等进行优化，以实现在不损失电池堆性能的前提下提高氢气的利用效率。

燃料电池氢气循环供应系统有多种形式[7]，目前比较常见的是氢气循环泵和回氢引射装置。氢气循环泵的使用可以有效改善氢气循环，但需消耗额外的电以维持其运转；引射器无移动部件，具有结构简单、运行可靠、无污染等优点，而且能够避免产生寄生功率[9]。一个典型的带有氢气循环泵的燃料电池氢气循环系统如图 3-18a 所示，带有引射器的燃料电池氢气循环系统如图 3-18b 所示。

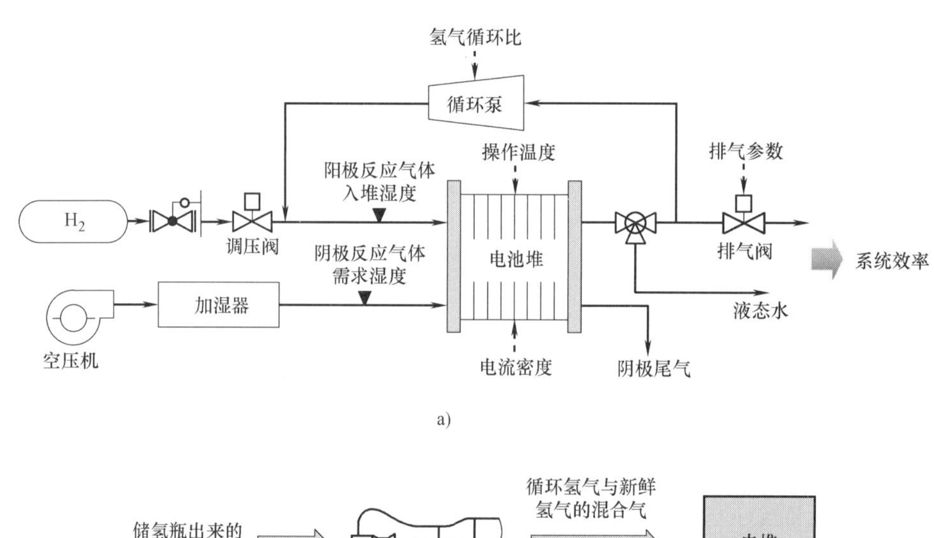

a)

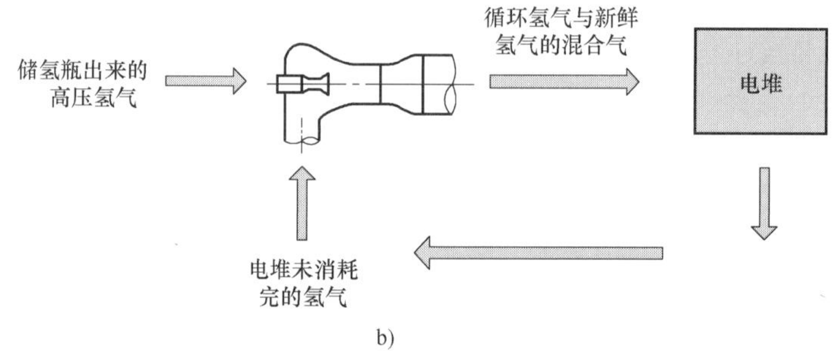

b)

图 3-18　氢气循环供应系统

a) 带有氢气循环泵的燃料电池氢气循环系统　b) 带有引射器的燃料电池氢气循环系统

（1）氢气循环泵

氢气循环泵的作用是把未反应氢气从燃料电池出口直接泵回燃料电池入口，与入口反应气汇合后进入燃料电池。利用氢气循环泵，一方面可以把反应气尾气的水分带入电池，起到增湿作用；另一方面，可以提高氢气在燃料电池阳极流道内的流速，防止阳极水的累积，避免阳极水淹，同时也提高了氢气利用率。

（2）引射器

在燃料电池汽车中，氢气存储在高压储氢瓶中，从储氢瓶中出来的氢气具有很高的压力。引射器可以将储氢瓶中出来的高压力、低流速的氢气通过引射器，利用文丘里工作原理，将高压气体所具有的势能转化为动能，这样可以将燃料电池出口处的氢气回吸至入口处，并与高压储氢瓶供给的氢气进行混合[10, 11]。混合后的氢气具有一定的温度和湿度，这样有利于提高燃料电池堆的工作性能。引射器原理如图3-19所示。

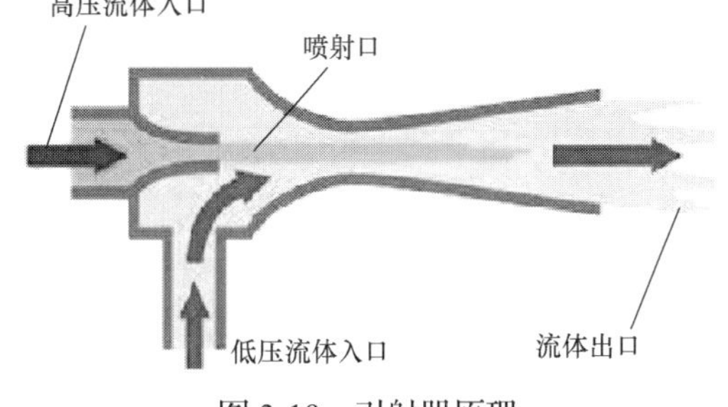

图 3-19 引射器原理

3.3.3 氢气压力调节及流量控制装置

1. 常闭电磁阀用于增加电池堆运行压力[12]

在氢气循环系统中的储氢瓶与引射器之间设置控制阀，当在大功率工况时，控制阀保持开启，此时引射器的引射效果明显；在小功率工况时，控制阀在开关状态间切换，使引射器前端压力呈脉冲变化，在控制流量的同时保证引射性能，并拓宽工作范围。

2. 单向阀和流量控制装置

该装置包括2个单向阀水气分离器和流量控制装置，其原理是利用压力的波动完成循环。一方面，省去了氢气循环泵的功耗，减少了机械部件伴随的振动和噪声；另一方面，解决了引射器工作范围较窄，无法在小流量下起到循环作用的问题[13]。

3. 比例阀和电磁阀

在被动式氢气循环系统，通过控制并联的比例阀和电磁阀，实现对燃料电池氢气连续供应（中高功率）和脉冲供应（低功率）工作模式的切换[14]。

4. 电控喷氢压力调节装置[15]

该电控喷氢压力调节装置包括：压力控制组件、排水组件以及控制器。压力控制组件的作用是控制氢气进气侧压力以及氢气回流；排水组件的作用是及时排出废水；控制器用于控制压力控制组件以及排水组件，调节氢气侧压力。

5. 阳极压力控制装置

该控制装置主要包括阳极反应腔、调节阀、压力传感器以及泄压器等。该控制装置设置调节阀，根据压力传感器检测的压力调节阳极压力，设置泄压阀防止阳极压力过高，能够有效地控制阳极的压力，实现阳极压力的连续变化，满足燃料电池对阳极压力的需求[16]。

6. 氢气压力调节系统[17]

该压力调节系统包括了氢气储存单元，氢气储存单元包括用于连接燃料电池的阀门和用于控制阀门状态的氢气输出调节单元。在燃料电池处于非排氢状态时，控制器根据压力传感器反馈的氢气压力和目标压力控制氢气输出调节单元；在燃料电池处于排氢状态时，控制器根据预定参数控制氢气输出调节单元。该方法缓解了在排氢时腔内氢气压力急剧下降的问题，有效延长了电池的使用寿命。

3.3.4 燃料电池氢气循环技术进展

目前主要的氢气循环模式有单级引射器、多级引射器并联、单级循环泵、引射器和循环泵并联等，在此基础上通过优化引射器结构和控制策略等方法来提高循环效果。

1. 多级引射器并联

多级引射器并联的燃料电池氢气供应系统拓扑结构中包含高压储氢瓶、气动控制阀、氢气过滤器、氢气分流阀、高流量引射器、低流量引射器、过压切断阀、排氢阀和单向阀。该系统使用氢气分流阀，使氢气在高、低功率时分别通过大、小流量引射器。双级引射器并联，弥补了单级引射器工作范围窄的缺陷。该方案既提高了氢气利用率，又利用尾气对新鲜氢气进行加湿，从而省去了阳极加湿器。图 3-20 所示为 DIT 公司 2010 年燃料电池氢气供应系统拓扑结构。

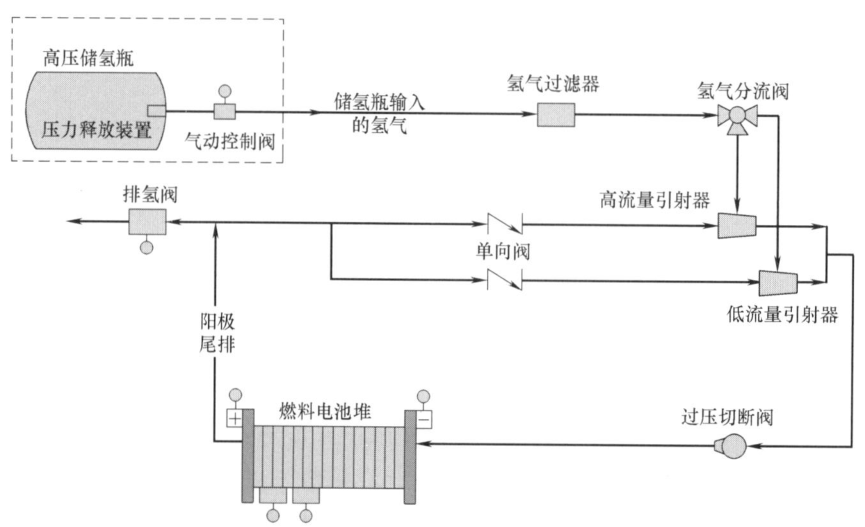

图 3-20　DIT 公司 2010 年燃料电池氢气供应系统拓扑结构

2. 引射器与循环泵并联

引射器与循环泵并联的燃料电池系统布置图如图 3-21 所示，其为 Argonne 实验室 2010 年燃料电池系统布置方案[18]。其中氢气循环系统包含储氢瓶、减压阀、引射器、氢气循环泵、水分离器、单向阀和排氢阀等相关部件。采用氢气循环泵和引射器并联的方式弥补了单级引射器无法在全工况范围内工作的缺陷。由图 3-22 所示引射器性能可见，单个引射器可以在 25%~100% 的流量范围内工作，在低于 25% 的流量范围内则需要一个氢气循环泵来辅助循环。

3. 利用引射器前端压力脉冲

引射器前端压力脉冲燃料电池系统拓扑图如图 3-23 所示，这是 Belenos Clean Power Holding AG 公司燃料电池系统拓扑结构图，该方法是通过控制阀开关的频率和脉宽来控制氢气流量。

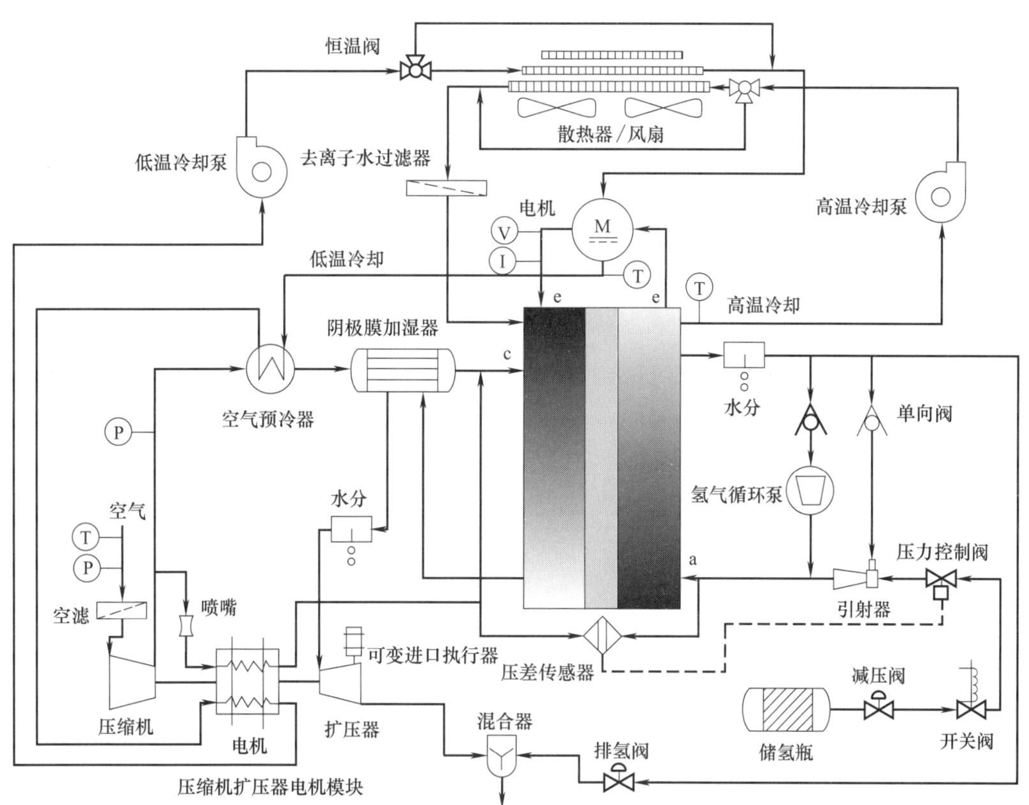

图 3-21　Argonne 实验室 2010 年燃料电池系统布置图

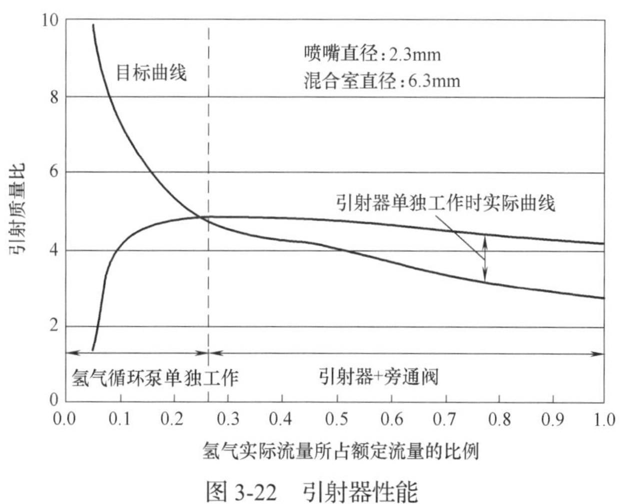

图 3-22　引射器性能

4. 被动控制式引射器

被动式氢气循环装置[14]实质是一个可变流量的引射器。循环装置（引射器）的结构如图 3-24 所示，该图是 Nuvera Fuel Cell Inc 公司被动式控制引射器结构图，以某种机械形式耦合。该装置依靠阳极排气的压力，被动地控制引射器的循环流量，可以增大引射器的工作范围。

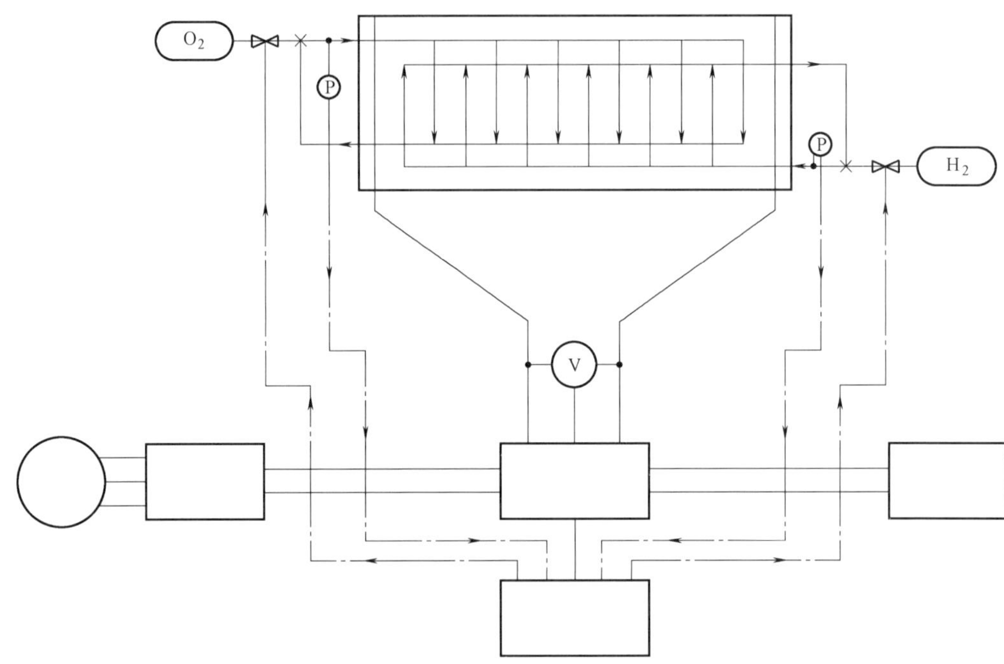

图 3-23　Belenos Clean Power Holding AG 公司燃料电池系统拓扑结构图

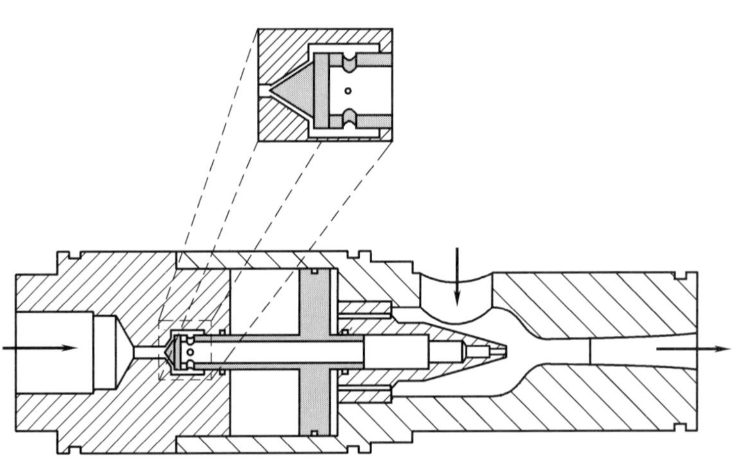

图 3-24　Nuvera Fuel Cell Inc 公司被动式控制引射器结构图

5. 利用压力波动及单向阀

如图 3-25 所示，压力波动氢气循环系统有 A 和 B 两种工作模式。A 模式下，通过流量控制装置调节阳极入口压力上升，部分未反应完的气体克服单向阀 1 的压力进入单向阀 1 和 2 间的管路，由于管路和单向阀 1 有压损，此时气体无法克服单向阀 2 的压力回流到燃料电池阳极入口；B 模式下，调节阳极入口压力下降，未反应完的气体减少，压力下降至无法克服单向阀 1 的压力，此时单向阀 1 关闭。由于阳极入口管路压力下降，存储于单向阀 1 和 2 之间的阳极排气克服压力开启单向阀 2，进入循环回路。压力波动循环理论工作波形如图 3-26 所示。

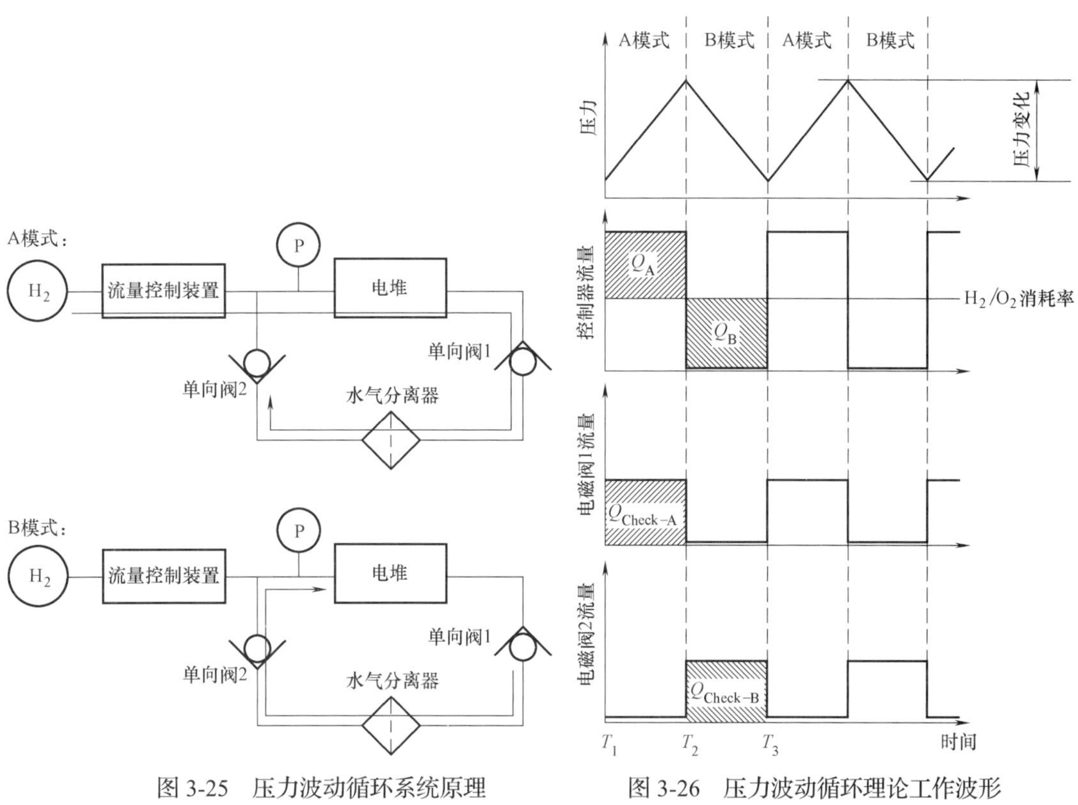

图 3-25 压力波动循环系统原理

图 3-26 压力波动循环理论工作波形

6. 含稳压罐的氢气循环系统

图 3-27 所示为含有稳压罐的氢气循环系统示意图，氢气从储氢瓶 1 出来后经减压并通过引射器 4 进入稳压罐 5，稳压罐可使氢气稳压，并对氢气进行水气分离，之后氢气进入燃料电池堆 6 参与反应。燃料电池堆的出口一端连接引射器的引射入口，另一端连接排氢电磁阀 7，当燃料电池堆中的氢气过量较多时，引射器将过量氢气吸回，输送到燃料电池堆的氢气入口重新参与反应。当燃料电池堆中的氢气过量不多时，引射器难以产生引射效果，多余氢气通过排氢电磁阀排出至稳压罐 8，使氢气稳压去水，并通过氢气循环泵 9 输送至稳压罐 5 进行循环。该系统有助于提高引射性能并增大其工作范围，但稳压罐会使系统更复杂而导致成本增加[19]。

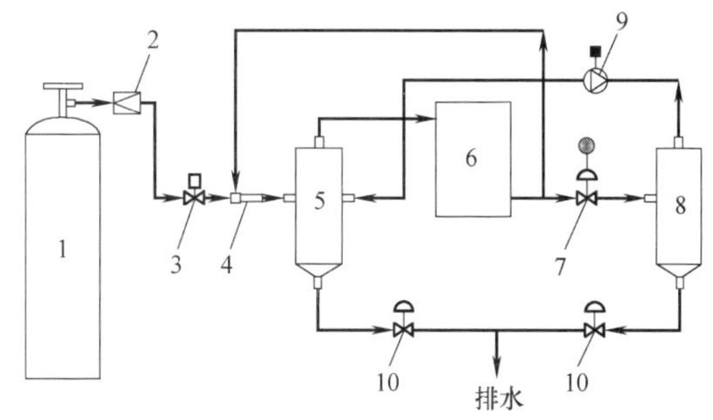

图 3-27 含有稳压罐的氢气循环系统示意图

7. 含引射器的被动式氢气循环系统

该氢气循环系统是通过控制并联的比例阀和电磁阀，对氢气连续供应（中高功率）和脉冲供应（低功率）的燃料电池氢气循环方案[20]。被动式氢气循环系统如图 3-28 所示。

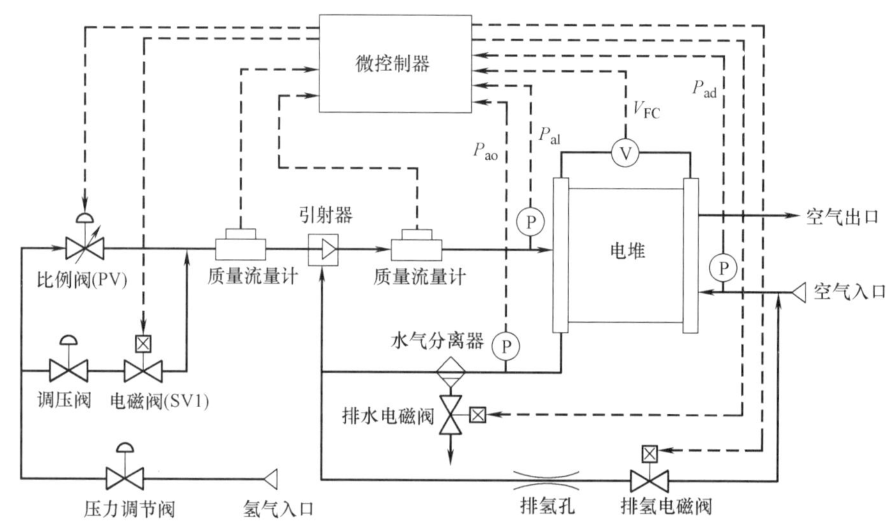

图 3-28　被动式氢气循环系统

根据能够排出阳极中聚集水的最小氢气流量，计算出燃料电池堆的功率，将此功率定义为临界值。氢气连续供应和脉冲供应如图 3-29 所示。当燃料电池堆功率高于临界值时，电磁阀 SV1 关闭，使得氢气通过比例阀 PV 进入阳极，并通过比例阀 PV 来控制氢气流量增减，进而控制阳极入口压力的增减，如图 3-29a 所示。燃料电池堆功率低于临界值时，比例阀 PV 关闭，电磁阀 SV1 开启，当阳极出入口的压差大于预设值 A 时，电磁阀 SV1 关闭，停止供应氢气；当阳极出入口的压差小于预设值 B（$B<A$）时，电磁阀 SV1 开启，重新供应氢气，这样使得氢气处于脉冲供应状态，如图 3-29b 所示。每当燃料电池堆处于停机状态时，排氢电磁阀保持开启，这样可以有效防止停机后燃料电池堆中残留氢气缓慢反应而带来的真空。

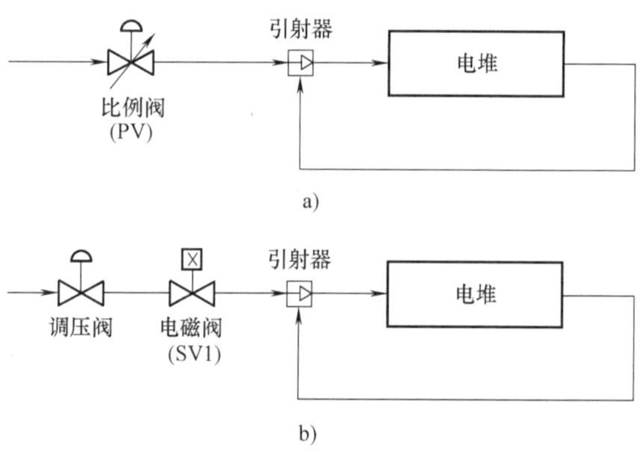

图 3-29　氢气连续供应和脉冲供应

a）连续供应模式　b）脉冲供应模式

3.4　水热管理子系统

质子交换膜的水合状态对于燃料电池的性能和寿命具有决定性作用。当膜中水分子过

少时，膜不能传导质子，燃料电池效率下降，甚至无法正常工作；过多时，则会引起整个燃料电池系统堵水，燃料电池也无法正常工作。因此，必须对进入电池组的反应气体进行加湿处理，以确保质子交换膜处于合适的水饱和状态，保持较高的电导率，燃料电池得以高效工作。

燃料电池的工作温度对其性能也有着十分显著的影响。低温时，电池内各种极化增强，欧姆阻抗也较大，导致电池的性能恶化；温度升高时，会降低欧姆阻抗，同时降低极化，并有利于提高电化学反应速度和质子在膜内的传递速度，电池性能变好。但由于膜的水含量强烈影响其导电性能，温度高的同时会导致膜脱水，电导率下降，电池性能变差。为了防止膜的干燥及超温运行，需要有相应的传热机制以移走电化学反应产生的热量。因此，保持燃料电池内部的热平衡，使其在一定的温度范围内工作，是非常必要也是极其重要的。

3.4.1 水热管理子系统简介

燃料电池发动机水热管理系统如图 3-30 所示。包括加湿部分和冷却水循环部分。加湿部分中，分别设置空气加湿器和氢气加湿器。空气加湿器的水由加湿水泵直接供应，而氢气加湿器的水来自燃料电池堆出口循环水和阴极生成水，阴极生成的水经气水分离器与出口循环水一起进入氢气加湿器。冷却水循环部分中，冷却水由冷却水泵进入燃料电池堆，流出燃料电池堆后进入氢气加湿器，然后通过散热器散热后流回水箱。

除了燃料电池堆需要冷却外，燃料电池发动机系统中的空压机和 DC/DC 等辅件也可能需要冷却，需同时考虑。

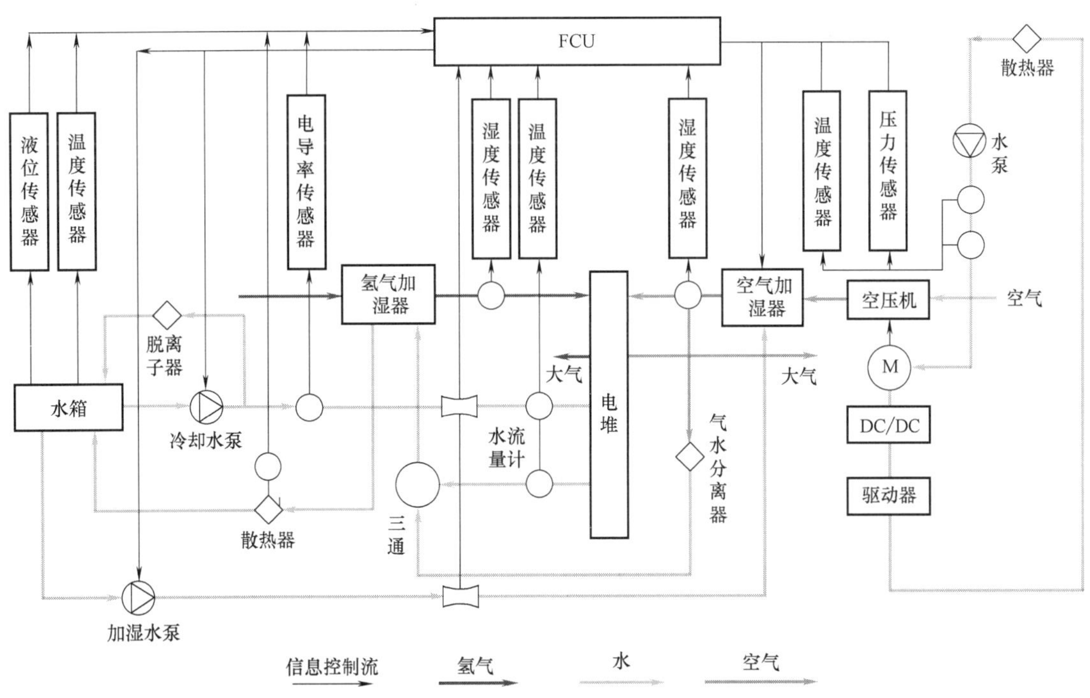

图 3-30　燃料电池发动机水热管理系统

3.4.2 燃料电池堆热平衡

燃料电池工作时，电池的电化学反应除了产生电能外，同时也会有大量的热量产生。燃料电池在高功率运行时，能量转换效率约为 50%；在低功率运行时，能量转换效率约为 60%。因此，燃料电池在工作时，约有 40%~50% 的废热必须排出，否则就会造成燃料电池堆内部温度持续升高，甚至损坏质子交换膜。对于百瓦级别的燃料电池组，通常采用风冷的模式排出电池内部的废热；对于千瓦级别的大功率燃料电池组，目前普遍采用的是冷却液循环排热，冷却液是纯水或乙二醇的水溶液。

因此，可以将燃料电池堆看成是一个开口的系统（忽略燃料电池堆表面向空气中的散热），燃料电池堆的能量流程如图 3-31 所示。进入燃料电池堆的能量为参加电化学反应的化学能以及气体和冷却液的热力学能；流出燃料电池堆的能量包括电能、生成物、未参加反应的气体和冷却液的热力学能；燃料电池堆热力学能的增加量即燃料电池堆温度的变化。

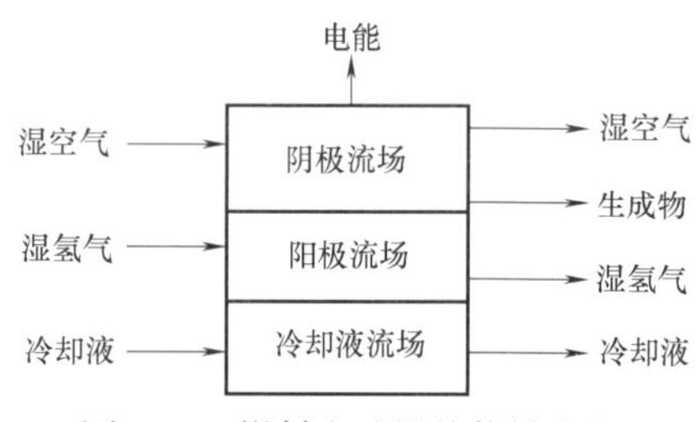

图 3-31 燃料电池堆的能量流程

对于燃料电池堆内部的电化学反应，在产生电能的同时也会产生水和废热，燃料电池堆产生的热功率 P_{heat} 有如下表达式：

$$P_{heat}=P_s（1-\eta_{st}） \tag{3-1}$$

式中 P_s——电化学反应的总功率；

η_{st}——燃料电池堆电化学反应的效率。

将燃料电池堆看作一个开口系统，根据热力学第一定律可知

$$\Delta U_{st}=P_{heat}+（q_{c,st,in}-q_{c,st,out}）+（q_{an,in}-q_{an,out}）+（q_{ca,in}-q_{ca,out}）-q_{w,qe} \tag{3-2}$$

式中 ΔU_{st} ——燃料电池堆热力学能的增加量；

$q_{c,st,in}$、$q_{c,st,out}$——冷却液进出口热力学能；

$q_{an,in}$、$q_{an,out}$ ——阴极湿空气进出口的热力学能；

$q_{ca,in}$、$q_{ca,out}$ ——阳极湿氢气进出口的热力学能；

$q_{w,qe}$ ——生成物和水带走的热力学能。

3.4.3 燃料电池堆水平衡

为了解决燃料电池堆中水量过多和过少的问题，必须加强质子交换膜燃料电池的水管理，水管理一般包括增湿和排水两方面的内容[21]。

在燃料电池堆工作过程中，为了避免膜电极被水淹没，就要及时把多余的水排除。质子交换膜燃料电池的排水方式分为静态排水和动态排水[22]。静态排水是通过毛细作用、压差、重力、浓差等手段排水；动态排水是指通过气体尾气夹带或吹扫带出电池中生成的水。

1. 静态排水法

图 3-32 所示为一种依靠毛细作用工作的静态排水装置。该装置结构由隔板、排水板、多孔材料板、阴极板、膜电极、阳极板组成，其中阴极板的流道沿厚度方向是穿透的，多孔材料板可是多孔石墨板，也可是石棉板，生成的水在毛细作用下迁移到多孔材料板上，然后在压差作用下把吸入多孔材料板上的水排到排水板内腔。在外接水泵的作用下，排水板内的水沿着水流排出电池外。工作时要求阴极侧氧化剂的压力始终保持大于排水板内水的压力，保持电池的排水推动力。

2. 动态排水法

燃料电池堆在运行时，阴、阳极在封闭有压力时，随着工作时间的增长，燃料电池性能下降，当突然打开阴、阳极气体尾排出口时，多余的水被气流带出，电池性能回升。带有转动设备的连续排水装置如图 3-33 所示。

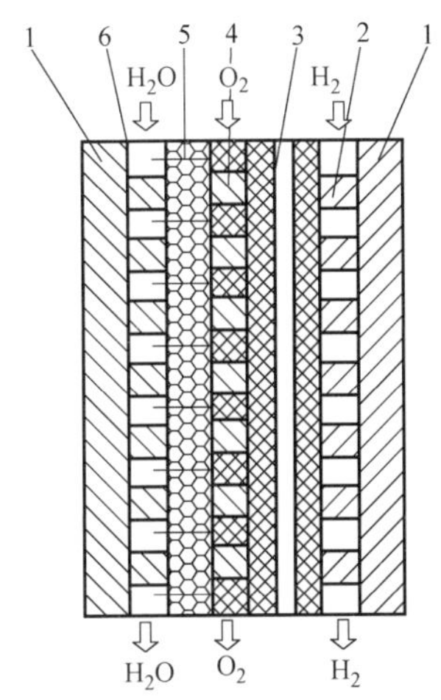

图 3-32　一种依靠毛细作用工作的静态排水装置

1—隔板 Separator　2—阳极板 Anode plate
3—膜电极 MEA　4—阴极板 Cathode plate
5—多孔材料 Porous plate
6—排水板 Water-removed plate

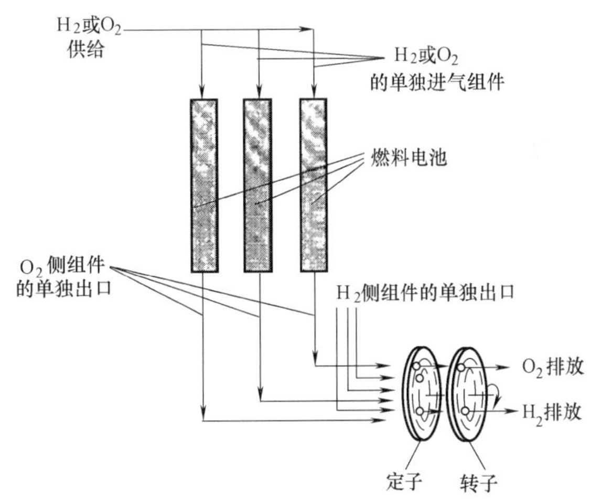

图 3-33　带有转动设备的连续排水装置

在定子和转子上都开有相应的孔，当两孔相对应时，相应的气室就排气一次，即排水一次，装置保证每次只有一个孔排气，转子连续不断地旋转，则气室连续不断地依次排气，不会在气室内部形成积水。

水管理对于改善膜中水的分布、提高 PEM 燃料电池的性能至关重要，也是 PEM 燃料电池长时间稳定运行、取得良好性能的关键。PEM 燃料电池水平衡管理，可以借助数学模型对 PEM 燃料电池的工作状态进行模拟，对增湿和排水进行指导，确保燃料电池长时间、高效率地稳定运行。

3.4.4　冷却水泵

冷却水泵是燃料电池系统水热管理中的重要部件之一。燃料电池系统的最佳工作温度为 80℃左右，为保证燃料电池系统良好的工作性能，就要求冷却水泵能及时带走过多的热量，使燃料电池系统保持合适的工作温度。因此，冷却水泵的工作状态和性能的好坏直接影响到燃料电池系统的运行状态。

燃料电池系统的冷却水泵是由泵体、叶轮、水封、轴承等部分组成的，与此同时在冷却水泵的周围还设置诸多零件，它们是根据燃料电池系统的整体要求而设置的，主要是为了保证冷却水泵具有较高的性能，满足燃料电池系统需求。典型水泵的结构如图 3-34 所示。

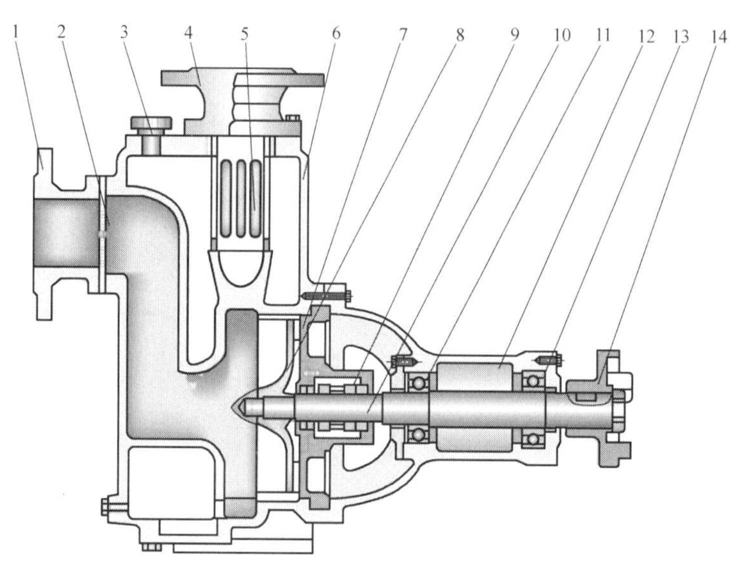

图 3-34　典型水泵的结构

1—进口法兰　2—单向阀　3—加液螺塞　4—出口法兰　5—气液分离管　6—泵体　7—后盖　8—叶轮　9—机械密封　10—泵轴　11—前轴承　12—轴承体　13—后轴承　14—联轴器

冷却水泵的入水室结构一般有直筒型和螺旋型两种。其中螺旋型的入水室结构应用比较广泛，这是因为可以通过设置叶轮的结构集合参数来增强整个冷却水泵的运动性能。冷却水泵的能量特征的分析，需要以性能曲线为依据。性能曲线主要用来分析泵在不同工作情况下对水流的能量的转换特性，是整个冷却水泵的内部流动的外在表现。而水泵特性曲线是在一定转速下的流量与效率、扬程、流量与功率之间的关系曲线，水泵 MAP 图如图 3-35 所示。通过对以上性能曲线的分析，能够直观地描述冷却水泵的运动性能。冷却水泵由外置电机驱动，通过温度等信息由控制单元控制转速的大小。

3.4.5　散热器组件

燃料电池工作温度控制精度要求高，热平衡控制难度大。由于质子交换膜燃料电池的合适工作温度为 60~80℃，偏离这个温度将导致性能急剧下降或发生热安全问题，因此要求燃料电池的热传递需要随着燃料电池堆功率的变化而迅速变化。质子交换膜燃料电池要求的散热量大，其燃料化学能通过燃料电池堆转化的电能和热能各占约 50%，但是冷却剂与环境间温差较小，散热困难。

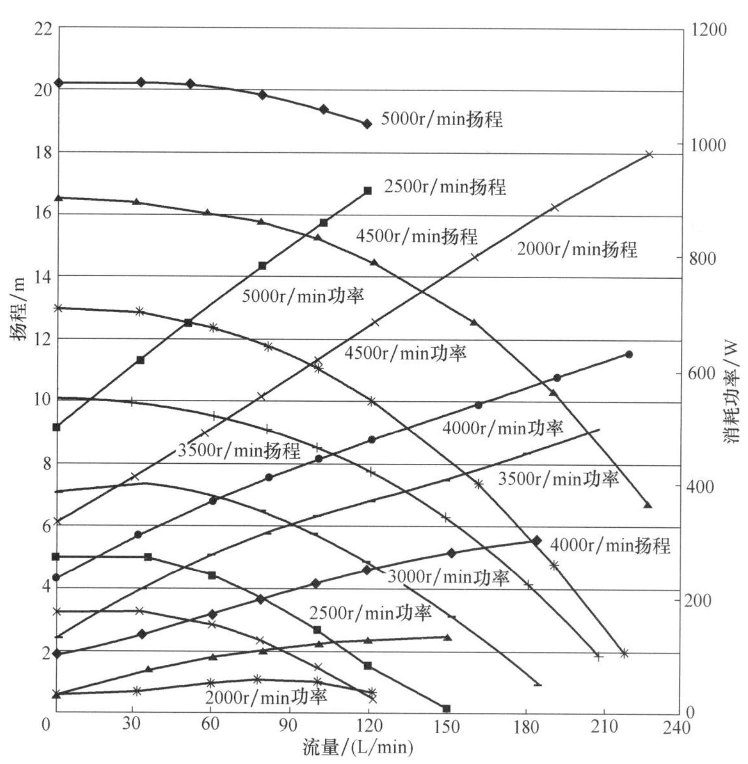

图 3-35　水泵 MAP 图

散热器的主要任务是保证将燃料电池堆电化学反应产生的热量排出系统，保证燃料电池堆在合适的温度下工作，一个良好的散热器应满足下列各项要求：

1）散热能力能满足燃料电池在各种工况下运转时的需要，当工况和环境条件变化时，仍能保证燃料电池可靠地工作和维持最佳的冷却水温度。

2）散热器消耗功率小，燃料电池启动后能在短时期内达到正常工作温度。

3）体积小，重量轻，又便于拆装、维修。

4）使用可靠，寿命长，制造成本低。

燃料电池系统的散热器一般可采用类似传统车用发动机的散热器，散热器结构如图 3-36 所示。

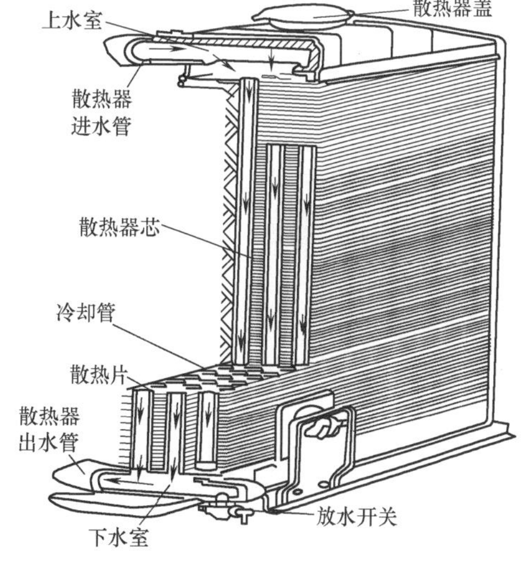

图 3-36　散热器结构

散热器由冷却用的散热器芯部、上水室和下水室三部分组成。冷却液在散热器芯内流动，空气从散热器芯外高速流过，冷却液和空气通过散热器芯部进行热量交换。散热器芯部应具有足够的通流面积让冷却液通过；同时也应具备足够的空气通流面积，让足量的空气通过，以带走冷却液传给散热器的热量。

散热器芯部的结构主要有管片式和管带式两大类，散热器芯部结构如图 3-37 所示。

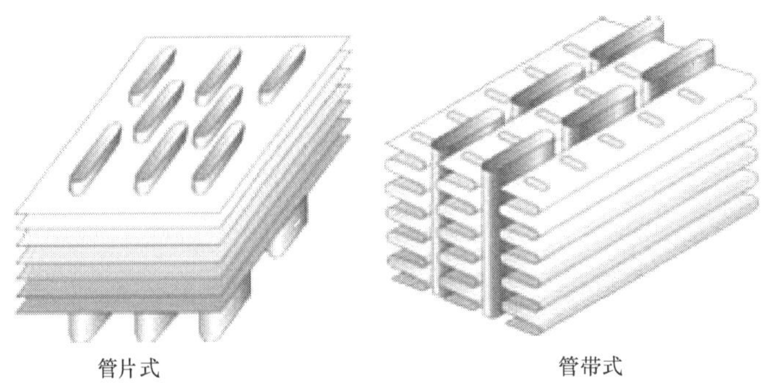

图 3-37　散热器芯部结构

1. 管片式散热器

管片式散热器芯部由许多细的冷却管和散热片构成，冷却管大多采用扁圆形截面，在冷却管外套上布置了许多金属散热片，以增加对空气的传热面积和提高散热器本身的刚度和强度。管片式散热器散热面积大，气流阻力小，结构刚度好，承压能力强，但制造工艺比较复杂。

2. 管带式散热器

管带式散热器是由波纹状散热带和冷却管相间排列经焊接而成的。与管片式散热器相比，管带式散热器在同样的条件下，散热面积可以增加 12% 左右；另外，散热带上开有扰动气流的类似百叶窗的孔，以破坏流动空气在散热带表面上的附着层，提高散热能力。这种形式的散热效果好，便于制造，质量轻，故被广泛采用，但其结构强度和刚度不如管片式，多用于轿车及轻型车。

3.4.6　节温器

节温器即控制冷却液流动路径的阀门，属于一种自动调温装置。节温器能够根据冷却液温度高低对进入到散热器的水量进行自动调节，并且能够对水的循环范围进行改变，以此对冷却系统散热能力进行调节，促使燃料电池系统可以工作于比较适宜的温度范围内。

目前在燃料电池上常用的有机械式节温器、电子式节温器和电机式节温器。

1. 机械式节温器

机械式节温器是目前大部分汽车使用的传统式石蜡节温器，通过调整石蜡的配料来匹配燃料电池工作温度，机械式节温器内部结构如图 3-38 所示。

由于石蜡的物理特性，冷却介质的热量通过节温器感温蜡壳体导热到内部，石蜡吸热熔化体积膨胀，推杆向外移动，将阀门打开产生升程；当温度下降后蜡包放热冷却，石蜡体积变小，推杆在弹簧作用下回缩，阀门关闭。但是，使用过程中节温器存在响应时间慢和升降程滞后性的缺点，制约着冷却系统的性能提升。机械节温器升降程温度曲线如图 3-39 所示。

由于燃料电池堆功率变化速度较快，节温器滞后性的存在，使燃料电池在降载降温时

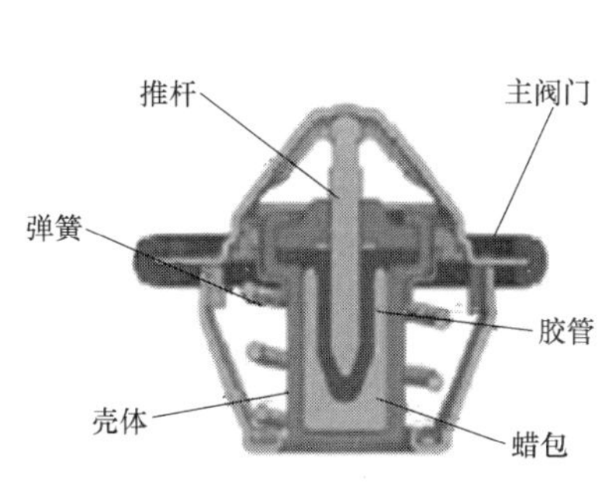

图 3-38　机械式节温器内部结构

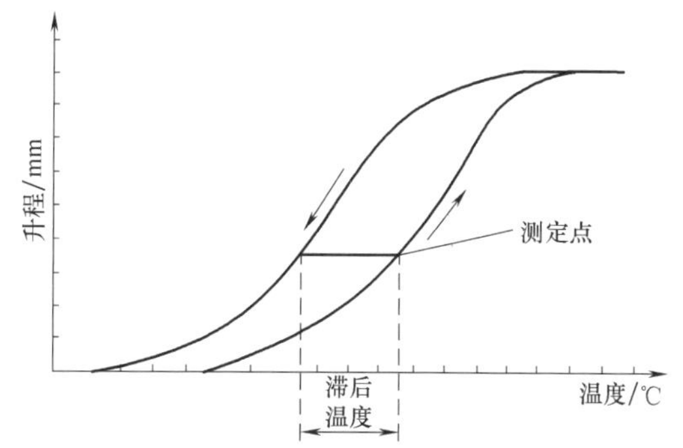

图 3-39　机械节温器升降程温度曲线

容易出现控制温度低于实际温度，需要功率稳定后重新回到控制温度的情况。长期在非额定工作温度下运行，会对燃料电池寿命产生影响。

2. 电子式节温器

电子式节温器内部结构如图 3-40 所示。在机械式节温器的基础上，节温器推杆内增加了一个加热器，可以进行电加热，在节温器环境温度没有达到节温器感温石蜡膨胀温度时，通过感温石蜡内部加热，可以实现强制开启。

电子节温器的工作可以通过采集燃料电池系统中其他部位的温度信号，由 ECU 实现自我调控开启，电子节温器的开启工作不再仅仅受限于循环系统温度。在不通电的情况下，它完全相当于机械式节温器，在通电流的情况下，节温器能够快速开启，且随着冷却液温度的升高，所需的加热时间越短，开启得越快。电子式节温器增加了燃料电池工作温度的控制区域，节温器升程温度曲线如图 3-41 所示。电子式节温器通过增加加热装置能够在感温石蜡自身吸热膨胀的同时叠加电子加热，增加了感温石蜡热膨胀的响应速度，具有更宽泛的温度控制区域，对开机和关机时的温度控制策略有所帮助。但是在降温过程中，由于石蜡物理特性未改变，节温器的滞后性依然存在。

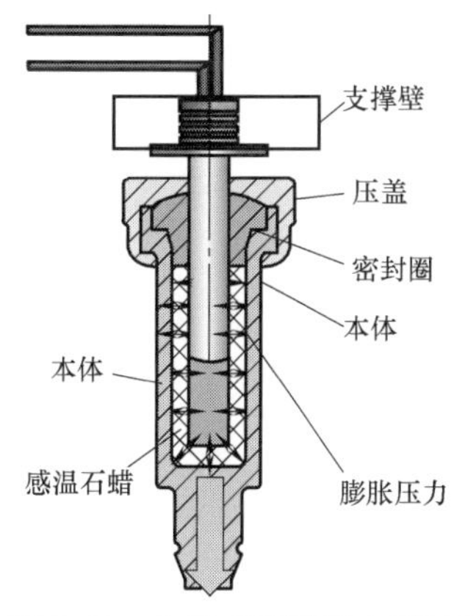

图 3-40　电子式节温器内部结构

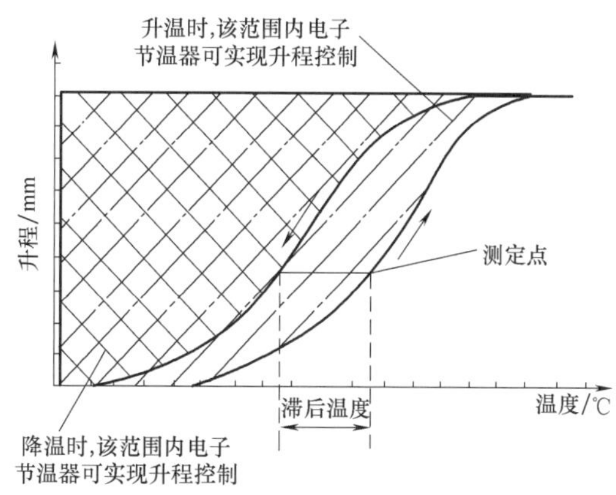

图 3-41　节温器升程温度曲线

3. 电机式节温器

电机式节温器是属于目前节温器领域的第 3 代产品，多数厂商都处在开发阶段，在乘用车上应用也属于测试阶段。

电机式节温器完全摒弃了传统节温器利用石蜡特性控制冷却水路循环的机理，通过ECU控制执行电机达到全区域控制冷却循环的关闭与开启，电机式节温器三通原理如图3-42所示。电机式节温器在结构上能实现冷却液大、小循环流量的分流，并且根据汽车工作时的不同工况所需要的冷却液温度来调节大、小循环的流量；在控制上能够改善传统节温器存在的“响应延迟”“滞回”等缺点，实现大、小循环冷却液流量的精确控制。

通过电机带动阀门旋转，当旋转到一定角度时旁通打开，继续旋转则散热系统主回路打开。通过电机控制，球阀控制从全开到全闭可以做到1s内完成，不再受感温蜡特性的影响，不受温度的限制，加快了响应时间。同时由于电机驱动阀门旋转，ECU控制阀门开关，通过策略控制阀门开度，不存在温度滞后问题和温度边界问题，只要电机式节温器在它的操作温度范围内，各个温度点都可做到全开和全闭。

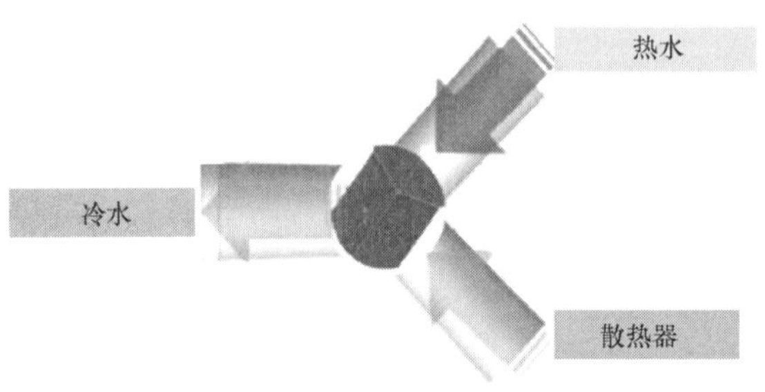

图3-42　电机式节温器三通原理

3.4.7　冷却液

燃料电池中质子交换膜对温度有很强的敏感性，需要用合适的冷却液将燃料电池系统内部产生的热量进行热交换并带出燃料电池堆内部进行散热。同时燃料电池工作时若冷却液中含有过高的离子浓度，将会对燃料电池堆产生损害，对燃料电池堆性能产生影响。因此燃料电池系统冷却液需满足较低的离子浓度（$<$ 10 μs/cm）、抗冻性（-20℃不结冰）、耐腐蚀性（抑制冷却系统部件析出金属离子）。

目前常用的冷却液主要有去离子水和水乙二醇混合物。使用去离子水有许多优点：比热高、热传导性好，水的比热是4.18kJ/（kg·K），乙二醇的比热是2.72kJ/（kg·K），同体积的去离子水能带走的热量高于乙二醇，并且具有无毒、来源广、廉价等优点。

同时去离子水也有以下局限性：

1）冰点高，温度低于0℃时，水结冰后会使体积增加，易造成水箱或者冷却系统管路胀裂。

2）沸点较低，夏季高温时整个系统处于苛刻条件下工作，水温升高甚至沸腾，影响燃料电池堆正常工作。

3）溶解在去离子水中的金属盐类受热后形成水垢，降低传热率。

4）去离子水会使金属生锈。

当乙二醇与水以一定体积混合后，冰点可达-60℃以下，而沸点在110℃以上，不损害橡胶软管，加入防锈剂后不腐蚀金属，价格相对便宜，是一种较为理想的冷却液。

燃料电池在长期运行过程中会产生金属离子进入冷却液中，或者是部件工作过程中由于腐蚀产生金属离子，造成整体或者局部离子浓度增高，所以在燃料电池冷却系统中需配备合适的去离子装置，控制冷却系统的离子浓度。

3.5 控制子系统

3.5.1 控制子系统简介

燃料电池发动机系统需要一套完整的控制子系统，该系统通过各种传感器收集空气子系统、氢气子系统、水热管理子系统的运行状态和参数，并根据所收集的信息进行相应的逻辑运算、故障诊断等工作，进而对各执行器、阀等执行部件发送相应的工作指令。通过该电子控制子系统保证整个燃料电池发动机系统无需人工干预，即可根据所接受工作指令及整个燃料电池发动机的当前状态进行实时的动态响应，并保证燃料电池发动机系统的正常工作。

3.5.2 单电池电压巡检

质子交换膜燃料电池单体在温度298K、大气压100kPa标准状态下的理论电动势为1.229V[23]，由于活化过电势、欧姆过电势、浓差过电势等电压损失，实际工作的燃料电池单体电压仅有0.9~1.0V。质子交换膜燃料电池作为车用动力源，为完成所需的功率输出，往往需要将多片相同的燃料电池单体串联成燃料电池堆。燃料电池堆的性能主要受单片电池的性能和工作状况影响，任何一个单电池发生异常，燃料电池堆运行性能和寿命都受影响，甚至可能导致燃料电池堆输出失败。因此，单电池电压实时巡检对于燃料电池堆稳定工作具有重大意义。单体检测单元对电池电压进行巡检，将检测到的数据发送给主控制器，主控制器根据接收到的数据对单电池的工作状态进行监测和评估。

关于燃料电池的单电池电压巡检有以下一些方法：

1）将采集的电压值通过电阻分压衰减到芯片可测量的范围内。该测量方法简单易行，成本低，使用寿命长，但是存在累计误差，且累计误差无法消除。随着单体燃料电池片数的增多，这种误差会随着燃料电池共模电压的增大而增大。

2）基于光电隔离继电器的燃料电池单片巡检系统[24]。利用光电隔离继电器实现不同单片电池切换，解决了传统电压采集方式中的累计电势问题，同时设计的电位提升单元有效解决了负压采集问题。巡检系统第 N 个检测单元巡检图如图3-43所示[3]，包括选通单元、信号调理单元（包含精密基准电压源）、A/D转换器、CAN收发器、微处理器MCU等部分。巡检系统工作流程如下：巡检主控单元发送检测单元启动命令，启动各个检测单元开始采集单片电压值；该检测单元的微控制器通过模拟通道多路选择开关（由多个光电隔离继电器组成）依次打开每个选通单元，确保任意时刻有且只有一片单电池在线；将该片电压模拟信号送入信号调理单元，经信号调理单元滤波放大后送入转换器，转换后得到的数字信号（即该片的电压值）送入微控制器。检测单元如此循环顺序选通，依次实现该组路电压信号采集和发送。

3）基于差分运放的燃料电池电压巡检系统[25]。基于差分运放的燃料电池电压巡检系统如图3-44所示。每个通道检测两片串联的单电池电压，电压信号先经过二分之一分压电路，再经过差分运算放大器，最后输入单片机A/D转换器进行A/D转换。分压和差分

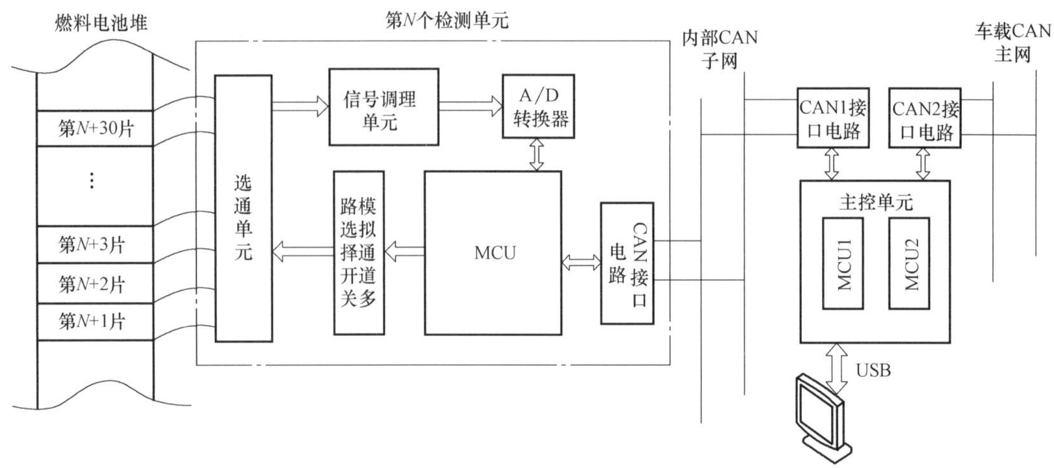

图 3-43　巡检系统第 N 个检测单元巡检图

运放电路如图 3-45 所示。该巡检系统的优点是结构简单、稳定性好、精度高、抗干扰能力强，缺点是成本高。

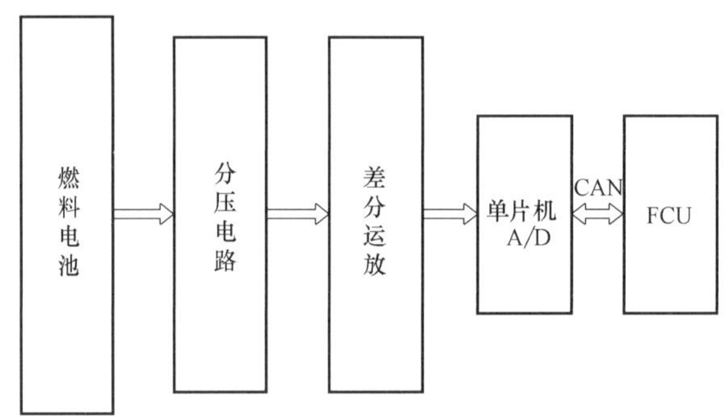

图 3-44　基于差分运放的燃料电池电压巡检系统

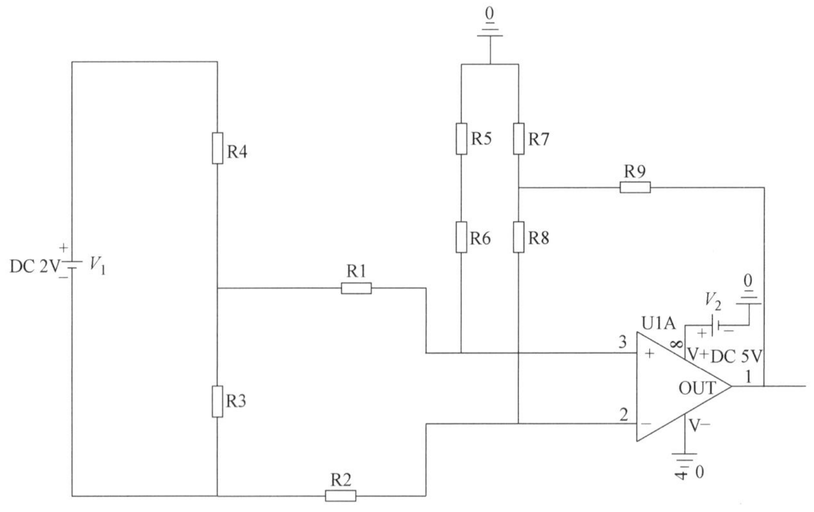

图 3-45　分压和差分运放电路

3.5.3 燃料电池进气系统控制策略

燃料电池进气系统分为空气进气子系统和氢气进气子系统，是燃料电池电化学反应燃料的输送系统，通常由燃料供给部分、燃料输送部分、燃料电池堆反应部分和排气部分协同工作。及时供给充足的燃料对燃料电池发电是十分重要的，燃料供给不及时或者不充分都会导致燃料电池电化学反应效率的降低，同时出现质子交换膜表面燃料浓度过低的现象，也就是所谓的氢空／氧空界面，会导致燃料电池内部电化学反应催化剂、电极和质子交换膜的严重损伤，大大缩减燃料电池寿命。因此，进气系统控制策略是燃料电池发电系统控制的重要组成部分。

目前关于燃料电池进气控制的研究有以下几个方向：

1）对比研究燃料电池氢气侧死端模式和循环模式对燃料电池系统性能和效率的影响，研究结果认为低功率时两者差别不大，但当功率高于某阈值时，再循环模式具有更高的系统效率和燃料电池堆效率[26]。

2）阳极采用被动循环模式，利用线性二次高斯算法和模型预测控制（MPC）算法结合的混合控制策略，以改善系统的暂态响应、提高其抗干扰性[27，28]。

3）对阳极进行分区建模，提出阳极多气体浓度控制的 NMPC 控制方法：将流道中多气体变量在长流道上的分布问题和控制策略相结合，通过仿真验证了其抗干扰性[29]。

4）采用氢气循环泵和引射回氢结合的方式，利用经典 PID 控制和状态反馈控制两个控制器，对燃料电池氢气气压和氢气过量比进行控制，有良好的跟踪性和抗干扰性[30]。

5）运用 MMO 二阶滑模控制算法对燃料电池的阴阳极压差控制、空气供给等进行仿真计算分析，同时结合局部最优鲁棒控制算法，在负载变动的情况下，能有效应对参数不确定性，并具有较好的动态响应[31，32]。

1. 空气过量系统调节

阴极空气的参数对燃料电池的输出性能有较大的影响。燃料电池运行时，阴极往往提供过量的空气，以防止出现氧气“饥饿”现象。对于空气过量系统的调节，有以下几种研究方法和手段。

（1）改变氢气和空气的化学计量比

通过改变氢气和空气的化学计量比，使燃料电池处于“饥饿”“正常”“过量”这几种状态，研究反应气体过量系数对超调行为的影响。可发现阴极空气过量系数的增加提高了流道中的氧气浓度和电池的排水能力，能显著改善电压的动态响应性能和超调特性[33，34]。

（2）基于最佳过氧比控制方法

根据燃料电池堆电流计算最佳过氧比参考值，然后利用前馈控制计算压缩机空气流量参考值，采用模糊控制方法实现了对压缩机的有效控制[35]，可以发现大电流时空气流量一旦超过最佳过氧比，若再继续增加就会引起寄生功耗增加，进而恶化系统净输出功率。

1）图 3-46 所示为一种最佳过氧比控制框图，根据燃料电池堆电流和阴极入口压力得到最佳过氧比 λ_{best}，由参数 I_{st} 和 λ_{best} 通过静态前馈控制（sFF）得到压缩机空气流量的设定值 W^{*}_{cp}，通过模糊控制器（FC）控制压缩机电压 V_{cm}，通过调节空气压缩机的流量，使燃料电池工作在最佳过氧比。

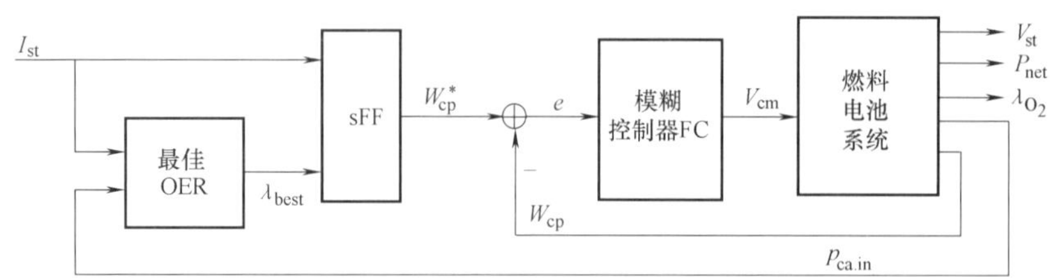

图 3-46　最佳过氧比控制框图

2）图 3-47 所示为一种模糊控制器框图，模糊控制器选取采用常见的二输入一输出的模糊控制器。图中系数 k_e、k_{ec} 分别是误差及误差变化率的量化因子，系数 k_u 是比例因子，其作用除了保证进行论域变换外，对系统性能起一定的调节作用。为了保证控制精度，图中模糊控制器输出采用增量控制。

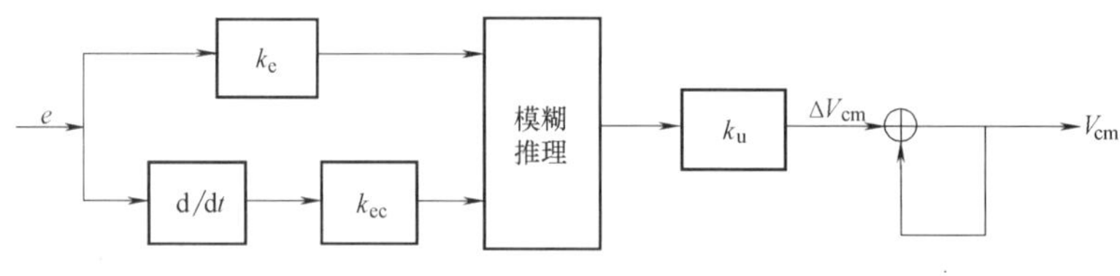

图 3-47　模糊控制器框图

3）图 3-48 所示为一种阴极空气控制的状态空间方程[9]，利用氧气过量比（进入燃料电池堆的氧气流量与反应消耗的氧气流量之比）来表征燃料电池中氧气的状态。图 3-49 所示为基于该状态空间方程的三种控制策略：静态前馈控制、动态前馈控制、静态前馈 + 反馈控制[36]。

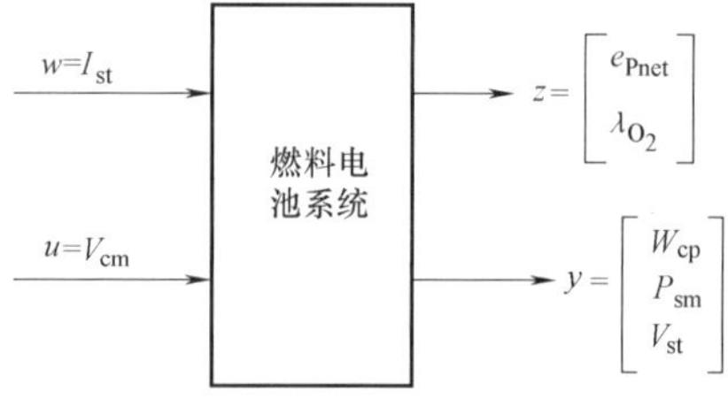

图 3-48　一种阴极空气控制的状态空间方程

① 静态前馈控制是基于空压机输入电压的计算，空压机输入电压影响空压机输出空气的流量，通过查表来实现输入电压的控制。

② 动态前馈控制基于线性系统的反演，其输入和输出位于图 3-49b 中虚线区域周围，能获得较好的动态特性。

③ 为了提高系统的鲁棒性，增加了反馈控制，如图 3-49c 所示，只有可测量的变量 y 被反馈给控制器。

图中字符含义：I_{st}—燃料电池堆电流；V_{cm}—空压机电机输入电压；e_{Pnet}—系统期望净功率和实际净功率之间的差值；λ_{O_2}—空气过量系数；W_{cp}—空压机转速；P_{sm}—空气供应歧管内的压力；V_{st}—燃料电池堆电压。

4）把模型预测控制用于燃料电池空气进气系统的控制，但由于燃料电池系统的非线性，线性预测控制器在负载大范围变化时控制效果变差。则针对线性预测控制器的模型失配和非线性预测控制优化时间长的问题，采用基于 LPV 模型的燃料电池空气进气系统的控制算法，对于不可测量状态引入了卡尔曼（Kalman）滤波器，该算法在满足约束条件下能够对空气进气系统进行有效控制。

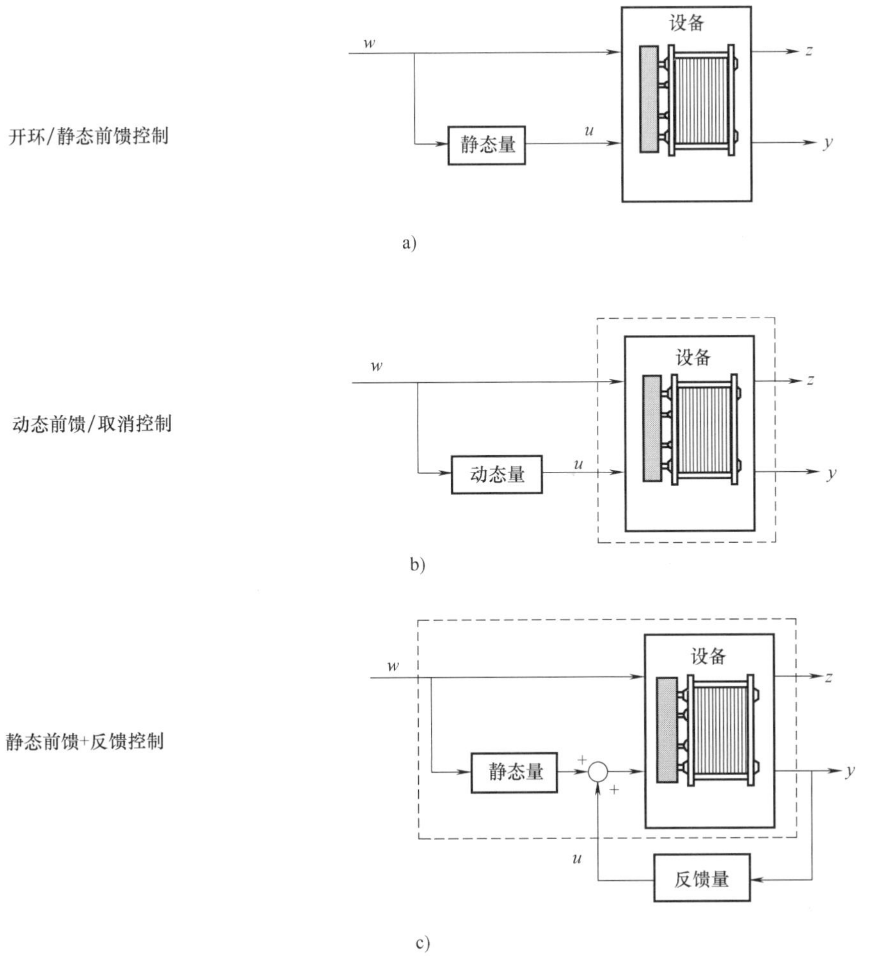

开环/静态前馈控制

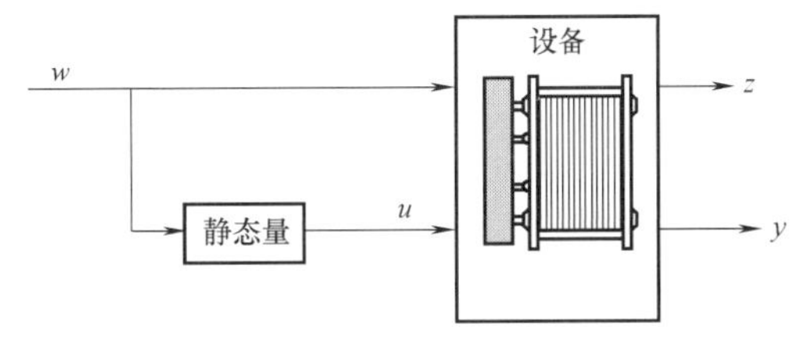

a)

动态前馈/取消控制

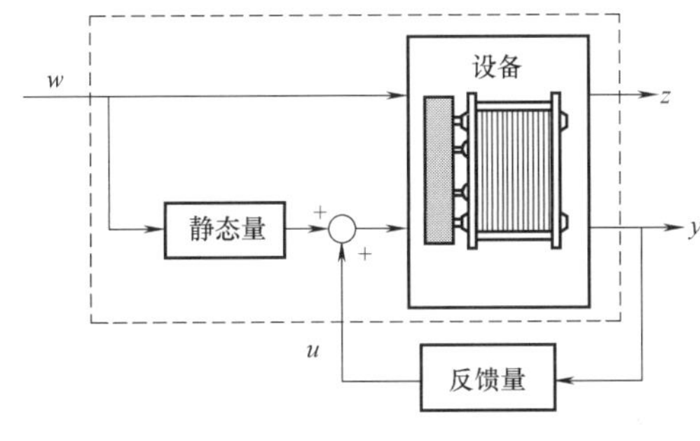

b)

静态前馈+反馈控制

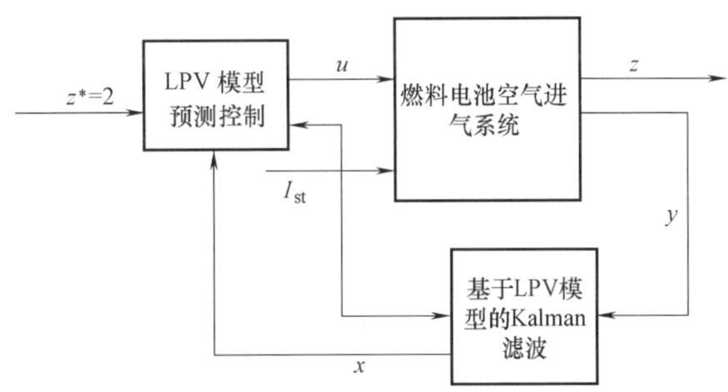

c)

图 3-49　三种不同的控制策略：静态前馈控制、动态前馈控制、静态前馈 + 反馈控制

图 3-50 为 LPV 模型预测控制系统结构框图[12]，根据燃料电池实际电流 I_{st} 获取 LPV 模型，进而得到基于 LPV 模型的模型预测控制器和卡尔曼滤波器。然后通过卡尔曼滤波器根据可测输出 y 得到系统状态量 x，于是可以通过状态空间模型预测控制器使燃料电池进气系统氧气过量比达到控制目标。

图 3-50　LPV 模型预测控制系统结构框图

2. 氢气吹扫 / 循环控制

燃料电池实际运行时，常输入过量的氢气和空气。一方面是为了提高反应气体的浓度和扩散速度，加快电化学反应；另一方面是为了将电池内部的水带出，防止电池内部发生水淹。阳极侧通常采用氢气循环的方法，把电池内部生成的水带出电池，经过气水分离装置将液态水分出，再将氢气循环回到电池重复使用，以提高氢气利用率，同时可以对入堆氢气进行加湿，降低燃料电池外加湿难度[19]。燃料电池堆阳极侧的三种不同的氢气回路模式如图 3-51 所示[23, 37]。

（1）流通（Flow-through）

图 3-51a 所示的流通模式下，氢气燃料通过比例控制阀流入燃料电池的阳极流道，参与反应后通过排气阀排出。该模式是直接将未利用的氢气排入空气，不存在液态水堆积问题和氮气积累问题，但显然造成了氢气浪费。

（2）死端（Dead-end）

图 3-51b 所示的死端模式与流通模式的主要区别在于死端模式的排气阀通常处于关闭状态（在图中用虚线标出），在该模式中，进入燃料电池堆阳极的氢气几乎完全反应，氢气利用率高，但该模式对氢气纯度要求极其严格。同时，排气阀通常处于关闭状态，流道容易出现水淹现象。因此，死端模式一般要求排气阀定期开合一次，以保证阳极流道畅通。

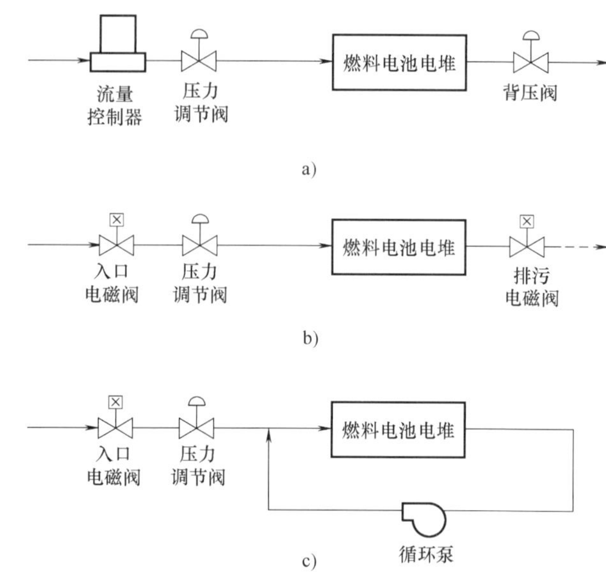

图 3-51　三种不同的氢气回路模式

a）流通模式　b）死端模式　c）循环模式

（3）循环（Recirculation）

图 3-51c 所示的循环模式将电堆阳极流道出口的氢气通过循环系返送到阳极流道进口，通过氢气的循环利用来提高氢气利用率。相比前两种供给模式，循环模式虽然新增了耗能的循环系设备，但系统总效率仍然有所提升。

对燃料电池氢气子系统的建模和控制研究，有分散式 PI 控制、二次高斯算法（LQG）和模型预测控制（MPC）等方法。与分散式 PI 控制器相比，多变量控制器改善了瞬态响应并显示出更好的抗干扰能力[38]。

图 3-52 为分散式 PI 控制、二次高斯算法和模型预测控制的系统框图。图 3-52a 为分散式 PI 控制器；图 3-52b 为带有积分器的基于观察者（OBS）的反馈控制器；图 3-52c 为一个带有神经网络标识符的模型预测控制器。

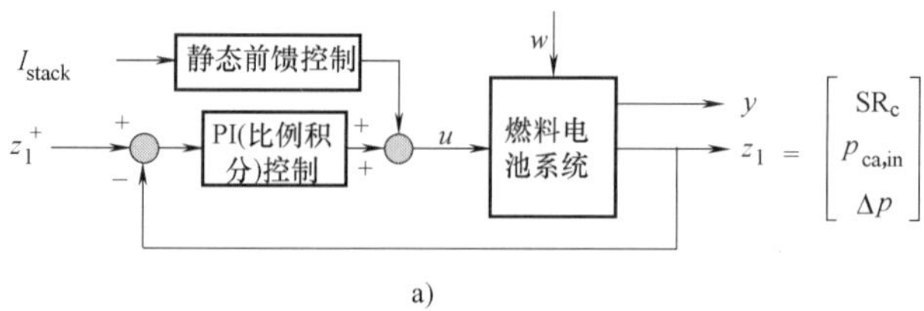

图 3-52　分散式 PI 控制、二次高斯算法和模型预测控制的系统框图

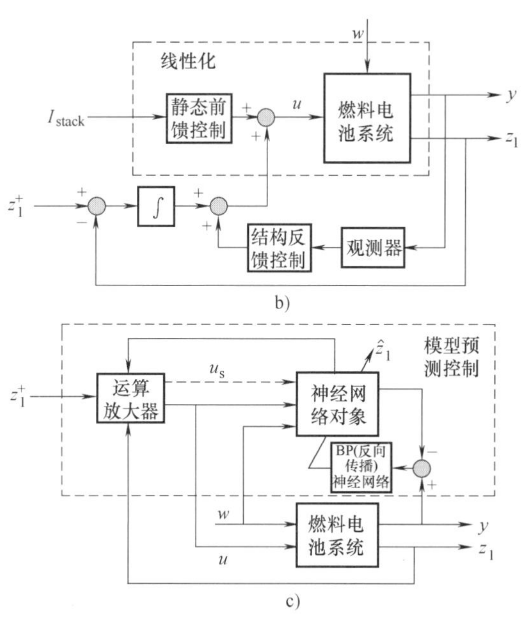

图 3-52 分散式 PI 控制、二次高斯算法和模型预测控制的系统框图（续）

3.5.4 湿度调节

燃料电池质子交换膜的湿度影响质子传导率，膜的湿润状态较好时，膜电阻小，质子传导率高，燃料电池性能变好。一般通过调节阴极和阳极进气湿度来调节质子交换膜的湿度。研究表明阴极气体相对湿度低于 30% 会使电池动态性能显著降低[39]；湿度较高时，容易发生水淹，阻碍多孔介质中气体传递，导致电池性能快速下降[40]。燃料电池内部发生着复杂的水生成和水迁移过程，因此湿度调节的目标就是如何保持燃料电池内部合适的湿度。针对燃料电池的湿度控制，有以下研究方法：

1）利用机理建模法建立燃料电池增湿系统模型，采用模糊 PID 控制策略，对增湿水流量进行调节，保持阴极合适的湿度，使系统的输出功率最优化。

图 3-53 为增湿控制系统示意图[15]，包括预测模型、PID 调节器、空气增湿器、湿度传感器及其他各类传感器、燃料电池空气供给子系统相关零部件。根据负载电流需求、空气流量和压力、氢气流量和压力，预测需要给出的最佳增湿量。

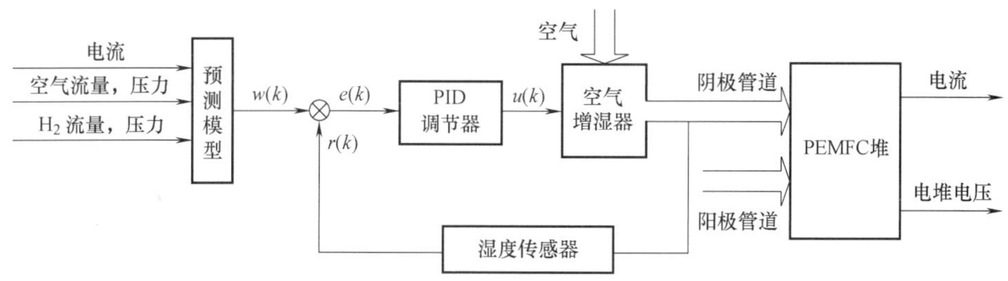

图 3-53 增湿控制系统示意图

将给定的增湿量 $w(k)$ 与湿度传感器检测的实际值 $r(k)$ 进行比较后输出差值 $e(k)$，PID 调节器将偏差的比例、积分和微分通过组合构成控制量 $u(k)$，对增湿器增湿水流量进行控制，使增湿空气的湿度达到特定要求，以使燃料电池输出功率达到最佳状态，从而实现燃料电池的增湿控制。控制方程为：

$$u(k)=K_{\mathrm{p}}e(k)+K_{\mathrm{i}}\sum_{j=0}^{k}e(j)+K_{\mathrm{d}}[e(k)-e(k-1)] \tag{3-3}$$

式中 K_{p}——微分参数；

K_{i}——积分参数；

K_{d}——比例参数。

可以利用模糊控制法，将操作人员的调整经验的技术支持总结成模糊规则，采用模糊推理的方法，实时在线整定这 3 个参数。

2）针对 PEM 燃料电池反应气体增湿系统的非线性和大迟滞性，可采用自适应模糊 - 神经网络控制器。

图 3-54 所示为反应气体增湿自适应模糊 - 神经网络控制[16]，以液相温度为控制量，保证反应气体相对湿度恒定。对反应气体增湿进行控制的自适应模糊 - 神经网络控制系统结构，基本的模糊控制算法是由全网络化的神经网络来实现，神经网络经过训练形成输入 e、e_{c} 和输出 u 之间的映射关系[41]。基本模糊器上方的部分实现自适应功能，由性能测量、控制量校正、BP 算法三部分组成。由性能测量和控制量校正这两个环节可以得到控制量的校正量 $r(nT)$，即 $nT-mT$ 时刻的输出 $u(nT-mT)$ 校正为 $u(nT-mT)+r(nT)$，采用 BP 算法进行一定次数的反复学习，就能修正网络的权值而达到期望的效果。

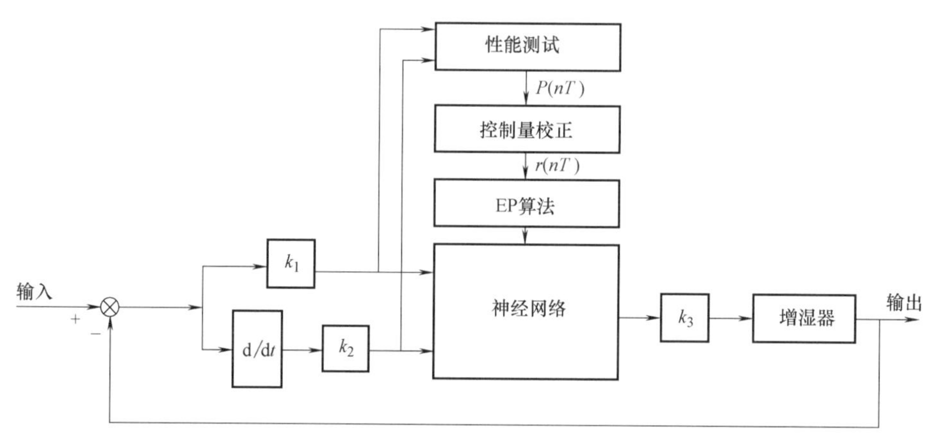

图 3-54　反应气体增湿自适应模糊 - 神经网络控制

3）根据燃料电池的内部结构和温度、湿度间的关系，进行分区控制与分析。

根据燃料电池的内部结构和温度、湿度间的关系，将其划分为进口区、中间区和出口区三个部分，并根据三个部分平均单片电压间的关系，判断 PEMFC 内部湿度状况。采用模糊神经网络控制算法对加湿系统进行控制[42]。

图 3-55 所示为基于模糊神经网络的湿度控制系统[17]，ΔV 是 PEMFC 三部分平均单片电压之间的差值，u 是阳极加湿温度。模糊神经网络控制器中，k_e 和 $k_{\Delta e}$ 是输入量的量化

因子，u_k 是控制量的比例因子。改变这三个参数的大小会影响整个控制系统的控制质量：

① k_e 增大，误差的基本论域随之缩小，误差变量的控制作用增大，系统超调量增加，响应时间变长。

② $k_{\Delta e}$ 增大，误差变化率的基本论域随之缩小，误差变化率对系统超调量的抑制作用增强，但是响应时间较长。

③ u_k 增大，控制量的基本论域随之增大，加快系统的响应速度。

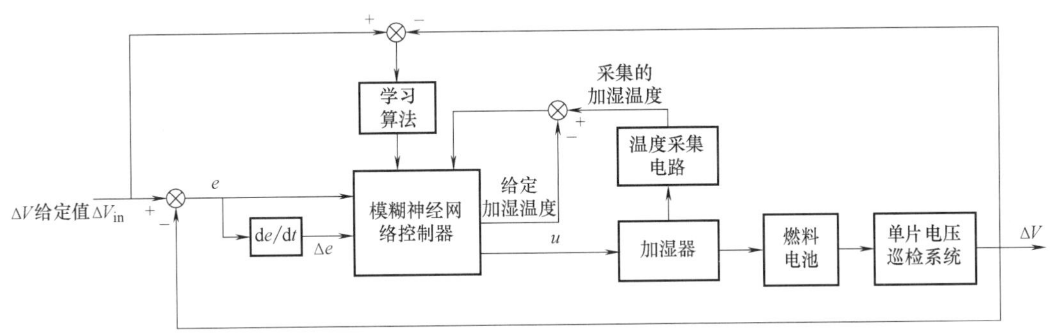

图 3-55 基于模糊神经网络的湿度控制系统

3.5.5 燃料电池堆温度调节

燃料电池堆温度也是影响燃料电池性能和寿命的一个重要因素。电池温度升高，一方面降低反应活化能，加快反应速度；另一方面能增加质子交换膜的电导率，降低膜电阻，从而提高转换效率。但是一般运行温度不宜超过 100℃，温度过高会加速膜中水分的损失，可能导致质子交换膜严重脱水，使膜质子传导能力恶化，严重时可能导致膜结构损坏。相反，电池内部温度过低，反应生成水不能以气态方式排除，容易出现水淹现象，而且过低的温度会使电池电极内极化现象加剧、膜表面催化剂活性降低，导致燃料电池堆输出电压下降，电池性能下降。PEM 燃料电池的最佳运行温度为 60~80℃[25]。

温度控制系统的执行机构为冷却水泵和散热器。温度控制系统如图 3-56 所示，冷却水泵驱动冷却水循环，将 PEMFC 发电系统中产生的热量带出。循环水经过散热器，散热器风扇转动，强制空气对流以加强散热。

燃料电池堆不仅要实现进堆温度保持在设定温度，同时燃料电池堆的出入口温度差也要保持在设定温度范围内。图 3-57 所示为两种温度控制系统框图：PI 温度控制器和带积分的状态反馈温度控制器[26]。两种温度控制器都可以保证温度误差 < 0.1℃，但是由于带积分的状态反馈考虑了输入和输出之间的

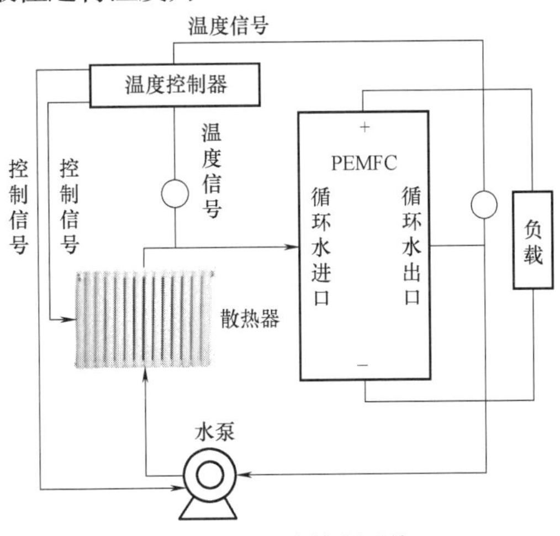

图 3-56 温度控制系统

耦合关系，其性能明显优于 PI 控制。

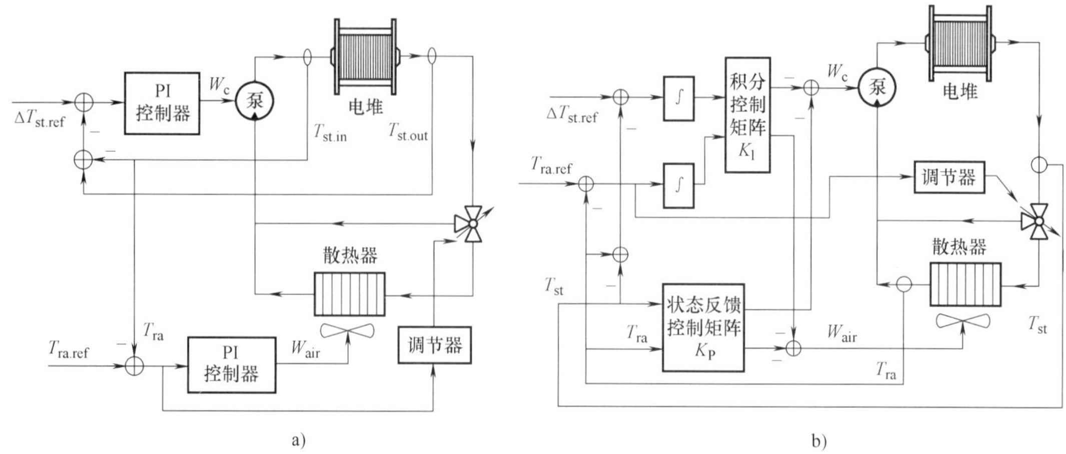

图 3-57　两种温度控制系统框图

a）PI 控制　b）带积分的状态反馈控制

由于 PEMFC 的温度具有较大的滞后性，采用常规的 PID 算法会出现常规的超调量且调节时间较长这一问题。针对上述问题，从实际应用的角度出发，可以将普通的 PID 控制分别与模糊逻辑控制以及 BP 神经网络结合起来，构成互补的、兼有两种控制优点的算法。

1）图 3-58 所示的 PID 参数模糊自整定控制器[27]，是一种在常规 PID 调节器的基础上，应用模糊理论建立参数 K_P、K_I、K_D 与偏差绝对值 $|E|$ 和偏差变化率绝对值 $|EC|$ 间的二元连续函数关系的控制器，并可根据不同的 $|E|$ 和 $|EC|$ 在线自整定参数 K_P、K_I 和 K_D。偏差绝对值 $|E|$ 为 PEMFC 发电系统温度和目标温度的偏差，$|EC|$ 为温度偏差变化率。

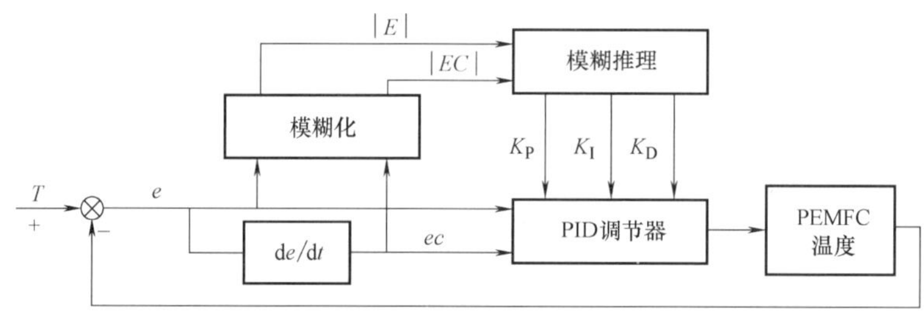

图 3-58　模糊自整定 PID 参数控制器原理

2）图 3-59 所示的基于预测的智能 PID 算法，根据简化的系统模型预测燃料电池堆温度的变化趋势[28]，同时根据温度偏差值以及偏差的变化趋势选择 PID 参数，最后用实际温度偏差与预测温度偏差共同计算控制命令。这种控制器能实现 ±0.5℃的控制精度，控制效果良好。

3）图 3-60 所示为基于 BP 神经网络的 PID 控制器[29]。经典的 PID 控制器直接对 PEMFC 系统进行闭环控制，神经网络根据系统的运行状态对 K_P、K_I 和 K_D 进行在线整定，K_P、K_I 和 K_D 成为依赖于系统运行状态的可调参数。

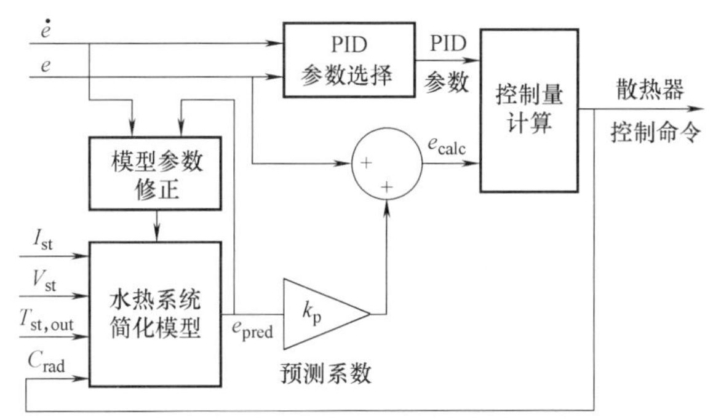

图 3-59 基于预测的 PID 控制算法框图

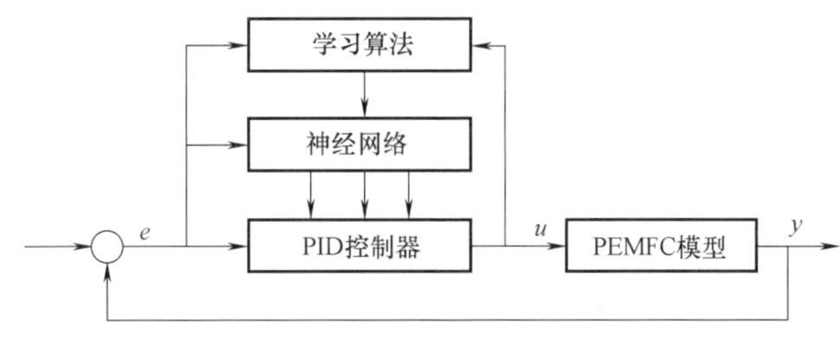

图 3-60 基于 BP 神经网络的 PID 控制系统结构

4）模糊增量 PID 温度控制器是根据不同负载时燃料电池输出功率最大的最佳温度值的实验结果，以温度控制为目标，建立 PEMFC 系统动态模型，采用非线性补偿和积分控制相结合的方法进行控制器设计。

3.5.6 燃料电池堆故障检测与报警

燃料电池堆故障检测与报警的核心内容是故障信号的获取、分析和处理。燃料电池堆故障检测在提高燃料电池系统工作的稳定性和可靠性方面都起到重要的作用。电池电压和内阻是其运行中的两个重要参数，单片电压最直观地体现了电池性能的好坏，单片内阻受质子交换膜含水量的影响，两个参数均需要实时在线监测[43]。燃料电池堆故障总体可分为两种：一种是毁灭性的，如质子交换膜的破损，只能通过关停燃料电池进行质子交换膜更换才能修复；另一种是非毁灭性的，如电极水淹、质子交换膜脱水，可通过实时控制系统检测和修复。对于燃料电池堆的故障检测，主要有以下方法和手段：

1）通过蚁群算法和实验数据对模糊模型的待定参数进行优化后，通过对模型输出的大小和变化率设定了两个阈值，得出了判别膜脱水和电极淹没这两种故障的方法。采用双输入单输出的一维 T-S 模糊模型结构，输入为电池工作时的电流、电压值；输出为电池正常工作率 PN，其值范围定义为［0，1］，越接近 1 表示当前的电流电压越接近正常的极化曲线，电池处于正常工作状态下的可能性越高。以 PN 的变化作为判别依据，构成开环判别，故障诊断流程如图 3-61 所示[34]。

2）结合燃料电池多传感器特性，采用基于实时 PCA（主元分析方法）的质子交换膜燃料电池故障检测方法，根据燃料电池反应信号数据建立 PCA 模型，通过窗口过滤方式和遗忘因子算法实时更新模型，并将降维后获得的数据用统计方法进行处理，从而检测出故障。该方法有效地简化了燃料电池系统故障检测的过程，改善了故障检测的实时性，其故障检测步骤如图 3-62 所示[35]。

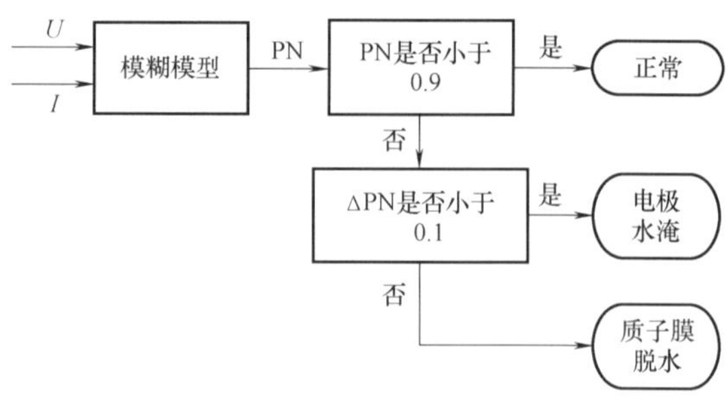

图 3-61　故障诊断流程

3）该方法是以电化学交流阻抗谱为基础的燃料电池典型故障的方法，在保证正确性和可靠性的基础上，着眼于车载燃料电池故障诊断的可在线性，结合模糊聚类的思想，寻找出一种模式识别方法，可以通过隶属度来为燃料电池控制提供参考。该故障诊断方法流程如图 3-63 所示[36, 44]。

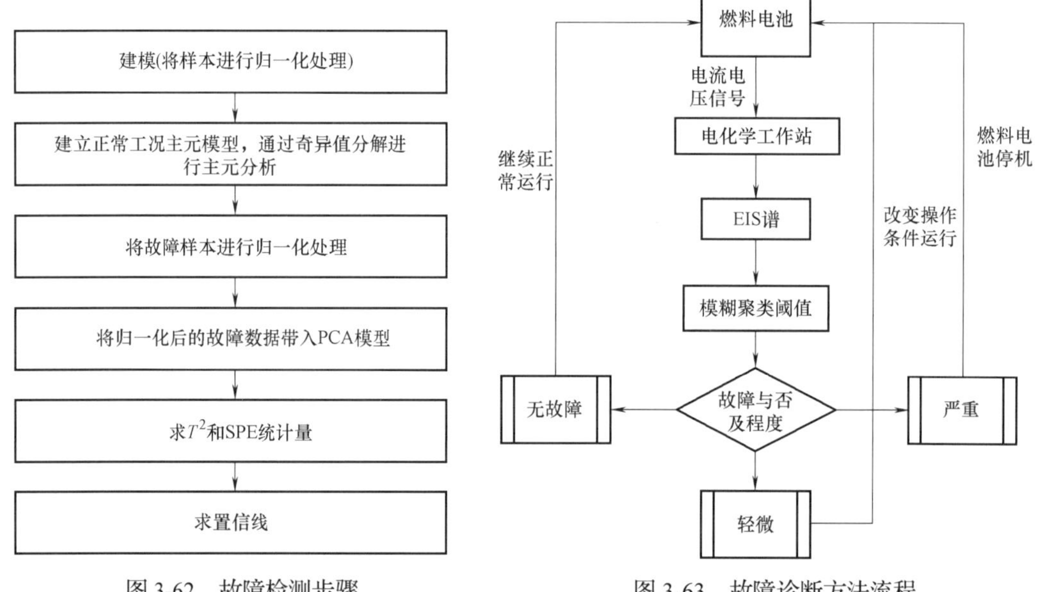

图 3-62　故障检测步骤

图 3-63　故障诊断方法流程

3.5.7　燃料电池阳极出口排气策略研究

通过控制燃料电池阳极出口端间断排气（Purge）方式来解决阳极氮气积累现象是常见的处理方法，但是间断排气会造成燃料电池堆流道气压波动，最终影响燃料电池堆输出功率的稳定性。针对燃料电池间断排气过程的气压波动现象，运用迭代学习控制方法，对间断排气的比例参数进行调节，可以保持阳极气压恒定[8]。

除了采用间断排气策略外，阳极出口气体泄漏策略也可以较好地解决阳极氮气积累现象，如图 3-64 所示。该策略与经典间断排气策略的

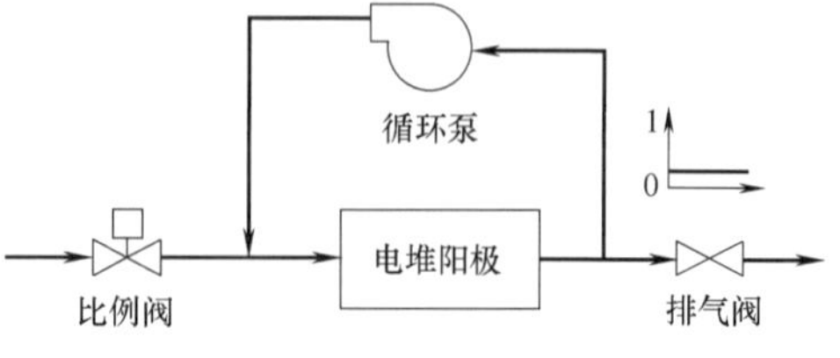

图 3-64　排气阀泄漏排气的氢气端结构

区别在于，其保持阳极出口端始终固定在某一个较小的开度位置，就像是保持了一个气体“泄漏”孔口一样，使带氮气的杂气稳定地排出阳极。气体泄漏方式排气对燃料电池系统控制算法要求较高，但有利于系统输出平稳气压和电压。

3.6 燃料电池发动机性能指标

3.6.1 动力性

动力性是指燃料电池发动机为整车提供动力输出的能力及与之密切相关的性能，主要反映了燃料电池发动机设计和评价人员对于其满足整车行驶、加速、爬坡和用电要求的评价。动力性指标对于燃料电池动力系统设计、参数匹配、燃料电池汽车整车动力性指标等都具有十分重要的指导和参考意义。

衡量燃料电池发动机动力性的主要指标包括：额定净输出功率、过载功率及过载功率持续时间、体积比功率、质量比功率。

1. 额定净输出功率

燃料电池发动机在制造厂规定的额定工况下能够持续工作的净输出功率，即燃料电池堆输出功率减去辅助系统消耗功率后所剩的功率，单位为千瓦（kW）。额定净输出功率反映了燃料电池发动机在最常用的额定工况下为整车提供功率输出的能力。由车辆行驶的功率平衡方程可知：

$$P=\frac{v\left[F_{\mathrm{r}}(v)+F_{\mathrm{W}}(v)+F_{\mathrm{s}}\right]}{\eta} \tag{3-4}$$

式中 P——额定净输出功率；

v——车速；

F_{r}——滚动阻力；

F_{W}——风阻；

F_{s}——加速阻力。

滚动阻力 F_{r} 和风阻 F_{W} 都是车速、车重的函数，因此额定净输出功率决定了燃料电池汽车的最高车速。

2. 过载功率及过载功率持续时间

过载功率反映了燃料电池发动机在最高车速下的后备功率输出能力，仍然由车辆行驶的功率平衡方程可知，它决定了整车在极限工况下的动力学性能。过载功率持续时间与过载功率成对使用，单位为秒（s）。

3. 体积比功率

燃料电池发动机单位体积能够输出的额定功率，单位为kW/L。体积比功率反映燃料电池系统设计的空间紧凑程度，与汽车总布置形式密切相关。

4. 质量比功率

燃料电池发动机单位质量能够输出的额定功率，单位为kW/kg或W/kg。质量比功率也称为功率密度，反映燃料电池系统轻量化设计水平，对汽车轻量化设计具有重要意义。

体积比功率和质量比功率是燃料电池发动机的重要性能指标，能够反映其系统集成度。

3.6.2 经济性

经济性是指燃料电池发动机在满足其他方面要求的前提下，尽可能少地消耗能源和成本的性能。经济性指标对于提高燃料电池汽车续驶里程、降低燃料电池发动机和燃料电池汽车的成本并促进其商业化具有重要意义。经济性主要指标包括：额定功率下的发动机效率、额定功率氢消耗率、怠速氢消耗率、有效氢利用率及单位功率成本等。

1. 额定功率下的发动机效率

燃料电池发动机在额定功率输出时，净输出功率与进入燃料电池堆的燃料热值（低热值）之比。该指标为最常用的衡量经济性的指标。

2. 额定功率氢消耗率

燃料电池发动机在额定功率输出状态下单位时间的氢消耗量，单位为 g/s。额定功率氢消耗率与燃料电池汽车的续驶里程密切相关。

3. 怠速氢消耗率

燃料电池发动机在怠速状态下单位时间的氢消耗量，单位为 g/s。燃料电池汽车工况复杂多变，而怠速是汽车经常遇见的情况。尽管在混合动力系统中，燃料电池系统怠速与车辆的怠速并不同时出现，而且通过优化系统配置和控制策略可以大幅减少怠速时间，但是怠速工况仍然会出现。

4. 有效氢利用率

有效氢利用率是燃料电池发动机在正常工作条件下，由燃料电池堆通过电化学反应转换为水的氢气占总共所加注氢气的质量百分比。有效氢利用率通常小于 100%，主要是由于阳极排放造成的。提高有效氢利用率，不但有利于提高燃料经济性，而且也有助于减少排氢。

3.6.3 动态响应特性

动态响应特性是指燃料电池发动机在非稳态工况下的快速响应能力。燃料电池汽车工况复杂多变，功率需求变化较大，要求燃料电池发动机有好的动态响应特性以及时满足整车动力需求。动态响应特性的指标包括：启动时间、零下冷启动时间、平均功率加载速率及 0%—100% 额定功率响应时间等。

1. 启动时间

燃料电池发动机在室温下（25℃）从开始启动到进入怠速的响应时间，单位为 s。

2. 零下冷启动时间

燃料电池发动机在低于 0℃温度下从开始启动到进入怠速的响应时间，单位为 s。在同样的低温下，该时间越短，燃料电池发动机的动态性越好。

3. 平均功率加载速率

燃料电池响应整车控制器功率需求，给出的可以进行变加载的速率，单位为 kW/s。

功率加载速率反映了运行状态下燃料电池发动机的动态响应水平。

4. 0%—100% 额定功率响应时间

燃料电池发动机从怠速状态（0% 额定功率）到额定输出（100% 额定功率）的响应时间，单位为 s。

3.6.4 功率品质

功率品质是指燃料电池发动机在工作过程中平稳输出电功率的性能，反映了燃料电池发动机输出功率的品质。特别要求燃料电池发动机输出电压应保持一定的平稳性，以利于直流变换器及其他高压电器工作。其主要指标包括：电压范围、额定功率下电压波动带宽、过载工况下电压下降百分比等。

1. 电压范围

燃料电池发动机在全工况下的电压范围，单位为 V。全工况电压范围包括了从燃料电池发动机的开路电压到最大电流密度下的电压，反映了燃料电池发动机的功率品质。

2. 额定功率下电压波动带宽

燃料电池发动机在额定功率输出时电压波动的带宽（幅度），单位为 V。该指标反映了燃料电池发动机平稳输出额定功率的能力。

3. 过载工况下电压下降百分比

该指标是指燃料电池发动机在过载工况下相对于额定工况电压下降的百分数。若在过载工况下电压下降过多，会造成输出功率下降，无法满足过载功率的输出要求。

3.6.5 环境适应性

环境适应性是指燃料电池发动机适应周围环境的能力，主要反映了对于燃料电池发动机在不同环境条件下均能按预期要求、可靠工作的特性。在设计燃料电池发动机时，必须考虑满足环境适应性指标，以保证燃料电池汽车能够在各种环境下正常行驶。常见的适应性指标包括：最低启动温度、工作环境温度范围、工作海拔范围、存储温度范围等。

1. 最低启动温度

燃料电池发动机能够启动成功的最低环境温度，单位为℃。低温启动是燃料电池汽车商业化的技术瓶颈之一。降低最低启动温度，是提高燃料电池发动机低温适应性的重要目标。

2. 工作环境温度范围

该指标是指燃料电池发动机可以非失效工作的环境温度范围。环境温度主要对燃料电池发动机散热、进气温度等有很大影响。

3. 工作海拔范围

该指标是指燃料电池发动机可以正常工作的海拔范围。海拔影响进气压力，越高往往越会导致功率下降。

4. 存储温度范围

燃料电池发动机在存储期间可能会经历诸如冻结 / 解冻循环，导致性能衰退，因此存储温度范围也体现了其对环境的适应性。

3.6.6 可靠性

可靠性是指燃料电池发动机在规定条件下和规定时间内完成规定功能的能力，主要反映了燃料电池发动机持续稳定、正确工作的特性。燃料电池发动机的可靠性在很大程度上决定了燃料电池汽车整车的可靠性。这里主要参考传统发动机的可靠性评价指标。机械标准中给出的评定指标是平均首次故障时间、平均故障间隔时间、当量故障率及由此得到的综合评定分数。国家标准中规定要评定故障停车次数、首次故障的时间及平均故障时间。考虑到燃料电池发动机自身的特点，结合常用的可靠性评价指标，选定平均首次故障时间、平均故障间隔时间和平均修复时间三个指标。

1. 平均首次故障时间

燃料电池发动机在首次故障前所运行的时间的平均值，单位为 h。

2. 平均故障间隔时间

燃料电池发动机发生相邻两次故障之间所运行时间的平均值，单位为 h。

3. 平均修复时间

燃料电池发动机修复故障所用时间的平均值，单位为 h。

3.6.7 耐久性

质子交换膜燃料在平稳工作时寿命可以高达到 100000h，但是在汽车应用中，往往无法达到上述期望值。燃料电池汽车耐久性主要受燃料电池性能衰退和寿命极限影响。

1. 发动机寿命

燃料电池发动机寿命，以额定功率输出衰减到原来的 90% 的工作时间来评价，单位为 h。

2. 电压衰退率

对车用燃料电池发动机在实际运行条件的性能变化进行数据跟踪，可以得到燃料电池发动机实际运行中输出电压的缓慢变化，即同样电流（电流密度）及工作条件下，输出的功率降低了。以小时为间隔的电压衰退率单位为 μV/h。不同时间段极化特性曲线变化及不同电流下输出功率变化如图 3-65 所示。

3.6.8 安全性

安全性是指燃料电池发动机能够安全工作，避免对人、设备或自身造成伤害的能力。由于涉及可燃气体氢气和各种电气设备，要求燃料电池发动机能够在不发生事故的前提下正常工作，而不对人或财产造成损失。

1. 氢安全

（1）供氢系统的安全要求及规范

1）氢气系统应严防泄漏，所用的仪表及阀门等零部件密封应确保良好，确保定期检

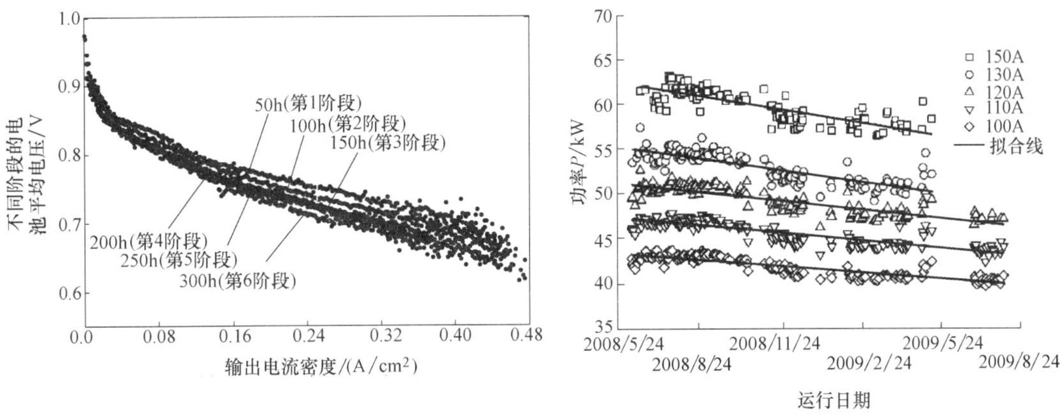

图 3-65 不同时间段极化特性曲线变化及不同电流下输出功率变化

查，对设备发生氢气泄漏的部位应及时处理。

2）对氢气系统中的管道和阀门等连接点进行漏气检查时，应使用中性肥皂水或携带式可燃气体检测报警仪，禁止使用明火进行漏气检查。携带式可燃气体检测报警仪应定期校验。

3）氢气管道应采用无缝金属管道，禁止采用铸铁管道，管道的连接应采用焊接或其他可有效防止氢气泄漏的连接方式。管道应采用密封性能好的阀门和附件，管道上的阀门宜采用球阀、截止阀。阀门材料的选择应符合 GB 50177—2005 中表 12.0.3 的规定，管道上法兰、垫片的选择应符合 GB 50177—2005 中表 12.0.4 的规定。管道之间不宜采用螺纹密封连接，氢气管道与附件连接的密封垫，应采用不锈钢、有色金属、聚四氟乙烯或氟橡胶材料，禁止用生料带或其他绝缘材料作为连接密封手段。

（2）尾排氢气要求

燃料电池发动机的尾排氢气一般与空气尾排混合稀释后由尾排管排出，排放氢气浓度要求低于爆炸极限，一般要求小于 2%。

（3）消防和紧急情况处理措施

1）氢气发生大量泄漏或积聚时，应采取以下措施：

① 应及时切断气源，并迅速撤离泄漏污染区人员至上风区。

② 对泄漏污染区进行通风，对已泄漏的氢气进行稀释，若不能及时切断时，应采用蒸汽进行稀释，防止氢气积聚形成爆炸性气体混合物。

③ 若泄漏发生在室内，宜使用吸风系统或将泄漏的气瓶移至室外，以避免泄漏的氢气四处扩散。

2）氢气发生泄漏并着火时应采取以下措施：

① 应及时切断气源，此外氢气系统应保持正压状态，防止氢气系统发生回火。

② 采取措施，防止火灾扩大，如采用大量消防水雾喷射其他易燃物质和相邻设备；如有可能，可将燃烧设备从火场移至空旷处。

③ 氢火焰肉眼不易察觉，消防人员应佩戴自给式呼吸器，穿防静电服进入现场，注意防止外露皮肤烧伤。

2. 高压电安全

燃料电池发动机系统高压电安全非常重要，除了系统设计安装时对电气间隙和爬电距离设置安全距离外，还涉及燃料电池堆内部冷却液的导电性（电导率）。燃料电池发动机系统在运行过程中会析出离子增加冷却液的导电性，降低整个系统的安全性。因此需要实时监控燃料电池发动机系统的绝缘性。当前国家标准对燃料电池发动机系统的绝缘要求为≥ 100Ω/V（GB/T 25319—2010）。

根据国家标准对燃料电池发动机系统绝缘电阻值的安全要求，在设计时可以在绝缘电阻检测系统中设置两级报警（400V 平台为例）：一级报警为绝缘电阻≤ 100k，二级报警为绝缘电阻≤ 50k。当发生一级报警时，上报故障；当发生二级报警时，强行切断高压电并上报故障。

电气间隙：两个导电部分之间的最短直线距离（IEC 60050-441:1984，441-17-31）。

爬电距离：两个导电部分之间沿固体绝缘材料表面的最短距离（GB/T 2900.83—2008，151-15-50）。

绝缘电阻：绝缘物在规定条件下的直流电阻。加直流电压于电介质，经过一定时间极化过程结束后，流过电介质的泄漏电流对应的电阻称绝缘电阻，是电气设备和电气线路最基本的绝缘指标。

3.6.9 噪声及排放

噪声是指发声体做无规则振动时发出的声音，影响他人的声音都是噪声。虽然燃料电池发动机产生的噪声同传统内燃机噪声相比有了很大改善，但是燃料电池系统产生的噪声也不容忽视。燃料电池发动机的主要噪声来源于空气子系统和氢气子系统，此外还有其他固定部件振动产生的噪声。

1. 振动与噪声

燃料电池系统中空气子系统中的空压机和氢气子系统中的电控喷氢阀、氢气循环泵是噪声的主要来源。

1）空压机的主要噪声来源有：

① 空压机压缩空气过程中产生的空气动力噪声。

② 高流速空气进气口以及排气口的涡流噪声。

③ 空气压缩机的振动产生的噪声。

针对空气子系统的噪声来源，处理措施包括：优化主噪声源的零部件的悬挂位置及结构（如空压机）；调整进气系统和其他产生噪声零部件的位置，优化空气管路结构，减少气体涡流的形成；在进排气口加装消声器、在噪声源外加隔声材料等。

2）氢气子系统的主要噪声源为氢气循环泵或者电控喷氢阀引起的噪声。其中氢气循环泵的噪声主要是由于泵和支架之间的振动引起的低频噪声，可以通过修改氢泵橡胶弹性支架刚度特性，控制氢泵振动向车身板件的传递，达到降低噪声的目的。电控喷氢阀的主要噪声为管道内高压氢气的流噪声以及喷射器本体电磁阀开关闭合的声音。这两种声音都是通过空气路径和结构路径传播的，因此可以在喷射前后加装消声装置，将喷射装置与燃料电池发动机通过橡胶悬挂连接等方式达到降低噪声的效果。

2. 电磁噪声

电磁噪声主要是由燃料电池系统中相关零部件上电机气隙内的永磁磁场和电枢反应磁场相互作用，而产生径向电磁力，由于径向电磁力随时间、空间发生变化，使电机壳体、定子铁心等随时间产生周期性变化的振动和噪声。燃料电池系统中的电磁噪声主要包括空压机、冷却水泵产生的低频噪声。处理措施：可以通过加强机械结构的低频隔声量降低电磁噪声；采用共振吸收结构实现电磁噪声的吸收。

燃料电池系统相关标准见表 3-2。

表 3-2 燃料电池系统相关标准

序号	标准号	标准名称
1	GB/T 28816—2012	燃料电池术语
2	GB/T 24548—2009	燃料电池电动汽车　术语
3	GB/T 20042.1—2017	质子交换膜燃料电池　第 1 部分：术语
4	GB/T 23751.1—2009	微型燃料电池发电系统　第 1 部分：安全
5	GB/T 23751.2—2017	微型燃料电池发电系统　第 2 部分：性能试验方法
6	GB/T 27748.1—2011	固定式燃料电池发电系统　第 1 部分：安全
7	GB/T 27748.2—2013	固定式燃料电池发电系统　第 2 部分：性能试验方法
8	GB/T 27748.3—2011	固定式燃料电池发电系统　第 3 部分：安装
9	GB/T 27748.4—2017	固定式燃料电池发电系统　第 4 部分：小型燃料电池发电系统性能试验方法
10	YDB 051—2010	通信用燃料电池供电系统
11	GB/Z 21742—2008	便携式质子交换膜燃料电池发电系统
12	GB/T 23646—2009	电动自行车用燃料电池发电系统技术条件
13	GB/T 24549—2009	燃料电池电动汽车　安全要求
14	GB/T 25319—2010	汽车用燃料电池发电系统　技术条件
15	GB/T 29124—2012	氢燃料电池电动汽车示范运行配套设施规范
16	GB/T 29126—2012	燃料电池电动汽车车载氢系统试验方法
17	GB/T 34582—2017	固体氧化物燃料电池单电池和电池堆性能试验方法
18	GB/T 36288—2018	燃料电池电动汽车　燃料电池堆安全要求
19	GB/T 20042.2—2008	质子交换膜燃料电池　电池堆通用技术条件
20	GB/T 33978—2017	道路车辆用质子交换膜燃料电池模块
21	GB/T 33979—2017	质子交换膜燃料电池发电系统低温特性测试方法
22	GB/T 23645—2009	乘用车用燃料电池发电系统测试方法
23	GB/T 28183—2011	客车用燃料电池发电系统测试方法
24	GB/T 24554—2009	燃料电池发动机性能试验方法
25	GB/T 29838—2013	燃料电池　模块
26	GB/T 34593—2017	燃料电池发动机氢气排放测试方法
27	SAE J2719	燃料电池车辆氢燃料质量
28	GB/T 17619—1998	机动车电子电器组件的电磁辐射抗扰性限值和测量方法
29	GB/T 18655—2010	车辆、船和内燃机　无线电骚扰特性　用于保护车载接收机的限值和测量方法
30	GB/T 2423.17—2008	电工电子产品环境试验　第 2 部分：试验方法　试验 Ka：盐雾
31	GB/T 2888—2008	风机和罗茨鼓风机噪声测量方法
32	GB/T 4208—2017	外壳防护等级（IP 代码）
33	Q/HBM 108—1994	汽车零部件振动试验方法
34	QC/T 29106—2014	汽车电线束技术条件

参考文献

[1] HIMANEN O，HOTTINEN T，TUURALA S. Operation of a planarfree-breathing PEMFC in a dead-end mode[J]. Electrochemistry Communications，2007，9（5）: 891-894.

[2] CARLSON E J，KOPF P，SINHA J，et al. Cost analysis of PEM fuel cell systems for transportation [R]. Cambridge，Massachusetts: TIAXLLC，2005.

[3] 刘明义，蒋利军，黄倬，等．便携式质子交换膜燃料电池系统集成研究[J]. 电源技术，2006，30（6）：446-449.

[4] 谢晋．质子交换膜燃料电池（PEMFC）控制和管理系统的研究[D]. 上海：上海海事大学，2005.

[5] YI Z，BIAO Z，SOBIESIAK A. Water and thermal management in a single PEM fuel cell with non-uniform stack temperature [J].Journal of Power Sources，2006，161（1），143-159.

[6] YU J L，JIANG ZW，HOU M，et al. Analysis of the behavior and degradation in proton exchange membrane fuel cells with a deadended anode [J].Journal of Power Sources，2014，246（15）: 90-94.

[7] RODATZ P，TSUKADA A，MLADEK M，GUZZELLA L. Efficiency improvements by pulsed hydrogen supply in PEM fuel cell systems ：2002 IFAC Proceedings Volumes [C/OL]. [2019-09-01]. http://www.sciencedirect.com/science/article/pii/S1474667015399328.

[8] HAHNEL C，HORN J. Iterative learning control of a PEM fuel cell system during purge processes [C]. IEEE International Energy Conference（ENERGYCON），2016:1-6.

[9] 王洪卫，王伟国．质子交换膜燃料电池阳极燃料循环方法[J]. 电源技术，2007，31（7）: 559- 561.

[10] 范明哲．PEMFC 阳极氢气回流装置模拟与优化研究[D]. 天津：天津大学，2016.

[11] 刘英，许思传，常国峰.PEMFC 引射器的设计及特性分析[J]. 佳木斯：佳木斯大学学报（自然科学版），2014，32（02）:198-201.

[12] 刘煜，方明．质子交换膜燃料电池氢气循环过程的稳态模拟与分析[J]. 东方电气评论，2017，31（04）:21-27.

[13] FRANO B. PEM fuel cells: theory and practice[M]. Burlington，MA: Elsevier Academic Press，2005.

[14] CHEN F，SU Y G，SOONG C Y，et al. Transient behavior of water transport in the membrane of a PEM fuel cell [J]. Journal of Electroanalytical Chemistry，2004，566（1）: 85-93.

[15] 崔东周，肖金生，潘牧，等．质子交换膜燃料电池水、热、气管理[J]. 电池，2005，34（5）: 373-375.

[16] PROMISLOW K，ST-PIERRE J，WETTON B. A simple，analytic model of polymer electrolyte membrane fuel cell anode recirculation at operating power including nitrogen crossover [J]. Journal of Power Sources，2011，196（23）: 10050-10056.

[17] HIMANEN O，HOTTINEN T，TUURALA S. Operation of a planarfree-breathing PEMFC in a dead-end mode[J]. Electrochemistry Communications，2007，9（5）: 891-894.

[18] AHLUWALIA R K, WANG X. Fuel cell systems for transportation: status and trends [J]. Journal of Power Sources, 2008, 177 (1) :167-176.

[19] 胡里清, 王泽民 . 用于燃料电池的氢气密闭循环系统 : CN101887981A [P]. 2010-05-13.

[20] HWANG J J. Passive hydrogen recovery schemes using a vacuum ejector in a proton exchange membrane fuel cell system [J]. Journal of Power Sources, 2014, 247: 256-263.

[21] 杨绍军, 罗志平, 潘牧, 等 . 质子交换膜燃料电池水管理 [J]. 电池工业, 2005 (02) :100-104.

[22] 中国科学院大连化学物理研究所 . 科学技术成果报告 - 航天氢氧燃料电池系统 [M]. 北京 : 科学技术文献出版社, 1980:32-39.

[23] AGNOLUCCI P. Economics and market prospects of portable fuel cells [J]. International Journal of Hydrogen Energy, 2007, 32 (17) :4319-4328.

[24] 吴昕 . 基于光继电器的燃料电池单片电压巡检系统设计 [D]. 武汉 : 武汉理工大学, 2012.

[25] 魏学哲, 殷程程, 马天才, 等 . 基于差分运放的燃料电池电压巡检系统: 国际节能与新能源汽车创新发展论坛 [C]. [出版者不详], 2009.

[26] HWANG J J. Effect of hydrogen delivery schemes on fuel cell efficiency [J]. Journal of Power Sources, 2013, 239 (10) :54–63.

[27] BAO C, OUYANG M G, YI B L. Modeling and control of air stream and hydrogen flow with recirculation in a PEM fuel cell system—I. Control-oriented modeling [J]. International Journal of Hydrogen Energy, 2006, 31 (13) :1879-1896.

[28] BAO C, OUYANG M G, YI B L. Modeling and control of air stream and hydrogen flow with recirculation in a PEM fuel cell system-II linear and adaptive nonlinear control [J]. International Journal of Hydrogen Energy, 2006, 31 (13) :1897-1913.

[29] LUNA J, OCAMPO-MARTINEZ C, SERRA M. Nonlinear predictive control for the concentrations profile regulation in a PEM fuel cell anode gas channel : 2014 European Control Conference(ECC)[C]. IEEE, 2014.

[30] HE J, AHN J, CHOE S Y. Analysis and control of a fuel delivery system considering a two-phase anode model of the polymer electrolyte membrane fuel cell stack [J]. Journal of Power Sources, 2011, 196 (10) :4655-4670.

[31] MATRAJI I, LAGHROUCHE S, WACK M. Pressure control in a PEM fuel cell via second order sliding mode [J]. International Journal of Hydrogen Energy, 2012, 37 (21) :16104-16116.

[32] MATRAJI I, LAGHROUCHE S, JEMEI S, et al. Robust control of the PEM fuel cell air-feed system via sub-optimal second order sliding mode [J]. Applied Energy, 2013, 104:945-957.

[33] KIM S, SHIMPALEE S, ZEE J W V. The effect of stoichiometry on dynamic behavior of a proton exchange membrane fuel cell (PEMFC) during load change [J]. Journal of Power Sources, 2004, 135 (1-2) :110-121.

[34] 陈会翠 . 影响燃料电池寿命的动态响应分析及经济性评价 [D]. 北京: 清华大学, 2015.

[35] 郭爱 . 基于过氧比的车载燃料电池系统控制技术 [D]. 成都 : 西南交通大学, 2015.

[36] PUKRUSHPAN J T，STEFANOPOULOU A G，PENG H. Control of fuel cell power systems : principles，modeling，analysis，and feedback design [M]. NewYork：Springer，2004.

[37] HWANG J J. Effect of hydrogen delivery schemes on fuel cell efficiency [J]. Journal of Power Sources，2013，239 (10) :54-63.

[38] CHENG B，OUYANG M，YI B. Modeling and control of air stream and hydrogen flow with recirculation in a PEM fuel cell system—II linear and adaptive nonlinear control [J]. International Journal of Hydrogen Energy，2006，31 (13) :1897-1913.

[39] ZHANG Z，LI J，WANG X，et al. Effects of inlet humidification on PEM fuel cell dynamic behaviors [J]. International Journal of Energy Research，2011，35 (5) : 376-388.

[40] SRIDHAR P，PERUMAL R，RAJALAKSHMI N，et al. Humidification studies on polymer electrolyte membrane fuel cell [J]. Journal of Power Sources，2001，101 (1) :72-78.

[41] 虞红强 . 质子交换膜燃料电池（PEMFC）反应气体湿度的控制研究 [D]. 上海 : 上海交通大学，2004.

[42] 葛福臻 . 质子交换膜燃料电池湿度控制系统研究 [D]. 武汉 : 武汉理工大学，2015.

[43] 罗良庆，娄平，韩锐 . 燃料电池系统在线状态监测与故障诊断研究 [EB/OL]. (2010-01-27) [2019-09-01]. http://www.paper.edu.cn/releasepaper/content/201001-1136.

[44] 周苏，高文捷，杨铠 . 基于 FCM 的车载燃料电池故障诊断方法研究 [J]. 机电一体化，2016，22 (8) :3-6.

车载供氢系统

4.1 术语

本章术语及解释可参考文献［7-9］，见表 4-1。

表 4-1 本章术语及概念

术语名称	英文名称及缩略词	概念
燃料电池电动汽车	Fuel cell electric vehicle，FCEV	以燃料电池系统作为动力源或主动力源的汽车
运行压力	Operating pressure	系统在工作时的压力
减压	Depressurize	将高压压力容器或管路中的压力降低至工作所需压力的过程
燃料放空	Defuel	将压力容器或其他管路内的燃料排空的过程
吹扫	Purge	借助外部条件把燃料电池堆及管路进行排空的过程
氢脆	Hydrogen embrittlement	氢原子进入金属后使晶格应变增大，因而降低韧性及延性，引起脆化的现象
氢渗透	Hydrogen permeation	氢气穿过结构材料，而导致氢的释放
高压储氢容器	High pressure hydrogen storage cylinder	储存高压氢气的装置
氢气加注口	Hydrogen fuelling receptacle	车辆侧的氢气燃料加注连接装置
额定加注压力	Rated refueling pressure	设计加注的、标准状态下的正常工作压力，通常为额定加注压力的 1.25 倍
最大加注压力	Maximum refueling pressure	在安全工作范围内的最高加注压力，通常为额定加注压力的 1.25 倍
气体泄漏	Gas leakage	除正常排气、放空外，供气系统和燃料电池系统中出现的气体外泄现象

（续）

术语名称	英文名称及缩略词	概念
车载供氢系统	On-board hydrogen supply system	燃料电池电动汽车上燃料经过的所有零部件的集合，包括：储氢容器、压力调节装置、管路及附件等
最大允许工作压力[①]	Maximum allowable working pressure，MAWP	由相关法规或指令认证的系统或者部件可以工作的最大表压
最大运行压力	Maximum operating pressure	由制造商规定的燃料电池可安全连续运行的内部的燃料和氧化剂的最大工作压力
爆破	Burst	导致存储的能量和物质突然释放的结构或材料故障
可燃性上限[②]	Upper flammability limit，UFL	最高浓度的燃料，在该浓度下，气体混合物中有足够的氧化剂以使混合物易燃
可燃性下限	Lower flammability limit，LFL	可燃气体可以在空气中燃烧的最低体积浓度值（氢：4%）
额定工作压力[③]	Nominal working pressure，NWP	NWP 是表征压力容器、气瓶或系统典型运行的表压。对于压缩氢气气瓶，NWP 是在气体温度为 15℃（59 ℉）、气体含量充足情况下，制造商规定的气瓶压力
隔离[④]	Barrier	阻止人（或人体的一部分）或材料从一侧通向另一侧的装置或面板
隔离舱	Compartment	除互连、控制和通风所必需的开口以外的（通过隔离）封闭的空间
排放	Liquid or gaseous discharges	流体或气体离开系统
危险区域	Hazardous area	爆炸性气体环境或其他危险情况的区域或空间，或者其存在的数量足以要求对建筑以及安装和使用设备采取特殊预防措施的区域或空间
铝内胆	Aluminum liner	在外表面缠绕碳纤维增强层，用于密封气体且可承受或不承受部分压力载荷的无缝铝合金气瓶
全缠绕	Fully-wrapped	用浸渍树脂基体的碳纤维连续在铝内胆上进行螺旋和环向缠绕，使气瓶的环向和轴向都得到增强的缠绕方式
全缠绕气瓶	Fully-wrapped cylinder	在铝内胆外表面全缠绕碳纤维增强层，经加温固化成型的可重复充装的气瓶
自紧	Autofrettage	通过向气瓶施加内压使铝内胆产生塑性变形，从而使得气瓶在零压力下铝内胆承受压应力、碳纤维承受拉应力的加压过程
自紧压力	Autofrettage pressure	自紧时施加在气瓶内的最高压力（表压）
气瓶批量	Batch of cylinder	指采用同一设计条件、相同结构尺寸的合格铝内胆，相同复合材料按相同工艺进行缠绕、固化的气瓶的限定数量
铝内胆批量	Batch of aluminum liner	指按照同一设计、同一炉罐号材料、同一制造工艺、同一热处理规范连续进行热处理为一批（采用箱式炉进行固溶和时效热处理时，控制相同的热处理参数、前后炉连续处理的产品，可组成一批）
设计使用年限	Service life	在标准规定的使用条件下，气瓶允许使用的年限
纤维应力比	Fiber stress ratio	气瓶在最小爆破压力下的碳纤维应力与公称工作压力下的碳纤维应力之比
极限弹性膨胀量	Rejection elastic expansion，REE	在每种规格型号气瓶设计定型阶段，由制造单位规定的气瓶弹性膨胀量的合格上限值，单位为 mL。该数值不超过设计定型的相同规格型号气瓶在水压试验压力下弹性膨胀量平均值的 1.1 倍
金属氢化物	Metal hydride	金属或合金与氢气结合形成的具有可逆吸收和释放氢的功能的固态材料
储氢瓶	Hydrogen storage container	设计用于容纳氢气、金属氢化物及其内部组件的容器
金属氢化物储氢装置	Metal hydride hydrogen storage device	采用金属氢化物介质进行可逆储存 / 释放氢气的装置

（续）

术语名称	英文名称及缩略词	概念
额定储氢容量	Rated capacity	在规定的条件下，金属氢化物储氢系统所能提供的氢气量
额定充氢压力	Rated charging pressure，RCP	在规定的条件下，金属氢化物储氢系统的充氢压力
额定放氢速率	Rated discharging rate，RDR	在规定的条件下，金属氢化物储氢系统所能提供的放氢速率
重整装置	Reforming device	从原燃料中生成含氢混合气体的重整装置
加氢	Hydrogenation	在一定条件下，氢分子与其他化合物在催化剂作用下反应的过程
脱氢	Dehydrogenation	在一定条件下，有机化合物在催化剂作用下脱去氢原子的反应
反应器	Reaction vessel	容纳有机储氢液体进行脱氢反应的装置
气液分离器	Gas-liquid separator	把氢气和有机液体分离开的装置
有机液体储氢技术	Liquid organic hydrogen carrier technology，LOHC	把氢分子加到含氮稠杂环芳香族化合物分子上的技术
缓冲罐	Buffer tank	维持系统工作压力趋于平稳的装置
氢源材料	Hydrogen source materials	可以提供富余氢气分子的一类有机化合物
多孔材料	Porous materials	一种由相互贯通或封闭的孔洞构成网络结构的材料，孔洞的边界或表面由支柱或平板构成
储氢密度	Hydrogen storage density	表示单位质量的储氢材料能够储存的氢气的量
高压储氢	High pressure hydrogen storage	利用耐高压容器把氢气进行压缩储存的技术
高压罐	High pressure tank	一类能够耐受超高压力的封闭容器
金属有机骨架材料	Metal organic framework material	由无机金属中心与桥连的有机配体通过自组装相互连接，形成的一类具有周期性网络结构的晶态多孔材料

① 在这个数值（或低于这个数值）下设置卸压保护。

② 氢气的 UFL 在空气中为 74%，在纯氧中为 95%。

③ NWP 也称为使用压力和工作压力。

④ 关于隔离的讨论有以下两个方面：气体隔离提供用于控制潜在危险流体从车辆中的一个空间流向另一个空间的被动或主动手段；电气隔离是防止人们接触高压电气部件的物理设备或面板。

4.2 概述

氢可以从各类化石能源中获得，也可以从可再生资源中产生并且无污染。供氢系统是氢燃料电池汽车的重要组成部分，是能源储存供应系统，也是燃料电池汽车安全保障的重要组成部分。

氢燃料电池汽车发展具有广阔前景，然而其车载供氢系统至今仍然存在重大技术难题，阻碍了氢作为车辆燃料的广泛应用。缺乏安全和简便的储存方法、系统零部件易泄漏、成本过高等问题，严重影响着燃料电池汽车的发展。氢的有效和安全储存对于促进“氢经济”至关重要，氢安全是重大课题，尽管目前已经有一些规范标准，但氢的特性决定了这是永恒主题。

供氢系统的主要问题如下：

1）需要减少储氢部件的重量和体积。

2）系统的成本太高。

3）氢加注需要控制。

4）系统零部件的可靠性、耐久性和环境适应性。

5）供氢系统紧急状态处理办法及样本案例。

燃料电池汽车工作原理如图 4-1 所示。通过车载供氢系统将储氢瓶中的氢气经过加湿器送到燃料电池的阳极板（负极），通过空气压缩机将空气经过加湿器送到燃料电池的阴极板。送到阳极板的氢气经过催化剂（铂）的作用，氢原子中的一个电子被分离出来，失去电子的氢离子（质子）穿过质子交换膜，到达燃料电池阴极板（正极）；而电子是不能通过质子交换膜的，这个电子只能经外部电路到达燃料电池阴极板，从而在外电路中产生电流。电子到达阴极板后，与氧原子和氢离子重新结合为水。供应给阴极板的氧可以从空气中获得，因此只要不断给阳极板供应氢，给阴极板供应空气，并及时把水（蒸气）带走，就可以持续提供电能。燃料电池发出的电，经逆变器、控制器等装置，给电机供电，再经传动系统、驱动桥等带动车轮转动，就可使车辆在路上行驶。与传统汽车相比，燃料电池能量转化效率高达 60% ～ 80%，为内燃机的 2 ～ 3 倍。燃料电池的燃料是氢气和氧气，生成物是清洁的水，它本身工作不产生一氧化碳和二氧化碳，也没有硫和微粒排出。因此，氢燃料电池汽车是真正意义上的零排放、零污染的车，氢燃料是完美的汽车能源。

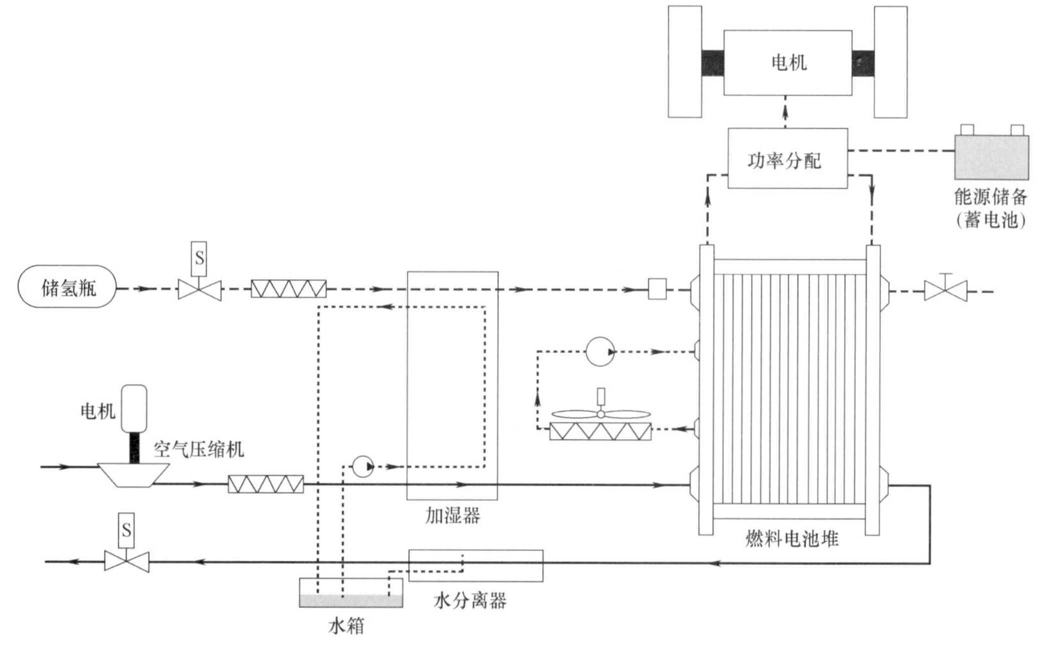

图 4-1　燃料电池汽车供氢工作原理[1]

4.2.1　供氢系统形式

目前，有几种供氢技术可供选择，本节将简要介绍。

1. 高压供氢系统

该系统是将压缩氢气注入储氢瓶储存。在环境温度下，氢气储存需要高压压缩，氢气释放也很简单。与其他方法相比，其存储密度较低，但却是最简单的供氢方式，也是当前最适宜车载燃料电池使用的方式。

2. 金属氢化物供氢系统

该系统采用粉末金属在高压下吸收氢气。在此过程中，储氢时要放热，释放氢时需加热，过程是相反的。这种方法的主要问题是其单位储氢密度较低，比如同样存储3.5kg氢气，金属氢化物储氢装置的质量约为600kg，相比之下，压缩储氢瓶的质量是80kg（35MPa铝合金内胆碳纤维缠绕Ⅲ型瓶容积140L）。

3. 有机液体供氢系统

该系统是指通过有机液体存放氢气，利用放热氢化反应中释放的热量，有机液体氢被输送到加注站给车辆加注。根据需要，氢气在车载有机液体的催化反应器中从有机液体中释放并提供给车载燃料电池，车载有机液体氢用完后，可以到氢气厂站进行有机液体补充再加氢，这样构成循环加注系统。挑战在于找到合适的有机载体，应具有足够的氢容量、最佳的反应热、快速分解动力学、低挥发性和长循环寿命，并且在工作温度范围内保持液态。

4. 液化供氢系统

在这种方法中，储氢密度非常高，但氢气会在-253℃左右沸腾，为避免此现象则需要更大体积的绝热。氢气释放是以气体形式供应给燃料电池的。

5. 甲醇重整供氢系统

甲醇作为车载制氢原料具有以下优点[2]：

1）价廉易得，可以由天然气和其他化石燃料高效率地转化得到。

2）能量密度高，尤其在涉及氢气储存时，净能量密度比 H_2 在复合物和金属氢化物存储罐中高得多。

3）重整制氢反应温度、反应压力低。

4）产物中CO含量低。

5）制氢反应无 NO_x、SO_x 等排放物。

6）对现有加油站改变小。

4.2.2 氢的特性

氢是化学元素周期表中的第一个元素，也是宇宙中重量最轻、分布最丰富的元素[3]。

由氢的理化特性可知，其在空气中的可燃范围为4%～75%，远高于汽油、天然气等其他燃料，其最小点火能量仅为0.02mJ，而且在阳光下火焰也不可见。氢的基本特性见表4-1。氢气储存特性如图4-2所示。

表4-2 氢的基本特性[4]

名称	氢的特性
化学式	H_2
熔点	13.95K（-259.2℃，-434.56℉）
沸点，101325kPa（1atm）时	20.39K（-252.76℃，-422.97℉）
临界温度	33.18K（-239.97℃，-399.95℉）
临界压力	1.31MPa（13.13bar，12.96atm，190.43lbf/in^2）
临界体积	64.15cm^3/mol

（续）

名称	氢的特性
临界密度	0.0314g/cm^3
临界压缩系数	0.305
偏心因子	-0.220
液体密度，-250℃时	0.067g/cm^3
液体热膨胀系数，-250℃时	0.0209L/℃
表面张力，-259℃时	2.99×10^{-3}N/m（2.99dyn/cm）
气体密度，101325kPa（1atm）和 70°F（21.1℃）时	0.083kg/m^3（0.0052lb/ft^3）
气体相对密度，101.325kPa（1atm）和 70°F时（空气 =1）	0.07
汽化热，沸点下	228.17kJ/kg（98.11BTU/lb）
熔化热，熔点下	58.04kJ/kg（24.96BTU/lb）
气体定压比热容 c_p，25℃时	14.268kJ/(kg·K)[24.96BTU/(lb·R)]
气体定容比热容 c_V，25℃时	10.144kJ/(kg·K)[2.424BTU/(lb·R)]
气体比热容比，c_p/c_V	1.407
液体比热容，-253℃时	9.457kJ/(kg·K)[2.26BTU/(lb·R)]
固体比热容，-260℃时	2.842kJ/(kg·K)[0.679BTU/(lb·R)]
气体摩尔熵，25℃时	130.57J/(mol·K)
气体摩尔生成熵，25℃时	0J/(mol·K)
气体摩尔生成焓，25℃时	0kJ/mol
气体摩尔吉布斯生成能，25℃时	0kJ/mol
溶解度参数	6.648（J/cm^3）$^{0.5}$
液体摩尔体积	28.604cm^3/mol
在水中的溶解度，25℃时	1.53×10^{-6}（ω）
在水中的亨利定律常数，25℃时	7177MPa/x［70832.1atm/(x)］
气体黏度，25℃时	88.05×10^{-7}Pa·s（88.05μP）
液体黏度，-250℃时	0.011MPa·s（0.011cP）
气体热导率，25℃时	0.17064W/(m·K)
液体热导率，-250℃时	0.1314W/(m·K)
空气中爆炸低限含量	4%
空气中爆炸高限含量	75%
自燃点	400℃（752°F）
燃烧热，25℃（77°F）气态时	119950.4kJ/kg（51578.7BTU/lb）

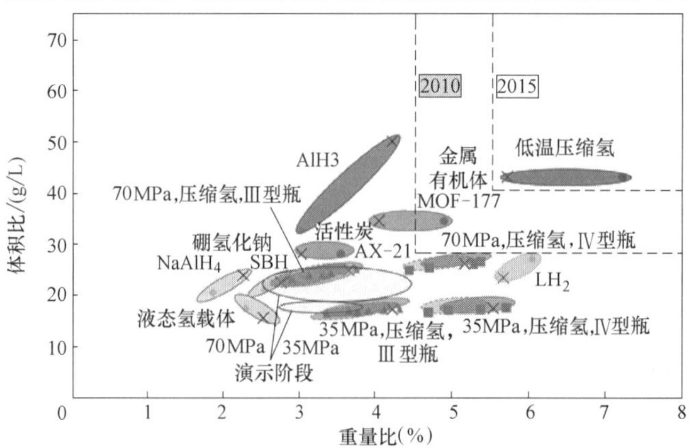

图 4-2　氢气储存特性（基于车载储存 5.6kg 可用氢气）[5]

4.3 车载高压供氢系统

4.3.1 设计基本要求

氢是一种易泄漏、易燃、易爆的气体，而且容易使与之接触的金属产生氢脆现象，因此车载供氢系统本身在整车中占有极为特殊的地位。

最常见的储氢方法是在高压（>20MPa 或 2850lbf/in^2）下压缩氢气。通常使用 35MPa（350bar，5000lbf/in^2）和 70MPa（700bar，10000lbf/in^2）的氢气罐中的压缩气相。通常使用 35MPa（350bar，5000lbf/in^2）和 70MPa（700bar，10000lbf/in^2）的氢气罐中的压缩氢气。还有一种低温压缩储氢的方法，应用较少，此处不再赘述[10]。

1. 车载供氢系统的设计原则

（1）安全第一原则

在进行车载供氢系统设计时，严格遵循“安全第一”的原则。凡是不能满足安全需要的设计方案均不能进行实施，避免因成本忽略安全。安全性须满足国家或国际相关安全标准的要求，所遵循的具体安全标准可以由设计方和用户协商确定。

（2）失效安全原则

在进行车载供氢系统设计时，必须保证即使在某一零部件失效时，也不会因之导致更加严重的后果。换言之，当系统单一零部件出现故障时，系统是安全的。

（3）最简化原则

在进行车载供氢系统设计时，在满足安全需求和使用需求的前提下，系统应尽可能简化，避免冗余。冗余不仅会导致成本的增加，而且会增加系统的故障率，因为每一个零部件都是一个可能的故障点。

（4）区域布置原则

在进行车载供氢系统安装时，应将系统零部件尽可能集中布置，并根据压力等级进行分区域布置。

（5）氢电隔离原则

在进行车载供氢系统安装时，应将车载供氢系统与电气系统进行有效隔离。隔离措施可以是系统的物理隔离，也可以是可能产生火花的零部件自身的隔离，例如防爆电器。

（6）其他原则

根据车载供氢系统的设计要求与设计原则，还需要从以下几个方面着手：

1）高压存储，中压或低压供给。

2）合理划分功能区，防止可能出现的氢气泄漏和堆积，力争做到人与氢分离、电与氢分离。

3）合理划分压力等级，做到压力的区域化管理。

4）多层次、全方位的自动连锁保护。

5）系统的轻量化。

6）环境适应性设计。

2. 一般安全要求

系统设计的总体目标是，零部件故障不应对任何人或车辆构成安全风险。对氢储存和供应系统的要求旨在尽量减少车辆故障的可能性。

必要情况下，建议对车载供氢系统进行风险评估，如故障模式和影响分析（FMEA），以识别和管理故障模式。以下是供氢系统的一般安全要求[8]：

1）供氢系统自动关闭。应该提供一种自动手段来防止由于关闭功能的单点故障而产生的不必要的氢气供应或泄漏。关闭功能可以通过自动截止阀或过流量关断阀来实现。如果在车辆上安装了多个供氢系统，应根据需要进行自动关闭，以隔离每个供氢系统。

2）供氢系统手动关闭。在车辆维护中，存储系统上应提供手动关闭功能。这一功能可通过人工控制优先关闭阀或使用手动关闭阀来实现。

3）超压保护。由于系统故障和外部性的原因，系统应该有足够的保护以防止出现过大的压力。

4）超温保护。燃料系统的设计应考虑超温保护，以防止有火源情况下系统温度过高而产生的意外事故。

5）系统监测。系统监测应包括与关键功能和安全有关的任何模式，如过压、过热和意外泄漏。

3. 使用工况

应注意以下几点要素：

1）压力。高压车载储氢工作压力是 35MPa 和 70MPa。

2）温度。材料和部件温度使用范围在 -40 ～ 85℃（-40 ～ 185℉），除非汽车制造商另有规定。一些材料和部件可能会暴露在超出上述极限和极端的操作温度下，应该识别并考虑作为设计过程的一部分[8]。

3）氢燃料要求。车载燃料电池氢燃料成分应符合国家相关标准或有关规定，如 GB/T 34872—2017《质子交换膜燃料电池供氢系统技术要求》，也可参考相应的国际标准，如 SAE J2719《燃料电池汽车氢气质量要求》、ISO 14687-2：2012《氢燃料　产品规格　第 2 部分：道路车辆用质子交换膜（PEM）燃料电池的应用》。同时也应考虑潜在的系统污染物或杂质，由系统制造商根据可能影响安全的零部件操作来确定。

4）使用环境的适应性。安装在车辆上的系统应该能够承受汽车制造商规定的各种环境适应性要求，如冲击载荷、振动、温度和腐蚀等[8]。

4. 材料选择

材料选择应考虑以下几点：

1）兼容性。材料应与工艺燃料相容，包括预期的添加剂、生产和排放的污染物。具体地说，由于材料在预期的工作温度和压力下暴露于氢而引起的脆化以及氢引起的降解，应该加以解决[8]。

2）热载荷。材料的使用应符合规定的环境和操作温度范围。材料的热氧化、弹性变形、塑性变形、蠕变和抗干热应考虑到关于材料的力学完整性或密封性能。此外，含有可燃或活性液体的材料在燃料供应被切断后不应传播火焰。

4.3.2 系统选用基本要求

1. 使用压缩（气态）氢并安装在氢动力车辆上的氢部件和系统的要求

（1）一般要求

一般要求是在满足氢储存、氢供应、氢测量和氢安全要求条件下保证系统最简单化。

（2）压力要求

压力要求是确定系统压力使用范围，包括储存压力及给燃料电池的供应压力。

（3）流量要求

流量要求是确定系统给燃料电池供应流量的要求。

（4）寿命要求

使用寿命要求应满足整车对零部件的要求。

（5）温度要求

1）材料温度。在氢部件中所用材料的正常工作温度范围应为 -40 ～ 85℃，除非规定的其他情况[11]：汽车制造商规定温度低于 -40℃；氢部件既位于内燃机舱内，又直接暴露在内燃机的工作温度范围内，则其温度范围应为 -40 ～ 120℃。

2）气体温度。在正常条件（包括加注和燃料放空）下，平均气体温度应为 -40 ～ 85℃，除非车辆制造商规定温度低于 -40℃。

2. 车载供氢系统部件的设计和选用指南

各部件应符合 4.3.1 节所述的设计基本要求及 GB/T 26990—2011《燃料电池电动汽车　车载氢系统技术条件》等国家标准的规定，合格的单个部件按相关规定批准或贴上标签并列明服务项目，按相关规定和标准正确地集成到系统和车辆上。车载供氢系统部件应遵循以下要求[8]：

（1）管道、软管及配件

管道和软管应满足 GB/T 26990—2011《燃料电池电动汽车　车载氢系统　技术条件》中规定的最小弯曲半径要求，并按照实际使用中预期的连接方式进行。

1）非金属管道。应特别考虑操作温度、防止机械损伤和静电积聚。

2）软管。气体燃料软管应符合 CSA 标准或同等标准的适用要求。材料应与 4.3.1 节所述的指导一致。

3）连接件及配件。连接件及配件执行国内相应标准，可参考国际同等标准的要求。应注意确保在选择和鉴定过程中适当地考虑和处理与运输有关的问题，如振动和循环寿命。

4）管路。储氢、供氢管路材质应选用不锈钢管，符合 GB 4962—2008《氢气使用安全技术规程》；也可参考 ANSI / ASME B31.1 和 ANSI / ASME B31.3。

（2）截止阀

截止阀包括自动截止阀和手动截止阀。自动截止阀一般是常闭状态，即断电时关闭。

（3）过流关断阀

过流关断阀应设置在车载供氢系统中，在管路断裂或系统出现故障情况下限制气体过量排放。

（4）压力释放装置（PRD）

PRD 应位于需要防止过压的系统上。PRD 应直接连接（无阀门或限制）到受保护的加压系统。应保护 PRD 免受撞击和外部损坏。

（5）超温压力释放装置（TPRD）

TPRD 可用于保护材料免受因过温降解而引起的压力冲击。应注意 TPRD 定位的策略性（例如，安装在与其保护的设备相同的隔间中），以便为设备提供保护。

4.3.3 系统功能及组成

1. 系统功能

车载高压供氢系统的主要功能包括：氢储存、氢供应、测量控制及安全保障。车载高压供氢系统如图 4-3 所示。

1）氢储存功能：高压储氢、储氢隔离。

2）氢供应功能：加氢、过滤、减压。

3）测量控制功能：压力测量、温度测量、氢气泄漏测量、自动控制、温度红外通信。

4）安全保障功能：压力释放、流量控制、截止。

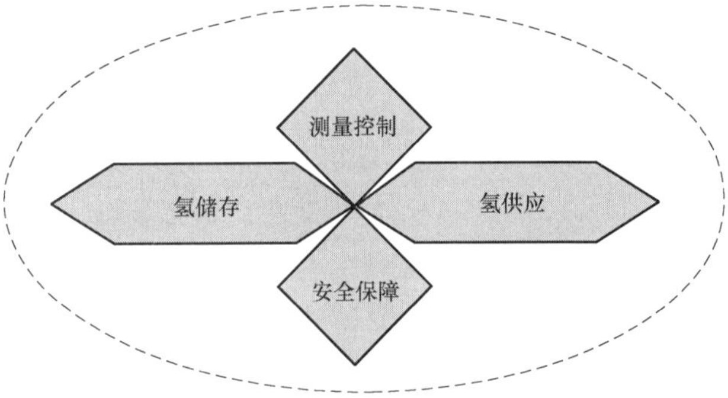

图 4-3 车载高压供氢系统[12]

2. 系统组成及主要零部件

储氢系统一般由高压储氢瓶、超温压力释放装置（TPRD）及瓶阀组成。供氢系统一般由氢气加注口（可选配红外通信接口）、单向阀、过滤器、过流关断阀、截止阀（自动或手动）、减压阀、安全阀等组成，系统主要组成如图 4-4 所示。SAE J2579 中典型供氢系统如图 4-5 所示，其中无阴影部分为压缩储氢系统，阴影部分是供氢系统。

（1）零部件选用依据

系统选用主要根据储氢压力、储氢量、预期加注时间、供氢压力、供氢流量等参数进行选择。

1）储氢压力：根据车载供氢系统总体性能指标确定。目前，国内外一般多采用 35MPa（350bar）和 70MPa（700bar）两种储氢压力等级。

2）储氢量：根据车型布置空间、续驶里程和 100km 耗氢量综合确定气瓶数量及气瓶总容积。

下面以某氢燃料客车设计技术条件为例，阐述储氢容积计算方法。

① 供氢系统设计技术条件，见表 4-3。

② 储氢容积计算。

a. 有效储氢量 M（kg）：有效储氢量为续驶里程与百千米耗氢量之乘积：

$$M\,(\text{kg})=S(\text{km})\times Q(\text{kg/100km})$$

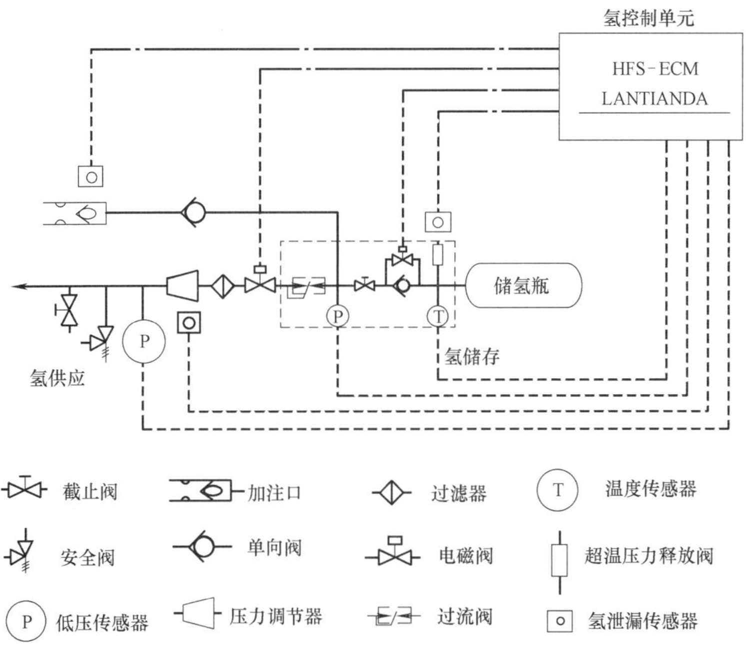

图 4-4　系统主要组成（资料来源：北京兰天达汽车清洁燃料技术有限公司）

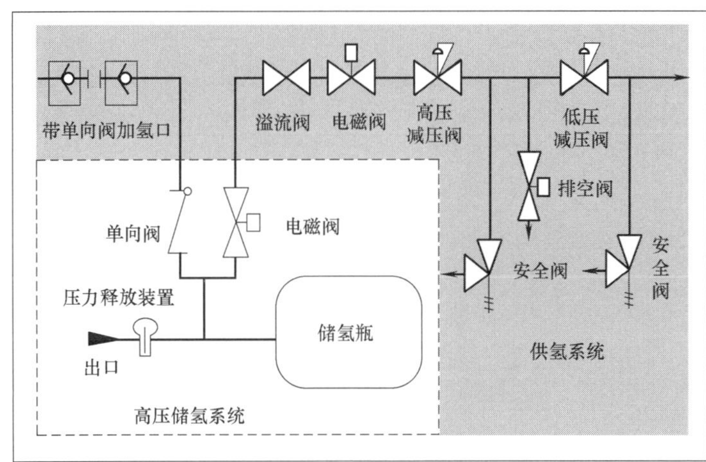

图 4-5　典型供氢系统[8]

表 4-3　供氢系统设计技术条件

技术参数	符号	单位
百千米耗氢量	Q	kg/100km
续驶里程	S	km
额定储氢压力	P	MPa

b. 总储氢量 V(L)：由于实际应用中，低于一定压力下的储氢量是不可用的，一般规定 1 ～ 2MPa 压力下的储氢量不计入有效储氢量。

c. 有效储氢密度 $\rho_{有效}$：常温、工作压力下的氢气密度减去残余压力下的氢气密度，即 $\rho_{有效}=\rho_{工作}-\rho_{残余}$。各温度压力下的氢气密度见表 4-4。

表 4-4 不同压力 - 温度下的氢气密度[13] （单位：kg/m³）

	氢气密度															
T/K	1.0 MPa	2.0 MPa	5 MPa	10 MPa	15 MPa	20 MPa	25 MPa	30 MPa	35 MPa	40 MPa	45 MPa	50 MPa	55 MPa	60 MPa	65 MPa	70 MPa
232	1.038	2.062	5.048	9.755	14.14	18.21	21.99	25.51	28.78	31.84	34.69	37.36	39.87	42.24	44.48	46.59
242	0.995	1.977	4.843	9.366	13.59	17.52	21.19	24.60	27.80	30.78	33.58	36.20	38.68	41.01	43.22	45.31
252	0.956	1.899	4.654	9.008	13.08	16.88	20.44	23.76	26.88	29.79	32.53	35.11	37.55	39.85	42.03	44.10
262	0.919	1.827	4.480	8.677	12.61	16.29	19.75	23.98	26.02	28.87	31.56	34.09	36.49	38.75	40.90	42.95
272	0.886	1.760	4.318	8.371	12.18	15.75	19.10	22.25	25.22	28.01	30.64	33.13	35.48	37.72	39.84	41.86
282	0.854	1.698	4.168	8.085	11.77	15.24	18.50	21.57	24.46	27.19	29.78	32.22	34.54	36.74	38.83	40.83
292	0.825	1.641	4.028	7.820	11.39	14.76	17.93	20.93	23.76	26.43	28.96	31.36	33.64	35.81	37.88	39.85
302	0.798	1.587	3.897	7.571	11.04	14.31	17.40	20.32	23.09	25.71	28.19	30.55	32.79	34.93	36.97	38.91
312	0.773	1.536	3.775	7.338	10.71	13.89	16.90	19.76	22.46	25.03	27.46	29.78	31.99	34.09	36.10	38.02
322	0.749	1.489	3.660	7.120	10.39	13.50	16.43	19.22	21.87	24.38	26.77	29.05	31.22	33.29	35.28	37.17
332	0.726	1.444	3.552	6.914	10.10	13.12	15.99	18.72	21.30	23.77	26.12	28.35	30.49	32.53	34.49	36.36
342	0.705	1.403	3.450	6.720	9.824	12.77	15.57	18.24	20.77	23.19	25.49	27.69	29.80	31.81	33.74	35.59
352	0.685	1.363	3.354	6.537	9.562	12.44	15.17	17.78	20.27	23.64	24.90	27.06	29.13	31.12	33.02	34.84
362	0.666	1.326	3.263	6.364	9.314	12.12	14.80	17.35	19.78	22.11	24.33	26.46	28.50	30.45	32.33	34.13
370	0.652	1.297	3.194	6.232	9.125	11.88	14.51	17.02	19.42	21.71	23.90	26.00	28.01	29.94	31.08	33.59

总储氢量为有效储氢量除以有效储氢密度：$V(\mathrm{L})=M/\rho_{有效}$

d. 储氢瓶数量（n）：单只储氢瓶的容积 V_1（L）需考虑车型布置空间确定，具体见各厂家的气瓶参数表。储氢瓶数量为总储氢量除以单只储氢瓶的容积：$n \geqslant V/V_1$。

3）氢加注时间：在 GB 50516—2010《加氢站技术规范》要求下，确定合理管径。

4）供氢压力：根据燃料电池特性和需求，可设置为一级减压方式和两级减压方式。

5）供氢流量：满足最低储氢压力下的流量来确定系统的供氢流量。

6）传感器的量程：根据系统的最高工作压力和最低工作压力，最高工作温度和最低工作温度来确定。

7）氢泄漏传感器探测范围：4% 以下。

（2）氢气加注口

氢气加注口在加注时与加氢机的加氢枪相连，以实现加注的功能。同时氢气加注口应具有单向阀以及颗粒过滤功能，应与未遮蔽的电气插头、电气开关和其他点火源保持至少 200mm 的距离[14]。

在氢气加注口或供氢管路出现损坏情况下，单向阀防止气体向外泄漏并提高氢气加注口的使用寿命。

氢气加注口选择必须同储氢系统、加氢枪参数相匹配。氢气加注口的制造和安装要符合 GB/T 30718—2014《压缩氢气车辆加注连接装置》、GB/T 26779—2011《燃料电池电动汽车 加氢口》及 SAE J2600 等要求。氢气加注口的类型和厂商众多，图 4-6 所示为

WEH 公司某型号氢气加注口，其对应的氢气加注口技术参数见表 4-5。

氢气加注口应符合以下所列举的各项要求[14]：

1）氢气加注口应安装在容易加注的位置。

2）氢气加注口不应安装在乘员舱、行李舱等通风不足的地方。

（3）高压储氢瓶

高压储氢瓶应符合 GB/T 35544—2017《车用压缩氢气铝内胆碳纤维全缠绕气瓶》要求。高压储氢瓶主要分为 35MPa 和 70MPa 两种压力级别（具体见 4.4 节）。

图 4-6　氢气加注口
（图片来源：WEH 公司）

表 4-5　氢气加注口技术参数（资料来源：WEH 公司）

特征	基本参数
公称通径 DN	3mm
温度范围	-40 ～ 85℃（-40 ～ 185 ℉）
压力范围	PN=700bar（10000lbf/in^2） PS=875bar　PT=1255bar
材料	耐腐蚀
密封材料	氢兼容性
设计	带保护帽，集成粒子过滤器（20μm）和集成单向阀
符合标准	（EC）NO.79/2009 SAE J2600：2002 SAE TIR J2799

（4）气瓶附件

气瓶附件主要由气瓶组合阀、压力释放装置（PRD）组成。

1）气瓶组合阀。气瓶阀在储氢瓶端口一般采用组合阀形式。瓶阀集成高压电磁阀、手动截止阀、TPRD、过滤器、瓶内温度传感器和压力传感器等部件。气瓶阀的类型和厂商众多，图 4-7 所示为 LUXFER 公司的 70MPa 瓶口组合阀，其技术参数见表 4-6。瓶口组合阀三维透视图如图 4-8 所示。

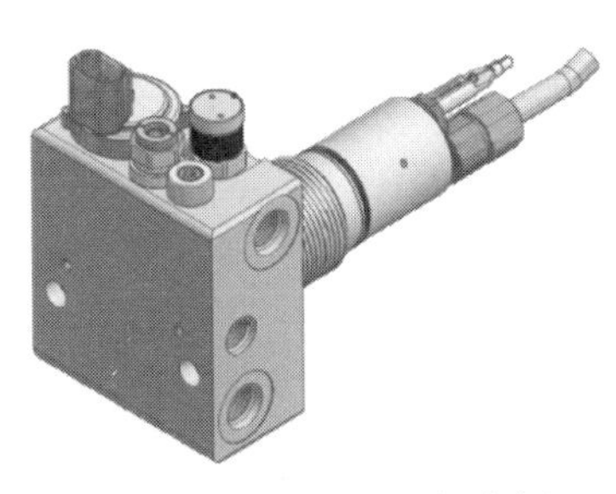

图 4-7　70MPa 瓶口组合阀
（图片来源：LUXFER 公司）

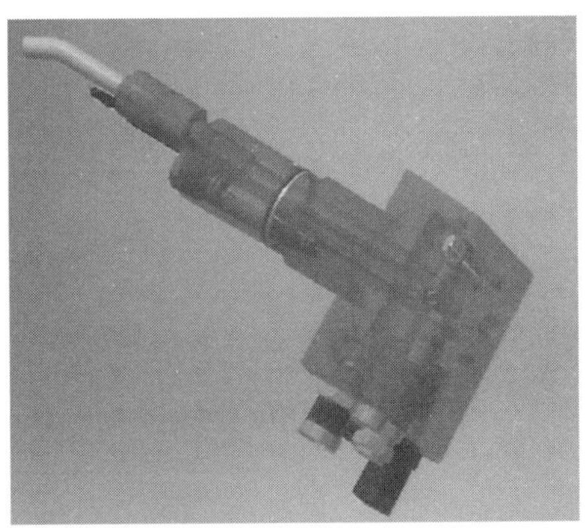

图 4-8　瓶口组合阀三维透视图（图片来源：北京兰天达汽车清洁燃料技术有限公司）

表 4-6　70MPa 瓶口组合阀的技术参数（资料来源：LUXFER 公司）

类目	参数或描述
零部件名称	700MPa 多功能电磁阀
零部件号	BV-700-XX-0①
压力	在 15℃下 700bar
最大压力	87.5MPa（875bar）
最小压力	0.5MPa（5bar）
开启时间（全流量）	10ms（典型的）
关闭时间（全关闭）	80ms（典型的）
温度范围	-40 ～ 85℃
PRD 激活温度	110℃±5℃
基体材料	铝 6061-T6
质量	1200g
线圈电阻	3.0Ω PWM 驱动
工作电压	不受恒压控制。线圈必须由控制电流或 PWM 电流驱动。PWM 的功能在 7V 以上
动作电流	开放电流：2.0A±0.2A 在 875bar 下保持电流：0.9A±0.1A
温度传感器	NTC 型热敏电阻（-55 ～ 165℃）
过流阀触发点	在 15bar 下 3.3g/s 氢
气体流动路径中最小的孔径	ϕ5.5mm
工作介质	符合 ISO 14687 的氢气
泄漏率（内部或外部）	< 10Ncm^3/h
预期寿命	15 年
符合标准	EC-79/ 2009 ECE（草案）规定 TRANS/WP.29/GRPE/2004/3（EIHP Rev 12b） NGV 3.1②
警告：高压阀门和相关部件必须在规定的使用条件和压力 / 温度范围内使用。	

注：1. 1bar=0.1MPa。
　　2. Ncm^3 表示标准状态下的体积单位。
① 零部件号中的“XX”是一个两位数的增量数字，用于标识模型号。
② BV-700 符合 3 倍使用压力的流体静力强度。

2）压力释放装置（PRD）。

① PRD 应该位于需要保护的系统上，以避免过压。PRD 应该直接连接（没有阀门或限制）到受保护的系统上。PRD 应避免受到冲击和外部损害[8]。压力释放装置的类型和厂商众多，图 4-9 所示为 GFI 公司某型号压力释放装置，该压力释放装置的技术参数见表 4-7。

② 温度压力释放装置（TPRD）。TPRD 可用于保护材料免受因过温降解而引起的压力冲击。TPRD 应该位于压缩氢存储系统的隔间内，这样在密封气瓶或其他部件爆裂之前，TPRD 就会启动[8]。温度压力释放装置的类型和厂商众多，图 4-10 所示为 GFI 公司某型号压力释放装置，其技术参数见表 4-8。

图 4-9 压力释放装置（图片来源：GFI 公司）

图 4-10 超温压力释放装置（图片来源：GFI 公司）

表 4-7 压力释放装置技术参数（资料来源：GFI 公司）

类目	参数或描述
装置名称	气瓶阀 适用于 1 型 / 2 型 / 3 型 / 4 型钢瓶的 2in 瓶塞式安全装置
设计	热激活 PRD
机体材料	挤制铝，阳极氧化
燃气类型	氢气
最大工作压力	35MPa（5076lbf/in^2）
最大流量	0.76
工作温度	-40 ～ 85℃（-40 ～ 185 ℉）
PRD 激活	110℃ ±5℃
PRD 有效通径	相当于 5.7mm
爆破片（可选）	可选
瓶口连接	2-12UN
孔连接	9/16-18UNF
认证	EC79，HPRD1

表 4-8 温度压力释放装置技术参数（资料来源：GFI 公司）

<table>
<tr><th>类目</th><th colspan="2">参数或描述</th></tr>
<tr><td>装置名称</td><td colspan="2">高压管路末端安全设备</td></tr>
<tr><td>设计</td><td colspan="2">温度型释放阀，爆破片可选</td></tr>
<tr><td>机体材料</td><td colspan="2">铝</td></tr>
<tr><td>燃气类型</td><td colspan="2">CHG</td></tr>
<tr><td>最大工作压力</td><td colspan="2">35MPa（5076lbf/in^2）</td></tr>
<tr><td>最大流量系数</td><td colspan="2">0.76</td></tr>
<tr><td>工作温度</td><td colspan="2">-40 ～ 85℃（-40 ～ 185 ℉）</td></tr>
<tr><td rowspan="3">T-PRD</td><td>工作原理</td><td>易熔合金</td></tr>
<tr><td>激活温度</td><td rowspan="2">110℃ ±5℃
用于氢的相当于 5.7mm</td></tr>
<tr><td>泄压口通径</td></tr>
<tr><td>爆破片（可选）</td><td colspan="2">可选</td></tr>
<tr><td>溢流阀</td><td colspan="2">无</td></tr>
<tr><td>入口接头规格</td><td colspan="2">较宽范围的端口选项 3/4-16，9/16-18，7/16-20 或 M18 × 1.5 到 M16 × 1.5</td></tr>
<tr><td>出口接头规格</td><td colspan="2">较宽范围的端口选项 3/4-16，9/16-18，7/16-20 或 M18 × 1.5 到 M16 × 1.5</td></tr>
<tr><td>认证</td><td>PRD 1-13，ECE R110，
ISO 15500</td><td>EC 79/2009，H-PRD1</td></tr>
</table>

3）气瓶附件注意事项[14]。

① 气瓶附件应直接安装在每个气体气瓶上。

② 切断阀应符合以下项目：

a. 提供和关闭氢气的切断阀应在驾驶人座位上操作。这种阀门必须在没有故障的情况下运行。

b. 电磁阀是常闭状态，即断电时自动关闭。

③ 气瓶单向阀应该能够在从普通使用压力到通常使用的最小压力的压力范围内防止反向流动。

④ 在使用气瓶 PRD 时，由于气瓶温度异常升高而排放的氢气应按照下列方式排放：

a. 不直接排放到乘客舱或行李舱。

b. 不进入易积聚的空间。

c. 不向外露的电气端子、电气开关或其他点火源排放。

d. 不向其他气瓶排放。

e. 不朝机动车前部排放。

（5）过流关断阀

过流关断阀在系统正常工作时关闭，只有负载超过规定的极限（系统压力超过调定压力）时开启过流关断阀，进行过载保护，使系统压力不再增加（通常使过流关断阀的调定压力比系统最高工作压力高）。另外，过流关断阀也可以集成在气瓶组合阀内。过流关断阀的类型和厂商众多，图 4-11 所示为两种过流关断阀，图 4-12 ～图 4-14 分别为 XS4 系列、XS6 系列、XS8 系列 20℃（70℉）时的空气流量数据。XS4、XS6、XS8 系列 20℃（70℉）时的水流量数据见表 4-9。

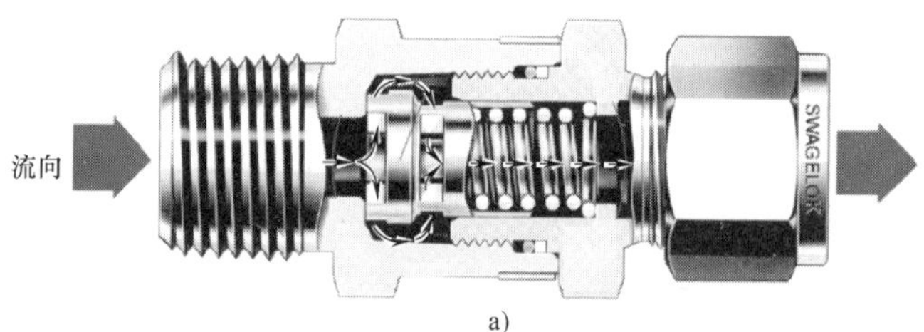

a)

b)

图 4-11　两种过流关断阀

a）过流关断阀（图片来源：世伟洛克公司）　b）过流关断阀（图片来源：宝马公司）

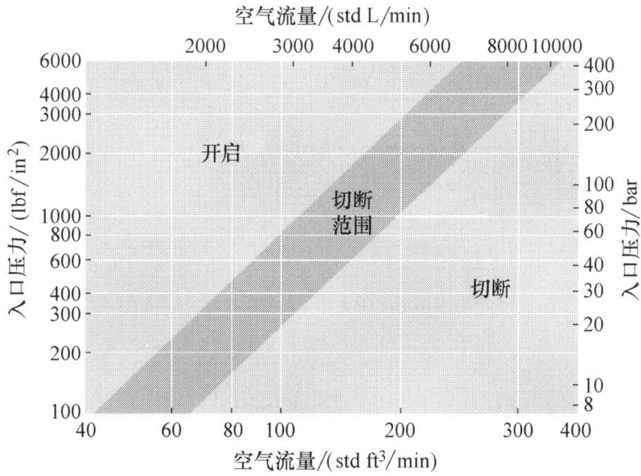

图 4-12　XS4 系列 20℃（70 ℉）时的空气流量数据（资料来源：世伟洛克公司）

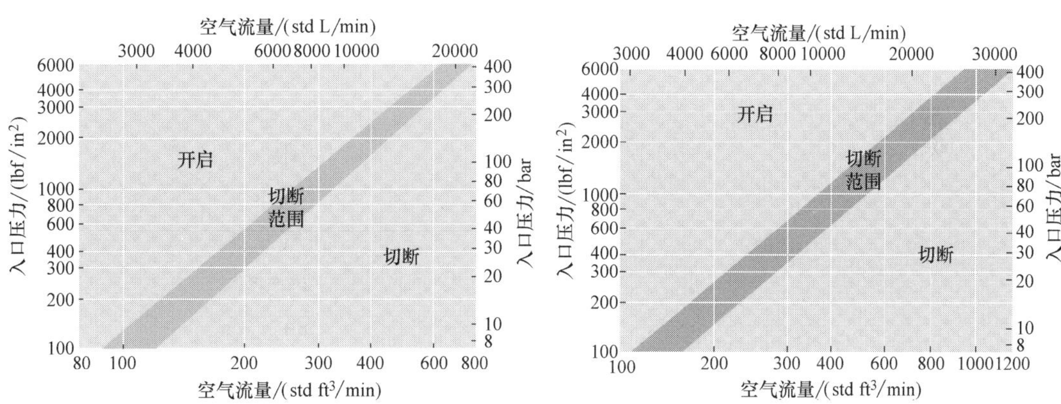

图 4-13　XS6 系列 20℃（70 ℉）时的空气流量数据（资料来源：世伟洛克公司）

图 4-14　XS8 系列 20℃（70 ℉）时的空气流量数据（资料来源：世伟洛克公司）

表 4-9　XS4、XS6、XS8 系列 20℃（70℉）时的水流量数据（资料来源：世伟洛克公司）

系列	C_v	切断范围 /[美制 gal/min（L/min）]
XS4	0.5	3.9 ～ 5.8（14.7 ～ 21.9）
XS6	1.1	8.2 ～ 10.0（31.0 ～ 37.8）
XS8		11.2 ～ 14.9（42.3 ～ 56.3）

过流关断阀注意事项如下[14]：

1）过流关断阀安装在瓶口组合阀上或靠近该阀的地方；

2）系统由检测气瓶或管道内氢气流量的装置等和切断阀组成，当检测到流量异常上升时，关闭从气瓶供给的氢气。

（6）减压阀

减压阀可以将氢气的压力调节到电池所需要的压力。减压阀的类型和厂商众多，图 4-15 所示为 TESCOM 公司的 20-1200 系列减压阀，图 4-16、图 4-17 所示为 20-1200 系列减压阀压力 - 流量曲线。20-1200 系列减压阀技术参数见表 4-10；图 4-18 所示为

图 4-15　20-1200 系列减压阀（图片来源：TESCOM 公司）

44-3200 系列减压阀，图 4-19、图 4-20 所示为 44-3200 系列减压阀压力 - 流量曲线，44-3200 系列减压阀技术参数见表 4-11。

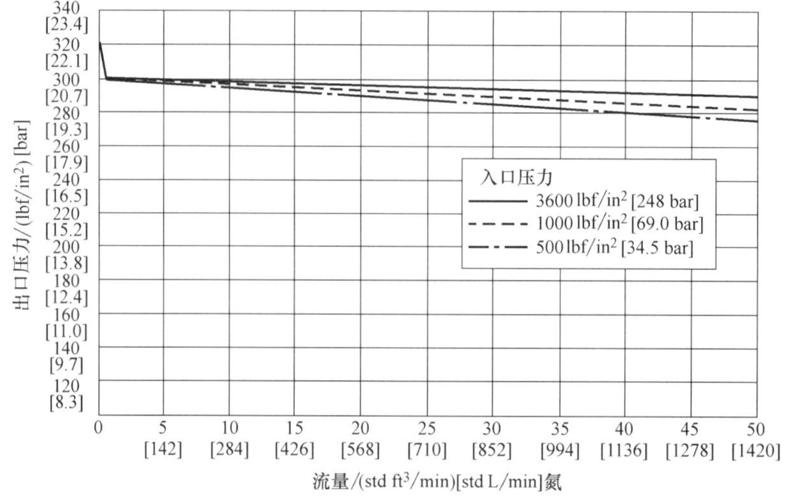

图 4-16　20-1200 系列减压阀压力 - 流量曲线 1（资料来源：TESCOM 公司）

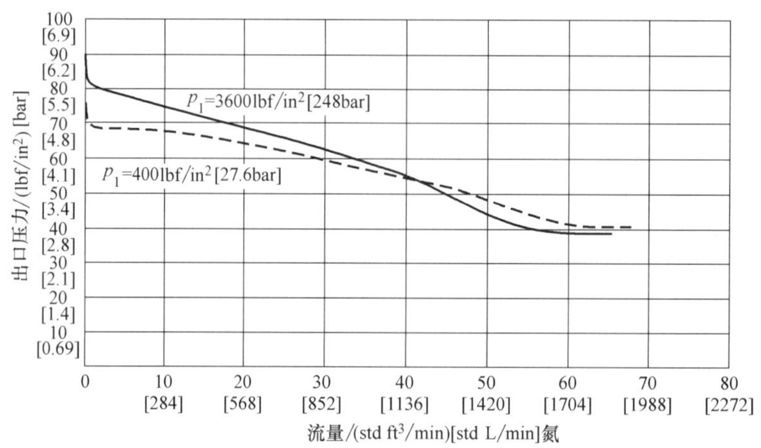

图 4-17　20-1200 系列减压阀压力 - 流量曲线 2（资料来源：TESCOM 公司）

表 4-10　20-1200 系列减压阀技术参数（资料来源：TESCOM 公司）

类目	参数或描述	
最大额定入口压力	不锈钢阀体	10000lbf/in²（690bar）
	铝阀体	5000lbf/in²（345bar）
最大出口压力	450lbf/in²（31bar）	
工作温度	-40 ~ 85℃（-40 ~ 185 ℉）	
流量（近似）	C_v=0.5	

（7）安全阀

安全阀是启闭件受外力作用下处于常闭状态，当设备或管道内的介质压力升高超过规定值时，通过向系统外排放介质来防止管道或设备内介质压力超过规定数值的特殊阀门。

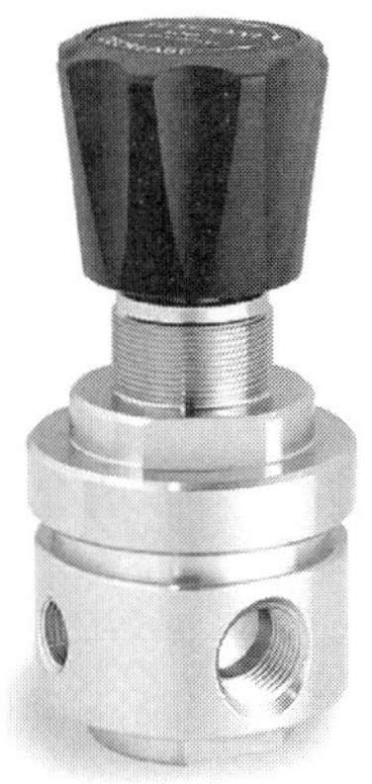

图 4-18 44-3200 系列减压阀（图片来源：TESCOM 公司）

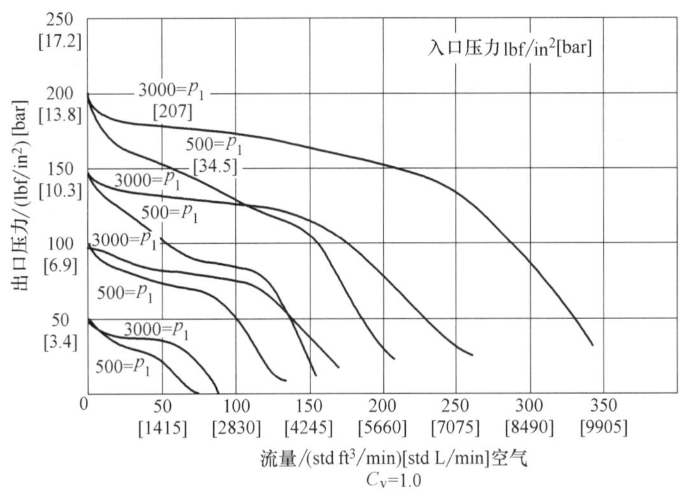

图 4-19 44-3200 系列减压阀压力 - 流量曲线 1（资料来源：TESCOM 公司）

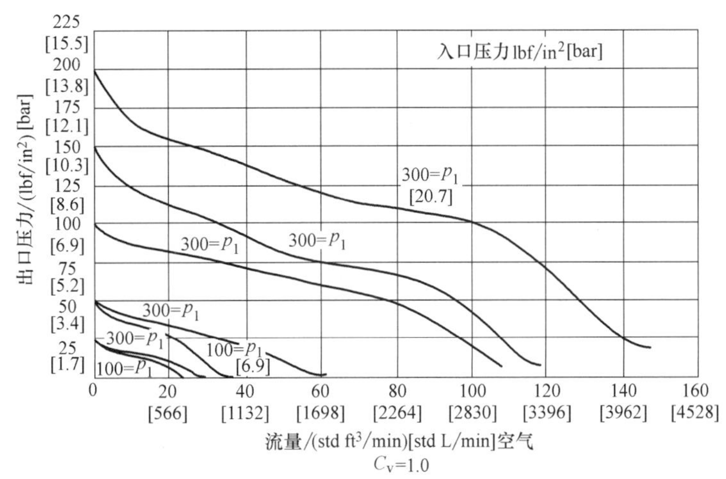

图 4-20 44-3200 系列减压阀压力 - 流量曲线 2（资料来源：TESCOM 公司）

表 4-11　44-3200 系列减压阀参数（资料来源：TESCOM 公司）

最大额定入口压力	500/3000lbf/in^2（35 / 207bar）	
出口压力范围	（0 ～ 25/0 ～ 50/0 ～ 100/0 ～ 150/0 ～ 200）lbf/in^2［（0 ～ 1.7/0 ～ 3.4/0 ～ 6.9/0 ～ 10/0 ～ 14）bar］	
设计试验压力	额定压力的 150%	
泄漏	内部	无气体泄漏
	外部	小于 2×10^{-8}mL/s（atm）氦气
工作温度	-40 ～ 74℃（-40 ～ 165 ℉）	
额定流量	C_v=1.0（可选流量 C_v=1.8）	

安全阀是众多起到过流关断作用的阀门中的一种，而过流关断阀常开，安全阀常闭。从结构上讲，安全阀一般都采用直动式机构，以确保安全可靠。

安全阀通常用于减轻压力偏移，然后在压力降至正常水平时重新关闭。设计压力驱动的安全阀时，应将驱动压力限制在 MAWP 的 110% 以下，但不应低于 MAWP 的 90%。安全阀不得用于保护压缩氢气储存系统（CHSS）[8]。

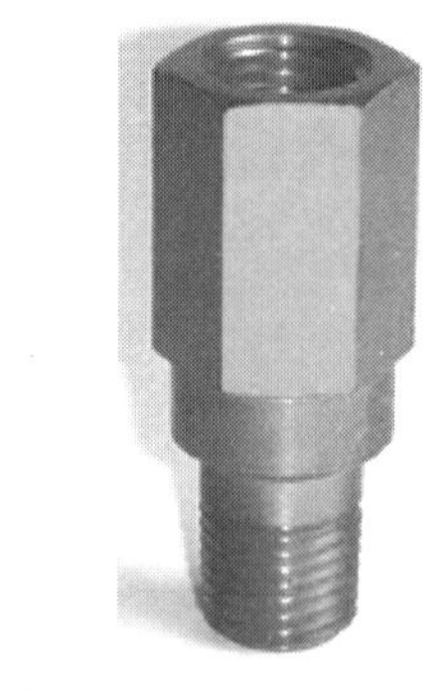

图 4-21　HP500 系列安全阀（图片来源：CSC 公司）

安全阀的类型和厂商众多，图 4-21 所示为 CSC 公司的 HP500 系列安全阀，HP500 系列安全阀技术参数见表 4-12，图 4-22 所示为 HP500 系列安全阀压力流量曲线；图 4-23 所示为世伟洛克公司的 R 系列安全阀，其对应技术参数见表 4-13，图 4-24 ～图 4-27 所示为 R 系列安全阀 20℃（70 ℉）时的流量数据。

表 4-12　HP500 系列安全阀技术参数（资料来源：CSC 公司）

类目	参数或描述
O 形圈材料	丁腈橡胶，乙丙烯，氯丁橡胶，硅胶，和氟橡胶
弹簧材料	17-7 PH 不锈钢
阀芯	黄铜，316 不锈钢
阀座	黄铜，316 不锈钢
工作压力	1/4 管：150 ～ 575lbf/in^2（10 ～ 40bar） 1/2 管：150 ～ 450lbf/in^2（10 ～ 31bar）
温度范围	-54 ～ 177℃（-65 ～ 350 ℉） 基于 O 形环及阀体材料
接口尺寸	1/4 ～ 1/2 管
开启压力容差	±5%

注：建议适当的过滤，以防止损坏密封表面。

表 4-13　R 系列安全阀技术参数（资料来源：世伟洛克公司）

类目	参数或描述
设定压力	10 ～ 6000lbf/in^2（0.7 ～ 413bar）
端口尺寸	1/4 ～ 1/2in 和 6 ～ 12mm

要注意以下事项[14]：

1）从安全阀排放的氢气应不直接进入乘员舱或行李舱。

2）排放的氢气不进入易积聚的空间。

3）不向外露的电气端子、电气开关或其他点火电源排放。

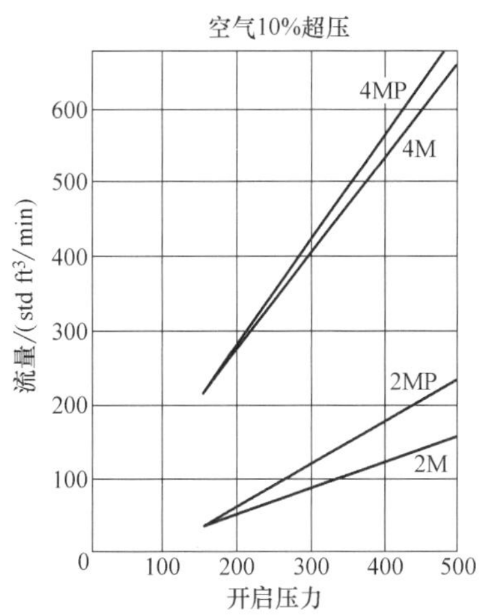

图 4-22 HP500 系列安全阀压力流量曲线
（资料来源：CSC 公司）

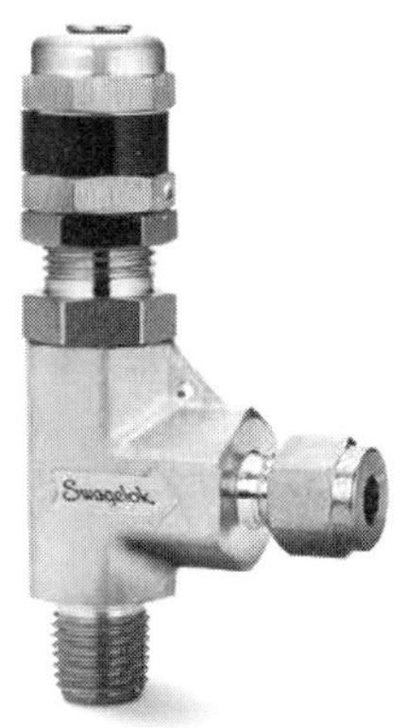

图 4-23 R 系列安全阀
（图片来源：世伟洛克公司）

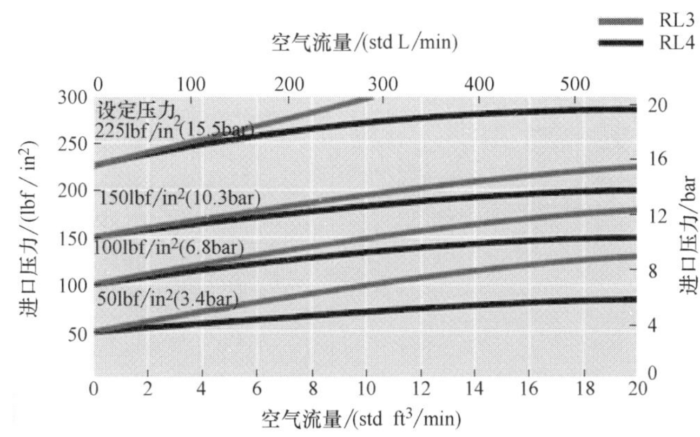

图 4-24 RL3 和 RL4 系列安全阀 20℃（70 ℉）时流量数据（资料来源：世伟洛克公司）

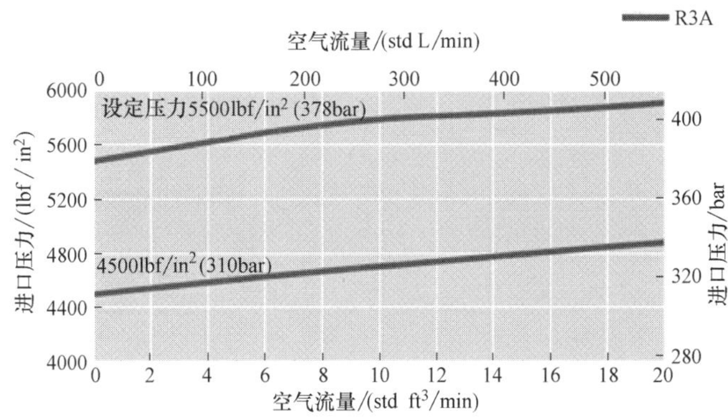

图 4-25 R3A 系列安全阀 20℃（70 ℉）时流量数据（资料来源：世伟洛克公司）

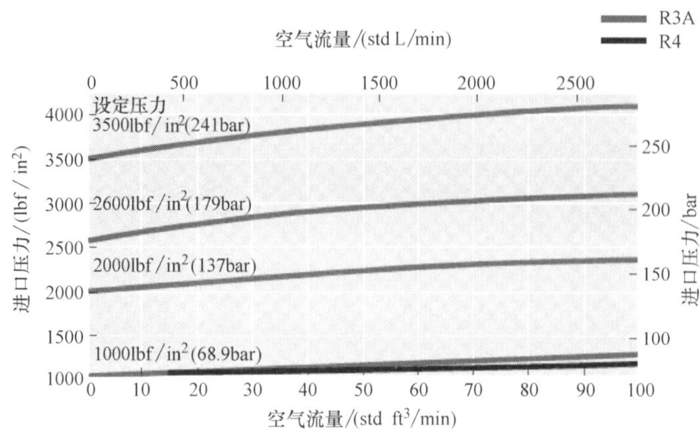

图 4-26　R3A 和 R4 系列安全阀 20℃(70℉)时流量数据（资料来源：世伟洛克公司）

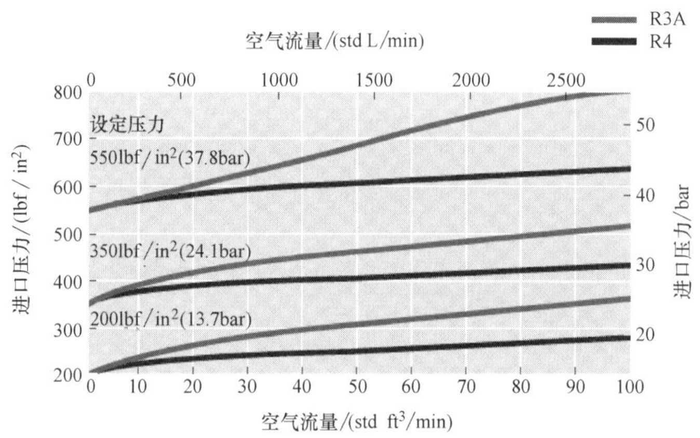

图 4-27　R3A 和 R4 系列安全阀 20℃(70℉)时流量数据（资料来源：世伟洛克公司）

（8）放空阀

放空阀一般采用针阀。当出现危险或维护保养时，针阀可以手动将储氢瓶中的残余氢气安全放空。放空阀的类型和厂商众多，图 4-28 所示为 O，1 和 18 系列放空阀，其对应技术参数见表 4-14，图 4-29 所示为 20 和 26 系列放空阀 37℃（100℉）拧开时的流量系数。

图 4-28　O，1 和 18 系列放空阀
（图片来源：世伟洛克公司）

（9）高（低）压传感器

压力传感器主要用于判断气瓶中剩余氢气量，以保证车辆的正常行驶，当压力低于某值时可以提示驾驶人加注氢气。其次，驾驶人可根据仪表上的压力读数判断储氢瓶是否有泄漏发生。高（低）压传感器的类型和厂商众多，图 4-30 所示为 AST2000 氢压力传感器，2000 氢压力传感器技术参数见表 4-15。

（10）电磁阀

电磁阀用于截止在管路中气体的流动。电磁阀的类型和厂商众多，图 4-31 所示为 EUGEN SEITZ HyValve S3 电磁阀，HyValve S3 电磁阀技术参数见表 4-16。

表 4-14 O，1 和 18 系列放空阀技术参数（资料来源：世伟洛克公司）

工作压力	高达 6000lbf/in^2（413bar，41.3MPa）
温度	高达 315℃（600℉）

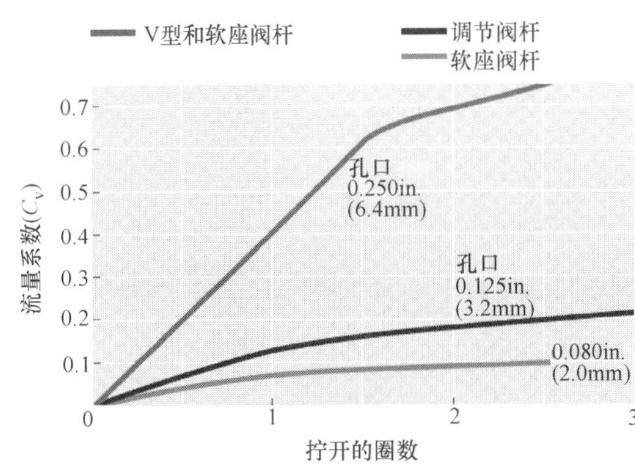

图 4-29 20 和 26 系列放空阀 37℃（100 ℉）拧开时的流量系数（资料来源：世伟洛克公司）

图 4-30 2000 氢压力传感器（图片来源：AST 公司）

表 4-15 2000 氢压力传感器技术参数（资料来源：AST 公司）

<table>
<tr><th>类目</th><th colspan="2">参数或描述</th></tr>
<tr><td>应用</td><td colspan="2">氢储存</td></tr>
<tr><td>法规</td><td colspan="2">EC79</td></tr>
<tr><td colspan="3">在 25℃（77 ℉）时性能参数</td></tr>
<tr><td>精度（包括非线性、迟滞和不可重复性）</td><td colspan="2">< ±0.5% BFSL</td></tr>
<tr><td>稳定性（1 年）</td><td colspan="2">±0.25% FS，典型</td></tr>
<tr><td>过量程保护</td><td colspan="2">2 倍额定压力</td></tr>
<tr><td>压力循环</td><td colspan="2">>1 亿</td></tr>
<tr><td colspan="3">环境参数</td></tr>
<tr><td rowspan="2">温度</td><td>工作</td><td>-40 ～ 85℃（-40 ～ 185℉）</td></tr>
<tr><td>储存</td><td>-40 ～ 125℃（-40 ～ 250℉）</td></tr>
<tr><td rowspan="2">热限制</td><td>补偿范围</td><td>-10 ～ 60℃（14 ～ 140℉）</td></tr>
<tr><td>热误差</td><td>±2% FS</td></tr>
<tr><td>冲击</td><td colspan="2">100G，11ms，1/2 正弦</td></tr>
<tr><td>振动</td><td colspan="2">20G 峰值，20 ～ 2400Hz</td></tr>
<tr><td>EMI / RFI 保护</td><td colspan="2">是</td></tr>
<tr><td>等级</td><td colspan="2">IPX6K</td></tr>
<tr><td colspan="3">电气参数</td></tr>
<tr><td>输出（4 ～ 20mA 和 1 ～ 5V 输出，联系工厂）</td><td colspan="2">0.5 ～ 4.5V 比率计</td></tr>
<tr><td>激发</td><td colspan="2">DC 5V 规定</td></tr>
<tr><td>输出阻抗</td><td colspan="2">< 100Ω，名义</td></tr>
<tr><td>电流消耗</td><td colspan="2">< 10mA</td></tr>
<tr><td>带宽</td><td colspan="2">-（3dB）：直流到 3kHz</td></tr>
<tr><td>输出噪声</td><td colspan="2">< 2mV RMS</td></tr>
<tr><td>零点偏移</td><td colspan="2">±0.5% FS</td></tr>
<tr><td>量程允差</td><td colspan="2">±0.5% FS</td></tr>
<tr><td>输出负载</td><td colspan="2">10kΩ，最小</td></tr>
<tr><td>反接保护</td><td colspan="2">是</td></tr>
</table>

（11）系统布局及框架

系统布局、框架、管路设计、制造、试验过程应符合国内国际相关标准，包括：GB/T 26990—2011《燃料电池电动汽车　车载氢系统　技术条件》、GB/T 29126—2012《燃料电池电动汽车　车载氢系统　试验方法》、GB/T 30718—2014《压缩氢气车辆加注连接装置》、GB/T 24549—2009《燃料电池电动汽车　安全要求》等相关标准。

图 4-31　HyValve S3 电磁阀（图片来源：EUGEN SEITZ 公司）

系统布局（丰田 Mirai）如图 4-32 所示。

表 4-16　HyValve S3 电磁阀技术参数（资料来源：EUGEN SEITZ 公司）

类目	参数或描述
功能	2/2 路电磁阀，数控
压力范围	10 ～ 350bar
试验压力	525bar
爆破压力	1400bar
端口连接	SAE 6（UNF 9/16 - 18）
孔的大小	8mm
流量	C_v=1.1USgal/min K_v=0.96m^3/h
外壳材料	不锈钢
重量	1.12kg（没有电磁阀）
安装位置	任何
介质	氢
工作温度	-20 ～ 50℃
额定电压	DC 24V（10W） AC 24V（7W / 12VA） AC 110V（7W / 12VA） AC 230V（7W / 12VA）
防爆等级和 IP 等级	PTB 05 ATEX 2050X Ⅱ 2 G EEx m Ⅱ T4 Ⅱ 2 D IP 65 T130℃

1）系统框架。系统框架用于固定气瓶及零部件，并对系统部件起一定的保护作用。

根据设计输入条件、系统空间暴露图、安装位置等条件，确定系统空间布局，包括气瓶及零部件布局，进而确定框架的基本结构形式。

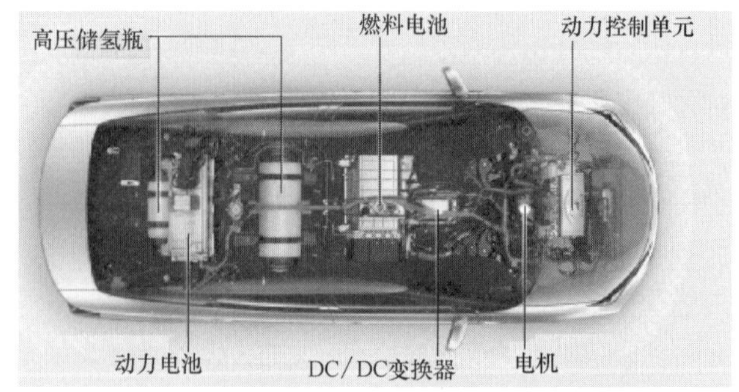

图 4-32　系统布局（资料来源：丰田公司）

设计过程中建议对系统框架进行静应力仿真分析，如图 4-33 所示。建议对系统进行振动冲击试验，如图 4-34、图 4-35 所示。

2）管路布局应符合 GB/T 26990—2011《燃料电池电动汽车　车载氢系统　技术条

件》中 4.2 条款的相关要求。

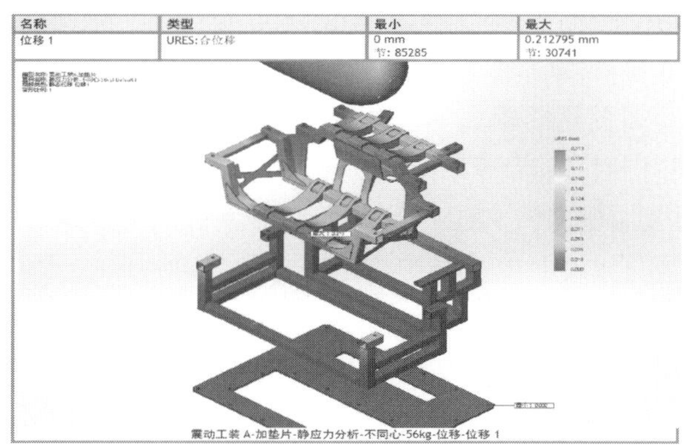

图 4-33　框架静应力仿真分析（资料来源：伯肯燃料电池氢供应系统及空压机北京市工程实验室）

图 4-34　振动冲击试验 1（资料来源：伯肯燃料电池氢供应系统及空压机北京市工程实验室）

图 4-35　振动冲击试验 2（资料来源：伯肯燃料电池氢供应系统及空压机北京市工程实验室）

4.3.4　系统安装要求

车载供氢系统安装应符合国内国际相关标准，包括：GB/T 24549《燃料电池电动汽车安全要求》、GB/T 26990《燃料电池电动汽车　车载氢系统　技术条件》、GB/T 29126《燃料电池电动汽车　车载氢系统　试验方法》、GB/T 26779《燃料电池电动汽车　加氢口》、QC/T 245《压缩天然气汽车专用装置和安装要求》、GB 50177《氢气站设计规范》、GB/T 16804《气瓶警示标签》、GB/T 3836.9《爆炸性环境第 9 部分：由浇封型 m 保护的设备》等相关标准。

1. 车内安装注意事项

（1）超温压力释放装置（TPRD）的位置

TPRD 的感热部分应位于同一区域或隔间，并应与正在受到保护的高压储氢瓶或系统暴露在相同的环境中。单一 TPRD 不应与其他 TPRD 或其他类型的 PRD 串联[9]。

如果压力释放装置的热感部分位于与高压储氢瓶或系统不同的区域，则可能会导致在火灾情况下无法排气的安全问题。

（2）隔离舱设置

隔离舱可用于保护压缩氢储存系统（CHSS）不受物理、化学和热效应的影响。阳光隔离是为了防止由于直接暴露在阳光下而产生的热和紫外线的影响。

在供氢系统上也可以使用热隔离（必要时），以尽量减少由于临近的区域（如乘员舱或车轮）着火而引起的热辐射，直到PRD能够启动以减轻潜在的危险。

隔离舱内需有通风隔栅，将PRD、阀门和气瓶顶部的各种连接处潜在泄漏的气体引导出隔间，以防止可燃气体在封闭空间中积聚。

2. PRD管路系统注意事项

在控制压力释放装置的流量时，应考虑尽量避免对车内人员或车外人员造成危险，以及降低车辆或其周围环境的危险[9]。

（1）PRD管路系统安装路径

压力释放装置的连接线、管道、通气管和出口的路径应避免收缩或夹紧，并在车辆碰撞时加以保护，以免因流量限制而影响功能。排气管道不应该通过引入节流点或其他限制来降低TPRD的预期流量。

排气管道应该有足够的安全保护，以防止在汽车使用期间发生损坏或排气过程中不受控制的移动。

在车辆碰撞过程中，如果PRD管路、管道或出口受到限制或损坏，则在PRD排放过程中可能存在安全隐患。

（2）PRD管路其他排放方向

不应将保护压缩氢气储存系统（CHSS）的压力释放装置排出的废气引导到乘员舱、行李舱或货舱中，也不能引导到轮壳中、CHSS中、车辆前部或横向。应考虑尽量避免对车辆以外人员造成危险，以及减少车辆或其周围环境中危险的情况。设计和安装应尽量减少因启动装置而产生外部危险（如排放物）的可能性。

（3）PRD与外界隔离

进入PRD的管口需设置保护装置，防止外部异物或水等杂质进入管路。保护装置需在PRD管路排放时及时脱离，不影响气体排放。

4.3.5 零部件设计开发要素相关试验

1. 零部件设计开发要素

零部件设计开发要素见表4-17。

2. 零部件相关试验

第79/2009号条例（EC）及SAE J2579中都推荐了有关车载高压供氢系统零部件的试验内容。第79/2009号条例（EC）推荐了除使用压缩（气态）氢的储氢瓶以外的氢部件（包括氢气加注口、安全阀、管件、过滤器等）的测试要求，见表4-18。关于详细测试程序参阅第79/2009号条例（EC）。

第79/2009号条例（EC）推荐了储氢瓶的测试要求，见表4-19。关于详细测试程序参阅第79/2009号条例（EC）。

表 4-17 零部件设计开发要素

零部件名称	设计输入	符合设计标准
氢气加注口	压力范围 连接方式 过滤精度 过滤面积 环境温度 材质要求 适用介质 使用寿命	SAE J2600 SAE J2601 GB/T 30718 GB/T 26779 GB/T 24549 SAE J2799 EC79
过滤器	压力范围 连接方式 过滤精度 过滤面积 环境温度 材质要求 通径要求 适用介质 使用寿命	棒料：ASTM A276，ASME SA479，EN1.4401 锻件：ASTM A182，ASME SA182，EN1.4401 ASME B31.3 SAE J1926/3 根据不同螺纹类型选择相应螺纹标准
单向阀	压力范围 连接方式 开启压力 环境温度 材质要求 通径要求 适用介质 使用寿命	棒料：ASTM A276，ASME SA479，EN1.4401 ASME B31.3 SAE J1926/3 QJ1142 BS 1868 根据不同螺纹类型选择相应螺纹标准等
减压阀	压力范围 连接方式 进口压力 出口压力 流量系数 环境温度 材质要求 适用介质 使用寿命	ASME B31.3 ASTM G93 GB 12244 GB 12245 ISO 15500-12
过流关断阀	压力范围 连接方式 流量范围 环境温度 材质要求 通径要求 适用介质 使用寿命	GB/T 22653 棒料：ASTM A276，ASME SA479，EN1.4401 ASME B31.3 SAE J1926/3 根据不同螺纹类型选择相应螺纹标准
安全阀	压力范围 连接方式 整定压力 回座压力 环境温度 材质要求 通径要求 适用介质 使用寿命	GB/T 12241 GB/T 12242 GB/T 12243 TSG ZF001

（续）

零部件名称	设计输入	符合设计标准
压力传感器	压力范围 连接方式 环境温度 材质要求 精度范围 适用介质 使用寿命	EC79 JB/T 10726 GB/T 17614 GB/T17626 GB 3836 根据不同螺纹类型选择相应螺纹标准
管路连接件	压力范围 连接方式 环境温度 材质要求 通径要求 适用介质 使用寿命	棒料：ASTM A276，ASME SA479，EN1.4401 锻件：ASTM A182，ASME SA182，EN1.4401 ASME B31.3 SAE J1926/3 根据不同螺纹类型选择相应螺纹标准
瓶口组合阀	压力范围 连接方式 环境温度 材质要求 通径要求 适用介质 使用寿命	GB 12233 GB 12234 GB 12235 GB 8265.2 GB/T 13927 JB/T 8859 SH 3518 ASME B16.34 GB/T 17213 ISO 16750 ISO 20653 GB 3836 GB/T 8355 SJ 20722 QJ 1694

表 4-18 除使用压缩（气态）氢的储氢瓶以外的氢部件的测试要求[11]

测试		适用于
材料测试	氢的相容性测试	适用于材料接触氢气的特定组件中使用的材料，以下除外： ① 符合 ISO 7866 第 6.1 和 6.2 节的铝合金 ② 符合 ISO 9809-1 第 6.3 节和 7.2.2 节的钢材
	老化测试	应对特定组件使用的所有非金属材料进行测试
	臭氧相容性测试	适用于以下情况中的弹性体材料： ① 直接暴露于空气的密封表面，例如，氢气加注口的表面密封 ② 用作燃料软管外罩
组件测试	耐腐蚀测试	—
	耐力试验	—
	液压循环测试	—
	内部泄漏测试	—
	外部泄漏测试	—

储氢瓶材料测试见表 4-20。

SAE J2579 推荐的压缩供氢系统进行的测试试验内容见表 4-21。

系统零部件除推荐进行以上试验外，在系统完成之后还建议进行以下试验：

1）振动试验。可参考 JIS D1601—1995《汽车零部件振动试验方法》中文版，图 4-36 所示为供氢系统振动试验图片。

表 4-19 储氢瓶测试要求[11]

测试		适用条件
材料测试	见表 4-20	—
储氢瓶测试	爆裂测试	适用于所有类型储氢瓶
	周边环境温度压力循环测试	适用于所有类型储氢瓶
	破裂前泄漏（LBB）执行测试	适用于所有类型储氢瓶
	火烧测试	适用于所有类型储氢瓶
	渗透测试	适用于所有类型储氢瓶
	化学暴露测试	适用于Ⅱ、Ⅲ、Ⅳ型瓶
	复合缺陷容差测试	适用于Ⅱ、Ⅲ、Ⅳ型瓶
	加速应力断裂测试	适用于Ⅱ、Ⅲ、Ⅳ型瓶
	极限压力循环测试	适用于Ⅱ、Ⅲ、Ⅳ型瓶
	冲击损伤测试	适用于Ⅲ、Ⅳ型瓶
	泄漏测试	适用于Ⅳ型瓶和Ⅲ型焊接金属衬板
	渗透测试	仅适用于Ⅳ型瓶
	轴套力矩测试	仅适用于Ⅳ型瓶
	氢气循环测试	适用于Ⅳ型瓶和Ⅲ型焊接金属衬板
	液压测试	适用于所有类型储氢瓶

表 4-20 储氢瓶材料测试

	适用于材料					
材料测试	钢	铝合金	塑料衬里	纤维	树脂	涂层
拉伸测试	√	√	√			
夏比冲击测试	√					
弯曲测试	√	√				
宏观检验	√					
腐蚀测试		√				
持续荷载破裂测试		√				
软化温度测试			√			
玻璃化转变温度测试					√	
树脂抗剪强度测试					√	
涂层测试						√
氢相容性测试	√	√	√	√	√	

注：1. 仅用于焊接内衬的储氢瓶。
2. 关于钢储氢瓶或内衬，请参阅 ISO 9809-1 第 10.2 款或 ISO 9809-2 第 10.2 款（如适用）。
3. 关于锈钢储氢瓶或内衬，请参阅 EN 1964-3 第 7.1.2.1 款。
4. 关于焊接的不锈钢内衬，请参阅 EN 13322-2 第 8.4 款。
5. 关于铝合金储氢瓶或内衬，请参阅 ISO 7866 第 10.2 款。
6. 关于焊接的铝合金内衬，请参阅 EN 12862 第 7.2.3. 节和第 7.2.4 款。
7. 关于非金属内衬，请查阅附件Ⅳ 第 2 部分 4.1.1. 款。
8. 关于钢储氢瓶或内衬，请参阅 ISO 9809-1 第 10.4 款或 ISO 9809-2 第 10.4 款（如适用）。
9. 关于锈钢储氢瓶或内衬，请参阅 EN 1964-3 第 7.1.2.4 款。
10. 关于焊接的不锈钢内衬，请参阅 EN 13322-2 第 8.6 款。
11. 关于焊接的不锈钢内衬，请参阅 EN 13322-2 第 8.5 款。
12. 关于焊接的铝合金内衬，请参阅 EN 12862 第 7.2.5.、7.2.6. 和 7.2.7 款。
13. 关于焊接的不锈钢内衬，请参阅 EN 13322-2 第 8.7 款。
14. 关于铝合金储氢瓶或内衬，请查阅 ISO 7866 附件 A。
15. 关于焊接铝合金内衬，请查阅 EN 12862 附件 A。
16. 关于铝合金储氢瓶或内衬，请查阅附件 ISO 7866 附件 B，但第 B.2 条第 2 款除外。
17. 关于焊接铝合金内衬，请查阅附件 EN 12862 附件 B，但第 B.2.2 款除外。
18. 以下材料无需进行该测试：钢材，符合 ISO 9809-1 第 6.3 款和 7.2.2 款；铝合金，符合 ISO 7866 第 6.1 款。
19. 关于其他金属储氢瓶或内衬、材料的氢相容性，包括焊缝，应在适当情况下证明符合 ISO 11114-1 和 ISO 11114-4 或第 79/2009 号条例（EC）中第 4.1.7 节。
20. 应证明非金属材料的氢相容性。

表 4-21 压缩供氢系统进行的测试试验内容[8]

注意事项	设计	设计资格	生产
设计资格		×	
基线系统性能测试	×		
耐久性资格	×		
新容器爆破压力	×		
新容器循环寿命	×		
材料资格测试	×		
预期寿命（气动）性能验证测试		×	
加注 / 排放燃料性能验证测试—极端和环境温度气体循环		×	
停车性能 - 静态气体压力渗透和局部泄漏试验		×	
耐受压力		×	
剩余爆破强度		×	
耐久性（液压）性能测试（极端条件和长期使用）		×	
跌落（冲击）		×	
表面损伤		×	
化学品暴露		×	
极端使用加注 / 排放燃料—环境温度压力循环		×	
极端压力加注 / 排放燃料—环境温度超压循环试验		×	
极端的停车耐久性 - 高温静态压力		×	
极端温度加注 / 排放燃料—极端温度压力循环		×	
耐压试验		×	
残余爆破强度		×	
在特定条件下的性能		×	
局部火灾试验		×	
吞噬火灾试验		×	
高应变率冲击试验		×	

图 4-36 供氢系统振动试验图片（图片来源：伯肯燃料电池氢供应系统及空压机北京市工程实验室）

2）疲劳试验。参考第 79/2009 号条例（EC）、SAE J2579 等国际国内相关标准。

3）碰撞试验。目前国内北京伯肯节能科技股份有限公司与清华大学司曾做过碰撞冲击相关试验研究，对氢燃料电池车的碰撞试验具有参考性意义。碰撞试验如图 4-37a 所示，碰撞要求和实测结果如图 4-37b 所示。

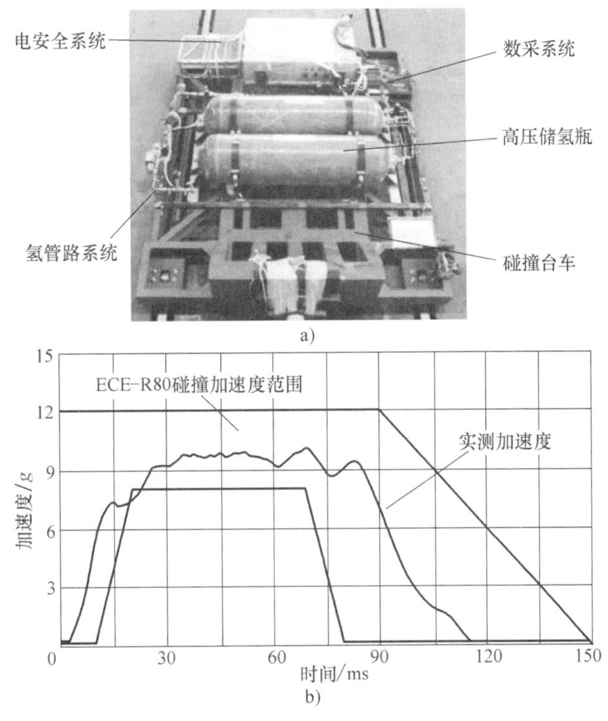

图 4-37 碰撞试验及碰撞要求和实测结果

a）碰撞试验[15]（图片来源：伯肯燃料电池氢供应系统及空压机北京市工程实验室）

b）碰撞要求和实测结果（资料来源：伯肯燃料电池氢供应系统及空压机北京市工程实验室）

4.3.6 成本分析

1. 系统成本主要驱动因素分析

美国能源部（DOE）对车载储氢技术进行成本分析和估算，提供了车载氢存储四大类的系统级成本和性能评估[16]。

采用自底向上的成本计算方法来分析和量化氢存储系统制造过程：基于系统性能建模，编制了物料清单（BOM），确定了假定产量下的物料成本，编制了工艺流程图和存储系统示意图，并确定了合适的制造设备；进行了单变量和多变量（蒙特卡洛）敏感性分析，以确定主要成本驱动因素、材料价格以及工艺假设对大容量储氢系统成本结果的影响；最后利用设计人员对关键性能假设、过程参数和材料成本假设的反馈意见校正了成本模型。在模型中，气瓶成本和 BOP（周边装置）成本（如加注管道 / 端口、压力调节阀、安全阀等）也都是用德尔菲法估计的，采用自底向上的估算方法。

采用大产量制造假设（500000 台 / 年），确定了在设计压力为 35MPa（350bar，约 5000lbf/in^2）和 70MPa（700bar，约 10000lbf/in^2）的情况下，能够储存 5.6kg 氢气的车载气瓶成本。压缩氢储罐由内衬、缠绕碳纤维层、保护玻璃纤维层和保护端盖组成。

分析得到，对于车载高压供氢系统，气瓶成本是系统成本的最大组成部分，至少占系统总成本的 30%。BOP（周边装置）成本占系统总成本的 10% ～ 50%。图 4-38、图 4-39 分别显示了Ⅳ型和Ⅲ型双瓶压缩氢储存系统的基本部件成本分析。

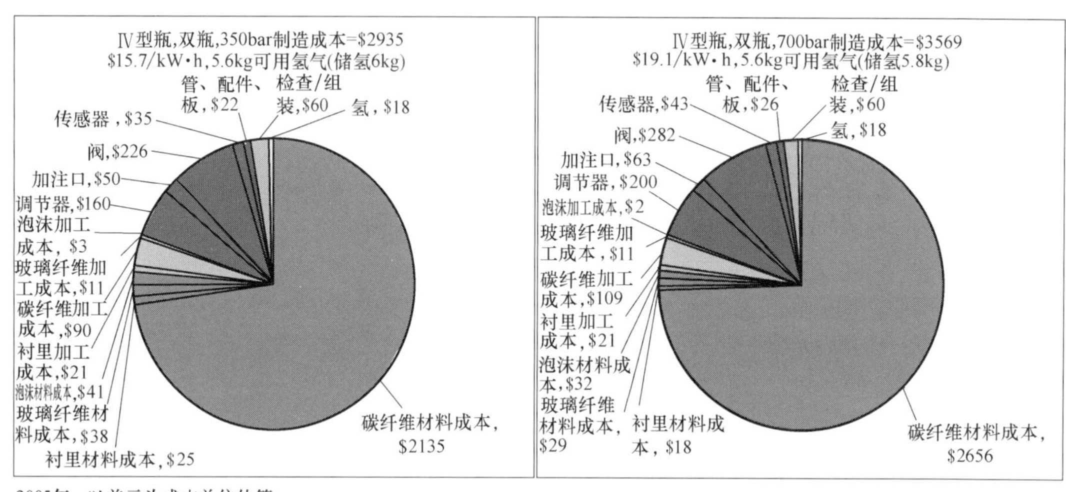

图 4-38 Ⅳ型双瓶压缩氢储存系统的基本部件成本分析[16]（美国能源部）

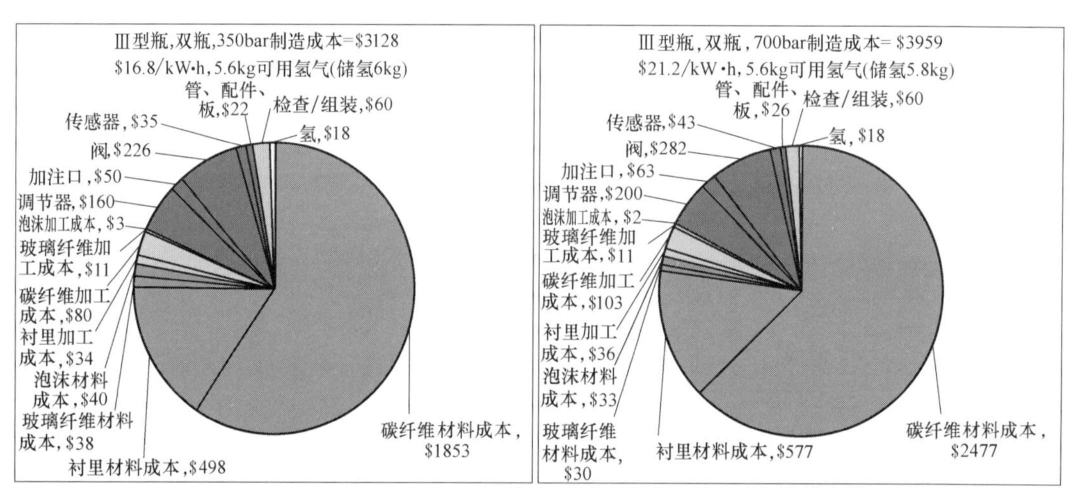

图 4-39 Ⅲ型双瓶压缩氢储存系统的基本部件成本分析[16]（美国能源部）

对于Ⅳ型瓶系统，35MPa（350bar）和 70MPa（700bar）单瓶系统碳纤维层（CF）的成本占比最大，分别占 35MPa（350bar）和 70MPa（700bar）系统总成本的 77% 和 78%。双瓶系统由于材料成本增加相对较小（不到 5%），而气瓶的处理成本增加 20% ～ 25%。其与单瓶系统一样，35MPa（350bar）和 70MPa（700bar）双瓶系统碳纤维层的成本占比最大，分别占 35MPa（350bar）和 70MPa（700bar）系统总成本的 76% 和 77%。

对于Ⅲ型瓶系统，碳纤维复合层在成本中所占比例较小，但Ⅲ型瓶铝衬层增加了大量的额外费用。与Ⅳ型单瓶系统相比，铝衬套的成本增加了 500 ～ 550 美元。同样，35MPa（350bar）和 70MPa（700bar）单瓶和双瓶系统碳纤维层的成本占比最大，前者分别占 35MPa（350bar）和 70MPa（700bar）系统总成本的 62% 和 66%，后者分别占 35MPa（350bar）和 70MPa（700bar）系统总成本的 62% ～ 65%。

由此可见，碳纤维成本和安全系数假设的不确定性范围对Ⅳ型单瓶系统成本预测的影响最大，而碳纤维成本是高压储氢系统制造成本和商业定价的最主要驱动因素。对于Ⅲ型瓶系统，铝衬垫的成本和厚度也是系统成本最重要的驱动因素之一。

降低储氢系统的成本可通过气瓶碳纤维复合材料成本的降低及性能的改善，以减少所需的碳纤维数量来实现。同时储氢系统也可通过采用新的制造工艺和提高 BOP 组件的产量来降低成本。

2. 丰田燃料电池车降成本途径（本节各图均来自参考文献［6］）

针对造成燃料电池车高成本的主要因素，丰田公司采取了以下降低成本的措施。

（1）规模效应

燃料电池车处于发展初期，销售量不够大，因此丰田采用协同量产车型的量产零部件、协同量产车型的生产线、汽车生产商之间统一量产产品规格这样的方式降低成本[6]。

（2）简化燃料电池系统

取消和合并零部件是简化系统最有效的方式，Mirai 的燃料电池系统取消了外部增湿器和氢气稀释器，高压储氢瓶数量减为 2 个，空压机类型由涡旋式改为罗茨式，同时将进气阀和分流阀合并，将排气阀与调压阀合并。

（3）燃料电池系统特殊材料

燃料电池系统中采用了大量价格昂贵的材料，例如铂金催化剂和碳纤维高压储氢瓶。丰田 Mirai 的燃料电池系统采用了更少、更轻、性能更好的普通材料代替高价特殊材料，从而降低了成本。

1）新型燃料电池堆。Mirai 在电池流场结构、电极、隔板及紧固方式等方面进行了改进，有效地降低了成本。

2）新型低成本储氢瓶。Mirai 采用了两个不同尺寸的储氢瓶，在保证足够的储氢容量的同时又不会牺牲车内空间；采用强度接近高级航空碳纤维强度水平的普通碳纤维，从而降低了碳纤维成本。

碳纤维强化树脂（CFPR）层新旧缠绕方式对比如图 4-40 所示。

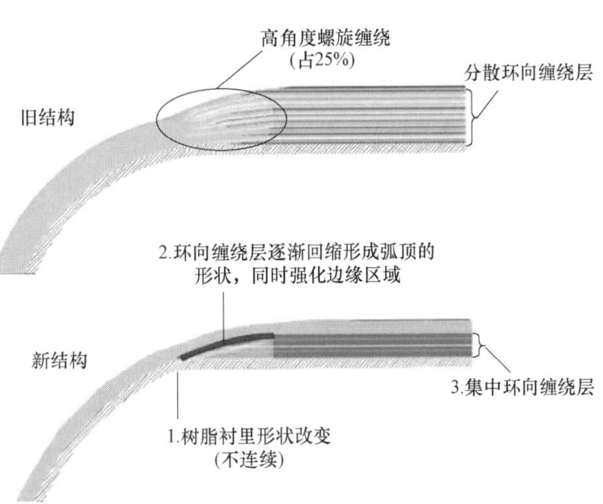

图 4-40 碳纤维强化树脂（CFPR）层新旧缠绕方式对比

取消高角度螺旋缠绕，通过改变塑料衬里的形状，将过渡区域连续弧线改为直线，这样可以用环向缠绕代替高角度螺旋缠绕，减少缠绕的总圈数。碳纤维强化树脂

（CFPR）层缠绕方式如图 4-41 所示。环向缠绕层沿轴向逐渐回缩形成弧顶部的形状，同时提高过渡区域强度；环向缠绕集中在高应力的内层以确保强度。通过削减这三种方式的缠绕圈数，使 CFRP 的用量比原来减少了 40%。高压储氢瓶的储存性能用储氢量除以瓶本体重量得到的重量效率来衡量，通过将 CFRP 用量减少 40%，使重量效率比原来提高了 20%，达到了全球最高水平的 5.7%。

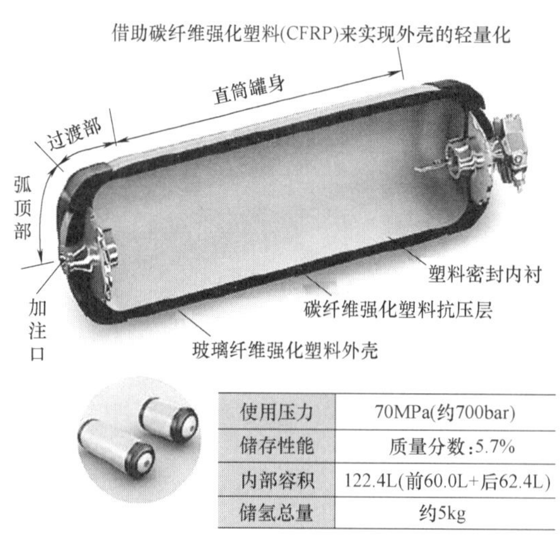

使用压力	70MPa(约700bar)
储存性能	质量分数:5.7%
内部容积	122.4L(前60.0L+后62.4L)
储氢总量	约5kg

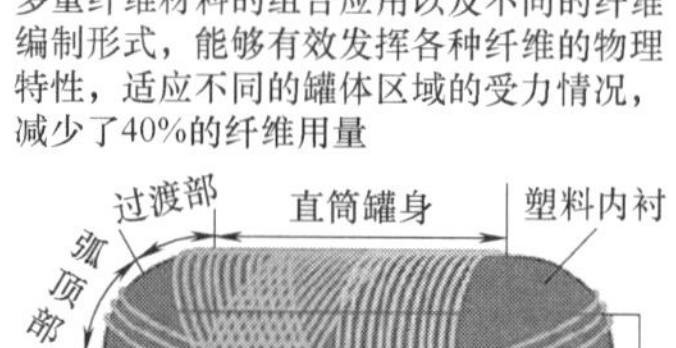

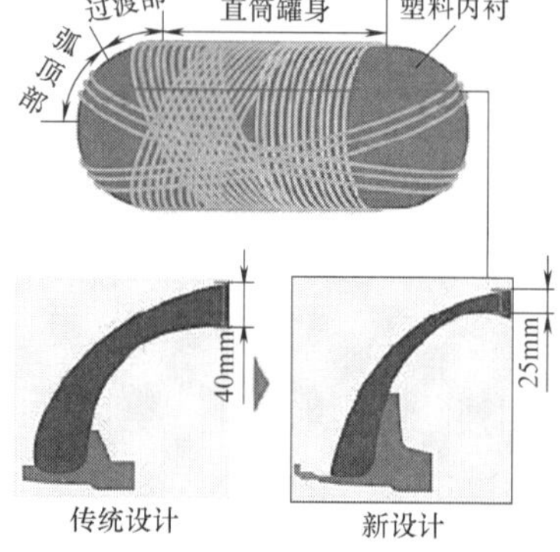

图 4-41　碳纤维强化树脂（CFPR）层缠绕方式

3）高压瓶阀降成本途径。减少组件数量，传统阀门和新型阀门的结构如图 4-42 所示。通过减小尺寸、更换材料和减少材料用量，优化结构增加耐久性。图 4-43 显示了传统阀门和新型阀门的外观。

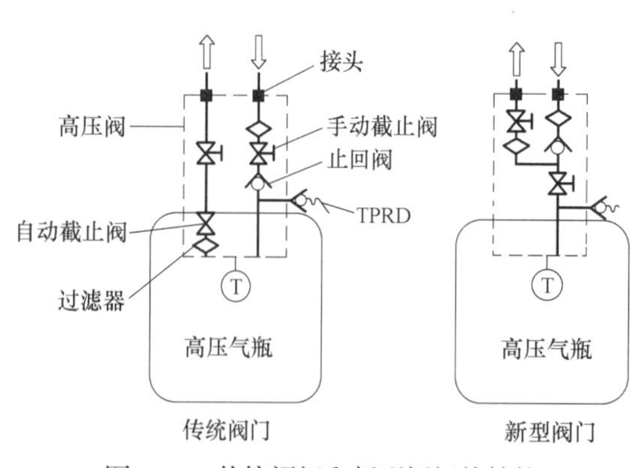

图 4-42　传统阀门和新型阀门的结构

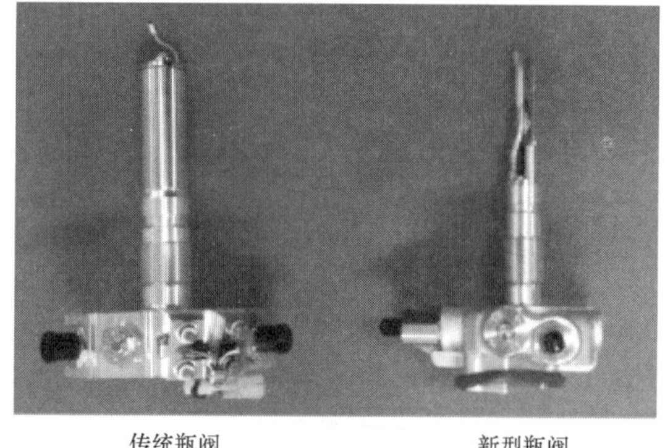

图 4-43　高压瓶阀外观比较

4）高压调节阀。采用低成本的活塞滑动密封材料，并采用创新的密封材料形状，保证了稳定的滑动特性；同时对活塞形状进行了优化。图 4-44 所示为高压调节器结构。

5）高压接头。优化措施是减少连接件数量，采用新的密封结构。高压接头结构如图 4-45 所示。

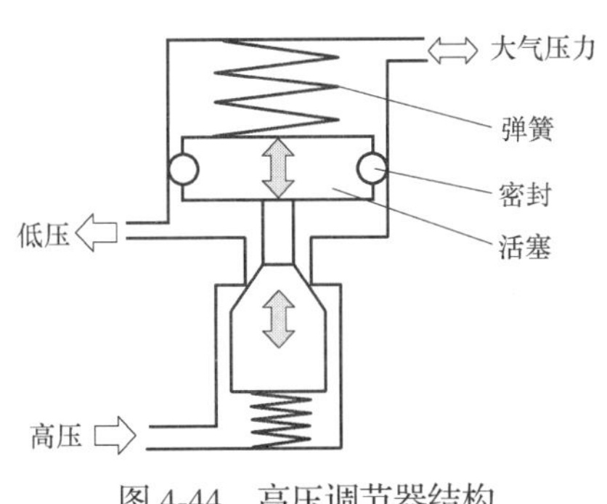

图 4-44　高压调节器结构

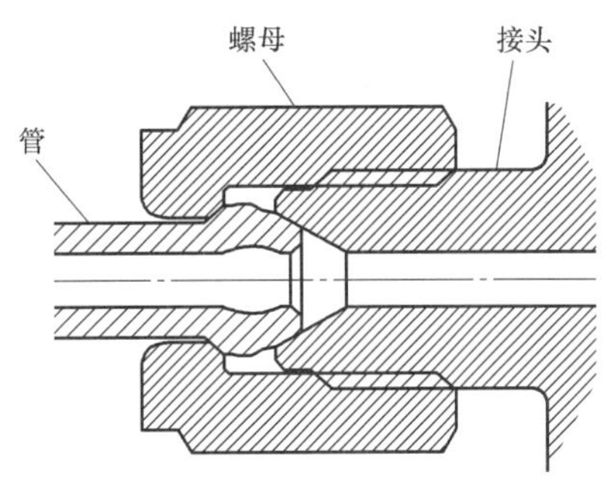

图 4-45　高压接头横截面

6）传感器。采用新型隔膜材料，抑制氢渗透，延长使用寿命，进而降低长期使用成本。图 4-46 是高压传感器的截面图。

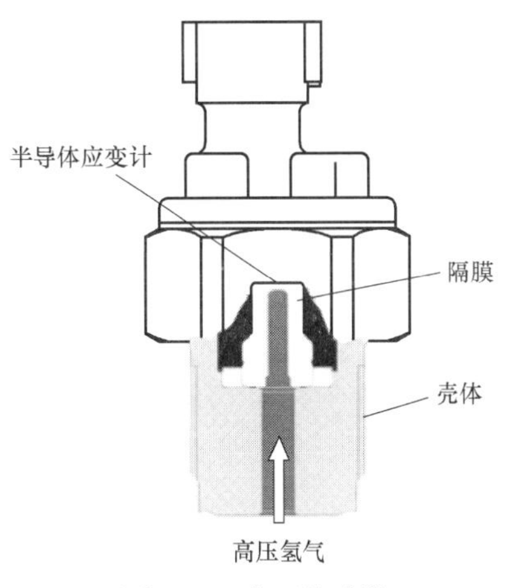

图 4-46　高压传感器

3. 降低成本建议

1）因为目前国内供氢系统零部件和气瓶制造材料主要为进口，所以零部件国产化是降低成本的主要途径。

2）可以通过供氢系统零部件结构的优化创新，以及寻找可替代的低成本材料等方式降低成本。

4.3.7　系统加注

SAE J2601 为轻型氢能汽车建立了气体氢燃料加注协议。标准假设，在加氢机和车辆连接成功并完成初始检查后，加氢站将向车辆进行加气。加氢站负责控制加注过程在以下描述的操作范围内。影响加气过程的因素包括但不限于[17]：

1）环境温度。

2）压力和气体温度。

3）压缩储氢系统的尺寸、储氢瓶类型、起始温度和压力。

4）汽车压力、温度信号。

图 4-47 所示为典型车辆在加注过程中的压缩储氢系统温度和压力曲线。在启动期间，加氢站测量初始的压缩储氢系统压力和容量类别，也可以检查泄漏。当燃料开始流入车辆时，主要加注过程开始。在此期间，压力升高，温度升高。加注协议的设计应使压缩储氢系统在加注过程中不超过任何一点的最大操作温度。最后一个阶

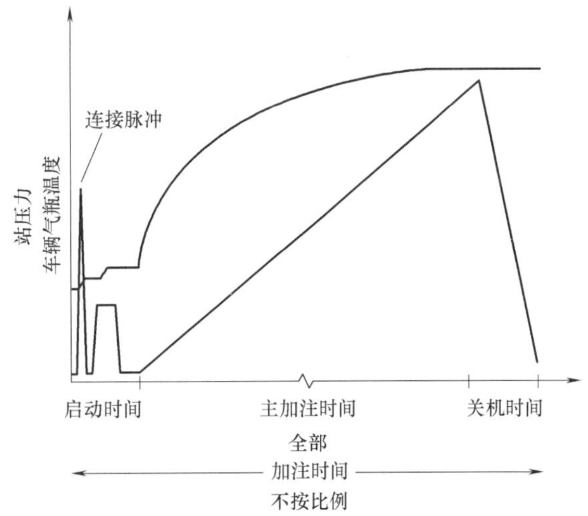

图 4-47　典型车辆在加注过程中的压缩储氢系统温度和压力曲线[17]

段是关闭，发生在氢气停止流动和结束时，加氢枪可以断开。

Ⅲ型瓶和Ⅳ型瓶是目前存储压缩气态氢车载车辆的首选技术。由于氢的密度低，需要很高的储存压力才能提高续驶里程。此外，加氢站能够在汽油动力汽车使用者加注习惯的时间内（当前目标是少于 4min），为这些车辆提供最大存储容量。

加氢站为提高加氢速率，若进行高压快速加氢，储氢瓶压力快速升高，会导致车载储氢瓶中的温度快速升高。模型计算与试验中体积平均温度与时间对比、储氢瓶加注氢时模型计算与试验温度分布对比，分别如图 4-48、图 4-49 所示。高压快速加氢会降低储氢瓶寿命，甚至会在加氢过程中极大增加爆炸危险可能性。

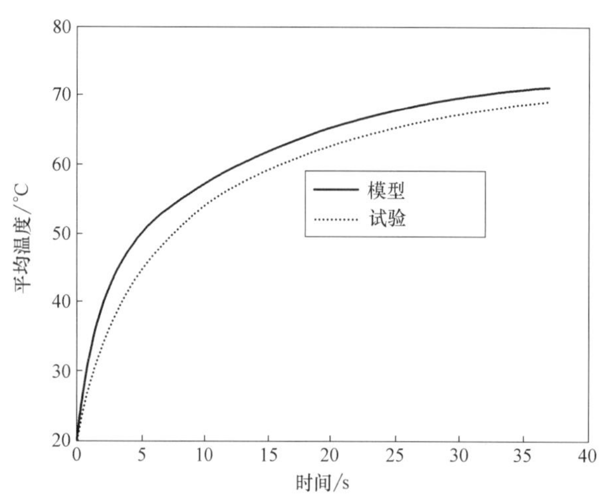

图 4-48　模型计算与试验中体积平均温度与时间对比[18]

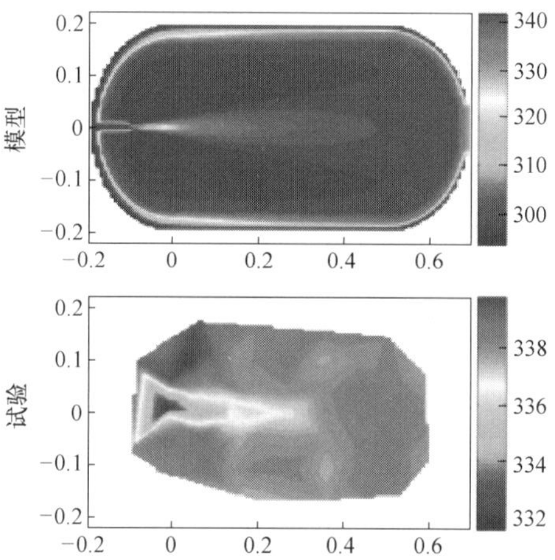

图 4-49　储氢瓶加注氢时模型计算与试验温度分布对比[18]

目前的高压存储系统受到现有规范和标准（SAE，CSA，ISO）的限制，最高温度为 85℃。该温度上限限制了加氢速率（影响总填充持续时间）、峰值填充压力（影响存储质量和车辆范围）以及材料选择（影响系统设计）。处理这些问题的一种解决方案是冷灌装，其目的是在填充气体流入机载存储容器之前将其冷却至环境温度以下。

通过将加氢站的气体温度冷却至 -40℃（根据 SAE J2601），可大大减少燃料电池汽车加氢所需的时间。加注时，储氢瓶阀的温度压力传感器要实时进行车辆和加氢站之间通信，主要遵循 SAE J2799 IrDA 通信协议，确定瓶内压缩氢气的温度状态。

根据 SAE J2601，最佳的加注过程是在最短的时间内加注 70MPa 氢气，而不超过 85℃的温度限制、1.25 倍的最大工作压力和 100% 的密度等级。图 4-50 所示为 70MPa 氢储存系统加注边界条件。SAE J2601 决定了加氢站预先冷却输入的氢气的必要性，以确保在 3min 内可以填满 70MPa 系统，这也是传统燃油汽车的填充时间。SAE J2601 中 A 型加氢站的理想预冷温度为 -40℃，B 型加氢站的理想预冷温度为 -20℃[19]。

在 SAE J2601 中定义的加注协议根据预冷却温度类型和容积级别，提供了基于环境温度的平均压力斜率表。SAE J2601 就气体存储压力为 87.5MPa 定义了三个缓冲区。在将加氢枪连接到车辆后，加氢站确定了车辆储氢瓶的初始压力和容量（阶段 1），如图 4-51 所示。介质流量由加氢站控制，因此保证在整个加注过程中都能保持 SAE J2601 加注协议指定的平均压力斜率表。基于维持指定的梯度速率的目标，当流量降低到系统计算极限后，第一个缓冲区被禁用，第二个和第三个存储缓冲区被依次启用。当达到在平均压力斜率表中基于气瓶初始压力而提供的目标压力时，加注过程结束。

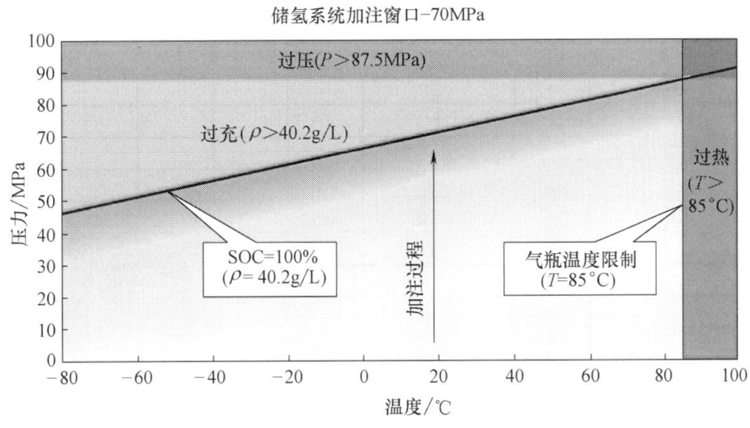

图 4-50 70MPa 氢储存系统加注边界条件[17]

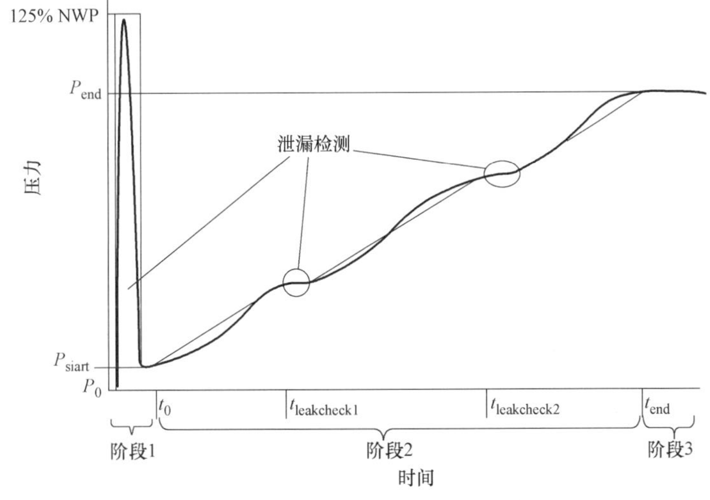

图 4-51 供氢系统加注压力阶段[19]

4.3.8 应用

一般供氢系统需要描述的参数见表 4-22，各参数具体数值根据供氢系统需求确定。某乘用车型供氢系统布置、某车型供氢系统如图 4-52、图 4-53 所示。图 4-54 中所示为供氢系统部分组件。图 4-55、图 4-56 是两种氢燃料电池轿车的系统图例。

图 4-57 为 2006—2008 年研发的燃料电池客车供氢系统技术方案，曾经为 5 辆燃料电池大客车提供供氢系统，并成功应用在北京 2008 年奥运会燃料电池大客车上。

表 4-22 一般供氢系统需要提供的参数说明

序号	参数
1	额定储氢压力（MPa）
2	最大储氢压力（MPa）
3	气瓶数量（只）
4	储氢总容积（L）
5	储氢量（kg）
6	工作温度（℃）
7	一级减压供气压力（MPa）
8	一级减压供气流量（g/s）
9	二级减压供气压力（MPa）
10	二级减压供气流量（g/s）
11	系统外形尺寸（mm）
12	系统总质量（kg）

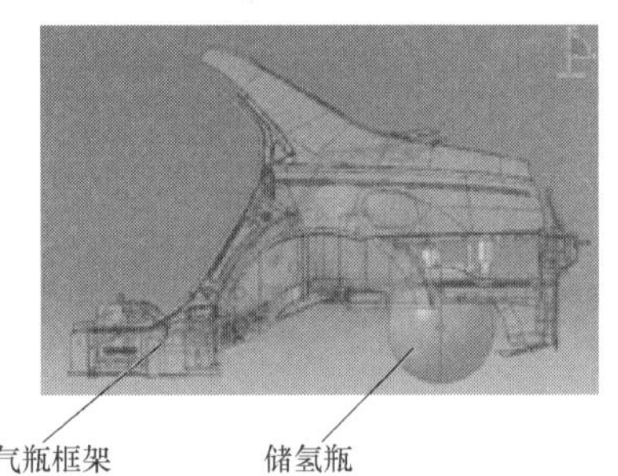

图 4-52 某乘用车型供氢系统布置（图片来源：北京兰天达汽车清洁燃料技术有限公司）

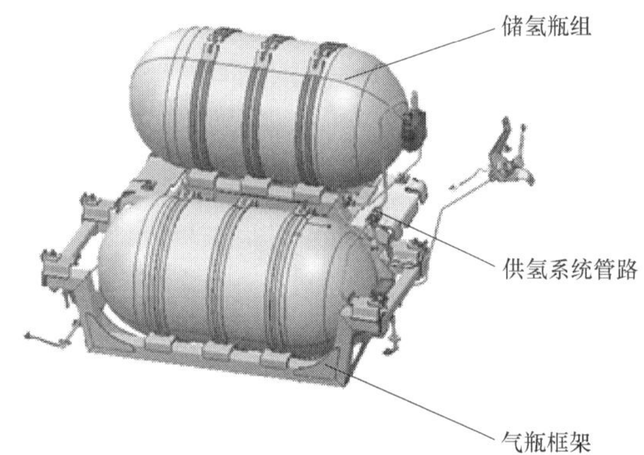

图 4-53 某车型供氢系统（资料来源：北京兰天达汽车清洁燃料技术有限公司）

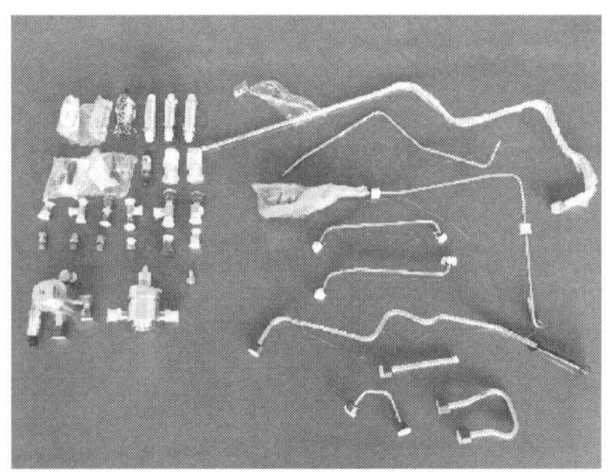

图 4-54 供氢系统部分组件（资料来源：北京兰天达汽车清洁燃料技术有限公司）

下面简要介绍一些世界先进的燃料电池供氢系统。

1. 丰田新款 FCV 轿车 Mirai

丰田汽车公司（Toyota Motor Corporation）从 1992 年开始研发燃料电池汽车，并从那时起实施了一些开发项目，目的是实现燃料电池汽车的广泛应用。在丰田 2008 年发布 FCHV-adv 之后，丰田又开发了一款新型 FCV 轿车 Mirai，采用了新的 70MPa 高压存储系统。与丰田 FCHV-adv 相比，新款 FCV 的存储系统更轻，成本更低，丰田 Mirai 的气瓶安装布局、高压存储系统外观、高压存储系统的基本配置如图 4-58 ～图 4-60 所示[6]。高压储氢瓶的主要规格见表 4-23。

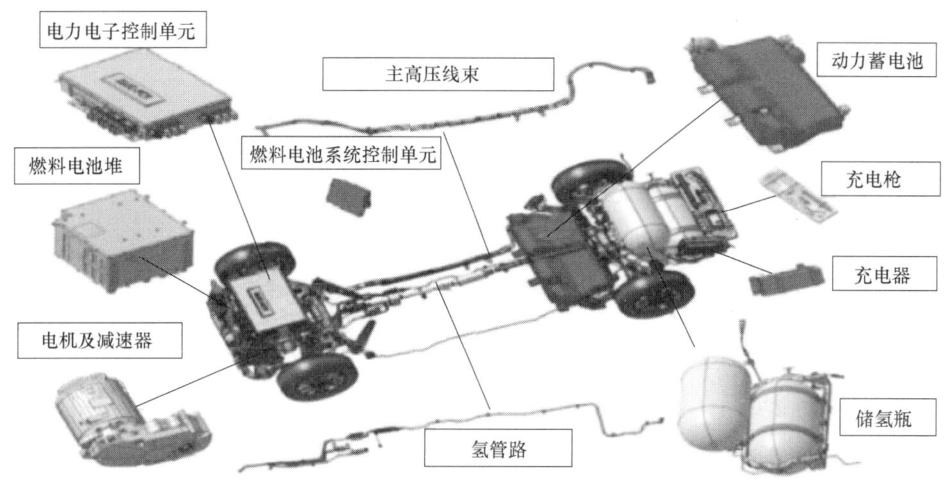

图 4-55 某燃料电池轿车系统 1（资料来源：焉知 . 新能源汽车产业发展联盟网站）

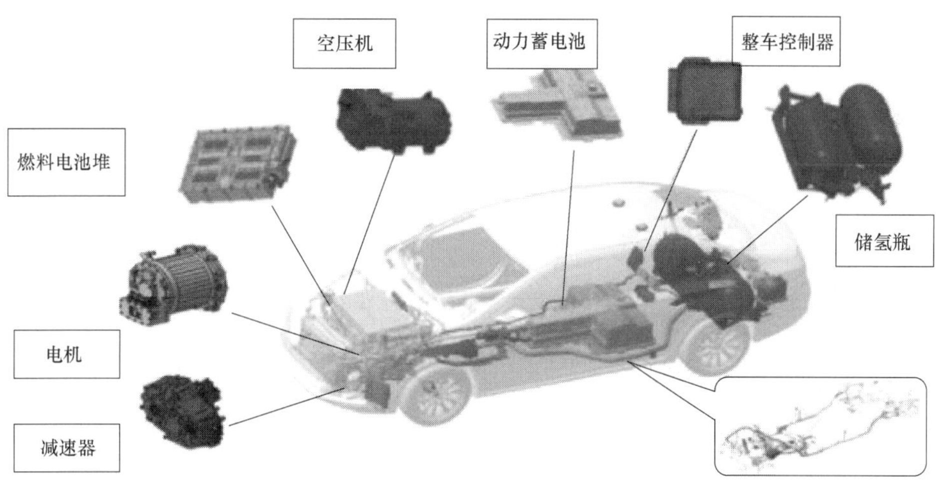

图 4-56 某燃料电池轿车系统 2（资料来源：焉知 . 新能源汽车产业发展联盟网站）

2. 本田 Clarity 燃料电池汽车

本田 Clarity 燃料电池汽车的燃料电池组布置在传统汽车发动机的位置，锂电池则布置在车辆底盘下方。两个储氢瓶分别布置在后排座椅下方以及后方，最大储氢量为 141L，约为 5.0kg，在 JC08 模式下可行驶 750km。Clarity 燃料电池汽车如图 4-61 所示。

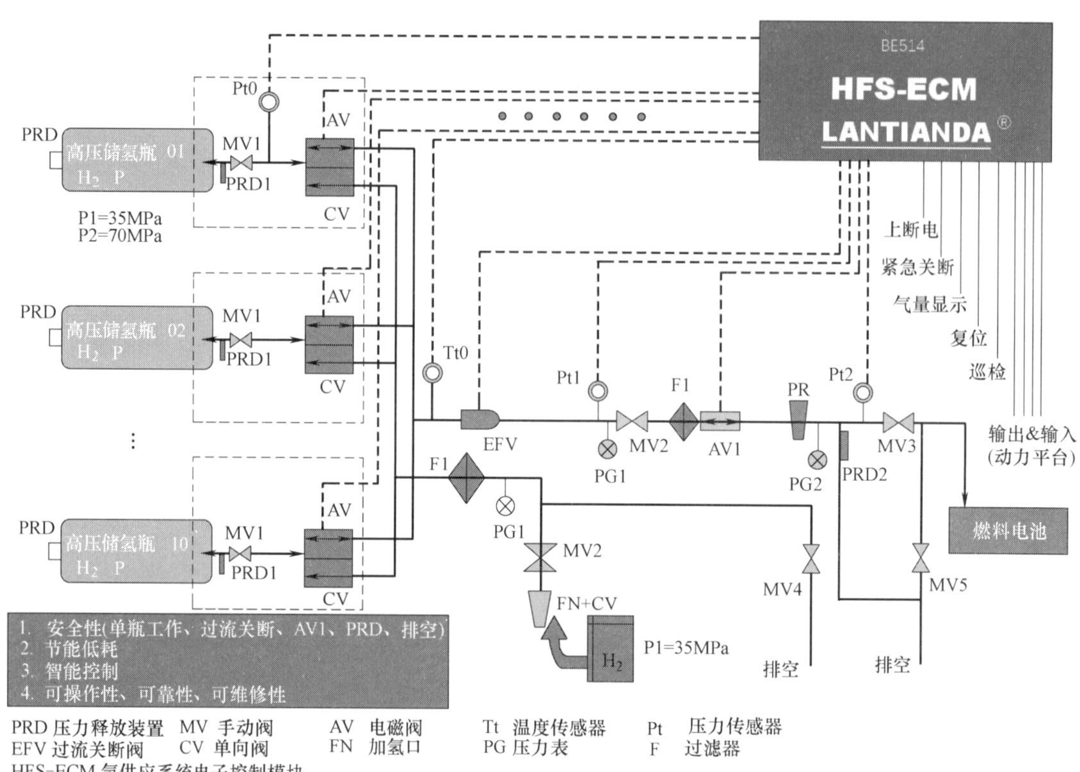

图 4-57 燃料电池客车供氢系统方案 P&ID 图

（资料来源：北京兰天达汽车清洁燃料技术有限公司）

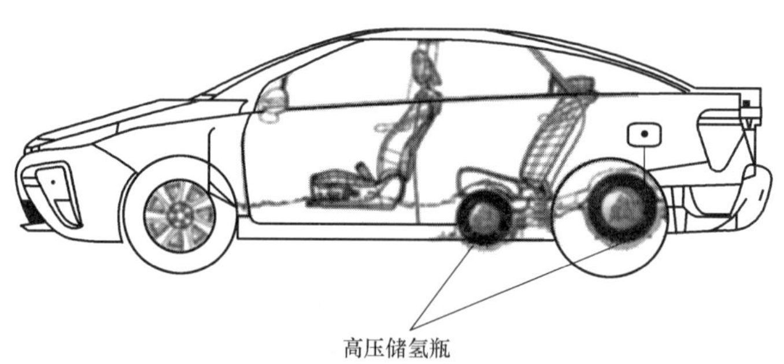

图 4-58 丰田 Mirai 气瓶安装布局

3. 现代公司 NEXO 燃料电池汽车

早在 2014 年，现代公司就已经在北美市场推出了氢燃料电池车 ix35 FCV。ix35 FCV 的加注口、气瓶、燃料电池如图 4-62 所示。2018 年，现代公司公布了其氢燃料电池 SUV，该车命名为 NEXO。NEXO 搭载现代汽车最新的氢燃料电池技术，与此前的现代 ix35 燃料电池车技术相同，动力效率提高 60%，并且在续驶里程方面提升 30%。NEXO 储氢瓶、NEXO 构造如图 4-63 所示。

各公司氢燃料电池车供氢系统对比见表 4-24。

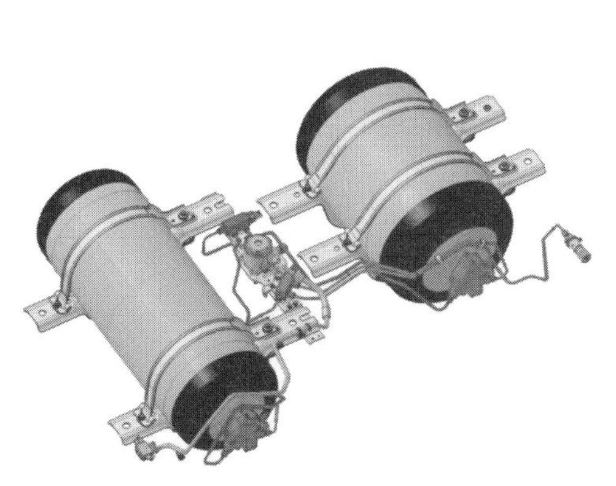

图 4-59 丰田 Mirai 高压存储系统外观

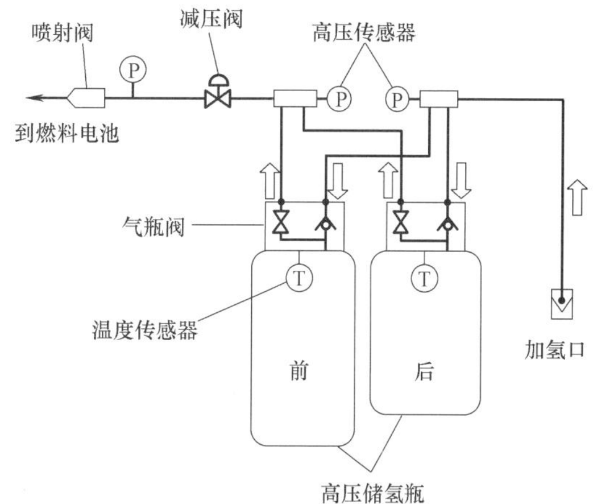

图 4-60 丰田 Mirai 高压存储系统的基本配置

表 4-23 高压储氢瓶的主要规格[6]

类目	参数或描述
额定工作压力 / MPa	70
类型	Ⅳ型（塑料内衬）
尺寸 / mm	前：$\phi 350 \times L1016$ 后：$\phi 436 \times L748$
储氢瓶容积 / L	前：60.0 后：62.4
储氢瓶重量 / kg	前：42.8 后：44.7 （氢气和阀未包含在内）
储氢质量 / kg	约 5.0

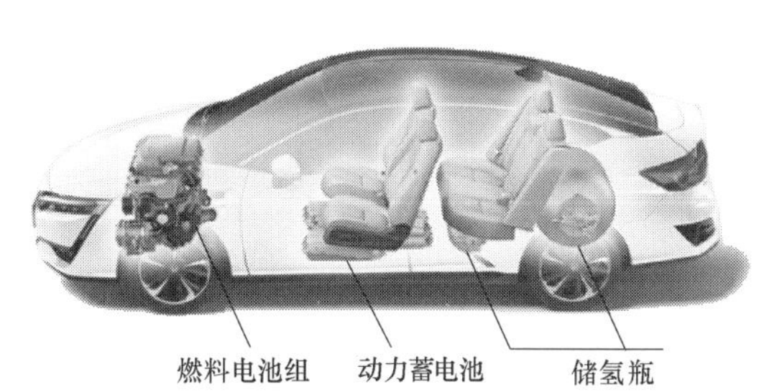

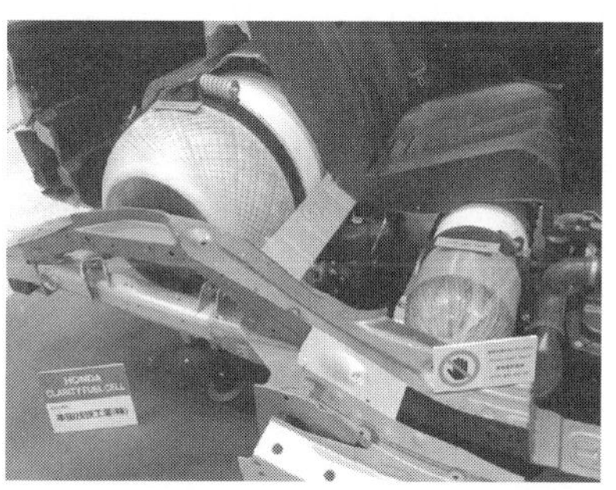

图 4-61 Clarity 燃料电池汽车（图片来源：本田公司、北京兰天达汽车清洁燃料技术有限公司）

a)

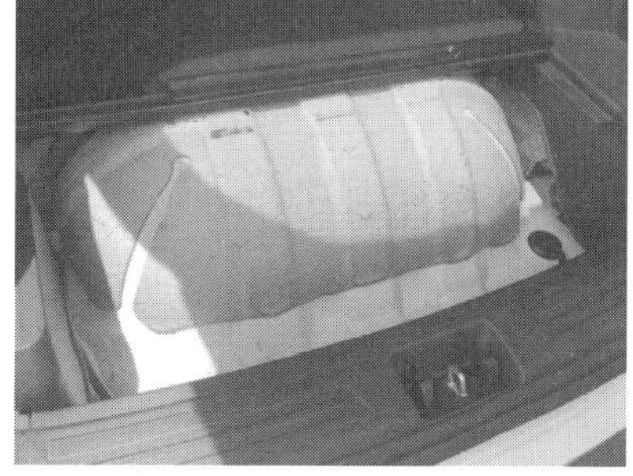

b)

c)

图 4-62 ix35 FCV 燃料电池车（图片来源：北京兰天达汽车清洁燃料技术有限公司）

a）ix35 FCV 加注口 b）ix35 FCV 储氢瓶 c）ix35 FCV 燃料电池

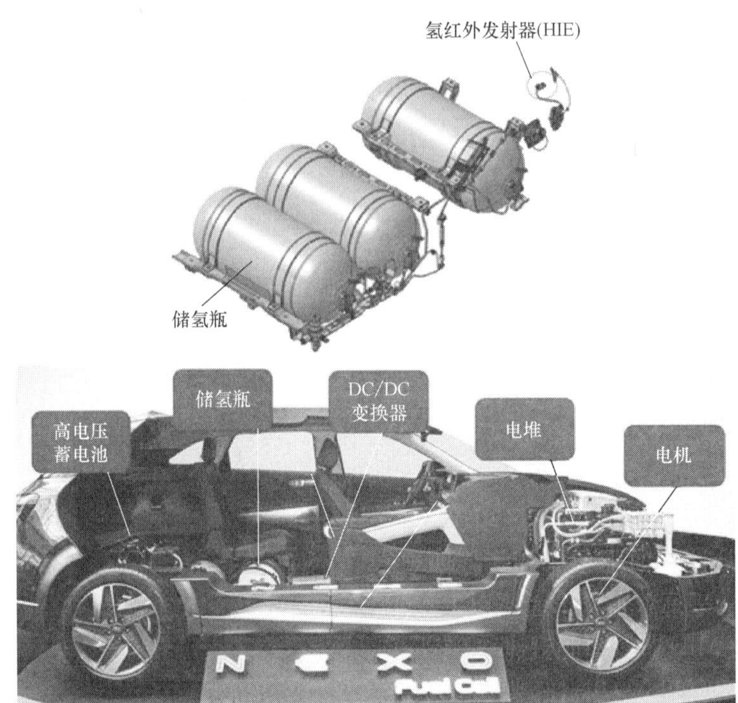

图 4-63　现代公司 NEXO 燃料电池车（资料来源：现代公司）

表 4-24　各公司氢燃料电池车供氢系统对比（资料来源：丰田、本田、现代公司）

	丰田 Mirai	本田 Clarity	现代 NEXO	现代 ix35 FCV
额定工作压力 /MPa	70	70	70	70
气瓶容积 /L	122.4	141	156.6	144
储氢质量 /kg	约 5.0	约 5.0	6.33kg	5.64kg

4.4　车载高压储氢瓶

4.4.1　储氢瓶国内外发展过程

国外氢燃料电池汽车用Ⅲ型储氢瓶主要是由美国 Luxfer、加拿大 Dynetek、意大利 Faber 等气瓶供应商与整车厂进行联合开发，且已成功应用在公交和乘用车领域。气瓶储氢密度一般为 3% ～ 5%。其中加拿大 Dynetek 的产品和技术处于世界领先水平。

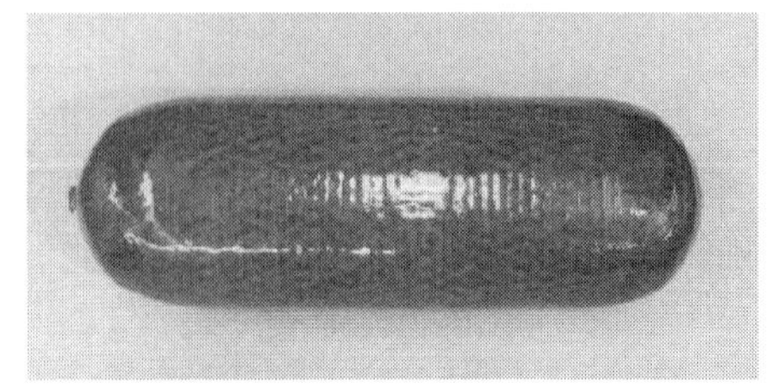

图 4-64　Faber 公司 70MPa Ⅲ型气瓶

Faber 已经开发出一款直径 300mm、长度 925mm、容积 39L、重量 40kg 的 70MPa 气瓶，Faber 公司 70MPa Ⅲ型气瓶如图 4-64 所示。Faber

正计划采用更高强度、更高模量的碳纤维来制作 70MPa 气瓶，以获得更高的储氢密度和更长的使用寿命。

国外氢燃料电池汽车用Ⅳ型气瓶主要是由美国 Hexagon Lincoln、美国 Impco、美国 Quantum、日本丰田汽车等公司开发出的 70MPa 产品，产品主要应用在乘用车领域。Quantum 早期 70MPa Ⅳ型储氢瓶如图 4-65 所示。

图 4-65　Quantum 早期 70MPa Ⅳ型储氢瓶（资料来源：Quantum 公司）

Hexagon Lincoln 公司研制的 20 ～ 105MPa 工作压力的塑料内胆纤维全缠绕气瓶技术处于世界先进水平，主要应用于新能源汽车、地面存储、海上运输和长管拖车、储气式集装箱等领域。Lincoln 公司供气系统如图 4-66 所示。

图 4-66　Lincoln 公司供气系统（资料来源：Lincoln 公司）

日本丰田汽车公司开发的工作压力 70MPa、容积 60L/62L 塑料内胆纤维全缠绕储氢瓶，已应用于丰田的燃料电池汽车 Mirai。储氢瓶储氢密度质量分数为 5.7%，产品和技术处于世界领先水平。丰田 Mirai Ⅳ型瓶如图 4-67、图 4-68 所示。

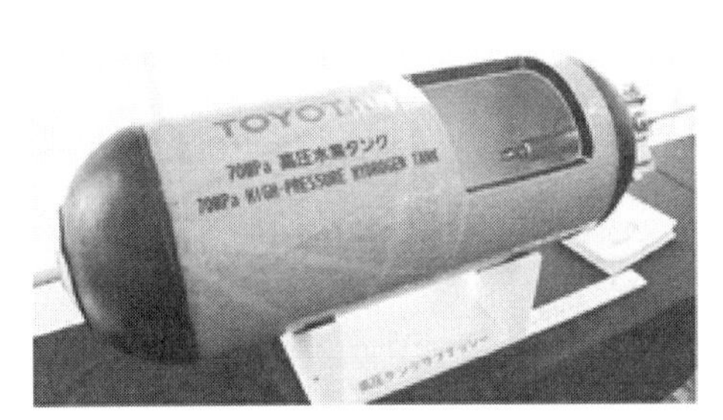

图 4-67　丰田 Mirai Ⅳ型瓶（图片来源：丰田公司）

图 4-68　丰田 Mirai Ⅳ型瓶结构[6]

我国针对Ⅲ型 70MPa 储氢瓶已开展了相关研究，并开发了部分样品进行试验。西安向阳航天工业总公司已开展针对Ⅳ型瓶的开发研制，并已成功安装在西安地区 BJ2020 越野车和西安市 18 路公交车上。通过对其进行尾气排放测试，效果良好，而且西安市公交车也进行了正常营业性路试，气瓶情况良好、改装方便、易于操作[20]。

4.4.2 储氢瓶结构与类型

氢气在标准状况下的密度比较低，因此在商业化推广使用过程中，必须解决氢的储存问题。经济、高效、安全的储氢技术是氢能利用走向实用化、产业化的关键。目前已有的储氢技术主要有高压储氢、液态储氢、金属氢化物储氢、活性炭低温吸附储氢、纳米碳管储氢、液体有机氢化物储氢等。其中，高压储氢具有气瓶结构简单、氢气制备压缩能耗小、充装速率快等优点，是最易实现产业化的氢能储存方式。综合考虑压缩能耗、储罐安全、充装设备投资等因素，高压氢气的理想储存压力为 35 ～ 70MPa。

车用气瓶共分四个类型：Ⅰ型（全金属气瓶）、Ⅱ型（金属内胆纤维环向缠绕气瓶）、Ⅲ型（金属内胆纤维全缠绕气瓶）及Ⅳ型（非金属内胆纤维全缠绕气瓶）。Ⅱ型、Ⅲ型及Ⅳ型为复合材料气瓶[20]。Ⅰ型和Ⅱ型气瓶的重容比（重量 / 水容积）较大，难以满足单位质量储氢密度的要求，用于车载供氢系统并不理想。Ⅲ型瓶和Ⅳ型瓶采用了纤维全缠绕结构，具有重容比小、单位质量储氢密度高等优点，目前已广泛应用于氢燃料电池汽车。其中Ⅳ型瓶耐腐蚀性能好，外形尺寸灵活，安全性好，适用于各种车辆，而Ⅲ型瓶耐腐蚀性能差，适用于大中型车。Ⅳ型复合材料气瓶代表未来储氢装置的发展方向。

高压储氢瓶一般选用铝合金内胆全缠绕复合气瓶，由内胆、隔离层和复合层三部分组成。内胆采用整体成形无缝结构，作为气瓶承装物的载体，主要起承装气体、闭气作用，同时也作为复合层缠绕芯模。内胆由单一毛坯整体旋压成形，无焊缝，无泄漏因素。隔离层可将铝合金内胆与碳纤维隔离，防止铝合金产生电化学腐蚀。复合层主要起承受气瓶内压的作用，采用碳纤维等复合材料，保证气瓶质量轻、强度高。复合层共分两层：

1）增强层：碳纤维缠绕层，主要起承受气瓶内压的作用。

2）保护层：玻璃纤维缠绕层，主要起保护增强层免受外部环境损伤、破坏的作用。

Ⅳ型瓶为复合材料气瓶，是非金属内衬整体缠绕制成的。缠绕过程中，要控制纱带张力。缠绕线形采用“螺旋或平面”加“环向”，缠绕结束后，按一定的温度曲线进行固化。成品气瓶不应有能显著降低气瓶强度的缺陷。塑料内衬复合材料气瓶在内压力作用下容易发生蠕变，但在规定的使用寿命内不应被破坏。

4.4.3 储氢瓶设计

1. 铝内胆

铝内胆的设计要求如下：

1）铝内胆端部应采用凸形结构。

2）铝内胆端部应采用渐变厚度设计，筒体与端部应圆滑过渡。

3）应通过应力分析验证铝内胆最小设计壁厚。

4）气瓶瓶口仅允许开在端部，且在铝内胆轴线上。

5）瓶口的外径和厚度应满足瓶阀装配时的力矩要求。必要时，瓶口可采用增强结构，如钢套等。

6）瓶口螺纹应采用直螺纹，螺纹长度应大于气瓶阀门螺纹的有效长度，且应符合GB/T 192—2003、GB/T 196—2003、GB/T 197—2018或GB/T 20668—2006的规定。

7）瓶口螺纹在水压试验压力下的切应力安全系数应不小于4。计算螺纹切应力安全系数时，铝合金剪切强度取0.6倍的材料抗拉强度。

2. 气瓶

气瓶的设计要求如下：

1）气瓶的水压试验压力应不低于1.5倍的公称工作压力。

2）纤维应力比应不低于2.25。

3）最小爆破压力应不低于2.25倍的公称工作压力。

4）气瓶外表面可以采用适当的保护层进行防护。

3. 应力分析

应采用有限单元法，建立适当的气瓶分析模型，计算气瓶在自紧压力、自紧后零压力、公称工作压力、许用压力、水压试验压力和最小爆破压力下，铝内胆和缠绕层中的应力和应变。分析模型应考虑铝内胆的材料非线性、复合材料各向异性和结构的几何非线性。

4.4.4 储氢瓶制造工艺

1. 一般要求

1）应符合产品设计图样和相关技术文件的规定。

2）制造应分批管理，铝内胆成品和气瓶成品均不多于200只，并加上破坏性试验用铝内胆和气瓶的数量为一个批次。

2. 铝内胆

1）铸锭和挤压棒材应进行冷挤压或热挤压成型，也可挤压后冷拉伸成型；板材应冲压成型；管材应旋压成型。均不得进行焊接。

2）成型后的铝内胆应按评定合格的热处理工艺进行固溶时效热处理。

3）铝内胆热处理后应逐只进行硬度测定。

3. 瓶口螺纹

螺纹和密封面应光滑平整，不允许有倒牙、平牙、牙双线、牙底平、牙尖、牙阔以及螺纹表面上的明显跳动波纹。螺纹的中心线应与气瓶的中心线一致。

4. 纤维缠绕

1）缠绕碳纤维前，铝内胆内外表面应清理干净，不得有金属碎屑等杂物，且应采取措施防止铝内胆外表面与碳纤维缠绕层之间发生电偶腐蚀。

2）缠绕和固化应按评定合格的工艺进行。固化温度不得对铝内胆力学性能产生影响。

3）水压试验前应按规定的自紧压力进行自紧处理，并详细记录每只气瓶的自紧压力、膨胀量等。

5. 附件

气瓶所设置的安全泄压装置应当采用温度驱动型（TPRD），安全泄压装置可采用易熔合金塞或其他结构形式。其要求应符合相关标准的规定，其排放面积必须使气瓶能够满足火烧试验。

35MPa Ⅲ型储氢瓶制造工艺示例如图 4-69 所示。

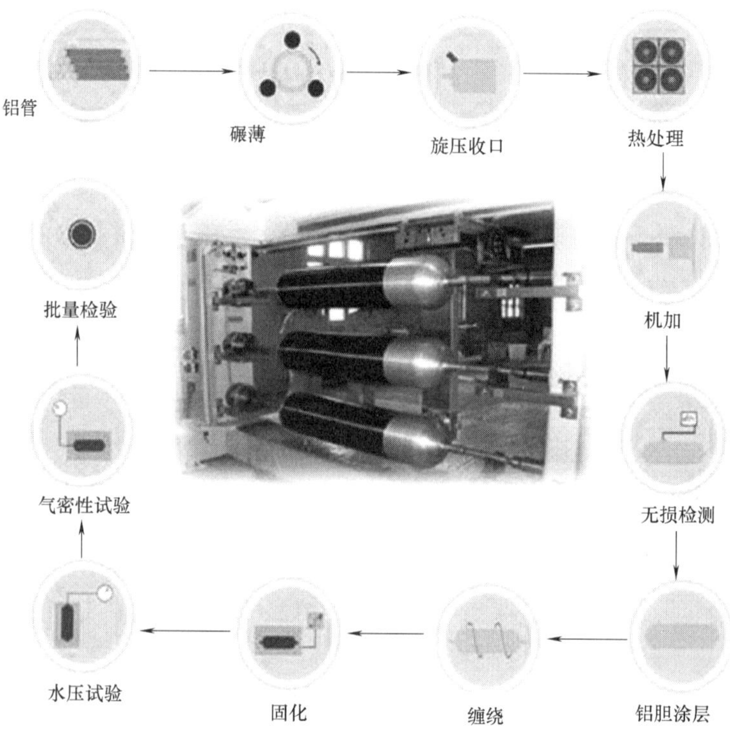

图 4-69 35MPa Ⅲ型储氢瓶制造工艺[15]

6. 典型储氢瓶尺寸

典型储氢瓶尺寸示例见表 4-25。

表 4-25 典型储氢瓶尺寸示例（资料来源：北京天海工业有限公司）

序号	规格型号	类型	工作压力/MPa	复合气瓶外径/mm	容积/L	高度/mm	重量/kg
1	CHC3C-410-101-35A	Ⅲ型瓶	35	410	101	1150	60
2	CHC3C-404-130-35A	Ⅲ型瓶	35	404	130	1445	73
3	CHC3C-370-140-35B	Ⅲ型瓶	35	370	140	1800	75
4	CHC3C-404-166-35A	Ⅲ型瓶	35	404	166	1800	90
5	CHG3-392-67-70 T/B	Ⅲ型瓶	70	450	67	850	76
6	CHG3-234-27-70 T/B	Ⅲ型瓶	70	270	27	875	31
7	CHG3-351-54-70 T/B	Ⅲ型瓶	70	410	57	410	54
8	CHG3-328-110-70 T/B	Ⅲ型瓶	70	370	110	1800	100

4.4.5 储氢瓶在燃料电池汽车中的应用

储氢瓶是燃料电池汽车的关键部件，其氢气容量和氢密度直接影响燃料电池汽车的续驶里程。利用氢气的可压缩特点，提高储氢压力可以增加氢气储存容量。选用铝内胆碳纤维全缠绕复合气瓶可以减轻瓶体重量约 40%，且铝内胆材料与氢气具有兼容性，其主要技术指标均高于钢质内胆缠绕瓶和钢瓶，是目前氢燃料电池汽车配套的最理想产品和国内普遍采用的零部件。

4.5 车载金属吸附储氢系统

4.5.1 金属氢化物储氢装置国内外发展过程

从 20 世纪 60 年代开始，国内外就开展了储氢材料的研制及其应用研究，储氢材料在氢气提纯、压缩、氢同位素分离、化学热泵和催化反应等方面先后实现了示范应用，但未能形成产业化。1990 年，Ni-MH 电池首先在日本实现商业化，与 Ni-Cd 电池相比，它具有能量密度高、循环使用寿命长、节能环保等优点，在全球范围内迅速实现商业化。2000 年，全球 Ni-MH 电池的使用量达到 13 亿支以上，对应储氢材料的使用量达 11000t。2000 年以来，在便携式消费电子产品领域，尽管受到锂离子二次电池的较大冲击，Ni-MH 电池的使用量仍保持较快的增长速度，2005 年全球 Ni-MH 电池用储氢材料的产量达 23000t，比 2000 年增长 1 倍以上。随着全球电动汽车的快速发展，Ni-MH 动力电池的使用量急剧增加，进一步推动储氢材料商业化的扩大。

最初，金属合金（如 $LaNi_5$，TiFe 和 MgNi）被提议作为储氢瓶材料，因为它们通过化学氢化形成金属氢化物。氢可以通过金属氢化物与轻元素（二元氢化物和复合氢化物）的脱氢而释放，因为它们在高温下具有大的 H_2 质量密度。关于车辆应用，金属氢化物（MH）可以区分为高温或低温材料。这取决于发生氢吸收或解吸的温度。通常，在 MH 中，氢吸收和释放的动力学分别被认为高于或低于 150℃。La 基和 Ti 基合金是一些低温材料的实例，其主要缺点是它们具有非常低的质量容量（$< 2\%$）。

$LiAlH_4$（LAH）的分析表明，氢的质量比为 10.6%，因此 LAH 似乎是未来燃料电池动力车辆的潜在储氢介质。但是在实践中，形成 LiH+Al 物质作为最终产物，氢存储容量降低至 7.96%。因此，大量的研究工作致力于加速分解催化掺杂在 MHs 中的杂质。在 Ti 掺杂的 $NaAlH_4$ 中预示了高氢含量以及可逆储氢的发现。为了利用总氢容量，中间化合物 LiH 也必须脱氢。由于其高热力学稳定性，需要高于 400℃的温度，这对于运输来说是不可行的。与氢储存相关的另一个问题是，由于其相对低的稳定性而回收到 $LiAlH_4$，需要极高的氢气压力，超过 1000MPa[10]。

迄今为止，趋于成熟且具有实用价值的储氢材料主要有稀土系 AB_5 型、钛铁系 AB 型、钛铁系 AB_2、钛钒系固溶体型和镁系储氢材料等。世界各国的科技工作者根据不同的应用需要，开发出基于多种储氢材料的金属氢化物储氢装置，国内外研制的各种金属氢化物储氢装置见表 4-26。

表 4-26 国内外研制的各种金属氢化物储氢装置[21-23]

制造单位	特征类型	储氢量 /m^3	储氢材料与用量	备注
日本大阪工业技术试验所（阳光计划资助）	内部水换热设隔离壁型	16	$MmNi_{4.5}Mn_{0.5}$ ① 106kg，	ϕ250mm × 750mm，放氢温度 80℃，氢压 0.8MPa
日本化学技术研究所	内部水换热	240	$MmNi_5$ 系合金 1200kg	放氢温度 80℃，高压型 5MPa，ϕ350mm 中低压型 1 ~ 2MPa，ϕ500mm
日本川崎重工业研究所	内部水换热	175	La-Ni-Al 合金 1000kg	放氢氢压 0.7MPa
日本岩谷产业公司	大气换热	70	Mm-Ni-Fe 480kg	铝合金列管 16 根，常温吸放，氢压 0.2MPa，流量 $7m^3/h$
日本共同氧气公司	车用	11.3	$MmNi_{4.5}Mn_{0.5}$ 70kg	放氢温度 80℃，
美国布鲁克海文国家研究室	内部水换热	70	TiFe 400kg	单体，ϕ300mm，
	内部水换热	260	$TiFe_{0.9}Mn_{0.1}$ 1700kg	单体，ϕ660mm
日本大阪氢工业研究所	大气换热	134.4	TiFeMn 系、Ti-M 系 672kg	多管式
日本新日本制铁研究所	内部水换热	68	$Ti_{0.95}FeMm_{0.08}$ 400kg	ϕ381mm × 1955mm，放氢 85℃，氢压 3MPa
美国比林格斯公司	车用	141.6	TiFe 1002kg	用于 19 人中型厢式邮政车
德国 HDW 造船厂	潜艇 内部水换热	1400	TiFe 7000kg	ϕ850mm × 6000mm
美国 Ovonic 公司	内部水换热	112	AB_2	模块化结构
美国联合技术研究中心；萨凡纳河国家实验室	内部换热	1.5	$NaAlH_4$	8 个内换热管，80 个铝换热翅片
有研科技集团有限公司（原北京有色金属研究总院，以下简称有研集团）	大气换热	0.5	$Ti_{1.2}FeMm_{0.04}$ 2.37kg，	便携式，常温吸放，铝基轻质肋片强化换热
		0.7	TiZrMnCrVFe 合金 2.95kg	便携式，常温吸放，铝基轻质肋片强化换热
		0.015	TiZrMnCrVFe 合金 0.11kg	单体，便携式
	外部水换热	10	TiZrMnCrVFe 50kg	单体
		40	TiZrMnCrVFe 200kg	模块化结构
		120	TiZrMnCrVFe 600kg	模块化结构
	内部水换热	12	MmNiCo 合金 76kg	单体
浙江大学	内部水换热	48	MmCaCu（NiAl）$_5$ 306kg	固定式
	大气换热	20	（MlCa）Ni_5 合金② 112kg	列管式，车用移动式
		0.5	$Ti_{1.2}FeMm_{0.04}$ 2.37kg	单体

（续）

制造单位	特征类型	储氢量 /m^3	储氢材料与用量	备注
上海微系统与信息技术研究所	内部水换热	8	$TiFe_{0.86}Mn_{0.1}$，50kg	单体
亚太燃料电池公司	燃料电池电动车 大气换热	0.6	TiFe	单体
台湾汉氢科技股份有限公司	模块式 大气换热	2.4	AB_5	模块化结构

① Mm 表示富铈混合稀土金属。
② Ml 表示富镧混合稀土金属。

4.5.2 金属氢化物储氢装置结构与类型

由于储氢材料在吸氢时会放出大量热量，而放氢时则需要从外部吸收热量，故装填储氢材料的金属氢化物储氢装置，其结构应能保证热交换快速有效进行，确保储氢装置的吸放氢性能。换热介质一般是空气或水。金属氢化物储氢装置的结构多种多样，下列几种是较为常见的结构类型。

1. 简单圆柱形金属氢化物储氢瓶

这种金属氢化物储氢瓶通常采用旋压铝瓶和不锈钢瓶作为气瓶，将储氢合金采用振动的方式装入气瓶内。为增强气瓶内的换热，可往气瓶内添加高热导率的材料，如铝屑、铜屑和石墨等，同时也可在其内部安装导热翅片。这类储氢瓶结构简单，但换热能力有限，单体储氢容量较小，一般在 $1Nm^3$ 以内，主要应用于对氢气流量要求较小的场合，如氢原子钟、便携式氢源等。简单圆柱形的金属氢化物储氢瓶如图 4-70 所示。根据供氢压力的不同需求，储氢材料可选择 AB_5、AB_2 和 AB 等不同类型的储氢合金。

2. 外置翅片空气换热金属氢化物储氢装置

对于空冷型金属氢化物储氢装置，为了增强圆柱形金属氢化物储氢瓶的热交换能力，在圆柱形金属氢化物储氢瓶的外部设置热交换翅片。图 4-71 为外置翅片空气换热金属氢

图 4-70 简单圆柱形金属氢化物储氢瓶（图片来源：有研集团）

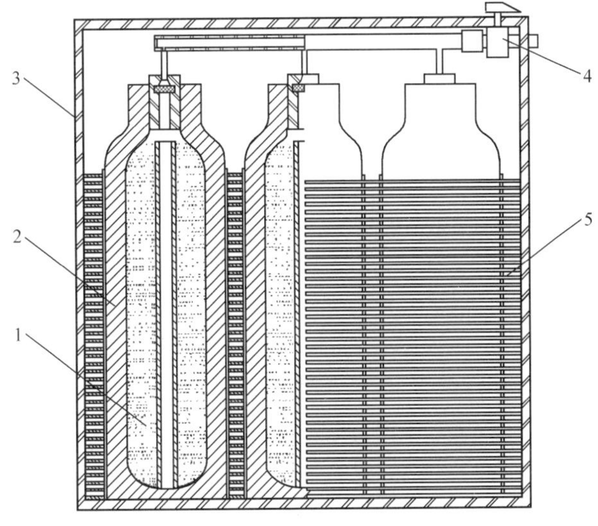

图 4-71 外置翅片空气换热金属氢化物储氢装置示意图[24, 25]
1—储氢合金 2—储氢瓶 3—装置气瓶 4—阀 5—热换热翅片

化物储氢装置示意图，该装置将 3 个圆柱形金属氢化物储氢瓶并联在一起，外壁设置若干翅片，由一个阀门进行控制[24, 25]。有研集团和浙江大学均已开发出此类金属氢化物储氢装置。图 4-72 所示为有研集团研制的此种换热结构的 500SL H_2 金属氢化物储氢装置，由于外置翅片大幅增加了装置的换热面积，提高了换热性能。该储氢装置在室温、空气自然对流换热条件下，连续放氢速率可稳定在 2L/min 以上。目前，该储氢装置已批量出口至日本等国。图 4-73 所示为有研集团研制的一种带有纵向换热翅片管的金属氢化物储氢装置[26]，当该储氢装置充放氢时，风扇产生的风，经纵向换热翅片管的通道通过，对储氢瓶进行强制换热。这种换热方式的最大优点是能够保证储氢瓶不同位置的均匀换热，可确保储氢瓶内不同位置的储氢材料同时进行吸放氢，从而有效提高储氢装置的性能。此外，若能将风冷型质子燃料电池工作时产生的热风导入储氢装置，充分利用燃料电池的废热，可进一步提高储氢装置的放氢性能，有利于提高系统综合能效。

图 4-72　外置翅片空气换热金属氢化物储氢装置（图片来源：有研集团）

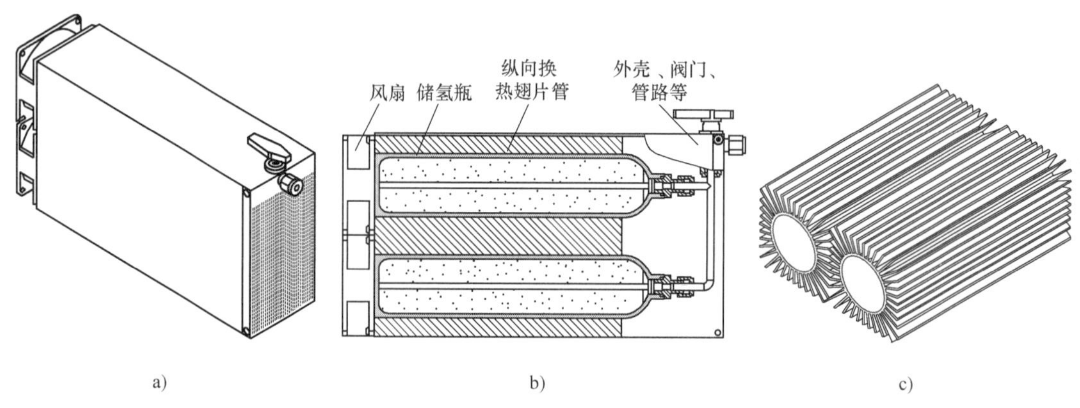

图 4-73　带有纵向换热翅片管的金属氢化物储氢装置[26]
a）外形示意图　b）结构剖视图　c）纵向换热翅片管示意图

3. 内部换热型金属氢化物储氢装置

图 4-74 所示为日本工业技术院机械技术研究所研制的一种内部换热型金属氢化物储氢瓶[27]。该储氢瓶为卧式圆筒形，直径 320mm，长 2100mm，容积 140L，储氢合金采用 $LaNi_5Al_{0.1}$，合金用量 480kg，储氢瓶总重 663kg，采用内部换热形式，换热面积为 21.5m^2，换热介质为水。该储氢瓶的储氢量约 80Nm^3，有效储氢量为 70Nm^3，在 2.5MPa 氢压下，充氢时间为 1.5h。这类储氢装置换热强度大，充放氢速度快，图 4-74 所示的储氢装置单体在 2.5MPa 下的平均充氢速率可达 800std L/min 以上。但储氢合金床体结构复杂，难以实现床体的均匀一致制备。且由于换热装置直接与储氢合金床体接触，不可拆卸

和修复，一旦换热结构出现破损等情况，整套储氢装置将随之报废。

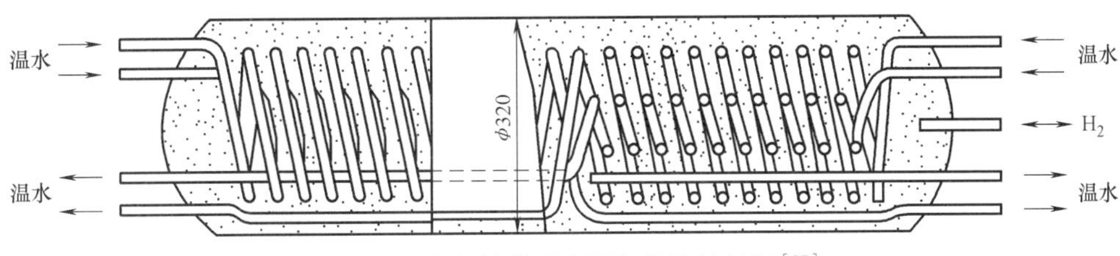

图 4-74 内部换热型金属氢化物储氢瓶[27]

4. 外置换热型金属氢化物储氢装置

图 4-75 所示为有研集团开发的一种外置循环换热型金属氢化物金属储氢瓶[28]。该金属储氢瓶采用卧式圆筒形，共分两层，最外层为换热层，换热层内设置了环形导流结构，其结构如图 4-76 所示，环形导流结构不仅增大储氢瓶的换热面积，而且增加了换热介质（水）在换热层内的流程，进一步提高换热效率。此外，导流结构还可保证换热介质的均匀流动，可保证储氢瓶整体的换热均匀性。该金属氢化物储氢瓶外径 150mm，总长 1500mm，储氢合金采用 TiMn 系 AB_2 型储氢合金，合金约 55kg，有效储氢量达 $12Nm^3$，在 65℃水热交换条件下，该储氢瓶在 50SL/min 放氢流量情况下可持续 3h44min，持续放氢 $11.2Nm^3$。

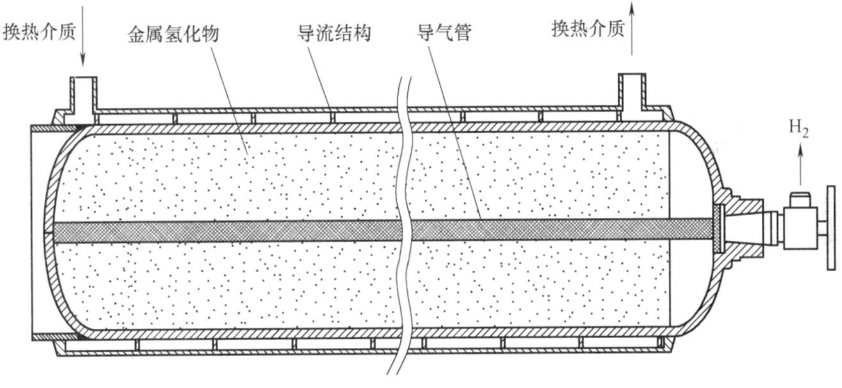

图 4-75 外置换热型金属氢化物储氢瓶[28]

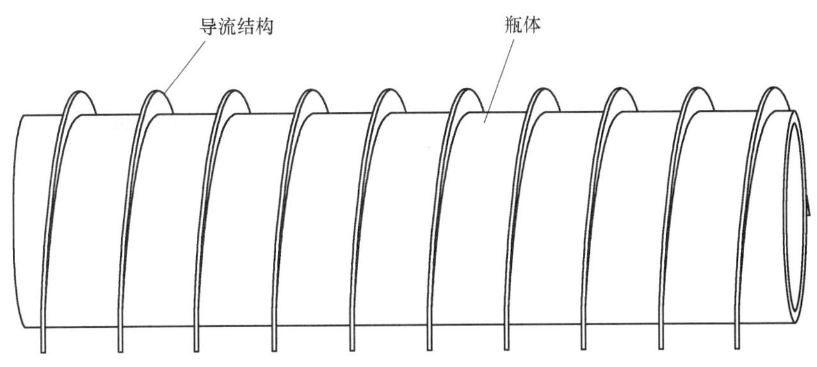

图 4-76 环形导流结构示意图[28]

采用该结构的储氢装置，储氢合金床体可制成模块化结构，大幅提高床体的均匀一致性。此外，储氢合金床体与换热结构有效隔离，换热结构的泄漏、变形等不会对储氢合金床体产生破坏性影响，大幅提高了储氢装置的使用安全性。

5. 模块化储氢装置

图 4-77 所示为有研集团开发的一种模块化储氢装置，有效储氢量为 44Nm³。该储氢装置由 4 个储氢瓶组成，所采用的储氢材料是 AB_2 型储氢合金，每个储氢瓶采用外部热交换方式。该储氢装置具有优异的放氢性能，其在 60℃水换热下，以 75std L/min 流量放氢，可持续放氢 578min，最大放氢速率 300std L/min。这类储氢装置结构简单、灵活，可根据实际应用需要，通过不同储氢瓶单体的科学组合，定制出不同储氢容量和速率的装置。

图 4-77　模块化式金属氢化物储氢装置（图片来源：有研集团）

上面提到的是几种最简单、常用的金属氢化物储氢装置的结构形式，而在实际应用中还会有多种多样的其他结构更复杂的形式，但基本的原则是尽量提高储氢装置的换热性能，增加储氢材料的重量比例，减小装置的重量和体积，同时确保金属氢化物储氢装置的安全可靠使用。

6. 金属氢化物 / 高压混合储氢装置

金属氢化物储氢材料储氢体积密度高，但储氢质量密度较低；轻质高压储氢瓶具有较高的储氢质量密度及快速响应特性，但其储氢体积密度较低。结合这两种储氢方式的优点，Takeichi 等人[29]提出了混合储氢瓶（Hybrid hydrogen storage vessel）。图 4-78 所示为几种储氢方式的质量和体积储氢密度概要。从图中可以看出，从质量和体积储氢密度的角度考虑，金属氢化 / 高压混合储氢是种不错的储氢技术。图 4-79 所示为日本丰田公司研制的金属氢化物 / 高压混合储氢瓶的结构示意图[30]，该储氢瓶的容积为 180L，充氢压力 35MPa，装填 $Ti_{1.1}CrMn$ 储氢合金，储氢量达 7.3kg，相当于同规格 35MPa 高压气瓶储氢量的 2.5 倍，是同规格 70MPa 高压气瓶储氢量的 1.7 倍。但是，该混合储氢瓶的质量达 420kg，储氢质量密度只有 1.74%，尽管与金属氢化物储氢装置（储氢质量密度一般在 1.2% 以内）相比有了较大的提高，但仍难以满足车载系统的储氢装置质量储氢率的要求。此外，所采用的 $Ti_{1.1}CrMn$ 储氢合金价格昂贵，使得该金属氢化物 / 高压混合储氢瓶难以在实际中应用。

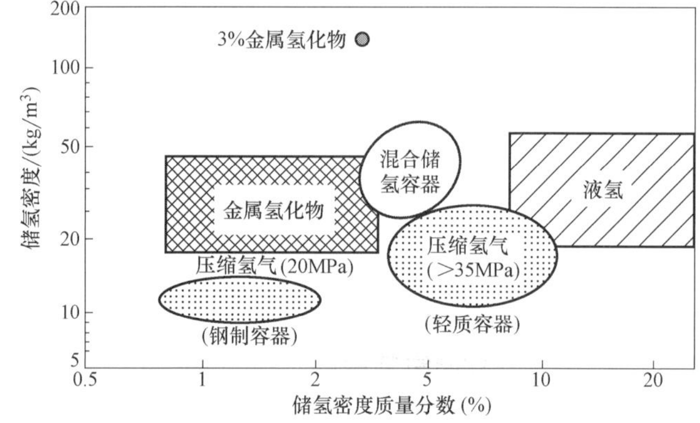

图 4-78　几种储氢方式的质量和体积储氢密度概要[29]

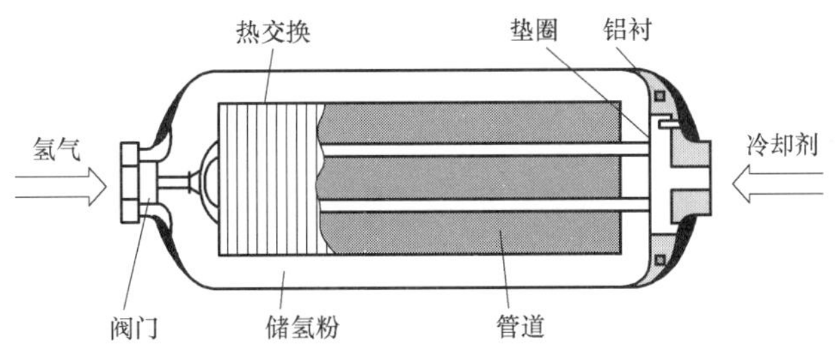

图 4-79 金属氢化物 / 高压混合储氢瓶[30]

4.5.3 车载金属氢化物储氢装置设计

以储氢材料为储氢介质的金属氢化物储氢装置，既是一个反应器，又是一个热交换器。储氢材料在吸氢时要放出热量，释放氢气时又必须由外部获得热量。巨大的热效应将导致罐体温度的急剧升高或降低，阻碍吸 / 放氢过程的快速进行。例如，一个装有储氢合金（AB_2 或 AB_5）的储氢瓶，当给其充氢时，由于储氢合金吸氢放热，使得罐体温度急剧上升，材料的吸氢平衡压随之升高，吸氢速率下降或停止吸氢；相反，当其放氢时，由于储氢合金放氢吸热，导致罐体温度降低，甚至出现霜冻现象，材料的放氢平衡压随之下降，放氢速率减慢或停止放氢。因此，金属氢化物储氢装置在设计时应具有科学合理的换热结构，保证储氢装置内的热量交换能快速有效进行。

虽然块状的储氢合金热导率与一般金属相当，如 AB_5 合金块体的热导率约为 13W/（m·K)。但是，金属氢化物储氢装置中一般装填的是储氢合金粉末，其热导率一般低于 1W/（m·K)，难以满足床体快速吸放氢的要求。如 AB_5 储氢合金粉末的热导率仅为 0.3W/（m·K)，且储氢合金经过反复吸放和释放氢气，会令储氢合金进一步粉化，使得储氢装置内储氢合金粉末层的有效热导率进一步降低。

而基于轻质高容量储氢材料的金属氢化物储氢装置则更为复杂。轻质高容量储氢材料理论储氢容量高，但材料的密度低，且通常进行低维化、纳米化等微结构调制处理以提高其储氢性能，因此导致轻质高容量储氢材料粉末的堆密度更小，进而影响了储氢装置的储氢密度。此外，微结构调制处理后的储氢材料的热导率也很小，严重降低储氢材料粉末床体的换热性能，进而影响储氢装置的性能。以 MgH_2 ：$2LiNH_2$ 储氢材料为例，其材料密度约 1.3g/mL，微结构调制处理后，MgH_2 ：$2LiNH_2$ 储氢材料粉末的堆密度仅为 0.35g/mL，其有效热导率也仅为 0.3W/(m·K) 左右。

1. 金属氢化物储氢装置吸 / 放氢反应模型

为科学合理地进行储氢装提结构设计，提高储氢材料床体的传热性能，保证装置吸放氢的快速进行，可通过数值计算模拟金属氢化物储氢装置吸 / 放氢过程中温度和氢含量的分布与变化，分析影响储氢装置吸 / 放氢过程的各种因素，为优化储氢器结构和吸 / 放氢时的操作条件提供依据。自 20 世纪 80 年代以来，国内外对储氢装置的传热数值模拟做了大量的研究工作，并取得了较大进展。

金属氢化物储氢装置的充放氢过程共包含三个基本过程：传热，氢气的传质，以及储

氢材料的吸 / 放氢反应。因此，金属氢化物储氢装置的吸 / 放氢反应模型也应包含传热模型、氢气的传质模型，以及已知储氢材料的吸 / 放氢反应模型。

（1）传热模型

由于金属氢化物储氢装置中一般加注的是储氢材料粉末，其属于多孔介质。储氢材料粉末床体中的传热模型为：

$$\rho_e C_{pe}\frac{\partial T}{\partial t}+\nabla\left(-k_e\nabla T\right)=\frac{\partial c}{\partial t}\rho_s\left(1-\varepsilon\right)\frac{\Delta H}{2} \tag{4-1}$$

式中 ρ_e、C_{pe}、k_e 和 ε——储氢材料粉末床体的有效密度、有效热容、有效热导率和孔隙率；

c——储氢材料的储氢量（%）；

$\frac{\partial c}{\partial t}$——储氢材料的吸 / 放氢反应速率。

$\rho_e C_{pe}$ 和有效热导率 k_e 可由下式进行计算：

$$\rho_e C_{pe}=\varepsilon\rho_g C_{pg}+(1-\varepsilon)\rho_s C_{ps} \tag{4-2}$$

$$k_e=\varepsilon k_g+(1-\varepsilon)k_s \tag{4-3}$$

下标 s、g 分别表示固相（储氢材料）和气相（氢气）。

（2）氢气的传质模型

氢气在储氢材料床体中的传质可以采用达西定律进行描述，即

$$\frac{\partial\left(\rho_g\varepsilon\right)}{\partial t}+\nabla\left[\rho_g\left(-\frac{K}{\eta}\nabla p\right)\right]=\frac{\partial c}{\partial t}\rho_s\left(1-\varepsilon\right) \tag{4-4}$$

式中 ρ_g——氢气密度；

K 和 η——渗透率和黏度。

氢气的密度（ρ_g）是温度、压力的函数，可以表述为：

$$\rho_g=\frac{pM}{RTZ} \tag{4-5}$$

式中 p——压力（Pa）；

R——理想气体常数，R=8.314J/（mol・K）；

T——温度（K）；

M——氢气的摩尔质量 2.016g/mol；

Z——氢气压缩因子，$Z=1+\alpha p/T$，α 为 1.9155×10^{-6}K/Pa。

（3）储氢材料的吸 / 放氢反应热力学、动力学模型

PCT 曲线是衡量储氢材料热力学性能的重要特性曲线。通过该曲线可了解储氢材料在任一温度和压力下的吸氢量，以及在任一温度和氢含量条件下的平衡压。平衡压决定了在一定的氢压下储氢材料是吸氢还是放氢，或者达到平衡，同时也是吸 / 放氢反应驱动力的影响因素，并直接影响热传导方程式（4-1）中的内热源项。所以，在模拟储氢装置的吸 / 放氢过程中，如何准确确定平衡压至关重要。

储氢材料的吸 / 放氢特性可由 Van't Hoff 方程的形式表述平衡压 P_{eq} 与温度和氢的质

量分数 c（%）的关系，即

$$\ln P_{eq} = \frac{\Delta H}{R_g T} - \frac{\Delta S}{R_g} \tag{4-6}$$

式中 ΔH——反应焓变；

ΔS——熵变；

T——热力学温度；

R_g——气体常数。

根据式（4-6）可得到平衡压的关系式：

$$P_{eq} = \exp\left(\frac{\Delta H}{R_g T}\right)\exp\left(-\frac{\Delta S}{R_g}\right) \tag{4-7}$$

对于某一个特定温度（$T=T_0$），平衡压只随氢含量变化，即平衡压是氢含量的函数，令

$$P_{0eq} = \exp\left(\frac{\Delta H}{R_g T_0}\right)\exp\left(-\frac{\Delta S}{R_g}\right) = f(c) \tag{4-8}$$

$f(c)$ 是氢含量（c）的关系式，可以根据试验数据进行拟合得到。

由式（4-7）和式（4-8），可得平衡压与温度和氢含量的关系式：

$$P_{eq} = f(c)\exp\left[\frac{\Delta H}{R_g}\left(\frac{1}{T} - \frac{1}{T_0}\right)\right] \tag{4-9}$$

AB_2 型储氢合金（TiZr）$_{1.0}$（VFeCrMn）$_2$ 和 LiMgNH［$Mg(NH_2)_2$：2LiH］储氢材料的 PCT 拟合曲线与实测值分别如图 4-80 和图 4-81 所示。从图中可以看出，采用上述模型可以很好地描述储氢材料的热力学性能。

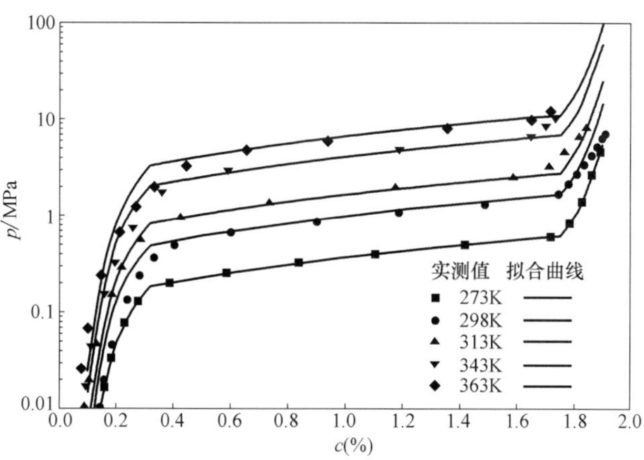

图 4-80 AB_2 型储氢合金（TiZr）$_{1.0}$（VFeCrMn）$_2$ 的 PCT 拟合曲线与实测值（数据来源：有研集团）

储氢材料的吸 / 放氢反应速度是评价储氢材料的另一个重要参数。由于储氢材料的吸 / 放氢反应伴随着很大热效应（吸氢放热、放氢吸热），要准确地测出储氢材料在恒温条件下的吸 / 放氢反应速度是不可能的。为减小吸 / 放氢反应热的影响，在测试储氢材料的动力学性能时，通常将储氢材料试样平铺在导热性好的薄壁试样气瓶中。目前对储氢材料

的吸/放氢反应机理的研究仍处于探索阶段，而且分歧很大，主要原因是储氢材料在吸/放氢反应过程中产生的热效应很大，目前的测定手段无法保证储氢材料在测试过程中的恒温状态，使得测得的动力学曲线不是严格满足恒温吸/放氢反应条件，这就使得不同的测试装置得出的结论千差万别。

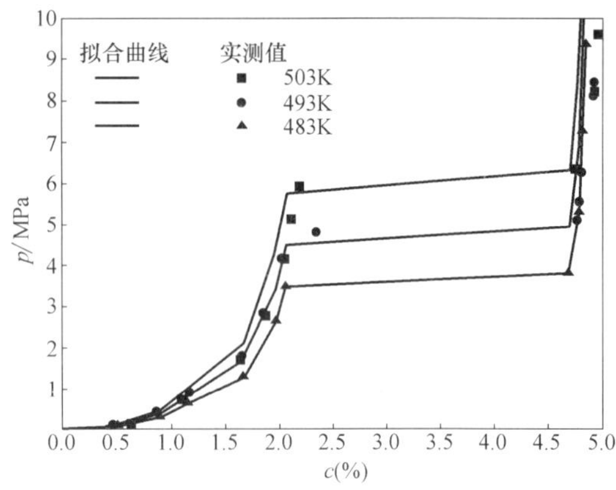

图 4-81　LiMgNH［$Mg(NH_2)_2$ ：2LiH］储氢材料的 PCT 拟合曲线与实测值（数据来源：有研集团）

储氢材料的吸/放氢反应动力学过程十分复杂，利用经验方法获得的动力学方程千差万别，影响了对储氢材料吸/放氢动力学的评判。通常借用冶金物理化学中的冶金反应动力学方程研究储氢材料的吸/放氢动力学机制，不同的反应机制，储氢材料的动力学方程也不同[31-34]。

根据固－气反应动力学速率方程：

$$\mathrm{d}\alpha/\mathrm{d}t=kf(\alpha) \tag{4-10}$$

式中　α——合金反应分数；

k——反应速率常数；

$f(\alpha)$——反应机理函数的微分形式。

对式（4-10）两边积分：

$$g(\alpha)=\int \mathrm{d}\alpha / f(\alpha)=\int k\mathrm{d}t=kt \tag{4-11}$$

因为 $g(\alpha)$ 为 $f(\alpha)$ 的积分形式，所以仍能够反映其动力学机制。采用包括化学反应、扩散和形核长大等反应机理函数 $f(\alpha)$ 和 $g(\alpha)$（见表 4-27 动力学机理函数）[32, 35]对实验数据进行线性拟合，得到相关系数 r 最大、标准偏差 S_d 最小的反应机理函数，来描述储氢材料的吸/放氢反应机理；同时求出反应速率常数 k，由 Arrhenius 公式求解出吸/放氢反应的活化能 ΔE 和指前因子 A。动力学规律一般不受氢初压的影响，反应速率常数 k 只与温度有关[35]。

表 4-27　动力学机理函数

机理	微分形式 $f(\alpha)$	积分形式 $g(\alpha)$	r 值
形核长大	$(1/r)(1-\alpha)[-\ln(1-\alpha)]^{1-r}$	$[-\ln(1-\alpha)]^r$	1/4，1/3，2/5，1/2，2/3，3/4，1，3/2，2，3，4
幂函数法则	$(1/r)\alpha^{1-r}$	α^r	1/4，1/3，1/2，1，3/2，2
指数法则	$(1/r)\alpha$	$\ln\alpha^r$	1，2
分枝形核	$\alpha(1-\alpha)$	$\ln[\alpha/(1-\alpha)]$	
相界反应	$(1-\alpha)^r/(1-r)$	$1-(1-\alpha)^{1-r}$	1/2，2/3
化学反应	$(1/r)(1-\alpha)^{1-r}$	$1-(1-\alpha)^r$	1/4，1/3，1/2，2，3，4
化学反应	$(1/2)(1-\alpha)^3$	$(1-\alpha)^{-2}$	
化学反应	$(1-\alpha)^2$	$(1-\alpha)^{-1}-1$	
化学反应	$2(1-\alpha)^{3/2}$	$(1-\alpha)^{-1/2}$	

（续）

机理	微分形式 $f(\alpha)$	积分形式 $g(\alpha)$	r 值
化学反应	$(1/2)(1-\alpha)^{-2/3}$	$(1-\alpha)^{-1}$	
抛物线法则	$(1/2)\alpha^{-1}$	α^2	
二维扩散	$[-\ln(1-\alpha)]^{-1}$	$\alpha+(1-\alpha)\ln(1-\alpha)$	
二维扩散	$(1-\alpha)^{1/2}[1-(1-\alpha)^{1/2}]^{-1}$	$[1-(1-\alpha)^{1/2}]^2$	
二维扩散	$4(1-\alpha)^{1/2}[1-(1-\alpha)^{1/2}]^{1/2}$	$[1-(1-\alpha)^{1/2}]^{1/2}$	
三维扩散	$(3/2)(1-\alpha)^{2/3}[1-(1-\alpha)^{1/3}]^{-1}$	$[1-(1-\alpha)^{1/3}]^2$	
三维扩散	$6(1-\alpha)^{2/3}[1-(1-\alpha)^{1/3}]^{1/2}$	$[1-(1-\alpha)^{1/3}]^{1/2}$	
三维扩散	$(3/2)[(1-\alpha)^{-1/3}-1]^{-1}$	$1-2\alpha/3-(1-\alpha)^{2/3}$	
三维扩散	$(3/2)[(1+\alpha)^{2/3}[(1+\alpha)^{1/3}-1]^{-1}$	$[(1+\alpha)^{1/3}-1]^2$	
三维扩散	$(3/2)[(1-\alpha)^{4/3}[(1-\alpha)^{-1/3}-1]^{-1}$	$[(1-\alpha)^{-1/3}-1]^2$	

2. 金属氢化物储氢装置吸放氢反应模型的应用

金属氢化物储氢装置吸放氢反应模型对 AB_2 型 $(TiZr)_{1.0}(VFeCrMn)_2$ 储氢合金罐吸氢过程的模拟值与实测数据的比较[36]如图 4-82 所示。从图中可以发现模拟结果与实测值整体上吻合良好，证明了上述模型的有效性。

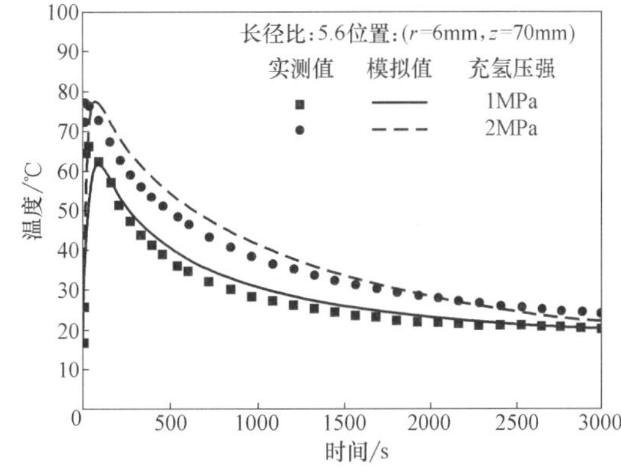

图 4-82　AB_2 型 $(TiZr)_{1.0}(VFeCrMn)_2$ 储氢合金罐吸氢过程的模拟值与实测数据

采用储氢装置传热传质模型优化设计的 $10Nm^3$ 的 AB_2 型 $(TiZr)_{1.0}(VFeCrMn)_2$ 储氢合金罐实物如图 4-83 所示。储氢瓶外围设计了循环水流道，该流道采用了环形导流结构，其不仅增大储氢瓶的换热面积，而且增加了换热介质（水）在换热层内的流程，进一步提高换热效率。此外导流结构还可保证换热介质的均匀流动，可保证储氢瓶整体的换热均匀性。

优化设计的 $10Nm^3$ 储氢瓶，在 125SL/min 氢气流量下的放氢实测数据与模拟数据曲线如图 4-84 所示。从图中可以发现模拟结果与实测值整体上吻合较好，但氢气压强变化与实验值有少量差异。尽管如此，储氢装置的吸放氢模型还是能够比较准确地预测出储氢瓶的放氢性能。

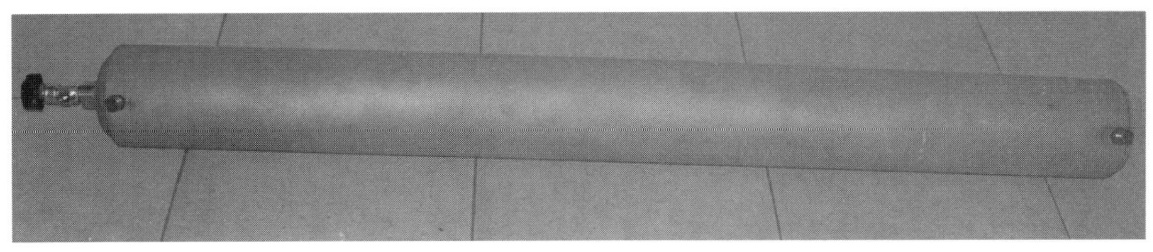

图 4-83　$10Nm^3$ 圆柱形储氢瓶实物（图片来源：有研集团）

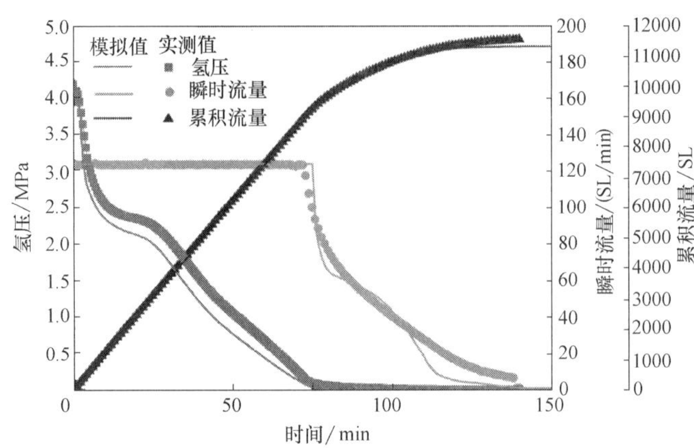

图 4-84 10Nm³ 储氢瓶在 125SL/min 氢气流量下的放氢实测数据与模拟数据曲线
（数据来源：有研集团）

4.5.4 金属氢化物储氢装置在燃料电池车辆中的应用

金属氢化物储氢装置作为燃料电池的氢源，在燃料电池汽车、燃料电池摩托车、燃料电池备用电源、燃料电池 AIP 氢源等领域实现了示范应用。

用氢代替汽油的氢燃料电池汽车，在行驶过程中只有水排出，不会排放出一氧化碳、氮氧化物、碳氢化合物、固体颗粒物等有害物质，因此不会污染环境。要实现氢燃料电池汽车的商业化，除了降低燃料电池堆的成本外，最大的困难是如何解决氢源问题，金属氢化物金属储氢是一种很好的储氢方式。日本丰田公司于 1996 年首次将金属氢化物储氢装置用于 PEMFC 电动车，该装置使用 TiMn 系储氢合金 100kg，储氢量为 2kg，单次充氢可行驶 250km。2001 年初，日本丰田汽车公司宣布开发成功新型燃料电池汽车“FCHV-3”，其所使用的储氢方式也是储氢合金金属储氢，续驶里程 300km，最高车速 150km/h[37]。

电动摩托车采用燃料电池由美国琼斯基金会于 1998 年首先提出。2000 年，我国台湾省推出第一部燃料电池试验摩托车之后获得证实。如今，台湾开发的燃料电池电动摩托车已大规模示范运行，行驶总里程超过 12 万 km[38]。台湾产的燃料电池电动摩托车见图 4-85。其燃料的供应采用两个 AB_5 型储氢合金储氢瓶，每个罐 4.5kg，储氢 45g，每个储氢瓶可使燃料电池电动摩托车行驶 35km。其储氢瓶采用快速更换方式设计，燃料补充时间仅 2min，时间远低于普通的电动摩托车的充电时间。

燃料电池在应急发电车领域也展现出较好的应用前景。为满足其应用的机动灵活性，通常要求为制氢、储氢和燃料电池发电一体化系统，金属储氢具有储氢压力低、储氢密度高等优点，可方便地实现氢气的实时储存和利用，是该系统的理想氢源。有研集团针对燃料电池应急发电车的应用需求，开发出具有优异的抗水汽毒化性能的稀土系多元储氢材料，它在高水汽含量的电解水氢气下的循环吸放曲线如图 4-86 所示。

可见，经 100 次吸放氢循环后，吸氢容量仍可达初始容量的 97% 以上。在此基础上，研制出燃料电池应急发电车用单体储氢容量 $12Nm^3$ 金属氢化物储氢装置（图 4-87），其储氢质量密度和体积密度分别高达 1.05% 和 50kg H_2/m^3，并实现了与电解水制氢与燃料电池联机工作，应用于燃料电池应急发电车。

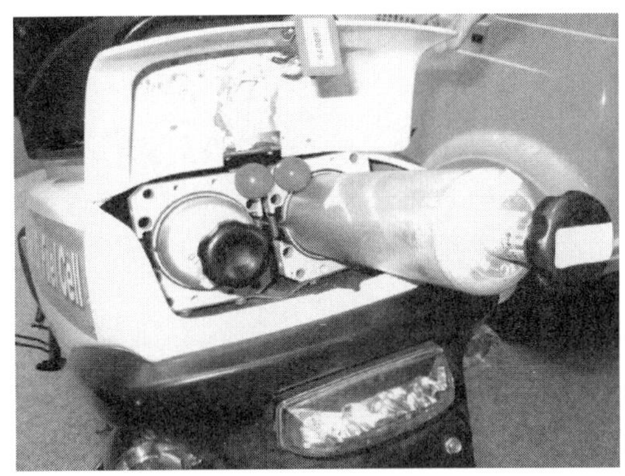

图 4-85　台湾产的燃料电池电动摩托车[38]

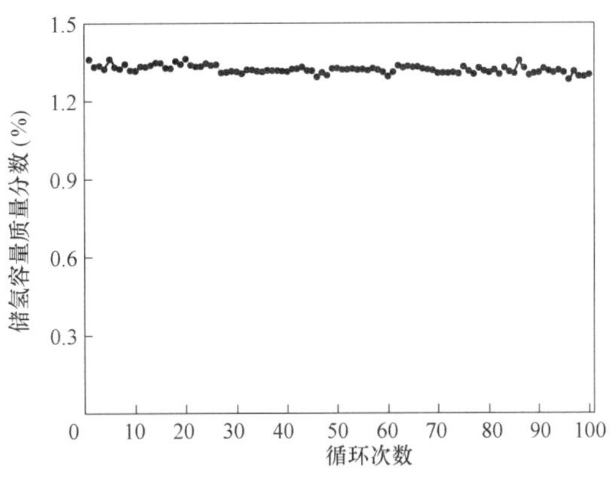

图 4-86　抗水汽稀土储氢材料循环吸放氢容量性能曲线（数据来源：有研集团）

实车运行测试表明，该储氢装置可满足 10kW 级燃料电池的供氢需求。它以 70L/min 和 130L/min 的速率交替放氢，连续放氢时间 > 6000s，放氢量 > 12400L。$12Nm^3$ 金属氢化物储氢装置对 10kW 燃料电池实时供氢曲线如图 4-88 所示；与实时的水电解制氢装置相匹配，当制氢装置以 33L/min 的产氢速率供氢时，储氢系统在此固定流量下连续吸氢 8h，累积吸氢量超过 14000L。$12Nm^3$ 金属氢化物储氢装置与电解水制氢匹配实时吸氢工作曲线如图 4-89 所示。

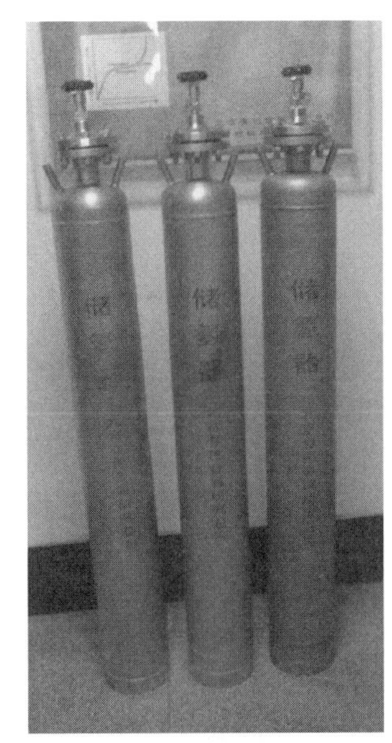

图 4-87　燃料电池应急发电车用单体储氢容量 $12Nm^3$ 金属氢化物储氢装置（图片来源：有研集团）

随着燃料电池寿命的提高和成本的大幅下降，世界各国已开始燃料电池车的商业化进程。受政府政策、公众接受度等多方面因素的影响，以燃料电池客车为代表的商用车在我国将会率先推广应用。而燃料电池客车的推广应用过程，面临严重缺乏加氢站这一关键基础设施的难题。我国城市加氢站的建设面临选址困难、征地成本高、加氢站设备成本高等问题，若采用金属储氢，由于其工作压力低，可实现在制氢现场充装，不需要建设专门的加氢站。燃料电池客车用高压气态储氢与金属储氢主要经济技术指标对比见表 4-28。不考虑加氢站建设的征地和基建成本，采用金属储氢技术方案的综合供氢成本比高压气态储氢低 20% 以上。此外，金属储氢还具有安全性好、供氢纯度高、占用空间小等优点，在重量要求不高的燃料电池商用车领域，具有较好的应用前景。

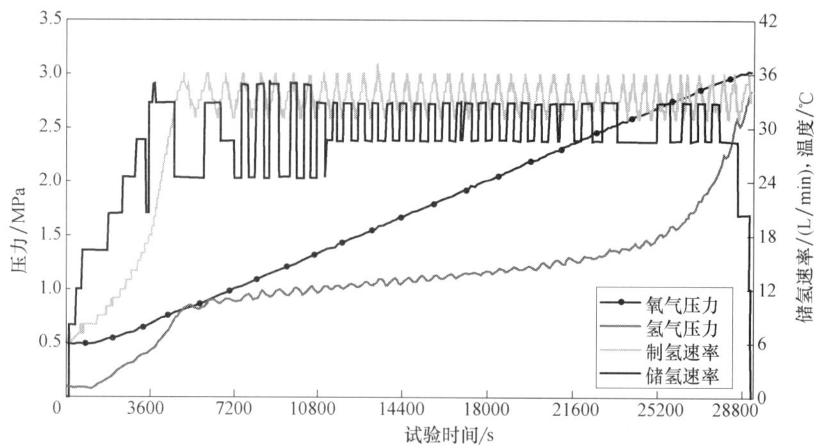

图 4-88　12Nm³ 金属氢化物储氢装置对 10kW 燃料电池实时供氢曲线（数据来源：有研集团）

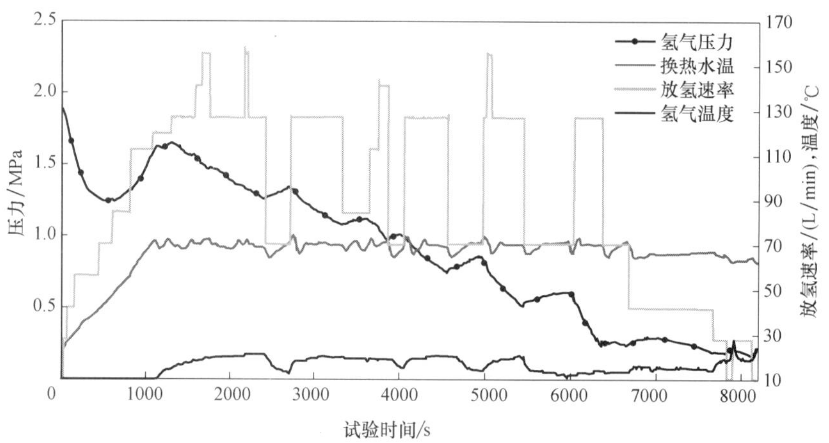

图 4-89　12Nm³ 金属氢化物储氢装置与电解水制氢匹配实时吸氢工作曲线（数据来源：有研集团）

表 4-28　燃料电池客车用高压储氢与金属储氢经济技术指标对比（数据来源：有研集团）

技术经济指标	35MPa 高压气态储氢	金属储氢
重量	375 ~ 500kg （储氢量 15kg，系统储氢密度质量分数 3% ~ 4%）	1200 ~ 1500kg （储氢量 15kg，系统储氢密度质量分数 1% ~ 1.2%）
体积	800L （仅为储氢瓶体积，储氢密度约 18g/L）	300L （仅为储氢瓶体积，储氢密度约 50g/L）
供氢速度	≥ 500L/min	≥ 500L/min（可通过与燃料电池水热耦合利用，提高系统能效）
供氢纯度	取决于充氢氢气品质，一般要求≥ 4N	≥ 5N（可实现对氢气纯化，提高氢气品质）
加氢方式	需建立专门的高压氢气加氢站	制氢现场实时加氢
储氢系统成本	15 万～ 20 万元（储氢量 15kg，包含高压储氢瓶、氢气管路和阀门等）	25 万～ 35 万元（储氢量 15kg，以 100 套 / 年的批量估算）
加氢站成本	设备成本约 1200 万元（不含征地和基建成本，日供氢量 800kg，满足 50 辆燃料电池客车需求）	不需建立专门的加氢站
综合成本	39 万～ 44 万元	25 万～ 35 万元

日本丰田公司于1996年首次将可逆固态储氢系统用于质子交换膜燃料电池电动车，该储氢系统使用100kg的TiMn储氢材料，储氢容量为2kg，单次充氢可行驶250km。2001年，日本丰田汽车公司宣布开发成功新型燃料电池汽车“FCHV-3”（图4-90），使用的储氢方式同样是可逆固态储氢，续驶里程300km，最高车速150km/h[37]。

2015年10月，南非的英帕拉铂金冶炼厂（IMPala Platinum Refineries）将燃料电池与固态储氢装置放入叉车的蓄电池舱室内，制造了两辆基于固态储氢的燃料电池叉车（图4-91），并在厂区内连续运行了3年。这两辆基于固态储氢的燃料电池叉车均表现出了优异的性能，可以满足工业用户的需求，在实际运行过程中，叉车的加氢时间不超过15min，大约充氢1.83kg[39]。

图4-90 日本丰田“FCHV-3”燃料电池汽车（资料来源：丰田公司）

图4-91 基于固态储氢的燃料电池叉车[39]

到目前为止，金属储氢技术最为成功的实用化是在燃料电池AIP（Air Independent Propulsion）潜艇上的应用。德国是最早研究并在潜艇上实际使用燃料电池的国家，德国HDW造船厂制造的以质子交换膜燃料电池为辅助动力的U212型潜艇在1988年开始试航，其供氢系统为金属氢化物金属储氢瓶，储氢材料为TiFe储氢合金，储氢量达到2700～3000kg。如今，德国的U212A型和U214型潜艇已经服役，并出口到韩国、意大利、希腊等多个国家，已生产包括U214在内的近30余艘燃料电池AIP潜艇。德国U212燃料电池AIP潜艇如图4-92所示，金属氢化物金属储氢瓶列于其压力舱外部。U212型潜艇共搭载24个储氢瓶，储氢瓶以环绕方式布置在后段耐压气瓶外部两侧，储氢瓶直径为490mm，长5.3m，重约4.2t，可储存约63kg氢气。

图4-92 德国U212燃料电池AIP潜艇

4.6 车载有机溶质储氢系统

4.6.1 有机液体储氢材料技术简介

美国能源部公布的 2020 年储氢目标为 1L 储氢空间内储存 55g 氢气以上。储存空间包括储氢材料以及整个储氢体系，例如高压储氢中使用的高压罐、液态氢的保温罐，这就意味着为了满足整个储氢体系需要的储氢量，储氢材料的理论储氢量应更高[41]。此外，储氢材料需在温和条件下实现氢的可控释放，这是氢储运技术得以规模化应用的根本。

物理类吸附储氢材料主要通过氢在温和条件下在高比表面积材料表面实现可逆吸脱附，例如碳基储氢材料（活性炭、碳纳米管等）、多孔材料（MOFs、沸石等）、金属有机骨架材料（MOFs）等[42]。虽然一定条件下该类材料可以实现氢的吸附，但室温下的储氢量远低于商业化应用标准而难以大规模应用。

化学吸附类储氢材料主要包括金属氢化物（Mg 基系列等）、金属合金氢化物（$LaNi_5$ 等）、复合配位氢化物（$LiBH_4$ 等）。轻金属氢化物最大容量可达 7.6%（MgH_2），化学氢化物如 $LiBH_4$ 可达 18.5%，$NH_3 \cdot BH_3$ 等体系储氢量可达到 20%，但普遍存在材料循环性能较差的问题[43]。

镧镍合金是现今较为成熟的合金储氢体系，但是储氢量不足 1.5%。钛铁合金目前广泛应用于燃料电池动力潜艇。与其他储氢材料相比，钛铁合金具有储氢密度高（约 1.86%）、脱氢温度低（可在 −30℃脱氢）、成本低廉等特点[44]。但是钛基储氢材料因易形成 TiO_2 致密层而导致难活化，其应用受到严重制约。

另外，对于固体储氢材料来说，分装、运输、储存操作复杂，且不能利用现有的汽油输运和加油设施，是其商业化应用面临的共同问题。

利用液态芳香碳氢化合物作为储氢载体的有机液体储氢技术，氢能够以化合物的形式稳定地存储，且这类化合物具有很高的氢存储量，给长时间存储大量的氢带来了新的方向。

4.6.2 有机液体储氢技术原理介绍

有机液体储氢材料最大特点在于常温下一般为液态，与汽油类似，能够十分方便地运输和储存。实际上这种化合物就是一种氢的载体，在加氢过程中，氢气以化学的方式被加到这种载体中形成稳定的氢化物液体，经过与石油产品相类似的普通储存与运输过程，在到达用户端时，载氢有机液体储氢材料通过催化反应器释放氢气供氢燃料电池使用。经脱氢后，储氢载体再回流到储罐中，并到加氢站置换新的车载氢有机液体储氢[45]。整个过程中完全通过热交换降低能耗，且没有温室气体排放，安全环保。更重要的是，在这些储存与运输的过程中，氢化合物是以一种非常稳定的状态存在，几乎不会有任何能量的损失。现有能源供给基础架构与以有机液体储氢材料为基础的氢能供给设施构想对比如图 4-93 所示。

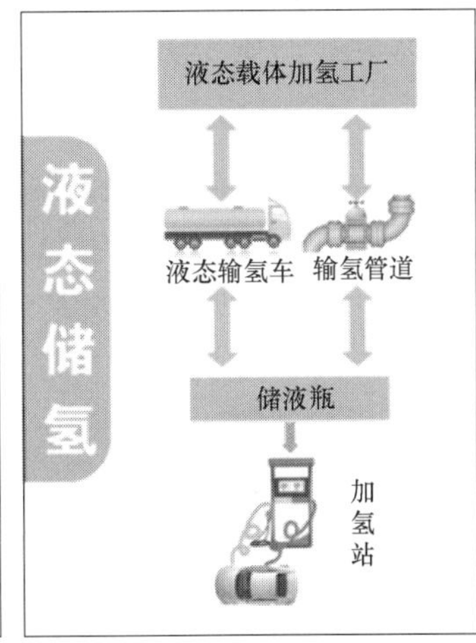

图 4-93　现有能源供给基础架构与以有机液体储氢材料为基础的氢能供给设施构想对比

目前，通过理论计算探索与实验相结合的方式，研究者们已经筛选出了一系列可能的新型有机液体储氢分子。通过催化加氢反应，氢共价结合到有机液体载体分子上；需要氢气的时候通过催化脱氢获得氢气；载体本身不但不会被消耗，而且还可以重新加氢反复循环使用。稠杂环有机液体储氢材料稳定性好，无味无毒，因为该类有机材料具有非常低的蒸气压，在常规条件下检测不到气相，所以其实用性与安全性都很高。可以设想，该种有机液体储氢载体材料的循环加氢和运输过程，完全可以利用现有的石油工业燃料基础设施进行运作，具有非常高的实用价值。

有机液体储氢技术工作原理可分为三个过程：

1）加氢：氢气通过催化反应被加到液态储氢载体中，形成可在常温常压条件下稳定储存的有机液体储氢化合物（此部分可在专门的加氢工厂完成）。

2）运输：加氢后的储氢有机液体通过普通的槽罐车运输到补给码头后，采取类似汽柴油加注的泵送形式，简单、快速地加注到车上的有机液体存储罐中。

3）脱氢：储氢有机液体的脱氢过程在供氢（脱氢）装置中进行。图 4-94 所示为供氢

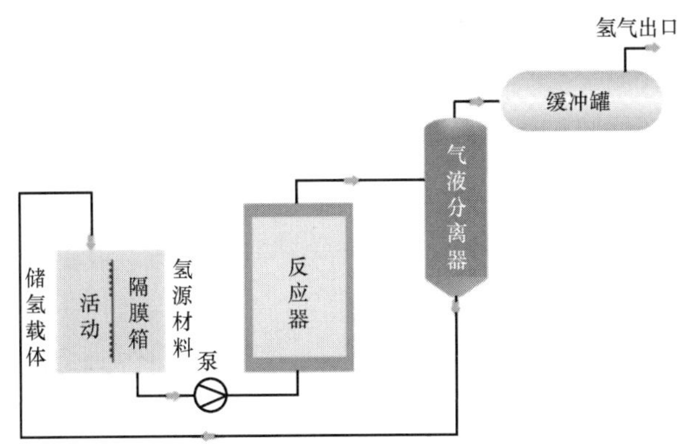

图 4-94　供氢（脱氢）装置工作原理

(脱氢）装置的工作原理，通过计量泵输送至脱氢反应装置，在一定温度条件下发生催化脱氢反应，反应产物经气液分离后，氢气输送至燃料电池电堆，脱氢后的液态载体进行热量交换后进行回收，循环利用。

有机液体储氢材料在使用过程中始终以液态方式存在，可以像石油一样在常温常压下储存和运输，可利用现有汽油输送方式和加油站构架，储运过程安全、高效，未来氢能规模利用的成本大大降低。

4.6.3 有机液体储氢技术研究及车载有机液体供氢系统应用进展

目前设计筛选的新型混合液体储氢材料闪点高达150℃以上，在-20℃以上即为液态，安全性大幅优于汽柴油，可在常温常压下安全高效储存运输，其可逆储氢量最高可达6%（高于美国能源部2020年5.5%的指标，目前国际主流固体储氢技术储氢量大多低于2%）；其储氢体积密度约为60g/L，略低于低温液态氢的储氢密度（约70g/L），但远高于70MPa高压压缩气体的储氢密度（约39g/L）[46]。为之开发的相应的加/脱氢催化体系，在160℃下150min即可实现完全脱氢，氢气纯度高达99.99%以上[47]；在140℃下60min可实现完全加氢。汽油、柴油、有机液体储氢材料加/脱氢后的物理性质见表4-29。

表4-29 汽油、柴油、有机液体储氢材料加/脱氢后的物理性质

能源材料	闪点	熔点	沸点
汽油	-50～-20℃	<-60℃	30～205℃
柴油	>45℃	-50～10℃	180～370℃
液态储氢材料（储氢前）	186℃	-25℃	330～350℃
液态储氢材料（储氢后）	150℃	-40℃	300～320℃

图4-95所示为常温常压储氢氢能汽车工程样车：基于有机液体储氢技术的“泰歌号”。图4-96所示为有机液体储氢供氢技术的燃料电池乘务车样车：星锐燃料电池汽车样车。

图4-95 基于有机液体储氢技术的“泰歌号”（图片来源：氢阳能源有限公司）

图4-96 星锐燃料电池汽车样车（图片来源：氢阳能源有限公司）

事实上，新型有机储氢材料的研究受到全球越来越多的关注。目前，美国、德国、日本等发达国家已广泛开展对新型稠杂环有机储氢材料的研究。据报道，瑞士、日本等国已于2005年前后开始研制有机液体储氢材料脱氢反应器，以解决该技术的工程化应用问题。

日本的研发是基于甲苯等传统有机材料的储氢技术，在甲基环己烷 - 甲苯系统中，氢化反应阶段和运输的效率很高，但脱氢温度过高（>350℃）、存在副产物、脱氢反应阶段的转换率和寿命问题有待解决[48]。近年来，日本已开发出高耐久性、高选择性的脱氢催化剂，并于 2013 年 4 月在试验工厂进行了试验。日本中小企业 Furein 能源公司提出，可以将甲苯的一部分在催化剂的作用下燃烧，以此作为脱氢反应的热源。日本 Sekisui 化学公司和日本 Seiden 公司合作进行商业化，正在考虑把此种有机液体储氢技术应用于船舶氢能输送（澳大利亚至日本）[46]。意大利正在研究用有机液体储氢材料氢化物储氢技术开发化学热泵。瑞士、加拿大和英国等国家正在积极从事将有机液体氢化物储氢技术用于汽车燃料的研究。瑞士已经开发出了两代试验型氢燃料汽车 MTH-1 和 MTH-2，行车试验表明：该储氢系统用于汽车燃料在技术上是完全可行的[44,45]。

德国巴伐利亚州纽伦堡能源研中心最早提出的技术方案，主要是利用有机液体储氢材料为载体，用可再生能源电解水产生氢气并进行储存运输[49]。该中心计划在可再生能源丰富的地区（主要是太阳能丰富的北非和南欧地区）利用可再生能源电解水生成氢气，利用有机液体储氢技术进行储存，最后运回德国使用。为了使得脱氢后的产物在常温下为液体，德国的技术路线是使储氢后的载体部分脱氢，因而降低了实际载氢量[50]。最近，德国爱尔兰根大学研究团队提出利用可以作为导热油使用的二苄基甲苯分子和苄基甲苯等混合体系作为新型液体储氢载体。二苄基甲苯型导热油是由甲苯加成反应生成 3 倍体化合物，且苯环外连有一个甲基的化学结构。其沸点为 390℃，具有较高耐热性和极佳的热稳定性和抗氧化性能[51]。二苄基甲苯对于一般金属和合金并无腐蚀性，且无异味，对操作人员无不良影响。二苄基甲苯型导热油黏度低、蒸气压低（同比其他合成油），凝固点为 -30℃，低温流动性好。然而，目前二苄基甲苯脱氢温度较高（> 250℃），同时需使用大量贵金属铂作为催化剂，且文献报道的催化效率较低。未来如能降低铂金属使用量，同时提高催化效率，则可具有规模化利用价值[52]。

4.7 车载液化氢储存系统

通过以液态储存氢可以改善氢的能量密度。这项技术是在早期太空领域发展起来的。

宝马的 Hydrogen 7 采用双燃料内燃机发动机汽车，能够使用传统燃料和液化氢（LH2）。这使得液化氢（LH2）应用于车载燃料电池供氢系统成为一种可能。

宝马对氢气车辆进行了详细分析，提出安全设计概念，其中包括屏障概念（用于车辆内部携带氢气的管道上的非焊接连接的双壁结构）、冗余关闭和安全阀门。此外，如果车辆保持静止一段时间，还有一个蒸发管理系统（BMS）来调节储氢瓶中的压力[10]。宝马公司液储氢瓶开发如图 4-97 所示。

液化氢（LH2）比给定体积中的气态氢更致密，并且具有更高的能量含量。因此，与压缩气体相比，更多的氢气可以以液体形式储存，从而使车辆具有更长的续驶里程。然而，仍有技术问题需要解决，包括氢气沸腾、氢气液化所需的能量、体积、重量和罐体成本等。氢气蒸发可能是 LH2 车辆存储面临的最大挑战，必须尽量降低成本，提高效率，以及考虑车辆停放在密闭空间时的安全和车辆应用范围。目前，通过使用高质量的真空绝缘来实现液化氢的存储。图 4-98 所示为德国林德公司开发的液储氢瓶结构。

类型	−253℃
形式	双壁
超绝热	高真空带铝箔反光多层保温
气瓶容量	大约8kg
加注时间	<8min
开始汽化	17h
持续时间	9天

注：数据基于半满瓶基础上。

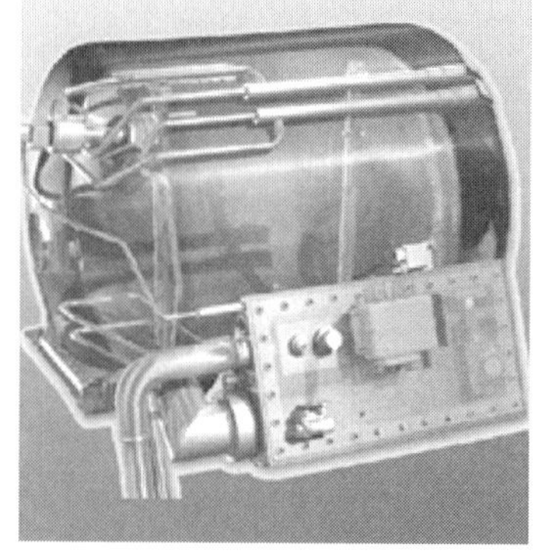

图 4-97　宝马液储氢瓶开发（资料来源：宝马公司）

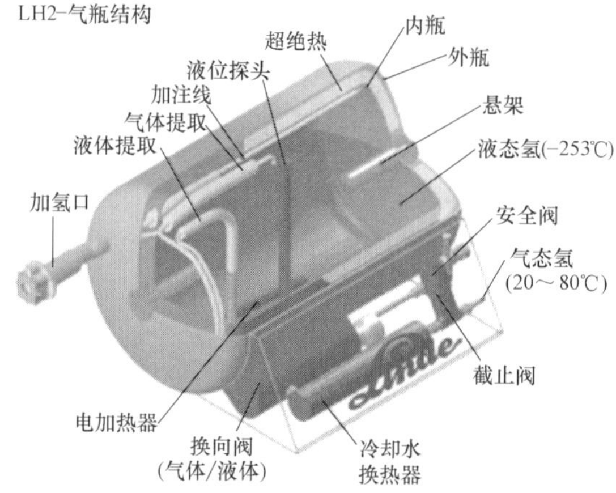

图 4-98　德国林德公司开发的液储氢瓶结构（资料来源：www.Linde.com）

4.8　车载重整制氢系统

甲醇重整制氢的主要设备有重整反应器、催化燃烧器、气体净化处理器、氢储罐等。催化燃烧器为重整反应提供热量，并将废气中所有可燃烧的气体转化为 H_2O 和 CO_2；气体净化处理器用于降低富氢产物中 CO 含量，使其能够用于质子交换膜燃料电池；氢储罐用于存储氢气，以供汽车起步和加速过程中燃料电池对氢燃料的过度需求[2]。

车载甲醇重整制氢的反应条件一般为：反应温度 250 ～ 300℃，反应压力 0.1MPa，CH_3OH 与 H_2O 的摩尔比（1 ∶ 1）～（1 ∶ 1.3）。工业铜基催化剂可用于车载甲醇制氢系统，但存在产物中 CO 含量高和催化剂长期稳定性差的问题。CO 是燃料电池的毒物，它能降低燃料电池电极的活性。为了开发出实用的车载甲醇制氢燃料电池驱动系统，研究者们正在研制其他金属催化剂，改进铜基催化剂的制备方法，探索去除 CO 的转换反应催化剂的改进空间等。

甲醇重整制氢应用于商业化燃料电池车驱动系统还存在成本和性能方面的问题，其中燃料电池催化剂 Pt 因重整氢源含有的 CO 中毒造成的功率下降是面临的挑战之一。如果高活性、抗 CO 中毒催化剂研制成功，甲醇重整生产的富含 H_2 混合气体等便可直接作为 PEMFC 的氢源，这将真正实现甲醇重整技术在 PEMFC 中的应用。

中科院甲醇重整制氢系统如图 4-99、图 4-100 所示。

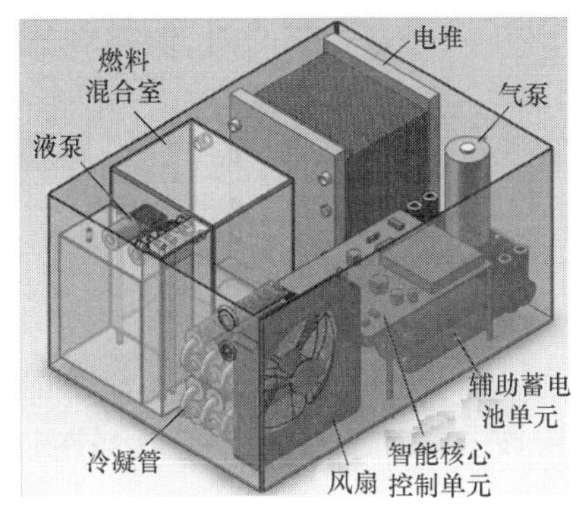

图 4-99　中科院甲醇重整制氢系统结构[53]

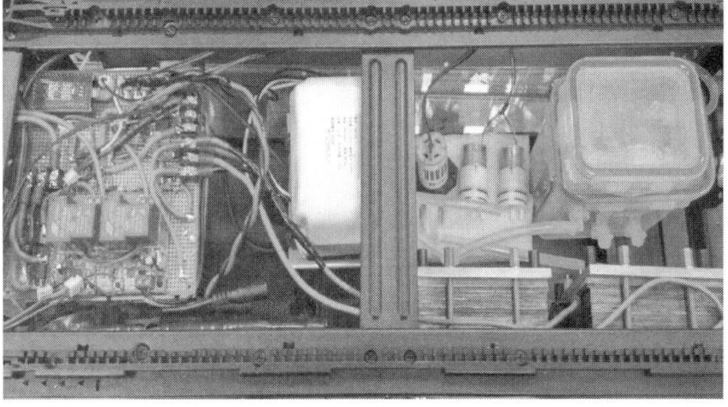

图 4-100　中科院甲醇重整制氢系统[53]

4.9　车载供氢系统氢安全

4.9.1　氢的危险性

氢和其他常用燃料在 298.15 K 和 0.101MPa 时与安全相关的特性总结见表 4-30。

表 4-30　氢和其他常用燃料在 298.15K 和 0.101MPa 时与安全相关的特性[3]

特性	单位	燃料			
		氢	甲烷	丙烷	汽油
可燃下限	%	4.0	5.3	1.7	1.3
爆炸下限	%	18.3	6.3	3.1	1.1
爆炸上限	%	59	13.5	9.2	3.3
可燃上限	%	75	17	10.9	6.0
自燃温度	K	858	810	723	488
最小点火能量	mJ	0.017	0.274	0.240	0.240

这些给出的数据并不是特别明确的、绝对的物理特性，并不是依赖于测量的特性，它无法按照一定的标准程序进行确定［（参考 ISO/TR 15916：2004（E）］。因此，这些数据仅用于进行比较。它们不应当直接被用于氢气加注站或者组件的设计，也不应当被用于安全要求的定义。

在大多数情况下，相比其他燃料，氢的特性都是比较极端的，要么非常低要么非常高。下面的数字展示了密度、在空气中的浮力、在空气中的扩散系数、化学计量比下的点火能量、易燃性范围、化学计量比下的层流燃烧速度、燃烧热和爆轰敏感性等方面的比较。这些数字都是在正常的压力和温度条件下给出的[3]。

氢的密度与其他常见燃料的密度如图 4-101 所示。气态氢的浮力与其他常见燃料的浮力如图 4-102 所示。

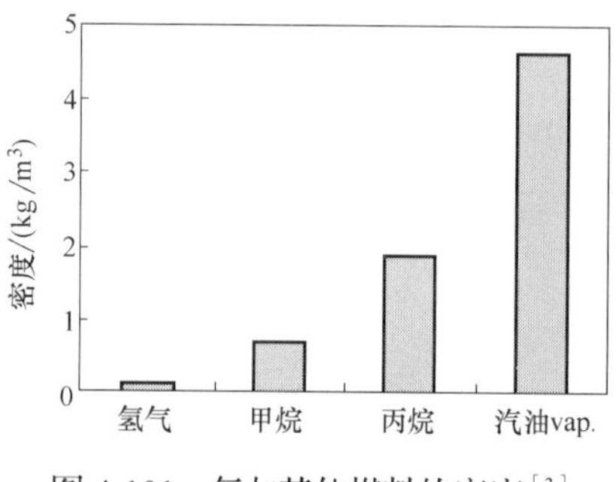

图 4-101　氢与其他燃料的密度[3]

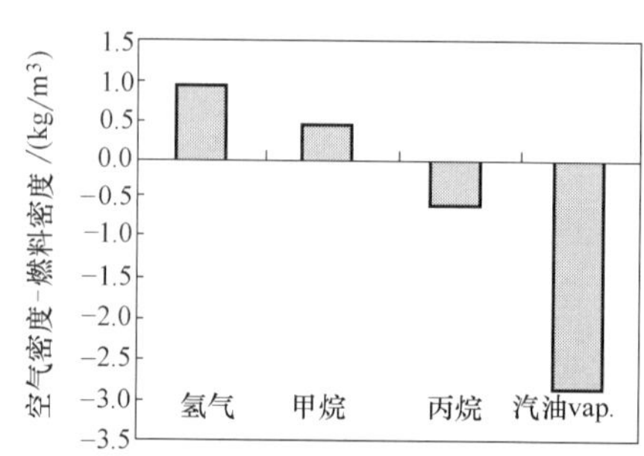

图 4-102　气态氢与其他燃料的浮力[3]

氢的扩散系数与其他常见燃料的扩散系数如图 4-103 所示。在氢与其他常见燃料的化学计量比下的点火能量如图 4-104 所示。

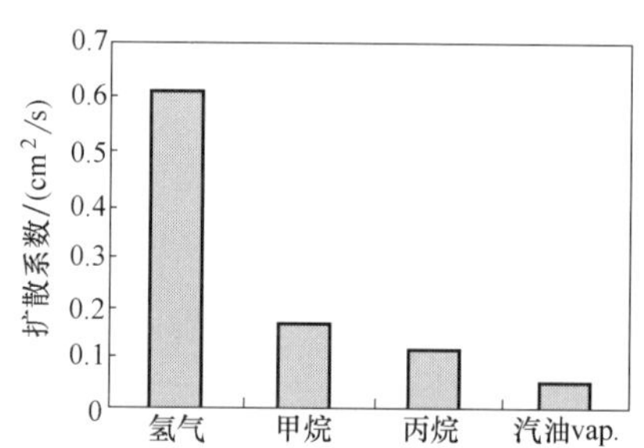

图 4-103　氢与其他燃料的扩散系数[3]

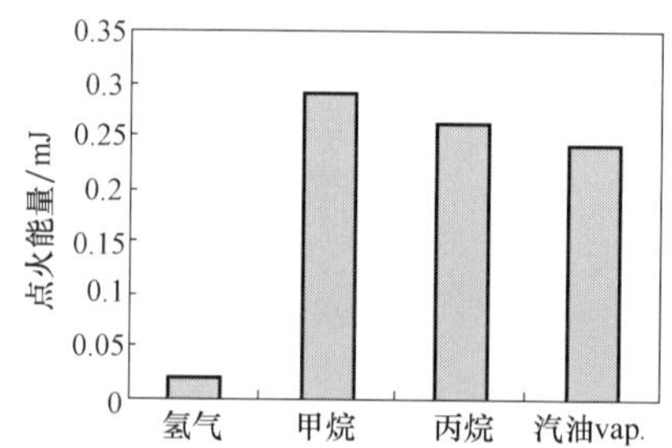

图 4-104　氢与其他燃料的点火能量[3]

氢的可燃范围与其他常见燃料的可燃范围如图 4-105 所示。在氢与其他常见燃料的化学计量比下的层流燃烧速度如图 4-106 所示。

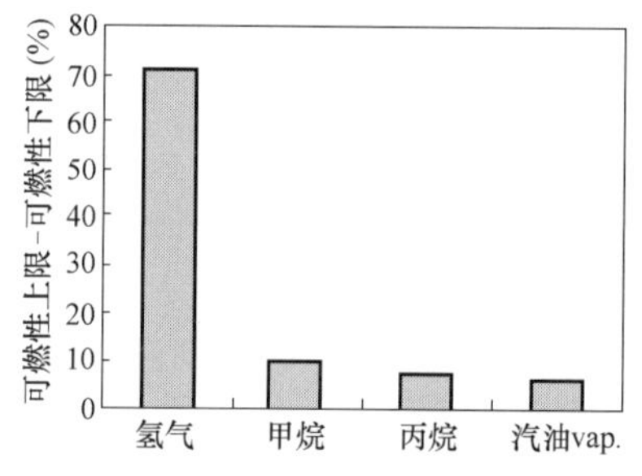

图 4-105　氢与其他燃料的可燃范围[3]

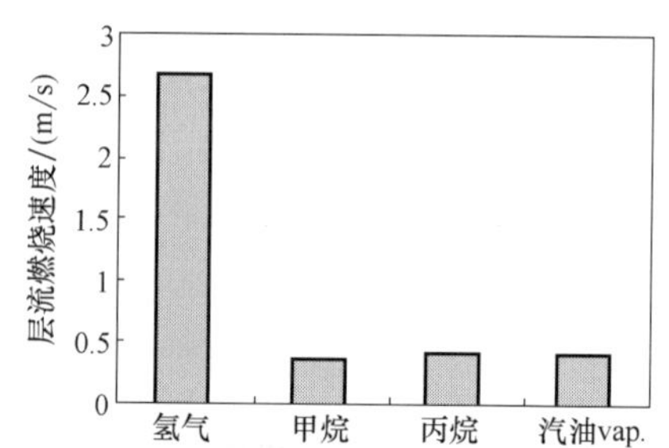

图 4-106　氢与其他燃料的层流燃烧速度[3]

氢与其他常见燃料的燃烧热如图 4-107 所示。在氢与其他常见燃料的化学计量比下的爆轰感度如图 4-108 所示。

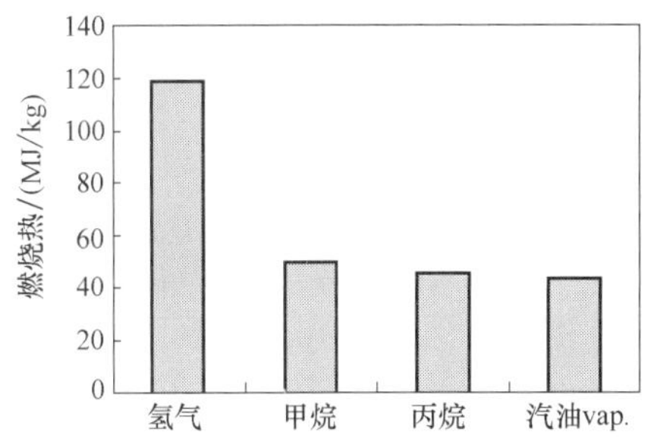

图 4-107 氢与其他燃料的燃烧热[3]

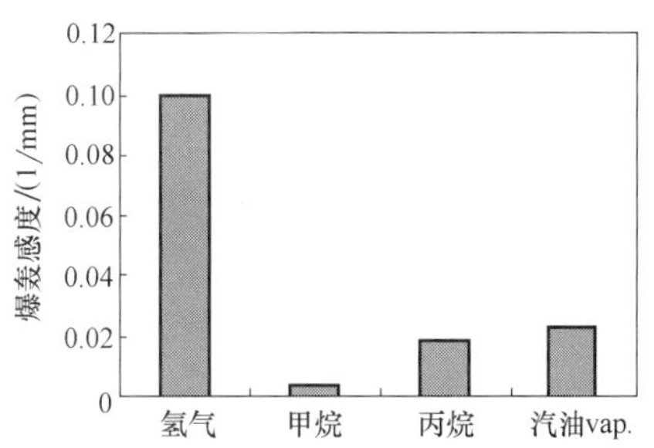

图 4-108 氢与其他燃料的爆轰感度[3]

这些极端特征中的一部分特征是因为在所有的物质中，氢具有最低的原子质量，而与其他气体相比，氢具有最小的分子尺寸。这些极端特征对安全性的影响可能是相互抵消的。例如，很小的分子尺寸会增加泄漏的可能性，也导致它具有非常大的浮力和扩散系数，因此室内泄漏可能会导致氢的积聚，但如果氢是在室外泄漏的话，它会上升并迅速稀释，而不会产生积聚。由此产生的易燃区域是非常小范围的，并且会迅速分散，这将会降低火灾或爆炸的风险。

氢的主要危险是发生火灾和爆炸。氢在空气中极其易燃，而且具有非常宽的可燃极限，在空气中燃烧的体积浓度值为 4% ～ 75%。实际的可燃极限会随着压力、温度、点火能量和水蒸气含量的变化而不同。对于可燃混合物的存在形式，汽油所需的浓度是其 3 倍，但氢消散的速度比汽油蒸气要快大约 10 倍。氢具有很低的点火能量，例如，在空气中，在 30% 的体积浓度下，点火能量低至 0.017mJ，而其他烃类燃料的点火能量为 0.25mJ。然而，在它们较低的可燃极限下（在空气中 4% ～ 5% 的含量），甲烷和氢有非常相近的点火能量，大约都是 10mJ。氢和甲烷的点火和可燃性见图 4-109[3]。

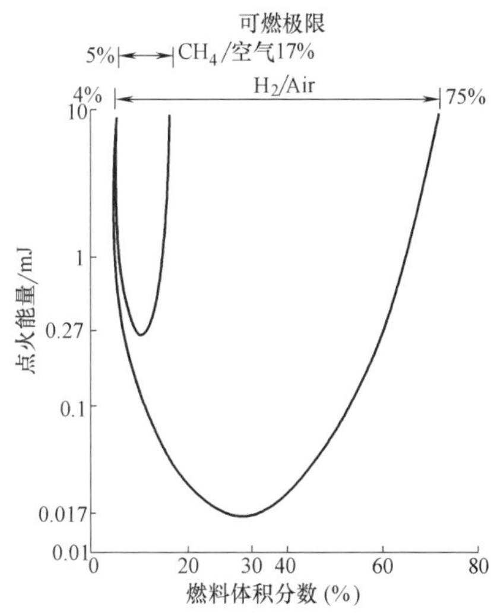

图 4-109 氢和甲烷的点火和可燃性[3]

液态氢在正常沸点下的热膨胀系数是水在室温条件下的 23 倍。低温储存气瓶应当具有足够的空置空间以容纳液体在加热时的膨胀。空置空间不足可导致气瓶的过度加压，或者液体被夹带到输送和排气管路中。

从液态氢相变为气态氢会产生相当大的体积增加，而且当气态氢受热，从正常沸点变为标准温度和压力时会产生另一次渐进的体积的增加。整个过渡的体积比为 845。如果气态氢被完全限制在一个固定的体积内，这种转变可能会导致压力从 0.101MPa 的初始压力变为 172MPa 的最终压力。

恒压下的液体氢的比热是 9.688kJ/kg，比水的 2 倍还多。

综上所述，氢具有以下危险性。

1. 氢气的易燃性

在空气中，氢气的燃烧范围很宽，当氢体积分数为4% ～ 75%时都能燃烧，而其他可燃气体的爆炸极限则窄得多。

2. 氢气的泄漏性

氢是自然界最轻的元素，因此氢气比其他气体或液体更容易泄漏。有数据表明，相对天然气而言，扩散情况下氢气的泄漏率为天然气泄漏率的3.8倍；层流情况下，氢气泄漏率为天然气的1.26倍；湍流情况下，氢气泄漏率为天然气的2.83倍。在燃料电池汽车中，由于氢气泄漏的压力大小以及位置的不同，将直接影响到氢气泄漏的状态。

3. 氢气的扩散性

由于氢气具有更大的浮力以及扩散性，如果发生泄漏，氢气将会迅速扩散。在普通操作环境下，氢气的扩散系数约为0.61cm^2/s，比同样条件下天然气和汽油气的扩散系数都要大。因此在发生泄漏时，泄漏的氢气将向各个方向迅速扩散并降低浓度[40]。

4. 氢脆和氢腐蚀

氢脆是氢原子进入金属后使晶格应变增大，因而降低韧性及延性而引起脆化的现象。氢脆是暴露在氢气中的金属所面临的一个严重问题，这种现象可能会导致金属的机械性能的明显恶化。氢在常温常压下并不会对钢产生明显的腐蚀，但当温度超过300℃和压力高于30MPa时，会产生氢脆这种腐蚀缺陷，尤其在高温条件下。因此在进行氢安全设计时，在氢高压端必须选择合适的材料来避免因氢脆产生的安全风险。

氢腐蚀（hydrogen attack）是指钢暴露在高温、高压的氢气环境中，氢原子在设备表面或渗入钢内部与不稳定的碳化物发生反应生成甲烷，使钢脱碳，机械强度受到永久性的破坏。在钢内部生成的甲烷无法外溢而集聚在钢内部形成巨大的局部压力，从而发展为严重的鼓包开裂。针对那些在大气环境下会出现腐蚀的材料制成的压力气瓶，比如那些用于缓冲储存的气瓶，应当采取一些防腐蚀措施进行保护，应当避免出现会严重影响气瓶的使用寿命以及严重影响疲劳特性的腐蚀。强烈建议在防腐程序中实施良好的定期预防性维护。

车载供氢系统中所有与氢气相关的危险都是由于泄漏。之所以出现这种现象，是因为氢气的性质，以及它很容易出现点火、爆燃的倾向。另外一个可能导致泄漏的危险源是氢脆。此外一定要考虑人的因素，必要时要对人在使用和维护时的不可靠性进行风险评估，充分考虑人在操作过程中未按规范操作的情况。

任何情况下，都要制定关于氢安全的紧急状态处理办法。

4.9.2 氢安全设计

对于车载供氢系统而言，氢安全设计一直是人们关注的重点。

1. 车载供氢系统的氢安全设计

在零部件材料方面，车载供氢系统用于储存氢气的储氢瓶由于氢脆等原因对其要求较高，因此选择合适的材料以及储氢方式对储氢系统的安全至关重要。车载供氢系统不仅应具备过压保护、过流保护、过温保护、低压报警等功能，同时燃料电池汽车上还应装有碰撞传感器，当车辆发生碰撞时碰撞传感器与整车联动，切断整车氢气供应。另外，车辆还应安装氢泄漏检测传感器，当检测到车辆发生氢泄漏时，根据泄漏量的大小提醒驾驶人检查车辆或直接切断氢气供应[54]。

2. 氢泄漏及氢排放安全要求

氢气储存系统可能在事故或故障后释放氢气。在正常排放下，将这些排放物稀释到非危险水平通常是不实际的，因此从压力释放装置（PRD）排放的排放物应被排放到车辆乘员舱、行李舱和货舱外。此外，如果储氢系统位于乘员舱、行李舱或货舱内，则所有来自储氢系统的排放或潜在排放都应指向这些舱外。排气口流动的位置和方向应尽量减少与人（车辆内部和外部）的接触，或减少对车辆或环境的危害[9]。同时，氢排放量应满足国际国内标准及安全要求。

3. 加注安全

氢气加注口应放置在车辆上，加注过程中可能泄漏的可燃气体，不可通过乘员舱、行李舱或其他车内空间直接排放。此外，还应考虑不得将可能在事故中损坏的容器放置在可能被损坏的区域[9]。

在合理可行的范围内，氢气加注口应防止污垢和水的进入，氢气加注口的密封表面应由门、盖或防护帽保护。

氢气加注口连接时应与车辆的导电底盘连接，测量电阻应小于1000Ω。

氢气加注口也应受到保护，防止故障和旋转（如在所有方向上通过正向锁定实现），并且应以这样的方式固定在车上以防止故障。

车辆还应具备以下一项（或两项）条件：当氢气加注口被连接时，车辆不能移动；氢气加注口安装正确，并确保在车辆驶离时，可防止车辆的加注管或连接处发生断裂，并能将加注口与加注枪软管分开。

4. 城市燃料电池客车供氢系统安全等级的划分

按照整车可能发生氢气泄漏的程度、整车电器件及供氢系统相关零部件分布密集程度、环境因素、人为因素，将整车划分四级安全区，详见表4-31。整车安全区域划分如图4-110所示[12]。

表4-31　车载供氢系统安全等级的划分[12]

安全等级	氢气泄漏点聚集程度	电器件密集程度	氢气泄漏扩散程度	人为因素
Ⅰ级安全区	无	无	不易到达此区且易扩散	无接触
Ⅱ级安全区	有	一般	易扩散	不易接触
Ⅲ级安全区	高	较高	易堆积不易扩散	经常接触
Ⅳ级安全区	极高	高	极易堆积扩散困难	经常接触

1）Ⅰ级安全区：发生氢气泄漏后不易扩散到的区域。

① 具体范围：客车车厢内乘客乘坐区域。

② 特点：基本没有氢气泄漏点；发生氢气泄漏后不易扩散到此区域；虽然有部分整车电器仪表在此区域，但没有供氢系统相关零部件。

2）Ⅱ级安全区：氢气泄漏点聚集但是氢气发生泄漏后易扩散到的区域。

① 具体范围：燃料电池客车车顶气瓶组罩内。

② 特点：虽然此区域气瓶聚集，属于氢气高度聚集的区域，但车顶易于氢气扩散，通风效果较好；此区域的结构设计合理，系统结构不易变形；此区域处于车顶，操作人员不会经常对此区域进行操作，出现人为危险因素的可能性很小。

3）Ⅲ级安全区：管路密集区域及氢气泄漏易于堆积的区域。

① 具体范围：供氢系统操控柜舱体内。

② 特点：安装管路、功能零部件密集；氢气可能在泄漏点堆积；有电控模块及供氢系统线束；氢气的充气、窜气在此区域发生；操作人员经常对此区域进行操作，出现人为危险因素的可能性大。

4）Ⅳ级安全区：氢泄漏点密集程度极高且氢气易于堆积、扩散困难的区域。

① 具体范围：燃料电池发动机舱内。

② 特点：氢泄漏点密集程度极高；燃料电池发动机舱内为封闭状态，氢泄漏后极易堆积，扩散困难；电子元器件极为密集，且与氢气接触密切。

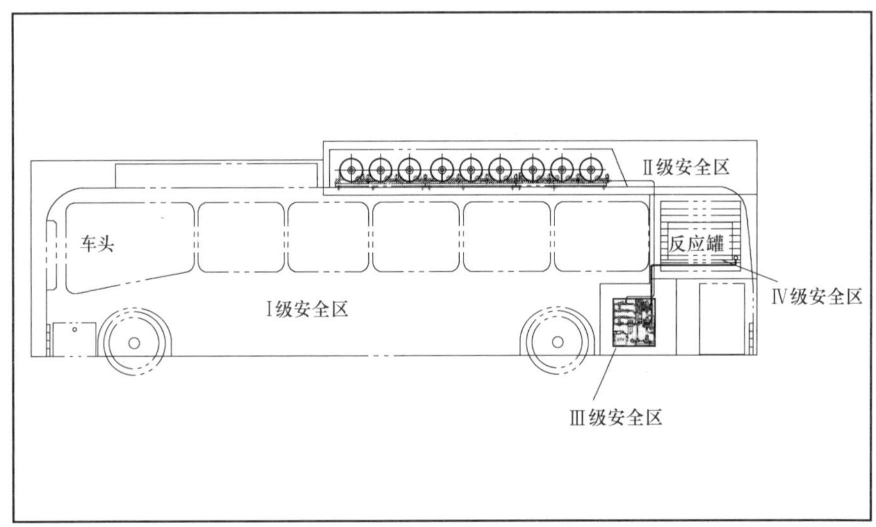

图 4-110　整车安全区域划分[12]

5）按照上述安全等级区域，系统按照压力等级在整车上划分为高压区（15～20MPa）、低压区（0～1.5MPa）、无压区。具体安装位置划分如下：

① 高压区：高压氢气储存及途经区域，工作压力大于 15MPa。具体包括：气瓶组罩、高压管路途经区域、供氢系统操控柜舱体。

② 低压区：低压氢气途经区域，工作压力小于 1.5MPa。具体包括发动机舱内等。

③ 无压区：整车无氢气管路通过区域。具体包括车厢内及车厢外无氢气管路通过区域。

5. 城市燃料客车供氢系统整车安全性安装布置

为了增强供氢系统功能零部件的可操作性和可维修性并易于监测，大部分功能性零部件集中安装于Ⅲ级安全区内，即高压氢气泄漏点密集、氢气易于堆积不易扩散、电器件密集程度高、易产生静电的区域。区域内电器件应选择防水防爆插接件，同时系统总成应有可靠的防静电处理[12]。

1）气瓶罩内。该区域是储气区，属于高压区；虽然此区域气瓶聚集，属于氢气高度聚集的区域，但车顶易于氢气扩散、通风效果较好，因此该区域为Ⅱ级安全区。该区域内有如下系统装置：

① 气瓶并组管：主管为 $\phi16\times2$ 高压不锈钢管路与气瓶支架固定连接，每隔 0.6m 用管线固定卡固定，采用橡胶圈保护，防止管线磨损，支管采用氩弧焊接形式，支管采用 $\phi6\times1$ 高压不锈钢管。

② 气瓶组合阀：气瓶组合阀硬性固定在气瓶支架上，气瓶组合阀与固定支架间垫有橡胶缓冲片，该阀与气瓶之间采用缓冲环减少振动应力损伤；气瓶组合阀电器插接件选用防水防爆插接件。

③ 过流安全保护阀：安装于气瓶罩窗位置，便于维修检验，电器插接件选用防水防爆插接件。

④ 高压管路：高压管路采用高压不锈钢管，从发动机舱百叶窗前车身方管穿过至控制柜舱。穿管位置用橡胶过孔胶圈保护，同时采用玻璃胶密封。

2）发动机舱内。该区域电器密集程度较高，易产生静电，同时属于较封闭腔体。因此在整车安装时，应采用低压进入发动机舱，减少安全隐患。

3）供应系统操控柜。这是整车安装布置中较为重要的部分，该控制柜对供氢系统高度集成，比原分散的安装具有更高的可操作性、可维修性，并易于监测。

控制柜由以下部件集成：充气阀、充气控制阀、充气管路过滤器、供气控制阀、窜气放散控制阀、高压压力表、高压氢气精滤器、高压切断电磁阀、减压器装置、低压氢气监测压力表、高压压力传感器、智能安全控制监测电控模块。

4）系统信息显示界面。安装于驾驶人仪表盘左侧，对通过电子控制模块 ECM 或车载计算机采集处理的系统信息进行显示。驾驶人可以在驾驶过程中了解系统运行状态（剩余气量、减压后压力、系统安全泄漏报警信息、功能件工作状态信息等）。一旦系统发生故障，驾驶人可以直接解读故障信息，了解故障原因，或由系统采用预设的故障处理方式处理。

参考文献

［1］ PUKRUSHPAN J T. Modeling and control of fuel cell systems and fuel processors［J］. Dissertation Abstracts International，Volume：64-02，Section：B，page：0925.;Chairs：Anna Stefanopo，2003，18(3)：594-596.

［2］ 任素贞，刁红敏，宋志玉 . 甲醇重整制氢在燃料电池中的应用［J］. 太阳能，2008(2)：30-33.

［3］ HyApproval WP2. Handbook for hydrogen refuelling station approval：version2.1［EB/OL］. (2008-06-01)［2019-09-01］.
http：//www.hyapproval.org/Publications/The_Handbook/HyApproval_Final_Handbook.pdf.

[4] 约斯 . Matheson 气体数据手册 [M] . 陶鹏万，黄建杉，朱大方，译 . 北京：化学工业出版社，2003.

[5] DOE Hydrogen and Fuel Cell Program Record. On-board hydrogen storge systems-projected performance and cost parameters：record #9017 [EB/OL] .(2010-07-02)[2019-09-01] . https：//www.hydrogen.energy.gov/pdfs/9017_storage_performance.pdf.

[6] YAMASHITA A，KONDO M，GOTO S，et al. Development of High-Pressure Hydrogen Storage System for the Toyota "Mirai"[J/OL] . SAE International，2015 (01)：1169 [2019-09-01] . https：//www.sae.org/publications/technical-papers/content/2015-01-1169/.

[7] 全国汽车标准化技术委员会 . 燃料电池电动汽车术语：GB/T 24548 [S] . 北京：中国标准出版社，2009.

[8] SAE International Surface Vehicle Standard. Standard for fuel systems in fuel cell and other hydrogen vehicles：SAE J2579 [S] .[s.n.]，2013.

[9] SAE International SURFACE VEHICLE RECOMMENDED PRACTICE. Recommended practice for general fuel cell vehicle safety：SAE J2578 [S] . [s.n.]，2014.

[10] U.S. Department of Transportation. Analysis of published hydrogen vehicle safety research：DOT HS 811267 [R] . [s.n.]，2010.

[11] COMMISSION REGULATION (EU). No 406/2010 [S/OL] .[2019-09-01] . https：//eur-lex.europa.eu/LexUriServ/LexUriServ.do?uri=OJ：L：2010：122：0001：0107：EN：PDF

[12] 徐焕恩，任翼 . 燃料电池客车氢供应系统安全设计 [C] . 电动汽车、清洁燃料汽车及汽车环保技术交流研讨会 (上海)，[出版者不详] 2004.

[13] YOUNGLOVE B A，OLIEN N A. Tables of industrial gas container contents and density for oxygen，argon，nitrogen，helium，and hydrogen [J] .[s.n.] 1985.

[14] Attachment 100. Technical standard for fuel systems of motor vehicles fueled by compressed hydrogen gas [S/OL] .[2019-09-01] . http：//oica.net/wp-content/uploads/attachment100.pdf.

[15] 北京伯肯节能科技股份有限公司 . 国家高技术研究发展计划 (863) 计划课题报告：车载氢气供应系统的研发与试制：2006AA11A186[R] .[出版者不详]，2006.

[16] LAW K，ROSENFELD J，HAN V，et al. U.S. Department of Energy hydrogen storage cost analysis [J] . Office of Scientific & Technical Information Technical Reports，2013.

[17] SAE International Surface Vehicle Standard. Standard for fueling protocols for light duty gaseous hydrogen surface vehicles：SAE J2601 [S] . [s.n.]，2016.

[18] NRC Institue for Fuel Cell Innovation. Refuelling of compressed gas cylinders：Gas Temperature Distribution[S] .[s.n.]，2007.

[19] Veenstra M，Hobein B. On-board physical based 70MPa hydrogen storage systems [J/OL] . SAE Int. J. Engines 4(1)：1862-1871. 2011 [2019-09-01] . https：//saemobilus.sae.org/content/2011-01-1343.

[20] 杨卫国，徐焕恩 . 车用压缩天然气复合材料气瓶研制 [J] . 天然气工业，1998(2).

[21] 詹锋，杜军，蒋利军，黄倬 . 储氢技术的研究与开发 [R/OL] .(2001-04-29)[2019-09-01] .

http：//www.newenergy Org.cn/Chinese/meetingpaper/paper 82. html.
[22] 陈长聘，王启东 . 金属氢化物贮氢技术研究与发展 [J] . 太阳能学报，1999.
[23] MOSHER D A，ARENAULT S，TANG X，et al. DOE hydrogen program 2007 annual progress report [R] . [s.n.] 2007：350-353.
[24] 蒋利军，郑强，苑鹏，等 . 金属氢化物储氢装置及其制作方法：200310101758.6 [P] . 2003-10-23.
[25] 詹锋，蒋利军，郑强，等 . 金属氢化物储氢装置：200520127709.4 [P] . 2005-10-08.
[26] 叶建华，李志念，等 . 一种金属氢化物储氢装置：201310629109.7 [P] . 2013-12-02.
[27] 濱纯他 . 自動车技术 [M] . [s.n.]，1991.
[28] 叶建华，李志念，郭秀梅，等 . 一种带有外换热结构的储氢罐：201210566858.5 [P] . 2012-12-25.
[29] TAKEICHI N，et al. " Hybrid hydrogen storage vessel"，a novel high-pressure hydrogen storage vessel combined with hydrogen storage material [J] . International Journal of Hydrogen Energy，2003(28)：1121-1129.
[30] MORI D，et al. Hydrogen storage materials for fuel cell vehicles high-pressure MH system [J] . Journal of the Japan Institute of Metals，2005，69(3)：308-311.
[31] 王常珍 . 冶金物理化学研究方法 [M] . 北京：冶金工业出版社，2002：428-454.
[32] 裴沛，宋西平，惠希东，等 . V-Ti-Cr 系储氢合金吸氢动力学机制研究 [J] . 西安交通大学学报，2008，4(42)：501-504.
[33] Li Q，Chou K C，Lin Q，et al. Hydrogen absorption and desorption kinetics of Ag-Mg-Ni alloys [J] . International Journal of Hydrogen Energy，2004，29：843-849.
[34] 万竟平，彭述明，龙兴贵，等 . Ti-V 合金吸氢动力学研究 [J] . 材料导报，2007，21(8)：247-249.
[35] 林勤，李蓉，叶文，等 . ML-Ni-Co-Mn-Al 合金吸氢动力学 [J] . 金属学报，1996，6(32)：624-628.
[36] Ye J，Jiang L，Li Z，et al. Numerical analysis of heat and mass transfer during absorption of hydrogen in metal hydride based hydrogen storage tanks [J] . International Journal of Hydrogen Energy，2010，35(15)：8216-8224.
[37] 孙大林 . 车载储氢技术的发展与挑战 [J] . 自然杂志，2011，33(1)：13-18.
[38] 张菱育 . 首量挂牌认证氢燃料电池机车台湾上市，享“氢”生活运动 [EB/OL] .（2012-04-13）[2019-09-01] .http：//www.autonet.com.tw/cgi-bin/view.cgi?/news/2012/4/b2040302.ti+a2+a3+a4+a5+b1+/news/2012/ 4/b2040302+/news/2012/4/13+b3+d6+c1+c2+c3+e1+e2+e3+e5+f1.
[39] JOSE B，et al.Application of hydrides in hydrogen storage and compression：chievements，outlook and perspectives [J/OL] . International Journal of Hydrogen Energy，2019 [2019-09-01] .https：//doi.org/10.1016/j.ijhydene.2019.01.104.
[40] 吴兵 . 燃料电池汽车氢安全的研究与设计 [J] . 上海汽车，2013(12)：5-8.
[41] AMROUCHE SO，REKIOUA D，REKIOUA T，BACHA S. Overview of energy storage in

renewable energy systems [J] . International Journal of Hydrogen Energy. 2016, 41(45) : 20914-20927.

[42] CHENG HS, CHEN L, COOPER AC, et al. Hydrogen spillover in the context of hydrogen storage using solid-state materials [J] . Energy & Environmental Science. 2008, 1(3): 338-354.

[43] PEZ GP, SCOTT AR, COOPER AC, et al. Autothermal hydrogen storage and delivery systems : US8003073B2 [P] .2008.

[44] ZHANG Y H, JIA Z C, YUAN Z M, et al. Development and application of hydrogen storage [J] . Journal of Iron and Steel Research (International), 2015(9): 14.

[45] TEICHMANN D, ARLT W, WASSERSCHEID P, et al. A future energy supply based on liquid organic hydrogen carriers (LOHC) [J] . Energy & Environmental Science, 2011, 4(8) : 2767-2773.

[46] AUSFELDER F, BEILMANN C, BERTAU M, et al. Energy storage technologies as options to a secure energy supply [J] . Chemie Ingenieur Technik, 2015, 87(1-2): 17-89.

[47] EBLAGON K M, TAM K, YU K M K, et al. Study of catalytic sites on ruthenium for hydrogenation of N-ethylcarbazole : implications of hydrogen storage via reversible catalytic hydrogenation [J] . J Phys Chem C, 2010, 114(21): 9720-9730.

[48] PREUSTER P, PAPP C, WASSERSCHEID. Liquid organic hydrogen carriers (LOHCs) : toward a hydrogen-free hydrogen economy [J] . Acc Chem Res, 2017, 50(1): 74-85.

[49] SOTOODEH F, SMITH KJ. Analysis of H2 release from organic polycyclics over Pd catalysts using DFT [J] . J Phys Chem C, 2012, 117(1): 194-204.

[50] SOTOODEH F. Hydrogenation and dehydrogenation kinetics and catalysts for new hydrogen storage liquids [D] . Vancouver: The University of British Columbia, 2011.

[51] MÜLLER K, STARK K, EMEL ' YANENKO VN, VARFOLOMEEV MA, ZAITSAU DH, SHOIFET E, et al. Liquid Organic Hydrogen Carriers : Thermophysical and Thermochemical Studies of Benzyl- and Dibenzyl-toluene Derivatives [J] . Industrial & Engineering Chemistry Research, 2015, 54(32): 7967-76.

[52] WULF C, ZAPP. Assessment of system variations for hydrogen transport by liquid organic hydrogen carriers [J] . International Journal of Hydrogen Energy, 2018, 43(26): 11884-95.

[53] 邢巍 . 直接甲醇燃料电池研究进展与瓶颈问题：2018 中国可再生能源学术大会 [C] . [出版者不详], 2018.

第 5 章 燃料电池汽车动力系统

5.1 术语

本章主要术语见表 5-1。

表 5-1 本章主要术语

术语名称	英文名称及缩略词	概念
燃料电池	Fuel cell	将外部供应的燃料和氧化剂中的化学能通过电化学反应直接转化为电能、热能和其他反应物的发电装置
燃料电池电动汽车	Fuel cell electric vehicle，FCEV	以燃料电池系统作为动力源或主动力源的汽车
燃料电池动力系统	Fuel cell power system	包括燃料电池系统、DC/DC 变换器、驱动电机及其控制系统和车载储能装置
电控系统	Electronic control system	对燃料电池系统的所有电子设备进行控制，从整车控制器获得整车对燃料电池系统的要求，如燃料电池输出功率等，通过各类传感器获取控制所需的各项参数，依据储存在 FCU（Fuel cell Control Unit）内部的控制策略，将控制信号发送给各执行器
传感器	Sensor	能感受规定的被测量量并按照一定的规律（数学函数法则）转换成可用电信号的器件或装置，通常由敏感元件和转换元件组成
燃料电池控制单元	Fuel cell control unit，FCU	进行燃料电池系统数据处理的中心，是所有电控功能实现的载体。一般使用具有可扩展性的 MCU（Microcontroller Unit）进行二次开发，把中央处理器（Central Process Unit，CPU）的频率与规格做适当缩减，并将内存（Memory）、计数器（Timer）、USB、A/D 转换、UART、PLC、DMA 等周边接口，甚至 LCD 驱动电路都整合在单一芯片上，形成芯片级的计算机

（续）

术语名称	英文名称及缩略词	概念
动力蓄电池	Traction battery/propulsion battery	为电动汽车动力系统提供能量的蓄电池，也称作动力电池
容量	Capacity	完全充电的蓄电池在规定条件下所释放出的总容量，单位为 A · h
电流	Current	电荷流动产生电流。电芯中的电流是由电子在电线或回路、离子在阴极和阳极之间迁移形成
能量密度	Energy density	从蓄电池的单位质量或单位体积获取的能量，用 W · h/kg、W · h/L 来表示。也称作比能量
功率密度	Power density	从蓄电池的单位质量或单位体积所获取的输出功率，用 W/kg、W/L 表示，也称作比功率或质量比功率
荷电状态	State of charge，SOC	当前蓄电池中按照规定放电条件可以释放的容量占可用容量的百分比
寿命状态	State of health，SOH	SOH 是蓄电池寿命状态的反映，是蓄电池老化状态的判断指标
放电深度	Depth of discharge，DOD	表示蓄电池放电状态的参数，等于实际放电容量与可用容量的百分比
电池管理系统	Battery management system，BMS	电池包内部多个控制单元组成的控制系统。可以实现电池包充放电的管理、检测电池温度和电压、与车辆进行通信、平衡电芯电压，以及电池包的安全管理
蓄电池控制单元	Battery control unit，BCU	控制、管理、检测或计算蓄电池系统的电荷热相关的参数，并提供蓄电池系统和其他车辆控制器通信的电子装置
DC/DC 变换器	DC/DC converter	将某一直流电源电压转换成任意直流电压的变换器（GB/T 19596—2017）
能量管理策略	Energy management strategy	由于匹配了多动力源能量耦合系统，新能源汽车相比传统内燃机汽车在满足整车功率需求时更具有灵活性。为了合理地对多动力源能量耦合系统进行管理，通过设置能量管理控制策略，对多动力源的功率或转矩进行分配，对机械制动和电能量回收进行协调，在保证车辆动力性、安全性及舒适性的基础上，提升系统效率，改善车辆的节能减排性能。通常能量管理控制策略会采用相关算法来实现上述目标
电机	Motor	将电能转变成机械能或将机械能转换成电能的装置，它具有能做相对运动的部件，是一种依靠电磁感应而运行的电气装置
额定功率	Rated power	在额定条件下的输出功率
额定电压	Rated voltage	因为一般电机可以工作在不同的电压下，但电压直接和转速有关，其他参数也相应变化，所以该电压只是一种建议电压
额定转速	Rated speed	在额定功率下电机的最低转速
额定转矩	Rated torque	在额定功率和额定转速下的输出转矩
额定电流	Rated current	在额定电压、额定功率状态下电机工作的电流

（续）

术语名称	英文名称及缩略词	概念
起动电流	Starting current	电机在额定电压、额定频率下起动时的电流
最大转速	Maximum speed	电机在不考虑转矩和功率输出时，可以实现的电机最大输出转速
峰值功率	Maximum power	在规定的持续时间内，电机允许的最大输出功率
电机效率	Motor efficiency	驱动电机输出功率与输入电功率的百分比
传动系统	Transmission system	电动汽车传动系统一般由变速器、差速器和半轴等组成。其基本功用是将电机发出的动力传递给汽车的驱动车轮，产生驱动力，使汽车能以一定速度行驶
变速器	Gearbox	用来改变从电机输出轴到汽车半轴的转速和转矩的机构，它能固定或分档改变输出轴和输入轴传动比
差速器	Differential	能够使左、右（或前、后）驱动轮实现以不同转速转动的机构。主要由左右半轴齿轮、两个行星齿轮及齿轮架组成
半轴	Axle shaft	差速器与驱动轮之间传递转矩的实心轴，其内端一般通过花键与半轴齿轮连接，外端与轮毂连接
传动比	Transmission ratio	变速器从动齿轮的齿数与主动齿轮的齿数之比，或输入轴与输出轴的转速比
传动效率	Transmission efficiency	传动系统输出功率与输入功率之比

5.2 燃料电池动力系统构型

燃料电池动力系统中的二次储能电池可以有多种类型，包括锂离子电池、镍氢电池和超级电容器等。因此，燃料电池动力系统存在多种构型方案，目前常用的燃料电池动力系统构型方案见表 5-2。

表 5-2 常用的燃料电池动力系统构型方案

方案	动力系统构型	是否插电
1	燃料电池	不插电
2	燃料电池 + 动力蓄电池	插电
3	燃料电池 + 动力蓄电池	不插电
4	燃料电池 + 超级电容器	不插电
5	燃料电池 + 动力蓄电池 + 超级电容器	不插电

5.2.1 单一燃料电池构型

单一燃料电池构型只包含燃料电池一个能量源，单一燃料电池动力系统基本结构如图 5-1 所示，包括燃料电池系统、整车控制器、DC/DC、逆变器和电机等部件。汽车的所有功率负荷都由燃料电池承担。燃料电池系统将氢气与氧气反应产生的电能传给驱动电机，驱动电机将电能转化为机械能再传给传动系统，从而驱动汽车前进。

燃料电池输出电压一般比电动汽车动力总线电压要低，特性比较软，即随着输出电流的增加，电压下降幅度比较大，为实现燃料电池输出电压与动力总线电压匹配，就需要一个DC/DC（直流 / 直流）变换器。同时，DC/DC 变换器可以对燃料电池最大输出电流和功率进行控制，起到保护燃料电池系统的目的。

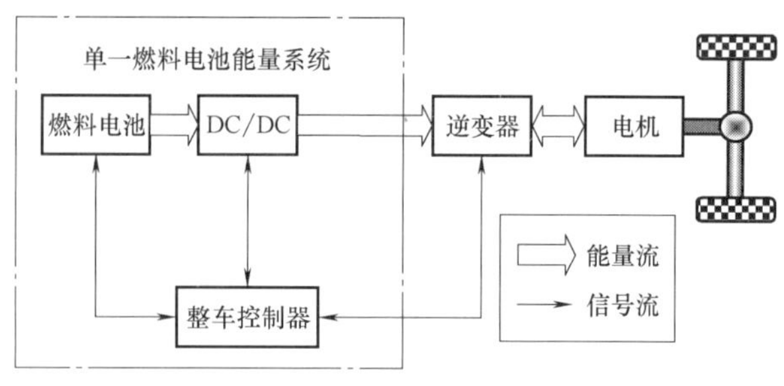

图 5-1　单一燃料电池动力系统基本结构

5.2.2　燃料电池 + 动力蓄电池构型

该种构型有多种分类标准，根据是否插电可分为插电型和不插电型；根据配备的燃料电池和动力蓄电池的功率等级的差异，可分为能量混合型和功率混合型；根据燃料电池是否与直流母线直接连接，可分为直接型和间接型。

1. 不插电型和插电型

不插电型燃料电池 + 动力蓄电池构型动力系统拓扑结构如图 5-2 所示。该动力系统中，燃料电池系统为主要动力源，动力蓄电池配合燃料电池系统进行混合驱动，电能经过电机转化成机械能传给传动系统。加速时，电池组和燃料电池堆共同输出能量，保证整车的加速性能，由于电池组提供了部分能量，减轻了电池堆瞬时加速时的负担，避免阴极“氧气饥饿”现象的发生，可延长电池堆寿命。制动时，电池组回收部分能量，此过程由电池管理系统控制。

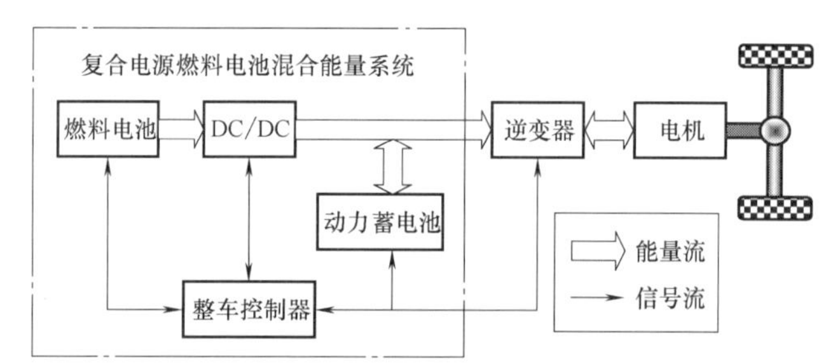

图 5-2　不插电型燃料电池 + 动力蓄电池构型动力系统拓扑结构

其优点包括：燃料电池成本降低，对电池堆动态特性及功率要求降低，启动容易，可靠性高。缺点包括：结构复杂，紧急制动时的能量回收瞬时电流较高，动力蓄电池可能会受到一定损伤。目前这种配置方案应用相对广泛。

插电型燃料电池 + 动力蓄电池构型与传统的插电式混合动力汽车类似，该方案有两种驱动模式，第一种以动力蓄电池为主要动力来源，动力蓄电池外接充电器可以为动力蓄电池充电；第二种是纯燃料电池驱动。燃料电池 + 动力蓄电池动力系统（插电）配置方案如图 5-3 所示。

此方案一方面能够发挥电动汽车低速性能好的特点，解决拥堵造成的车辆起步停车和排放问题；另一方面，适当匹配动力系统结构参数，能够很好地解决燃料电池轿车性能、应用和成本之间的矛盾。

2. 能量混合型和功率混合型

根据配备的燃料电池和动力蓄电池功率等级的差异，燃料电池 + 动力蓄电池构型可分为能量混合型和功率混合型两大类。燃料电池轿车不同动力驱动系统构型的分析和比较见表 5-3。能量混合型燃料电池 + 动力蓄电池混合驱动汽车燃料电池功率较小。在车辆行驶过程中，整车部分功率由燃料电池提供，不足部分由动力蓄电池提供。功率混合型燃料电池轿车在车辆行驶过程中，主动力源为燃料电池，动力蓄电池为辅助动力源，动力蓄电池只是在燃料电池启动、汽车爬坡和加速时提供功率，在汽车制动时能回收制动能量。

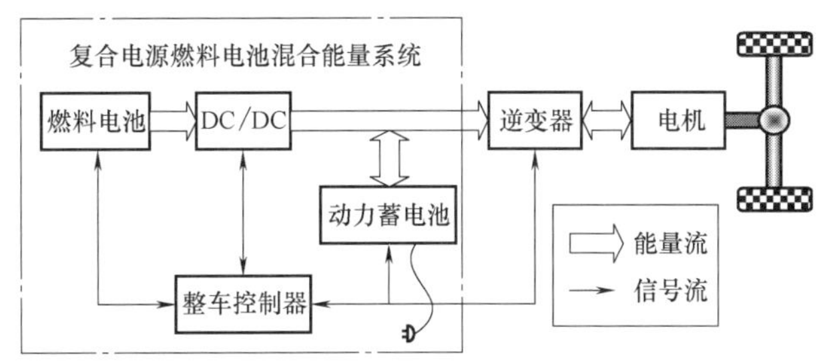

图 5-3　燃料电池 + 动力蓄电池动力系统（插电）配置方案

表 5-3　燃料电池轿车不同动力驱动系统构型分析和比较

动力系统构型	FC 单独驱动	FC+B+DC/DC 功率混合型	FC+DC/DC+B 能量混合型
结构特点	结构简单，无动力蓄电池，无法实现制动能量回馈	结构复杂，动力蓄电池重量、体积较小，能实现制动能量回馈	结构复杂，动力蓄电池重量、体积较大，能实现制动能量回馈
经济性	最差	较优	最优
燃料电池寿命与安全性	当汽车需求功率较大时，燃料电池易发生过载。燃料电池要完全满足动态响应要求，难度很大，燃料电池系统寿命很短	当汽车需求功率较大时，燃料电池发生过载的概率较小，燃料电池系统寿命较长	当汽车需求功率较大时，燃料电池可控制在最高功率点恒功率输出，不发生过载，系统寿命长
整车动力性	满足整车动力性设计要求	满足整车动力性设计要求	满足整车动力性设计要求

（1）能量混合型的 FCEV 的特点

1）燃料电池所提供的功率占整车总需求功率的比例较小。

2）燃料电池只能提供一部分车辆行驶需求功率，不足部分还需其他动力源（如动力蓄电池或超级电容）提供。

3）燃料电池可在系统效率较高的额定功率区域内长时间工作。

4）需配备较大容量的动力蓄电池，故整车重量增加，动力性变差，整车布置空间紧张。

5）每次运行结束后，除要加注氢燃料外，还需用地面电源为动力蓄电池充电。

（2）功率混合型的 FCEV 的特点

1）燃料电池所提供的功率占整车总需求功率的比例较大。

2）燃料电池为主动力源，动力蓄电池或超级电容为辅助动力源。

3）车辆行驶需求功率主要由燃料电池提供，动力蓄电池只是在燃料电池启动、车辆爬坡和加速时提供功率，在车辆制动时回收再生制动能量。

4）可减小动力蓄电池容量，有利于减轻车重，提高车辆动力性。

5）需配备较大功率的燃料电池，故整车成本较高。燃料电池工作状况随车辆工况波动较大。

3. 直接型和间接型

根据 DC/DC 变换器位置的不同，可将动力系统结构分为两大类：直接燃料电池动力系统和间接燃料电池动力系统。

直接型燃料电池动力系统的一种基本结构如图 5-4 所示，它的结构布置特点是燃料电池系统与直流母线直接相连，辅助动力源也直接并入动力母线。在此动力系统拓扑结构中，辅助动力源的存在可以回收制动能量，提高了整车的经济性，降低了燃料电池的功率需求，减少了成本，同时增加辅助动力源也增加了整车储存的能量，增加了续驶里程。

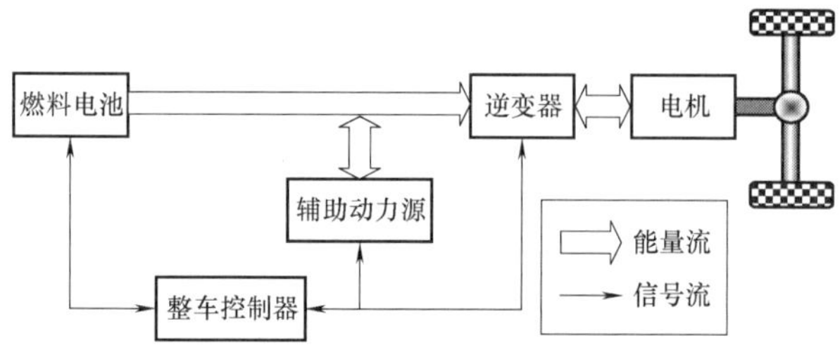

图 5-4　直接型燃料电池动力系统的一种基本结构

直接型燃料电池动力系统的另一种基本结构如图 5-5 所示，辅助动力源通过变换器后接入直流母线。增加 DC/DC 变换器可以降低直流母线对辅助动力源电压的要求，使辅助动力源电压不必再与直流母线电压保持一致。

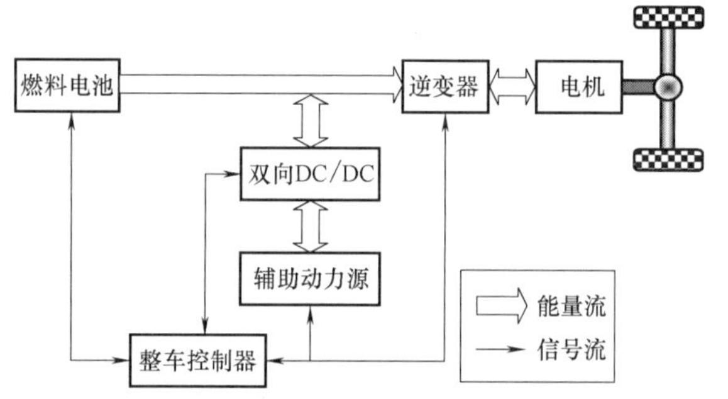

图 5-5　直接型燃料电池动力系统的另一种基本结构

对直接燃料电池混合动力系统而言，燃料电池系统和电机系统的电压匹配存在矛盾：当母线电压过低时，电机系统的功率输出能力差，进而影响了燃料电池最大功率输出能力的发挥；而母线电压比较高时，电机的最大功率输出能力很好，燃料电池则由于电压太高而输出功率较小。

一种典型的间接燃料电池动力系统结构如图 5-6 所示。燃料电池系统通过单向 DC/DC 变换器并入直流母线，燃料电池的端电压就可以通过 DC/DC 变换器的升压或者降压与系统直流母线的电压进行匹配，从而使燃料电池系统功率输出与直流母线的电压之间不存在耦合关系；同时 DC/DC 变换器也可将直流母线电压维持在电机系统的最佳工作范围，提高系统效率。

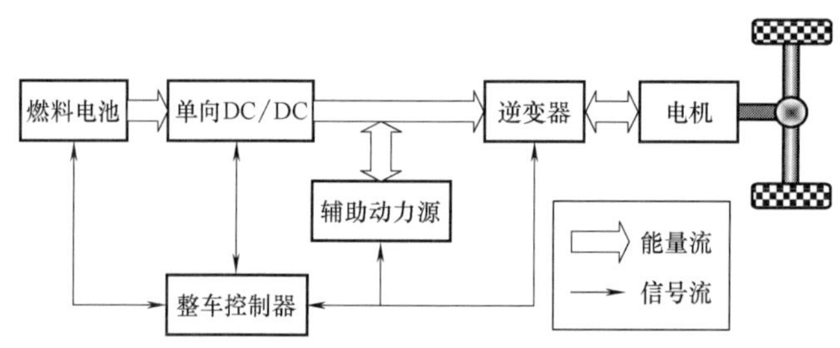

图 5-6　典型的间接燃料电池动力系统结构

5.2.3 燃料电池 + 超级电容构型

燃料电池 + 超级电容混合驱动构型与燃料电池 + 动力蓄电池混合驱动构型类似，燃料电池与超级电容联合方案如图 5-7 所示。其构型特点是把辅助动力蓄电池换成了超级电容。在该动力系统结构中，有燃料电池和超级电容两个动力源。汽车的功率负荷由燃料电池和超级电容共同承担，即燃料电池和超级电容一起为驱动电机提供能量，驱动电机将电能转化成机械能传给传动系统，从而驱动汽车前进。考虑到超级电容的能量密度，该构型的燃料电池电动汽车大多为功率混合型燃料电池汽车，主动力源为燃料电池，超级电容为辅助动力源，超级电容只是在燃料电池启动、汽车爬坡和加速时提供功率，在汽车制动时能回收制动能量。

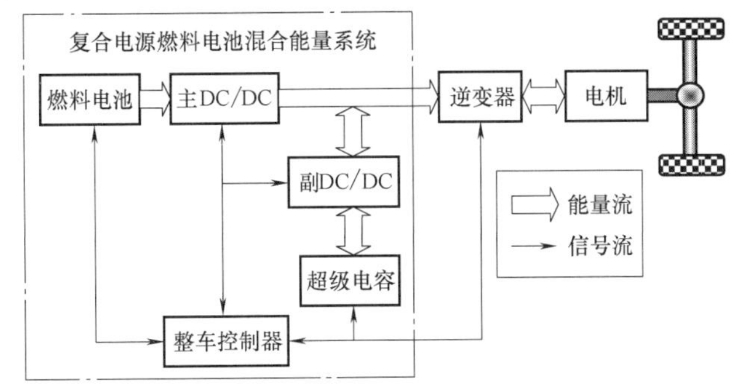

图 5-7 燃料电池与超级电容联合方案

按照电极材料的不同，可以把超级电容分为三类：碳电极双层超级电容、金属氧化物超级电容和有机聚合物超级电容。金属氧化物超级电容的优点是比功率很高，但是价格昂贵，主要用于军事领域；碳材料是商品化超级电容的主要材料，有成本低、单位质量表面积大、技术成熟等优点。

5.2.4 燃料电池 + 动力蓄电池 + 超级电容构型

燃料电池、动力蓄电池与超级电容联合方案如图 5-8 所示。它是在燃料电池与辅助动力蓄电池混合驱动的 FCEV 的电压总线上再并联一组超级电容，用于提供加速或吸收紧急制动的尖峰电流。

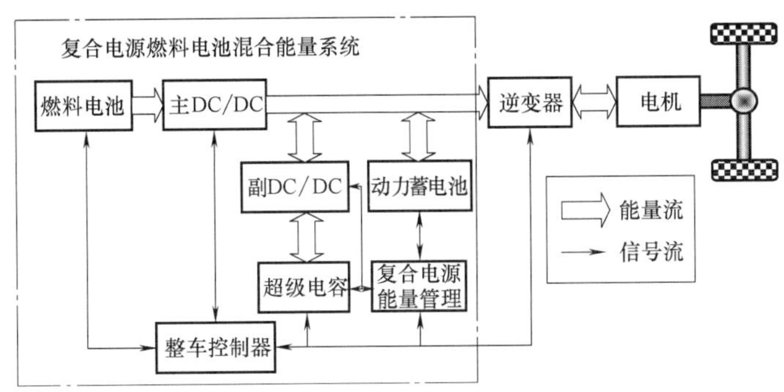

图 5-8 燃料电池、动力蓄电池与超级电容联合方案

三能量源构型特点：燃料电池作为车辆的主能量源，通过主DC/DC与逆变器相连，超级电容与双向DC/DC串联，再与动力蓄电池并联组成复合电源，作为车辆的副能量源。燃料电池与复合电源并联共同为车辆提供能量。在这种构型中，可以为燃料电池和复合电源分别设计控制策略，保证燃料电池能充分发挥其续驶里程长的特点，同时保证燃料电池工作在高效区，其动态响应慢的缺陷能够通过复合电源进行调节。从复合电源子系统来看，经过超级电容的“削峰填谷”作用，动力蓄电池不会出现大电流的充放电情况，可以提高动力蓄电池寿命。

在这种动力系统结构中，燃料电池、动力蓄电池和超级电容一起为驱动电机提供能量，驱动电机将电能转化成机械能传给传动系统，从而驱动汽车前进。在汽车制动时，驱动电机变成发电机，动力蓄电池和超级电容将储存回馈的能量。

燃料电池+动力蓄电池+超级电容混合动力系统与“燃料电池+动力蓄电池”或“燃料电池+超级电容”混合动力系统相比较，具有明显优势，尤其是在部件效率、动态特性、制动能量回馈等方面更有优势。构型特点如下：

1）在采用燃料电池、动力蓄电池和超级电容联合供能时，燃料电池的能量输出更为平缓，随时间变化波动较小。

2）能量需求变化的低频部分由动力蓄电池承担，能量需求变化的高频部分由超级电容承担。各动力源的分工更加明细，使得它们的优势也得到了更好的发挥。

3）可以更加充分地回收制动能量。

4）燃料电池+动力蓄电池+超级电容混合动力控制策略开发难度较大，尤其是在驱动时，由于能量流动自由度多，为了能够充分发挥多能量源系统的输出优势并保证整车动力性与经济性，对整车能量管理策略要求较高。

5.3 燃料电池动力系统关键部件介绍

本节将针对燃料电池动力系统中的关键部件（包括燃料电池、蓄电池、电机和DC/DC等）进行详细介绍。

5.3.1 燃料电池

随着人们对环保和能源问题的关注度日益提升，燃料电池技术得到快速的发展。燃料电池主要可分为以下5种：质子交换膜燃料电池（PEMFC）、碱性燃料电池（AFC）、磷酸型燃料电池（PAFC）、固体氧化物燃料电池（SOFC）以及熔融碳酸盐燃料电池（MCFC）。

1. 质子交换膜燃料电池

质子交换膜燃料电池（PEMFC）的结构组成如图5-9所示。PEMFC由膜电极（MEA）和带气体流动通道的双极板组成。其核心部件膜电极是采用一片聚合物电解质膜和位于其两侧的两片电极热压而成，中间的固体电解质膜起到了离子传递以及分割燃料和氧化剂的双重作用，而两侧的电极是燃料和氧化剂进行电化学反应的场所。

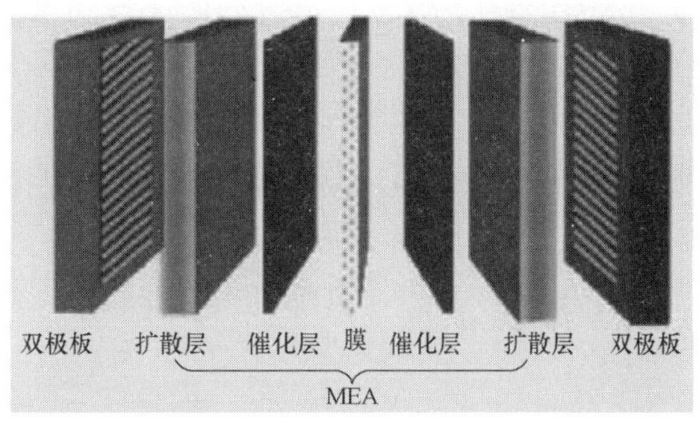

图 5-9 质子交换膜燃料电池（PEMFC）的结构组成

PEMFC 通常以全氟磺酸型质子交换膜为电解质，Pt/C 或 PtRu/C 为电催化剂，氢或净化重整气为燃料，空气或纯氧为氧化剂，带有气体流动通道的石墨或表面改性金属板为双极板。PEMFC 工作时，燃料气和氧化剂气体通过双极板上的导气通道分别到达电池的阳极和阴极，反应气体通过电极上的扩散层到达电极催化层的反应活性中心，氢气在阳极的催化剂作用下解离为氢离子（质子）和带负电的电子，氢离子以水合质子 H^+（nH_2O，n 约为 3 ～ 5）的形式在质子交换膜中从一个磺酸基迁移到另一个磺酸基，最后到达阴极。质子的这种迁移导致阳极出现带负电的电子积累，从而变成一个带负电的端子（负极）。与此同时，阴极的氧分子在催化剂作用下与电子反应变成氧离子，使得阴极变成了带正电的端子（正极），在阳极的负电终端和阴极的正电终端之间产生了一个电压。如果此时通过外部电路将两端相连，电子就会通过回路从阳极流向阴极，从而产生电流；同时氢氧反应生成水。电极反应如下：

阳极：$H_2+2H_2O \rightarrow 2H_3O^++2e^-$

阴极：$O_2+4H^++4e^- \rightarrow 2H_2O$

总反应：$H_2+1/2O_2 \rightarrow H_2O$

PEMFC 以其操作温度低、比能高、启动快等优势被视为电动汽车最具潜力的能量来源之一。经过多年的基础研究与应用开发，质子交换膜燃料电池用作汽车动力的研究已取得实质性进展，微型质子交换膜燃料电池便携电源和小型质子交换膜燃料电池移动电源已达到产品化程度，中、大功率质子交换膜燃料电池发电系统的研究也取得了一定成果。在我国有中国科学院大连化学物理研究所、清华大学、同济大学、武汉理工大学、上海空间电源研究所、上海神力等机构在开展 PEMFC 的研究，并取得了长足进展，跟跑国外先进水平。

2. 碱性燃料电池

碱性燃料电池（AFC）是以碱性溶液为电解质，将存在于燃料和氧化剂中的化学能直接转化为电能的发电装置，是最早获得应用的燃料电池。其电解质必须是碱性溶液，因此得名碱性燃料电池。氢氧化钠和氢氧化钾溶液以其成本低、易溶解、腐蚀性低等优点，成为首选的电解液。催化剂主要用贵金属铂、钯、金、银和过渡金属镍、钴、锰等。1973 年 AFC 成功地应用于阿波罗登月飞船的主电源，使人们看到了燃料电池的诱人前景。AFC 具有启动快、效率高、价格低廉的优点，有一定的发展潜力。其反应式如下：

阳极：$2H_2+4OH^- \rightarrow 4H_2O+4e^-$

阴极：$2H_2O+O_2+4e^- \rightarrow 4OH^-$

总反应：$2H_2+O_2 \rightarrow 2H_2O$

这种电池常用35% ~ 45% 的 KOH 为电解液，渗透于多孔而惰性的基质隔膜材料中，工作温度低于 100℃。该种电池的优点是氧在碱液中的电化学反应速度比在酸性液中大，因此有较大的电流密度和输出功率，但氧化剂应为纯氧，电池中贵金属催化剂用量较大，而利用率不高。目前，此类燃料电池技术的发展已非常成熟，并已经在航天飞行及潜艇中成功应用。国内已研制出 200W 氨 - 空气碱性燃料电池系统，制成了 1kW、10kW、20kW 的碱性燃料电池，20 世纪 90 年代后期在跟踪开发中取得了非常有价值的成果。发展碱性燃料电池的核心技术是避免二氧化碳对碱性电解液成分的破坏，不论是空气中百万分之几的二氧化碳成分，还是烃类的重整气使用时所含有的二氧化碳，都要进行去除处理，这无疑增加了系统的总体造价。此外，电池进行电化学反应生成的水需及时排出，以维持水平衡。因此，简化排水系统和控制系统也是碱性燃料电池发展中的核心技术。

3. 磷酸型燃料电池

磷酸型燃料电池（PAFC）自 20 世纪 60 年代在美国开始研究以来，由于操作温度低、耐 CO 中毒能力强等特点，得到了优先发展，是目前技术成熟、发展最快的燃料电池。

PAFC 是一种以磷酸为电解质的燃料电池。其采用重整天然气做燃料，空气做氧化剂，浸有浓磷酸的 SIC 微孔膜做电解质，Pt/C 做催化剂，工作温度 200℃，是目前单机发电量最大的一种燃料电池。关键材料包括电极材料、电解质材料、隔膜材料和双极板材料。PAFC 的结构如图 5-10 所示。

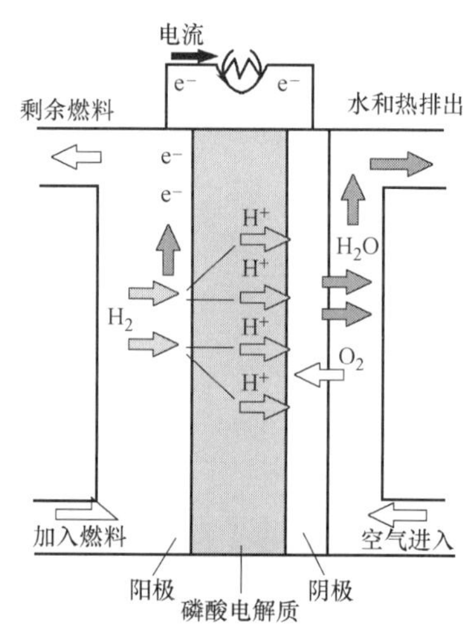

图 5-10　PAFC 结构

反应式如下：

阳极：$2H_2 \rightarrow 4H^+ + 4e^-$

阴极：$4H^+ + O_2 + 4e^- \rightarrow 2H_2O$

总反应：$2H_2 + O_2 \rightarrow 2H_2O$

这种电池的突出优点是贵金属催化剂用量比碱性氢氧化物燃料电池大大减少，还原剂的纯度要求有较大降低，一氧化碳含量可允许达 5%。该类电池一般以有机碳氢化合物为燃料，正负电极用聚四氟乙烯制成的多孔电极，电极上涂 Pt 做催化剂，电解质为 85% 的 H_3PO_4。在 100 ~ 200℃范围内性能稳定，导电性强。磷酸电池较其他燃料电池制作成本低，接近供民用的程度。但是其启动时间较长、余热利用价值低等缺点导致其发展速度减缓。

目前，PAFC 主要用于发电厂，其中分散性发电厂容量为 10 ~ 20MW；中心电站型发电厂装机容量可达 100MW 以上，即使在发电负荷较低时，依然保持较高的发电效率。它还可用于现场发电，就是把 PAFC 直接安装在用户附近，同时提供热和电，被认为是 PAFC 的最佳应用方案。这种方案的优点包括：可根据需要设置装机容量或调整发电负荷，而不会影响装置的发电效率，即使小容量 PAFC 装置也能达到相当于现代大型热电厂的效率；有效利用电和热，传输损失小。

4. 固体氧化物燃料电池

固体氧化物燃料电池（SOFC）的开发始于20世纪40年代，但是在80年代以后其研究才得到蓬勃发展。早期开发出来的SOFC的工作温度较高，一般在800～1000℃；科学家已经研发成功中温SOFC，其工作温度一般在750℃左右；一些科学家也正在努力开发低温SOFC，其工作温度更可以降低至650～700℃。工作温度的进一步降低，使得SOFC的实际应用成为可能。电池中的电解质是复合氧化物，在高温（1000℃以下）时，有很强的离子导电功能。其原理是由于钙、镱或钇等混入离子价态低于锆离子的价态，使有些氧负离子晶格位空出来而导电。目前世界各国都在研制这类电池，并已有实质性的进展。但SOFC在高温下工作也给其带来一系列材料、密封和结构上的问题，如电极的烧结、电解质与电极之间的界面化学扩散以及热膨胀系数不同的材料之间的匹配和双极板材料的稳定性等。这些都在一定程度上制约着SOFC的发展，成为其技术突破的关键因素。SOFC的结构原理如图5-11所示。

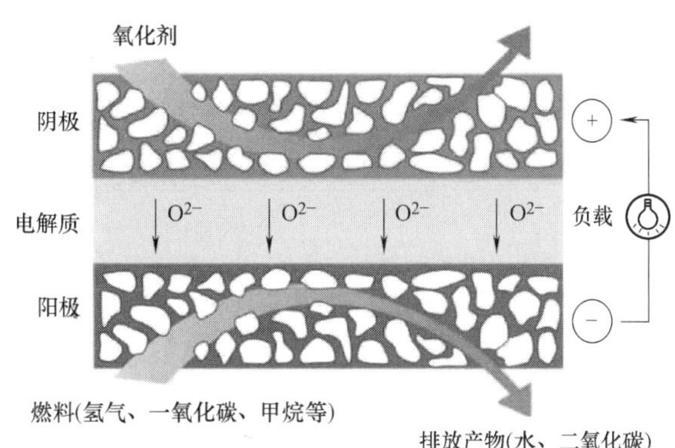

图5-11 SOFC结构原理

反应式如下：

阳极：$2H_2+2O^{2-} \rightarrow 2H_2O+4e^-$

阴极：$O_2+4e^- \rightarrow 2O^{2-}$

总反应：$2H_2+O_2 \rightarrow 2H_2O$

目前，从几十瓦的便携式电源系统到千瓦级的家庭热电联供系统，再到数百千瓦级的分布式电源系统，均已有相对成熟的产品进入市场。产品的功能性和适应性也越来越强，它们的发展已经进入降低成本、提高产品功能以适应具体环境的新阶段。

5. 熔融碳酸盐燃料电池

熔融碳酸盐燃料电池（MCFC）是由多孔陶瓷阴极、多孔陶瓷电解质隔膜、多孔金属阳极和金属极板构成的燃料电池。

其电解质是熔融态碳酸盐，一般为碱金属Li、K、Na、Cs的碳酸盐混合物，隔膜材料是$LiAlO_2$，正极和负极分别为添加锂的氧化镍和多孔镍。MCFC工作原理如图5-12所示。

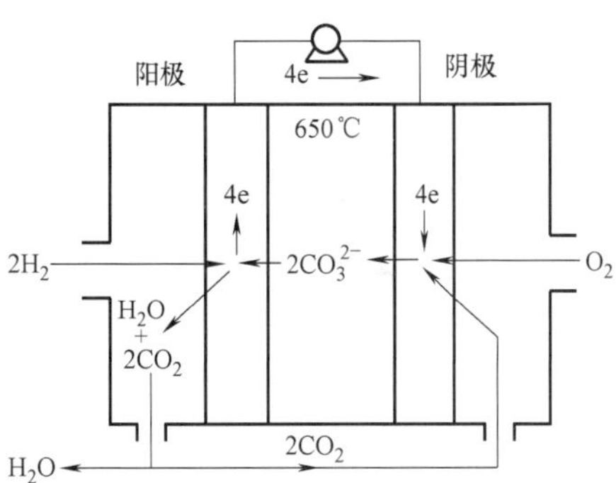

图5-12 MCFC工作原理

反应式如下：

阳极：$H_2+CO_3^{2-} \rightarrow H_2O+CO_2+2e^-$

阴极：$CO_2+1/2O_2+2e^- \rightarrow CO_3^{2-}$

总反应：$H_2+1/2O_2 \rightarrow H_2O$

MCFC的优点在于工作温度较高（650～700℃），反应速度较快；对燃料的纯度要求相对较低，可以对燃料进行电池内重整；不需贵金属催化剂，成本较低；采用液体电解质，较易操作。不足之处在于，高温条件下液体电解质的管理较困难，长期操作过程中，腐蚀和渗漏现象严重，缩短了电池的寿命。

5.3.2 蓄电池

燃料电池在使用中具有动态响应较慢、使用寿命短的缺点，在实用化的燃料电池汽车中，燃料电池往往与蓄电池搭配使用。蓄电池的动态响应特性好，功率密度高，可以有效弥补燃料电池的不足，同时能够满足制动能量回收的要求。目前可用于燃料电池动力系统的蓄电池种类主要有镍氢电池、锂离子电池，同时处于实验阶段的电池主要有锂硫电池和锌空气电池等，其中，同属锂离子电池的磷酸铁锂电池和三元锂电池在工程实践中应用较多。

1. 镍氢电池

镍金属氢化物蓄电池简称镍氢电池，是 20 世纪 90 年代后逐渐发展起来的一种车用动力蓄电池。镍氢电池正极的活性物质为 NiOOH（放电时）和 $Ni(OH)_2$（充电时），负极的活性物质为 H_2（放电时）和 H_2O（充电时），电解质采用 30% 的氢氧化钾溶液，电化学反应如下：

正极：
$$Ni(OH)_2+OH^- -e^- \underset{放电}{\overset{充电}{\rightleftharpoons}} NiOOH+H_2O$$

负极：
$$H_2O+e^- \underset{放电}{\overset{充电}{\rightleftharpoons}} \frac{1}{2}H_2+OH^-$$

镍氢电池一般做成圆柱形密封电池，包括正极板、负极板、隔板、安全排气孔等组成部分。正极板的材料为 NiOOH，负极板的材料为储氢合金。当镍氢电池过充电时，金属壳内的气体压力将逐渐上升。当该压力达到一定数值后，顶盖上的断点防爆结构打开，因此可以避免电池因气体压力过大而爆炸。

镍氢电池的主要技术特点如下：

1）镍氢电池使用氢氧化镍作为电池正极，储氢合金作为电池负极，例如钒、钛、镍等，不含剧毒物质，回收价值高，回收难度小，基本可全部回收再利用，有利于可持续发展。但是镍氢电池成分中含有稀土元素，在电池全寿命周期中对环境的破坏相较于锂电池更大。

2）镍氢电池比热容较高，能量密度较小，在发生短路、穿刺等极端情况时电池温升小、不会燃烧。同时镍氢电池对于过充、过放的耐受性好，相比于锂电池更为安全。

3）镍氢电池的能量密度一般为 70 ～ 95W · h/kg，能量密度不及锂电池，镍氢电池组在重量上要大于锂电池。

4）镍氢电池的单体电压一般为 1.2V，而锂电池的单体电压一般为 3.6V，为达到相同的电压需要串联更多的镍氢电池单体，对于电池组的设计、管理要求更高。

5）镍氢电池存在较小的记忆效应，当电池发生浅充浅放时，会导致电池的可用容量降低，影响电池寿命。

6）镍氢电池自放电效应较为严重，可达 20%/ 月，车辆长期停放后容易出现电量不足的情况。

2. 磷酸铁锂电池

磷酸铁锂蓄电池可简称为磷酸铁锂电池，是一种使用磷酸铁锂作为电池正极材料、负极使用石墨或碳的锂离子蓄电池，目前被广泛运用于燃料电池汽车中。磷酸铁锂电池的工作原理为：在对其进行充电时，正极上分解生成锂离子，锂离子通过电解质进入电池负极，嵌入负极碳层的微孔中；在放电过程中，嵌在负极微孔中的锂离子又运动回正极。

其电化学反应如下：

正极：$LiFePO_4 \underset{放电}{\overset{充电}{\rightleftharpoons}} Li_{1-x}FePO_4 + xLi^+ + xe^-$

负极：$xLi^+ + xe^- + 6C \underset{放电}{\overset{充电}{\rightleftharpoons}} LiC_6$

其主要技术特点如下：

1）能量密度相较于镍氢电池高得多，可以达到 130W·h/kg，能有效减小电池组的重量和体积，但是不及三元锂电池。

2）不含重金属与稀有金属，无毒、无污染，较为绿色环保。

3）磷酸铁锂电池的高温耐受性较好，其内部材料在高温下更为稳定，因此磷酸铁锂电池的高温安全性相较于三元锂电池更好。

4）磷酸铁锂电池循环寿命长，可达 2000 次以上，且在整个寿命周期内电池衰减较为平缓。

5）无记忆效应。

6）自放电率低，一般低于 5%/月。

7）低温性能差，在冬季低温天气下使用会导致电池容量以及充放电性能的大幅下降。

3. 三元锂电池

三元锂离子蓄电池简称三元锂电池，采用镍钴锰酸锂［Li（NiCoMn）O_2］即三元复合材料作为电池正极，是近几年来发展十分迅速的一种锂聚合物蓄电池，在目前的车用动力电池中已经占据半壁江山。其电化学反应如下：

正极：$Li(Ni_xCo_yMn_{1-x-y})O_2 \underset{放电}{\overset{充电}{\rightleftharpoons}} Li_{1-x}(NiCoMn)O_2 + xLi^+ + xe^-$

负极：$xLi^+ + xe^- + 6C \underset{放电}{\overset{充电}{\rightleftharpoons}} LiC_6$

三元锂电池的正极三元材料指 Co、Ni、Mn 三种元素，其中 Co 元素可以有效减少阳离子混合占位，有利于层状结构的稳定；Ni 元素可以有效提高材料的容量；Mn 元素既可以显著降低材料的成本，也可以提高材料的安全性和稳定性。

三元锂电池的主要技术特点如下：

1）能量密度可以达到 200W·h/kg 以上，高于镍氢电池和磷酸铁锂电池，可以较容易地实现大容量电池组的搭建。

2）三元锂电池的低温性能较好。在低温下三元锂电池的容量效率和能量效率均优于磷酸铁锂电池，这是因为三元锂电池的正极材料在低温下活性高于磷酸铁锂，且三元锂电池的内阻略大于磷酸铁锂电池，在低温下放出的热量较大，可以使电池保持更高的温度。

3）三元锂电池的循环寿命高于镍氢电池，但低于磷酸铁锂电池。目前较为优秀的三元锂电池循环寿命可以达到 1800 次以上。三元锂电池的寿命衰减呈现先缓后急的趋势，在循环次数较少时容量衰较慢，而达到一定程度后衰减较快。

4）三元锂电池的高温耐受性较差，其材料中含有活性材料钴，在 180~200℃时三元材料容易发生分解，发生胀气和燃烧，安全性能较差，对于电池热管理的要求更高。

5）不含重金属与稀有金属，无毒、无污染，较为绿色环保。

6）无记忆效应。

7）自放电率低，一般低于 5%/ 月。

4. 锂硫电池

锂硫蓄电池（简称锂硫电池）是一种新型的二次电池种类，其使用单质硫作为正极，金属锂作为负极。硫正极的电极反应过程包括硫的多步氧化还原反应和多硫化物的复杂相变过程。放电时，负极锂失去电子变为锂离子，正极 S_8 首先溶解于电解液形成 S_8（l)，然后反应生成长链的多硫化物 Li_2S_8、Li_2S_6，随着硫被进一步还原，长链的多硫化物断裂成较短链的 Li_2S_4、Li_2S_2，放电最终产物为 Li_2S。其电化学反应如下：

正极：$8Li_2S \underset{放电}{\overset{充电}{\rightleftarrows}} S_8 + 16Li^+ + 16e^-$

负极：$16Li^+ + 16e^- \underset{放电}{\overset{充电}{\rightleftarrows}} 16Li$

其主要技术特点如下：

1）材料储量丰富，廉价易得，容易实现较低的成本。

2）锂硫电池的理论能量密度可达 2600W · h/kg，远远高于锂电池能量密度。目前有记载的实际锂硫电池能量密度已经达到了 500W · h/kg，可以大大减小电池组的体积和重量。

3）锂硫电池的单体电压为 2.5V 左右。

4）锂硫电池在现有技术情况下的自放电效应较为严重，可达每月 8% ~ 15%。

5）锂硫电池的循环寿命较低，一般在 1000 次以下，目前已有实验室实现 1500 次的循环寿命。

6）锂硫电池目前存在一定的安全问题，其正极的 S 和 Li_2S 密度差异较大，在循环中容易导致电池体积膨胀；负极随着循环的进行会形成锂枝晶，刺破隔膜，造成电池短路。

5. 锌空气电池

锌空气蓄电池（简称锌空气电池）是金属空气蓄电池的一种，主要由空气电极、锌电极、电解液和隔膜组成，以空气中的氧气作为正极活性物质，金属锌作为负极活性物质，使用碱性电解液。空气中的氧通过空气电极的防水透气层扩散到催化层，在催化剂与电解液的界面上发生电化学还原反应，同时锌电极进行电化学氧化反应，产生电流。其电化学反应式如下：

正极：$Zn+2OH^- = ZnO+H_2O+2e^-$

负极：$O_2+2H_2O+4e^- = 4OH^-$

其主要技术特点如下：

1）锌空气电池的理论能量密度达 1350W · h/kg，目前实际的能量密度为 250 ~ 300W · h/kg，能量密度较高。

2）材料成本低，无毒无污染，且循环产物为氧化锌，可实现完全的回收利用。

3）自放电小，在电池不工作时可通过封闭空气入口使反应停止。

4）在电池工作过程中，锌电极会不断地被氧化成氧化锌，需要定期更换锌电极才能继续使用。目前也有使用锌膏的锌膏循环式锌空气电池，将锌膏作为电池负极，通过锌膏的循环流动实现锌的补充。

5.3.3 电机

电机在燃料电池汽车中承担了驱动车辆的任务，因此驱动电机需要具有响应迅速、调速范围宽、起动转矩大、后备功率高、效率高的特性，同时要求可靠性高、耐高温及耐潮、结构简单、成本低、维护简单、适合大规模生产。可用于燃料电池汽车的驱动电机种类主要有直流电机、交流异步电机、永磁同步电机和开关磁阻电机，其中交流异步电机和永磁同步电机应用较多。目前还在研究阶段的电机种类有非晶电机、记忆电机等。

1. 直流电机

直流电机由定子和转子组成，如图 5-13 所示。定子的主要作用是产生磁场，由机座、主磁极、换向极、端盖、轴承和电刷装置等组成；转子的主要作用是产生电磁转矩和感应电动势，由转轴、电枢铁心、电枢绕组、换向器和风扇等组成。直流电机的工作原理为：将直流电源通过电刷接通电枢绕组，使电枢导体有电流流过。电机内部有磁场存在，载流的转子（即电枢）导体将受到电磁力 f 的作用，$f=Bli_a$（左手定则）。所有导体产生的电磁力作用于转子，使转子以 n（r/min）旋转，以便拖动机械负载。

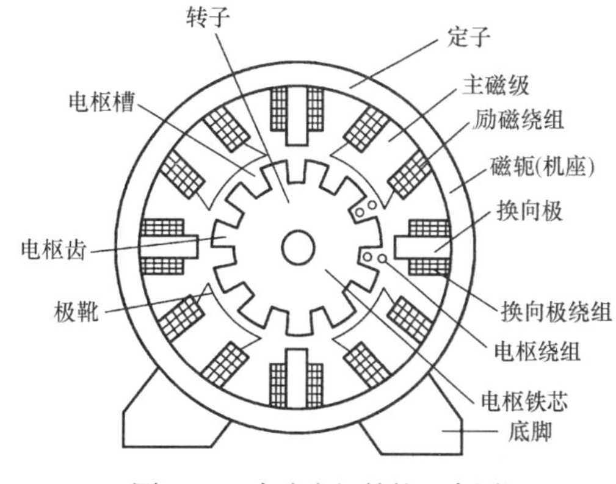

图 5-13 直流电机结构示意图

（1）直流电机优点

1）结构简单，具有优良的电磁转矩控制特性，可实现基速以下恒转矩、基速以上恒功率，可满足汽车对动力源低速高转矩、高速低转矩的要求。

2）可频繁快速启动、制动和反转；调速平滑、无级、精确、方便，范围广。

3）抗过载能力强，能够承受频繁的冲击负载。

4）控制方法简单，只需要用电压控制，不需要检测磁极位置。

（2）直流电机缺点

1）工作效率较低。

2）设有电刷和换向器，高速和大负荷运行时换向器表面易产生电火花，不宜在多尘、潮湿、易燃易爆的环境中使用，可靠性较低，对维护的要求较高。

由于以上缺点，直流电机目前在燃料电池汽车中已基本被淘汰。

2. 交流异步电机

交流异步电机又被称为感应电机，使用交流电进行驱动，其工作原理如图 5-14 所示。交流异步电机工作时，交流电通过定子产生一个旋转的磁场，使转子切割磁感线，产生感应电动势，从而在转子导体中产生感应电流。转子导体的电流在旋转磁场的作用下，受到力的作用而使转子旋转，从而实现电能和机械能的转变。其在工作时需要旋转磁场和转子导体发生相互运动以切割磁感线，因此转子的转速总是小于磁场的转速，故称为异步电机。磁场的旋转不是通过机械方式实现，而是通过交流电实现的，因此电机中不需要电刷，从而规避了直流电机遇到的问题。

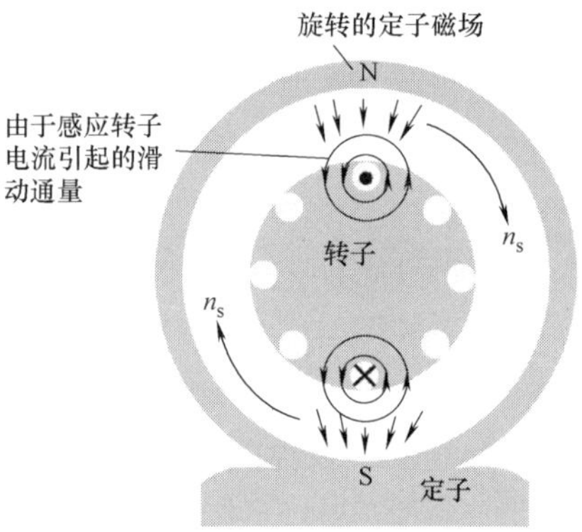

（1）交流异步电机优点

1）结构简单，运行可靠耐用，维修方便。

2）与同功率的直流电机相比效率更高，质量减轻约 50%。

3）转矩脉动低，噪声低。

图 5-14　交流异步电机工作原理

（2）交流异步电机缺点

1）功率因数较低，运行时还需要变频器提供额外的无功功率来建立磁场，降低了电机的效率和功率密度。

2）控制系统相比直流电机更为复杂，在一定程度上增加了电机的成本。

3. 永磁同步电机

永磁同步电机的结构如图 5-15 所示，与交流异步电机基本一致，主要区别在于永磁同步电机的转子中安装有永磁体进行励磁，在定子产生的旋转磁场带动下，由于磁拉力的作用进行同步旋转。其工作时不需要切割磁感线，转子与磁场同步旋转，故称为同步电机。永磁同步电机工作时，通过向定子绕组中通入交流电产生旋转磁场。由于转子上布置有永磁体，永磁体的磁极是固定的，依据磁极的同性相吸、异性相斥的原理，在定子中发生的旋转磁场会带动转子进行旋转，实现转子的转速与定子中发生的旋转磁极的转速持平。

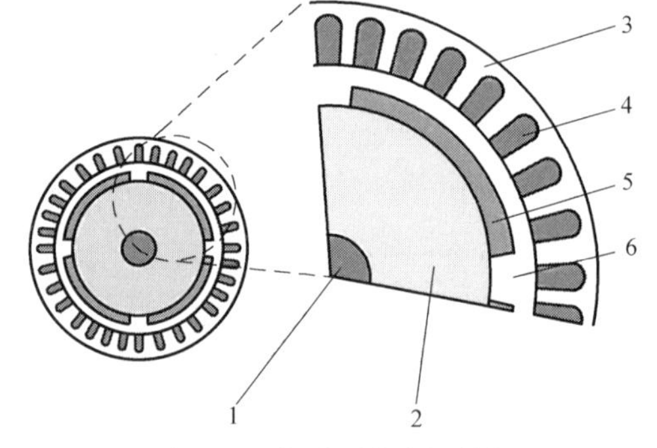

图 5-15　永磁同步电机结构

1—输出轴　2—铁心　3—定子

4—定子绕组　5—永磁体　6—气隙

（1）永磁同步电机优点

1）气隙磁密度大于其他电机，因此转矩、功率密度大，起动转矩大，使得电机体积缩小、重量减轻。

2）恒转矩区比较长，有利于提高汽车的低速性能。

3）正常工作时，转子与定子磁场同步运行，转子绕组无感生电流，不存在转子电阻和磁滞损耗，提高了电机效率。

4）使用永磁体替代了转子上的导条、端环或绕组，大大简化了转子结构，使得转子的结构设计更为灵活，可以更方便地实现不同形式的布置。

5）可靠性高，电机温升低，降低了整车冷却系统的负荷。

（2）永磁同步电机缺点

1）恒功率区短，调速性能较差。

2）需要使用稀土元素作为永磁体，电机造价较高。

3）电机的控制方式较为复杂，控制系统成本较高。

4）永磁材料在受到振动、高温和过载电流作用时，其导磁性能可能会下降或发生退磁现象，将降低永磁电机的性能，严重时还会损坏电机。

4. 开关磁阻电机

开关磁阻电机遵循磁阻最小原理（磁通总是要沿磁阻最小的路径闭合）工作，如图5-16所示，当A相绕组电流控制开关S_1、S_2闭合时，A相励磁，所产生的磁场力图使转子旋转到转子极轴线aa′与定子极轴线AA′的重合位置，从而产生磁阻性质的电磁转矩。顺序给A—B—C—D相绕组通电（B、C、D各相绕组在图中未画出），则转子按逆时针方向连续转动起来；反之，依次给D—C—B—A相绕组通电，则转子会沿顺时针方向转动。由于运用了利用磁阻最小的原理，可称之为磁阻电机；又由于电机磁场并非由正弦波交流电产生，其线圈电流通断、磁通状态直接受开关控制，可称之为开关磁阻电机。

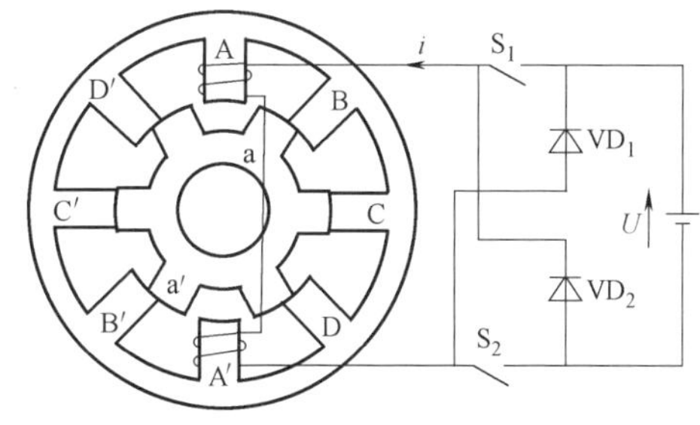

图5-16　开关磁阻电机原理

（1）开关磁阻电机优点

1）结构简单、坚固，制造工艺简单，成本低。

2）转子仅由硅钢片叠压而成，可工作于极高转速。

3）定子线圈为集中绕组，嵌放容易，端部短而牢固，工作可靠，能适用于各种恶劣、高温以及强振动环境。

4）开关磁阻电机的损耗主要产生在定子，电机易于冷却。

5）转子无永磁体，允许有较高的温升。

6）开关磁阻电机的转矩方向与相电流方向无关，从而可减少功率变换器的开关器件数量，降低系统成本。

7）调速范围宽，控制灵活，易于实现各种特殊要求的转矩 - 速度特性。

（2）开关磁阻电机缺点

1）开关磁阻电机磁场为跳跃性旋转，控制系统较为复杂。

2）会产生较大的脉冲电流，对于电源的要求较高。

3）转矩波动较大，噪声较大。

5. 非晶电机

非晶电机与普通电机的主要区别在于其使用非晶材料替代硅钢片作为电机的铁心。非晶材料是一种具有低损耗、低矫顽力的软磁材料，在交变磁场中容易磁化和退磁，磁滞损耗低，因此非晶电机的工作效率高，温升小。同时非晶电机在高频下磁导率变化小，而硅钢片的磁导率会随着频率的上升而下降，因而非晶电机的高频性能优良，是一种理想的车用电机种类。但是由于非晶材料脆而硬，磁性能对于应力十分敏感，其加工十分困难。如何发明一种高效廉价的非晶铁心加工方法或设计免切割的非晶铁心，是非晶电机技术发展的主要问题。

6. 记忆电机

记忆电机是对传统永磁电机的一种改进方案。传统永磁电机的气隙磁场很难调节，这导致其恒功率区较窄，调速范围有限，当需要弱磁时，通常施加持续的 d 轴弱磁电流来削弱气隙磁场，导致永磁体易发生不可逆退磁。记忆电机采用高剩磁、低矫顽力的永磁材料，如铝镍钴等，通过施加脉冲电流瞬间改变其磁化状态。因其能够被记忆，可实现电机气隙磁通的灵活调节，从而实现气隙磁场的灵活调节，并几乎没有电励磁损耗，是一种简单高效的在线调磁方案。图 5-17 为铝镍钴永磁体的磁滞曲线，图中：B_r 表示其最大剩磁；H_c 表示矫顽力；P_0 为退磁曲线和负载线的交点，即永磁工作点。当施加一个负向的去磁脉冲时，永磁工作点将从 P_0 移动到 Q_0；而当电流脉冲消失后，工作点沿着回复线 Q_0P_1 上升，并最后稳定在新工作点 P_1。如果继续施加更强的去磁电流脉冲，工作点将沿着 $P_1Q_0Q_1P_2$ 到达新工作点 P_2；相反，当施加一定的正向充磁脉冲时，永磁工作点将沿着 $P_2R_2R_1P_1$ 回到原工作点 P_1。因此，通过施加不同的充、去磁脉冲电流，AlNiCo 永磁体的磁化水平可以被改变并被记忆住，从而实现记忆电机气隙磁通的灵活调节。

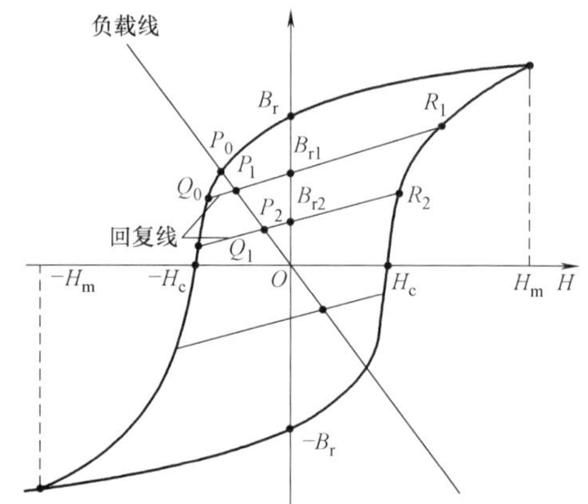

图 5-17　铝镍钴永磁体的磁滞曲线

通过这一改变，可以有效增大电机的调速范围。但是目前记忆电机的发展受到磁滞特性的数学建模、在线调磁和驱动协调控制、转子位置和气隙磁通精确检测等问题的阻碍，其大规模商用化还有待技术的进一步发展。

5.3.4　DC/DC 变换器

DC/DC 变换器为转变输入电压后有效输出固定电压的电压转换器。在燃料电池动力系统中，DC/DC 变换器主要是将燃料电池输出的直流电压变换到与直流总线相匹配的电压，同时，功率变换器还可以用来降低燃料电池的输出纹波，从而延长燃料电池的寿命。DC/DC 变换器的拓扑结构，主要分为非隔离型和隔离型两种。

非隔离型 DC/DC 转换器在中高功率场合均得到了广泛的应用。其中，有升压功能的主要有传统的 Boost 变换器、Buck-Boost 变换器（BBC）、交错式 Boost 变换器和浮动交错式 Boost 变换器。近年来，随着人们对能耗关注的提升，多相拓扑变换器受到了越来越多的关注。利用部分负载控制策略，多相拓扑结构可以根据功率需求来调整实际的工作相位，从而提高循环效率。而且多相拓扑结构还有如下优点：减小燃料电池的电流纹波；通过共享相位来分担燃料电池的大电流，从而也可以减小半导体器件的电应力；在特定模式下可以提高变换器的效率；提高了变换器的容错能力。丰田公司发布的 Mirai 燃料电池汽车就采用了四相交错式 Boost 变换器，该变换器的最大工作功率为 114kW，燃料电池侧的输出电压为 240 ~ 370V，最大转换输出电压为 650V，通过相位控制技术，该变换器在

15kW 时的损失降低了 10%。本田 2016 年推出 Clarity 燃料电池车，其采用的 DC/DC 变换器也使用了四相拓扑结构。图 5-18 所示为四相交错变换器拓扑结构。

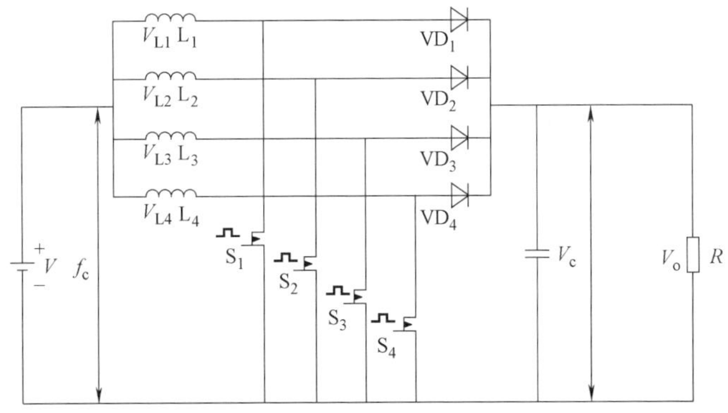

图 5-18 四相交错变换器拓扑结构

隔离型 DC/DC 变换器中间有一个逆变器和变压器组成的交流部件，由于变压器的存在，隔离式变换器最大的优点是可以实现非常大的电压增益而不受占空比的限制；与此同时，当高压侧过载时还可以保护燃料电池堆。隔离变换器主要有正激、反激、推挽、全桥、半桥等。在燃料电池堆中，半桥和全桥用的比较多。由于隔离式变换器由三个部件串接，它的效率相对较差，这限制了其在中等功率和高功率方面的使用。近年来，软开关技术的使用，使得隔离式变换器的效率得到了很大的提高。

5.4 先进燃料电池动力系统介绍

5.4.1 丰田

丰田 Mirai 动力系统的主要部件如图 5-19 所示。Mirai 的动力系统被称作 TFCS（Toyota Fuel Cell System），即丰田燃料电池系统，是以燃料电池堆为核心组件的混合动力系统。TFCS 没有传统的汽油发动机、变速器，发动机舱内部是电机和电机的控制单元。

Mirai 搭载的燃料电池堆是由 370 片薄片燃料电池组成的，一共可以输出 114kW 的发电功率。丰田的燃料电池堆经历了十几年的技术优化，形成了自己的特色结构，比如 3D 立体微流道技术，通过更好地排出副产物水，让更多的空气流入，有效改善了发电效率；电解质薄膜做得更薄，气体在扩散层的扩散性能提升，催化剂层处于“超激活”状态，显著提升了电极响应性能。整个电堆的发电效率达到了世界先进水平，可达 3.1kW/L，比 2008 年丰田的技术指标整整提升了 2.2 倍。

图 5-20 为 Mirai 动力系统布置图。在驾驶舱底部布置着的燃料电池堆是整套系统的核心，在车身后桥部分放置着一个镍氢动力电池组和前后两个高压储氢瓶。当加满 5kg 氢气时就可以连续跑上 650km。

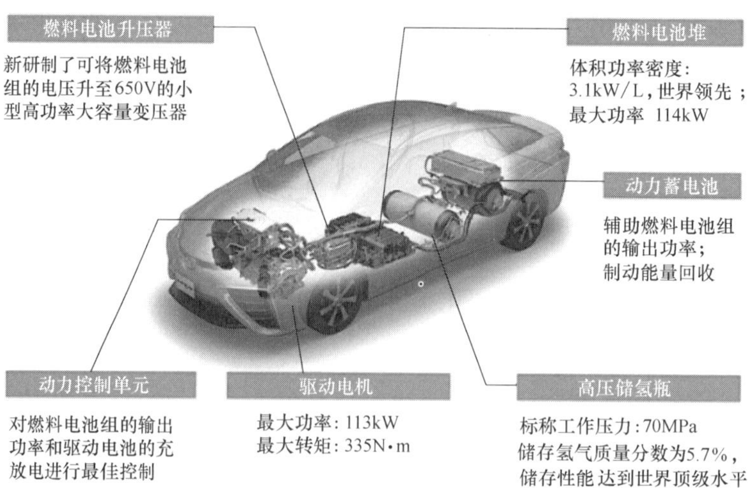

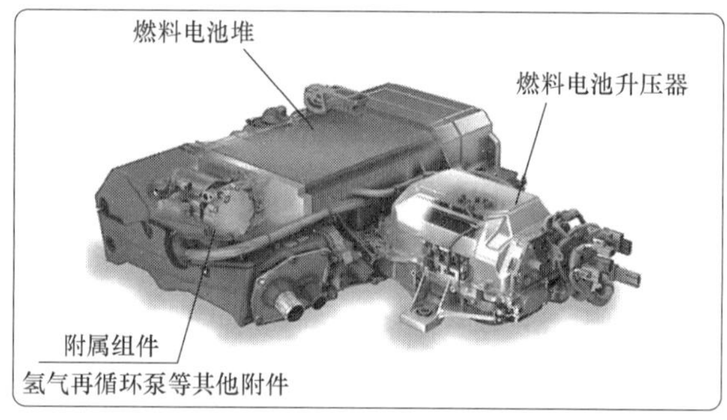

图 5-19 Mirai 动力系统主要部件

图 5-20 Mirai 动力系统布置图

5.4.2 本田

Clarity Fuel Cell 是本田首款正式销售的燃料电池汽车。在 Clarity Fuel Cell 相对传统的造型之下，是一套突破传统的燃料电池动力系统，以及储氢罐和锂电池，整套燃料电池动力系统全部布置在前舱之中。它也是首款实现此布局的燃料电池轿车，70MPa 储氢罐可以存储5kg高压氢气，在日本JC08工况下的续驶里程可达750km。图5-21所示为配装在Clarity车型上的燃料电池系统结构。Clarity车型配装的燃料电池系统的最大特征是燃料电池动力系统被集中起来，收纳并设置在车辆发动机舱内，其结果表明能够实现与内燃机汽车的组装系统相互通用。同时，还能够有效运用原有的生产线，实现额定乘员5人的要求。

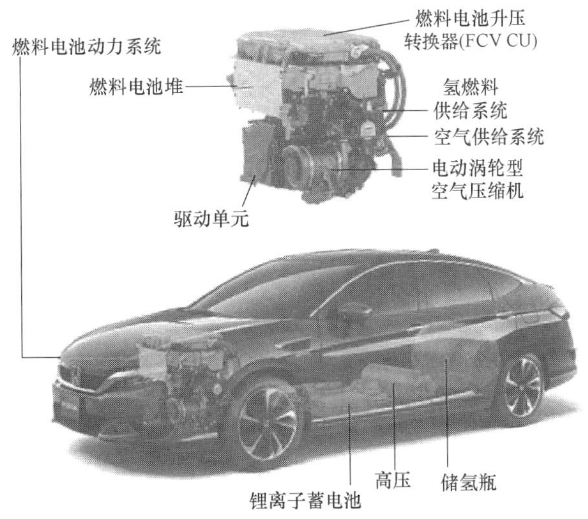

图5-21 配装在Clarity车型上的燃料电池系统结构

传统燃料电池车的燃料电池堆安装在与驱动单元分离的地板下。本车型以燃料电池堆的小型化为基础，使燃料电池动力系统与V6发动机在同等尺寸条件下可以实现替换。

Clarity Fuel Cell的燃料电池动力系统的主要结构包括燃料电池堆、燃料电池升压转换器、空气压缩机、驱动单元等。新采用的燃料电池堆相比于传统燃料电池堆体积缩小了33%，由于提高了扩散性，单个电池的发电能力增大到1.5倍，体积功率密度增大60%，其结果可以减少30%的电池数量，同时电池单体实现了薄型化；燃料电池升压转换器采用世界首创的碳化硅智能功率模块（SiC-IPM）以及四相交错控制、磁力结合电抗器等新技术，比传统型升压转换器体积缩小了约40%；向燃料电池堆压送空气的空气压缩机，采用新开发的电动涡轮式结构。该空压机虽然是小型的，但是相比传统型空压机，可产生1.7倍的供给压力，在同轴上布置两个形状不同的叶轮，利用两级增压，兼顾了供给空气的高压化与高流量化的性能。本系统的驱动单元将驱动电机、减速器、PCU做成一体化结构，电机最大功率为130kW，相比传统车辆用电机功率增加了30%，最大转矩为300N·m，比传统车辆用电机增大了17%。

5.4.3 现代

2013年2月26日，ix35 FCV在现代汽车韩国蔚山工厂正式下线，成为世界上第一辆量产型氢燃料电池汽车。现代ix35 FCV燃料电池动力系统结构如图5-22所示，主要可以分为三个部分，分别是后部的氢储存区、中部的电池及逆变器以及前部的燃料电池及动力总成。

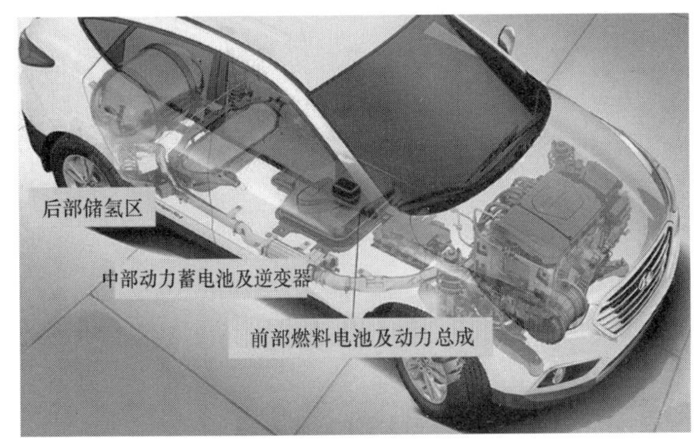

图5-22 现代ix35 FCV燃料电池动力系统结构

在后部的氢储存区，有两个互相连通的储氢罐，其壳体由碳纤维和铝材制成，兼顾了轻量化与结构强度，内部储存的氢气压力为 70MPa。两个储氢罐可加载共 5.64kg 的液态氢。

在车辆中间的底部装有高压电池组，高压电池组和前部燃料电池及动力总成之间还有一个逆变器。高压电池组的功率为 24kW・h。电池组安放在车身底部，一方面是考虑到空间，另一方面则考虑到整车的重量分布。当然，考虑到实际使用环境，电池组以及逆变器是被防水壳包裹的。

车辆前方是燃料电池及动力总成，燃料电池以及驱动车辆的电机都安放于此。可以看出，该总成就安放于原 ix35 的发动机位置上，这为车辆的大规模量产提供了便利。

5.4.4 奔驰

2016 年 6 月，奔驰发布了燃料电池汽车 GLC F-Cell。该车型是世界上首款插电式混合动力燃料电池汽车，它不是完全通过氢燃料电池获取电能，车上同时搭载氢燃料电池以及插电式动力系统，既可以使用氢能也能够使用外界电能。奔驰 GLC F-Cell 动力系统结构如图 5-23 所示。

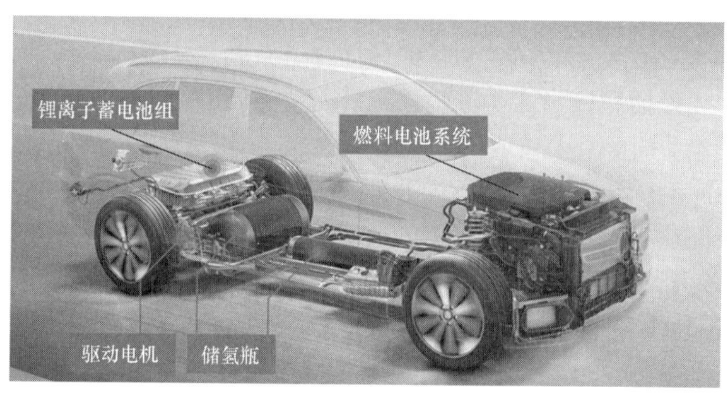

图 5-23 奔驰 GLC F-Cell 动力系统结构

该动力系统将燃料电池系统置于汽车的发动机舱，中部布置了两个高压储氢瓶，尾部则是可充电的锂离子蓄电池和驱动车辆行驶的电机。

该动力系统的特点是采用了全新的燃料电池系统，结构十分紧凑。此外，燃料电池中的铂金属用量减少了 90%，从而可以节约资源、降低成本，而不会影响性能。两个碳纤维储氢瓶可以储存 4.4kg 氢燃料。采用能够承受 70MPa 压力的储氢瓶技术，氢气能在 3min 内完成加注。除了氢燃料储存容器外，还配备一组容量为 13.8kW・h 的锂离子蓄电池组作为额外的能量源，并支持插电技术。在 NEDC 下，GLC F-Cell 仅靠电池供电就能行驶 51km；而使用氢燃料电池可以将最大续驶里程提升到 478km。

该动力系统具有三种驱动模式：在混合模式下，车辆能从双动力装置上获取动力来源，由锂离子蓄电池提供峰值动力，同时燃料电池可在最佳经济范围内运行；在单燃料电池模式下，由燃料电池进行稳定功率输出；在单锂电池模式下，GLC F-Cell 在纯电动模式下运行，由锂电池提供动力。在充电模式下，优先对电池进行充电；为了获得最大的续驶里程，在充电前应优先加满氢燃料。

5.5 燃料电池汽车动力系统性能表征

5.5.1 动力性

燃料电池汽车动力系统的动力性是系统提供用以满足车辆正常行驶，实现高速行驶、加速与爬坡等动力性要求的动力输出的性能。动力性测试方法主要有车辆道路试验和动力系统台架试验。评价指标有以下几项：

1）汽车的最高车速：车辆在干燥、清洁、平坦的混凝土或沥青直线路面上，能够达到的最大稳定行驶车速。

2）汽车的原地起步加速时间：车辆由静止起步，并以最大的加速强度到某一预定的距离或车速所需要的时间。

3）汽车的超车加速时间：车辆由某一较低车速全力加速至某一较高车速所用的时间。

4）汽车的最大爬坡度：满载时，车辆在良好路面上能通过的最大坡度。

5）系统功率：包括燃料电池动力系统的额定功率和最大功率。

6）额定功率响应时间：系统在正常工作下从怠速状态到达额定功率的时间。

7）动态响应时间：系统在正常工作下从一个状态变化到另一个状态的时间。

8）额定功率启动时间：系统从待机状态到达额定功率所需的时间。

9）怠速启动时间：系统从待机状态到达怠速状态的时间。

燃料电池汽车动力系统动力性的影响因素主要有动力系统的结构形式、动力系统的控制策略和动力系统的零部件性能。

1. 动力系统结构形式的影响

动力系统的结构形式大致可以分为燃料电池作为单动力源驱动以及燃料电池与辅助动力源联合驱动两种形式。若采用单独燃料电池驱动形式，车辆的需求功率全部由燃料电池提供，但是因为燃料电池的动态响应慢，所以会导致动力系统输出的动态响应缓慢，无法快速满足变化的动力需求，动力系统的动力性较差；若采用燃料电池与辅助动力源联合驱动的形式，则作为辅助动力源的动力蓄电池或者超级电容不仅可以迅速响应以弥补燃料电池动态响应慢的不足，并且还可以提高动力系统的峰值功率，从而提高动力系统的动力性。

2. 动力系统控制策略的影响

燃料电池与动力蓄电池混合的动力系统的控制策略，主要有开关式和功率跟随式两种。开关式控制策略以最大续驶里程为目标，燃料电池在高效率点近似恒功率输出，动力蓄电池作为辅助动力源补充不足功率，当动力蓄电池 SOC 处于设定的最大值与最小值之间时，燃料电池处于关闭状态，会导致车辆动力性下降；功率跟随式控制策略是将动力蓄电池的 SOC 设定在一个最佳区间，令燃料电池的输出功率跟随车辆的需求功率在一定区间内变化，燃料电池的工作状态不仅取决于动力蓄电池 SOC，还要参考驱动电机的功率需求，因此具有更好的动力性。

3. 动力系统零部件性能的影响

燃料电池汽车动力系统的动力性还会受到系统内主要零部件性能的影响，主要包括以下三个零部件：

1）电机：作为动力系统的直接驱动部件，电机的性能参数（如最高转速、额定功率、峰值功率和峰值转矩等）都会直接影响到动力系统的动力性。

2）燃料电池：作为动力系统的主要动力源，燃料电池的功率很大程度上决定了动力系统的输出水平，并且燃料电池的动态性能也会对动力系统的动力性产生影响。

3）动力蓄电池：作为动力系统的辅助动力源，动力蓄电池的瞬时功率，即高倍率放电能力会影响到车辆起步、加速和爬坡时的动力性能，而且动力蓄电池的动态响应性能也会对动力系统的动力性产生影响。

5.5.2 经济性

燃料电池汽车动力系统的经济性，是指系统以最小的能源消耗、输出功率完成车辆单位运输工作量的能力。经济性的测试方法主要有车辆道路循环试验、转鼓试验台测试以及动力系统的台架试验，评价指标有以下两项：

1）系统效率：在特定的运行工况下，燃料电池系统净输出功率与单位时间进入电池堆的燃料热值之比。

2）氢气消耗量：在特定工况下，燃料电池汽车运行 100km 所消耗的氢气量。

燃料电池汽车动力系统经济性的影响因素主要有动力系统的结构形式、动力系统的控制策略和动力系统零部件效率。

1. 动力系统结构形式的影响

若采用单独燃料电池驱动形式，车辆的需求功率全部由燃料电池提供，燃料电池的工作范围较大，难以保证其工作在高效区，致使动力系统的效率较低，同时由于结构所限无法进行制动能量回收，动力系统的经济性较差；若采用燃料电池与辅助动力源联合驱动形式，通过辅助动力源的介入，可以有效地覆盖需求功率的变化，降低对燃料电池功率的要求，进而使得燃料电池和辅助动力源尽可能地工作在高效区，同时系统还可以进行制动能量回收，因此动力系统的经济性较好。

2. 动力系统控制策略的影响

对于燃料电池与动力电池混合的动力系统，主要采用开关式和功率跟随式两种控制策略。开关式控制策略以燃料电池为核心，使燃料电池始终工作在最佳区域，但是没有考虑动力电池的状态，致使动力电池的充放电效率不高；功率跟随式控制策略在保持燃料电池工作在设定区域的同时，还使动力电池维持在最佳 SOC 值范围内，有助于提高动力电池的工作效率，在一定程度上实现了对燃料电池和动力电池的最优控制。由此可见，燃料电池汽车动力系统的经济性会受到控制策略的影响。

3. 动力系统零部件效率的影响

燃料电池汽车动力系统的经济性会受到系统内主要零部件性能的影响，主要是其效率的影响。燃料电池汽车动力系统关键零部件的平均效率参数，见表 5-4。

表 5-4 燃料电池汽车动力系统关键零部件的平均效率参数

效率参数	数值
传动效率	0.9
燃料电池系统发电效率	0.5
动力蓄电池充放电效率	0.95
DC/DC 变换器效率	0.96
电机及其驱动系统效率	0.85

若能提高以上关键零部件的工作效率，则可以有效地提升燃料电池汽车动力系统的经济性，其中燃料电池效率的影响最大，DC/DC 变换器和动力电池效率的影响最小。

5.5.3 耐久性

燃料电池电动汽车动力系统的耐久性主要是指动力系统在达到极限磨损数值或不堪使用之前的工作期限，简单来说就是使用寿命。

燃料电池动力系统的耐久性一般就是电源系统的耐久性，即使用寿命。其中，定义燃料电池功率从额定功率下降 10% 的时间为燃料电池的寿命终止时间，定义蓄电池寿命终结点为其额定容量损失 20%。

目前，燃料电池电动汽车动力系统的核心部件是燃料电池系统，燃料电池系统的性能在很大程度上决定了动力系统以及整车的性能，因此燃料电池系统的耐久性是动力系统耐久性的主要影响因素。

燃料电池耐久性即在一定时间内燃料电池阻止性能长期退化的能力，耐久性的衰退不会导致突然失效，但是会导致其性能不可逆转的损失，与燃料电池的寿命息息相关。燃料电池运行过程中，反应气饥饿、动态电位循环及高电位是引起催化剂及其载体等材料衰减的主要原因。此外，一些极限条件如 0℃以下储存与启动、高污染环境也会造成燃料电池不可逆转的衰减。归纳起来，这些衰减因素主要包括在以下几种车辆运行的典型工况中。

1. 动态循环工况

动态循环工况是指车辆运行过程中，由于路况不同，燃料电池输出功率随载荷的变化过程。通常车用燃料电池系统采用空压机或鼓风机供气，燃料电池在加载的瞬间，由于空压机或鼓风机的响应滞后于加载的电信号，会引起燃料电池出现短期饥饿现象，即反应气供应不能维持所需要的输出电流，造成电压瞬间过低。尤其是当燃料电池堆各节阻力分配不均匀时，会造成阻力大的某一节或几节首先出现反极，在空气侧会产生氢气，造成局部热点，甚至失效。此外，动态载荷循环工况也会使燃料电池电位在 0.5 ~ 0.9V 之间频繁变化，这种电位频繁变化会使催化剂及碳载体加速衰减。

2. 起步、停车过程

起步、停车是车辆最常见的工况之一。车用燃料电池由于环境空气的侵入，在起步或停车瞬间阳极侧易形成氢空界面，导致阴极高电位的产生，瞬间局部电位可以达到 1.5V 以上，引起碳载体氧化。

3. 连续低载或怠速运行

当低载运行或怠速时，燃料电池电压处于较高范围，阴极电位通常在 0.85 ~ 0.9V 之间，此电位下的碳载体腐蚀与铂氧化会直接导致燃料电池性能衰减。

4. 低温储存与启动

车辆运行在冬季要受到零下温度气候的考验，由于燃料电池发电是水伴生的电化学反应，在 0℃以下反复水、冰相变引起的体积变化会对电池材料与结构产生影响。

锂离子电池使用寿命的影响因素包括：界面膜的形成、正极材料的溶解、电解质溶液的分解、自放电、过充电、锂离子正常脱嵌时正极材料的相变、集流体的腐蚀、环境温度、充放电截止电压、充放电倍率、放电深度以及生产设备、过程、工艺的差异等。

动力系统能量管理策略对其耐久性也有很大的影响。能量管理策略的任务是控制汽车动力系统的能量转换和传输过程，从而达到期望的系统响应。燃料电池和蓄电池两种能量源并联给驱动电机供电时，需要采取相应的能量管理方法设置合理的 DC/DC 输出功率，对两种能源的输出功率份额进行配置，有效管理系统的能量流向。如果某种能量管理策略下燃料电池承担功率份额过大，处于过载状态，或者蓄电池过载，都会在很大程度上影响动力系统的耐久性。能量管理的方法往往不能同时兼顾汽车的经济性、动力性、耐久性、效率等。不同的能量管理策略有不同的能量管理目标，因此要提高整车综合性能，必须综合考虑车辆各部件及实际道路工况，制定能量管理策略。

此外，蓄电池、电机、DC/DC 的寿命及动力系统组成部分的各个部件的寿命，以及车辆行驶过程中路况的突变等，都是影响动力系统耐久性的因素。

5.5.4 可靠性

可靠性是指产品在规定条件下和规定时间内，完成规定功能的能力。简单地说，就是产品在使用期间没有发生故障的性质。

可维修产品和不可维修产品在可靠性评价理论和方法上有显著的区别。汽车可靠性的主要评价指标如图 5-24 所示。

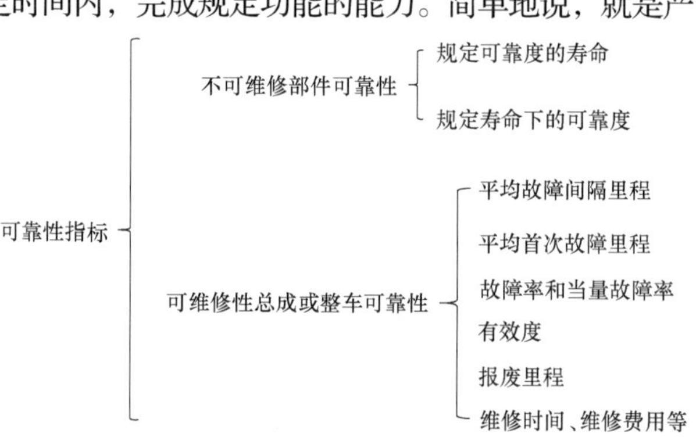

图 5-24　汽车可靠性主要评价指标

动力系统可靠性的影响因素有很多，综合起来有以下几点：

1）机械因素。动力系统中的风机、循环泵等都是含有电机的旋转机械部件。在运行过程中，由于轴系不对中、热弯曲、质量不平衡以及油润滑不足等，会引起定子和转子等动静件之间的碰撞。周而复始，会导致机械部件无法工作。另外，零件断裂、零件旋转和脱落、加压导致材料或相关组件的变形和损坏等，都是影响可靠性的重要因素。

2）电气因素。造成动力系统故障的电气因素多种多样，主要有电磁干扰、静电、供电不稳、不合理的连接和能量输入输出等。

3）设备因素。从控制系统的角度出发，动力系统的设备主要包括传感器、执行器、控制器和供电单元等。由于自身的质地和加工工艺水平所限制，相关执行器设备存在破裂、脱落、卡死或传感器的感应部件失效等可靠性问题，这也会影响动力系统的可靠性，给整车的正常运行和高效输出带来种种故障。另外，这些设备在接近其最大使用寿命末期，也会随时出现故障，从而进一步降低系统的可靠性。

4）人为因素。引起动力系统可靠性下降的人为因素包含在系统集成、调试和车载运行的各个阶段。在系统集成过程中，由于技术人员不合理的人机工程设计或没有严格执行操作规范做出了不恰当或误导性标注，导致信号、导线和端口连接错误或相关部件的安装错误，从而造成系统无法正常工作或相关设备直接损坏；在系统调试过程中，由于保护意识欠缺，工作人员强制性快速加载超出动力系统的输出能力，或意外的操作导致相关设备短路或直接损坏也是一个重要的原因；在车载运行中，由于考虑不周、能量管理策略不合理导致燃料电池或蓄电池出现性能失效，或者由于电路设计存在缺陷导致动力系统可靠性下降造成故障。

5）环境因素。影响动力系统可靠性的环境因素主要包括空气污染、温度、气压等。被污染的空气如果进入燃料电池内部后，与催化剂 Pt 接触会直接导致其中毒。温度和气压的影响也会使燃料电池输出性能变差。另外，一些热、振动负荷也会导致动力系统零部件的可靠性变差。

5.5.5 环境适应性

GJB 4239—2001《装备环境工程通用要求》中，将环境适应性定义为：装备（产品）在其寿命期预计可能遇到的各种环境的作用下，能实现其所有预定功能和性能和（或）不被破坏的能力，是装备（产品）的重要质量特性之一。

燃料电池汽车运行时，动力系统可能处在多水、多灰尘、振动冲击大、温湿度大等恶劣环境，对燃料电池动力系统的寿命及可靠性影响较大。目前还没有标准或者文献对燃料电池系统的环境条件进行分类。但是适用于汽车电气和电子产品的国家标准 GB/T 28046《道路车辆　电气及电子设备的环境条件和试验》和戴姆勒 - 克莱斯勒公司的联合工程标准 DC-10611E/E Component Environmental Testing specifications 对环境条件进行了定义和分类，这些标准对燃料电池汽车动力系统环境条件的定义和分类有指导意义。国家标准 GB/T 28046 将环境条件定义为环境负荷，并将其分为气候负荷、机械负荷和化学负荷。DC-10611 将环境条件定义为环境应力，并将环境应力分为气候应力、机械应力、固体 / 液体应力及化学应力。但是两者并无本质区别。

气候应力指动力系统所承受的与气候环境相关的应力，包括海拔、温度、湿度、大气压力、盐雾等。

1）海拔：随着海拔的增加，空气密度降低，汽车的散热能力变差，冷却效率降低。

2）温度：高温和低温都会影响系统的运行。高温条件下，系统的散热变得困难，将会导致总成与零部件过热，系统效率降低；同时高温会使材料的性能改变、结构强度减弱；高温还会造成润滑与密封失效。环境温度过低时，燃料电池启动困难，动力系统中金属材料易脆性断裂，绝缘材料变脆，低温也会导致润滑和密封失效。

3）湿度：高湿度条件下金属材料更易被腐蚀；润滑油脂等因潮湿而变质；电子元器件受潮会导致绝缘电阻和电气性能下降。

4）盐雾：在盐雾环境中，绝缘结构易吸湿受潮而导致绝缘电阻减小，电气性能下降。绝缘材料若长期在盐雾环境中使用，不仅材料将发生物理 / 化学性能变化，加速绝缘材料的老化，降低绝缘系统的电气性能和耐老化性能；而且盐雾中的高浓度钠离子和氯离子会与金属材料发生化学反应，生成强酸性的金属盐，腐蚀驱动电机系统的表面。

5）大气压力：低气压影响燃料电池的进气压力，进而影响系统的动力性和经济性。低气压还可能造成系统的密封失效，也会对电气设备性能产生影响。

6）湿热作用：燃料电池动力系统不会只单独承受温度、湿度或盐雾应力的作用，而是承受几个应力的共同作用，其中影响最大的为温度与湿度的共同作用，即所谓的湿热作用。由于吸附和凝露作用，绝缘材料的电阻会降低而引起爬电，介质损耗会增加，而导致绝缘电气性能降低；密封件吸潮，使密封件的密封性能降低或失效。

机械应力指动力系统运行时所承受的负荷。主要包括车辆运行给动力系统造成的振动和冲击。振动或冲击给燃料电池动力系统中各组件造成附加应力，加速零部件的磨损与损伤，造成紧固件松动，导致结构件开裂或悬架断裂，影响可靠性和安全性。

固体 / 液体应力是指雨、雪、水、沙、尘土等进入燃料电池动力系统内部造成的影响。雨、雪、水进入动力系统内部会腐蚀绝缘材料，使绝缘材料短路，引起漏电事故，影响人身及财产安全；雨、雪、水等会稀释润滑脂，腐蚀轴承，加速轴承的磨损和失效；沙、尘土等可能会导致系统磨损增加，造成机械卡死、过滤器堵塞，附着在零件表面会影响系统的散热。

化学应力是指燃料电池动力系统在维护、维修和使用过程中受到化学腐蚀剂的侵蚀，使机件的密封失效、系统零部件表面金属腐蚀等，从而影响系统的使用寿命。这些化学腐蚀剂主要包括：蓄电池液、防冻液、防护漆、防护漆去除剂、低温清洗剂、差速器油、车用化学清洗剂、玻璃清洗剂等。

5.5.6 安全性

燃料电池汽车以氢气为燃料，通过电化学反应产生电能，通过电机驱动汽车前进。燃料电池汽车动力系统一般还包含动力电池，以弥补燃料电池输出特性的不足。燃料电池汽车的结构中包括高压储氢系统和高压电气装置，而氢气本身的特性有易燃、易泄漏、氢脆等。国家标准 GB/T 24549—2009《燃料电池电动汽车　安全要求》规定了燃料电池汽车特有的燃料系统、燃料电池系统、动力电路系统、功能、故障防护和碰撞等方面的安全要求。针对燃料电池动力系统安全性，主要包括燃料安全和高压电安全两个方面。

1. 燃料电池汽车氢系统安全性

燃料电池汽车的氢安全性，是指燃料电池汽车运行过程中车载氢系统的安全，主要包括高压供氢系统、燃料电池系统的安全性等。为了保证车载氢系统的安全，主要从材料选择、氢泄漏检测、静电防护、防爆、阻燃等方面进行控制和预防。

氢气与金属材料接触会发生氢脆效应，氢脆是溶于金属中的高压氢在局部浓度达到饱和后引起金属塑性下降、诱发裂纹甚至开裂的现象。氢在常温常压下并不会对钢产生明显的腐蚀，但在高温高压下会发生氢脆，使其强度和塑性大大降低。如果与氢接触的材料选择不当，就会导致氢泄漏和燃料管道失效。目前，高压储氢瓶选择铝合金或合成材料来避免氢脆的发生。

为了防止电路中产生电火花点燃氢气而发生燃烧或爆炸事故，燃料电池汽车的电气元件、管路、阀体均采用相应的防爆、防静电、阻燃、防水、防盐雾材料。例如，燃料电池汽车的氢检测传感器均选用防爆型，而不用触点式传感器，因为触点式传感器在氢气含量达到设定值时通过触点的动作输出信号，容易产生触点火花而引发事故；为了防止继电器触点动作时发生电弧放电而点燃氢气，氢安全处理系统中所用的继电器选用防爆固态继电器；元器件的防水防尘等级为 IP67 ；线束材料的阻燃级别分别是垂直燃烧 V0 级和水平燃烧 HB 级，均为最高等级要求。

氢系统的防护措施，主要是对高压储氢瓶及氢气管路进行安全设计，安装各种安全设施。车载氢系统功能框图如图 5-25 所示，燃料电池汽车的氢系统安全防护体系是由排空管、安全阀、手动截止阀、单向阀、泄压球阀、碰撞传感器、温度传感器、压力传感器、电磁阀等构成，并在监控系统中设定相应的防护值，一旦发生异常状况，则通过氢系统控制器将各种监控信息传递给各种安全设施，及时断开或关闭，使燃料电池汽车处于安全状态。

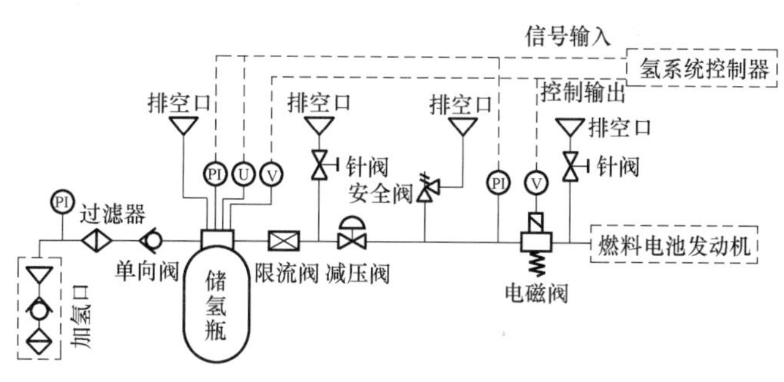

图 5-25 车载氢系统功能框图

车载氢系统安全监控主要是对储氢瓶系统、乘员舱、燃料电池发动机系统以及尾气排放处的氢气泄漏、系统压力、系统温度、电气元件及其他器件进行实时监控，确保燃料电池在加氢、用氢过程中的安全。氢气安全监控系统主要包括氢系统控制器、氢气泄漏传感器、温度传感器和压力传感器等元器件。氢系统控制器在工作过程中，监控储氢瓶及氢管路安全、氢气泄漏状态及整车运行状态，只要出现异常，随时主动关闭供氢系统，保证燃料电池车辆安全。

燃料电池汽车的碰撞安全主要是指储氢系统、氢气管路、燃料电池堆、各类阀门关键部件在发生碰撞时不能遭受破坏。目前，对燃料电池氢安全的碰撞防护设计除了关键零部件具有防撞能力外，主要通过位置布置、固定装置保护和惯性开关监控碰撞并与整车监控系统联动，以及自动断电、自动关闭阀门等措施来避免灾难的发生。根据国内外相关的法规、标准，氢燃料电池汽车和碰撞安全性能评价体系见表 5-5。

表 5-5　氢燃料电池汽车和碰撞安全性能评价体系

序号	试验项目	试验方法	评价指标	依据国内和国际标准
1	储氢瓶及管路系统的泄漏	储氢瓶充装≥ 90% 额定压力的氢气 碰撞前瞬间和碰撞后 60min，测量气体的压力和温度	氢气的泄漏率≤ 131SL/min	日本保安基准 11-1-4-100 中 3.5.5 的要求
2	动力蓄电池（二次电池）穿入	检查动力蓄电池安装布置位置是否合理，安装在车辆碰撞的非吸能区域内	动力蓄电池或蓄电池包安装在乘客舱的外部，动力蓄电池、蓄电池包或其部件（蓄电池模块、电解液）不得穿入乘客舱内 动力蓄电池或蓄电池包安装在乘客舱的内部，动力蓄电池、蓄电池包应保持在安装位置	国家标准 GB/T 18384.1—2015 中第 8 章的要求
3	电解液溢出	碰撞试验后，30min 内测量电解液的溢出量	电解液溢出不超过 5L 碰撞试验期间和试验后，均不能有电解液进入乘客舱	美国联邦法规 FMVSS 305 中 S5.1 的要求
4	防止人员触电	绝缘电阻的测量	碰撞试验后，绝缘电阻 Ri 除以动力蓄电池的标称电压 V_b 大于 500Ω/V	国家标准 GB/T 18384.1—2015 中 4.1.4 的要求
5	气瓶固定支架的安装强度和氢瓶的动态位移	测量碰撞过程中气瓶的动态位移	气瓶移动位移小于 13mm 气瓶固定支架紧固件不能松动	国家标准 GB/T 20734—2006 中 4.2.2.4 的要求
6	气瓶的保护和布置	测量气瓶及气瓶附件相对车辆位置	气瓶及气瓶附件，其安装位置在车辆中轴线上的投影距车辆前后端的距离分别不超过 420mm 和 300mm；气瓶附件的安装位置与车辆外部轮廓边缘的距离不小于 200mm	日本保安基准 11-1-4-100 中 3.5.4 和 3.5.6 的要求

2. 燃料电池汽车高压电安全性

燃料电池汽车中高压电相关的部件包括燃料电池系统（燃料电池电堆、动力分配单元和燃料电池辅助系统）、电机驱动系统、DC/DC 变换器、高压蓄电池等。燃料电池汽车的碰撞高压电安全的目标是要杜绝碰撞过程中发生高压电漏电的风险，因此对这些高压电部件须从布置、固定和周围的结构强度上加以考虑。这些部件本身也要求具备一定的防碰撞能力，尤其是燃料电池堆和高压蓄电池，即使系统的高压电被切断以后，其内部依然可能存在高压电，一旦发生破裂，就有可能造成漏电事故。车上的高压电回路也应该设置碰撞发生时自动切断高压电供应的装置，以确保碰撞发生时，即使高压线束等遭到破坏，回路中也无高压电漏出。燃料电池的高压电碰撞安全设计的通用策略如下：

1）在碰撞中，带高压电部件须得到良好保护。

2）保护重点集中在即使电路断开也带有高压电的燃料电池堆和高压蓄电池等部件。

3）碰撞时关闭高压电供应。

4）通过碰撞工况的验证。

5.6 动力系统关键部件参数匹配

5.6.1 参数匹配流程

通过综合考虑技术水平、成本、使用工况等方面的因素，选定纯电驱动电动汽车动力系统类型后，即将对动力系统所包含的关键零部件参数进行匹配。只有对动力系统各关键部件参数进行合理的设计匹配，才能最终获得期望的汽车性能（最高车速、爬坡性能、加速性能、纯电动续驶里程等）。

燃料电池汽车动力系统参数匹配的目的是通过合理的计算与分析，确定动力系统各主要部件的关键参数，使得车辆达到预先设定的动力性及经济性指标。随着现代汽车设计理论及设计技术的不断发展，燃料电池汽车动力系统参数匹配设计可以分为以下几个步骤：

1）基于汽车动力学理论的部件参数静态匹配。

2）基于计算机仿真技术的准动态、动态参数匹配校核。

3）基于计算机仿真技术及优化设计理论的部件参数优化设计。

按照步骤 1 ~ 步骤 3 设计，设计对象的精度和性能得到不断提升，但是所需工作量及设计方法的难度也不断增加。其中步骤 1、步骤 2 是燃料电池汽车动力系统参数匹配设计的基本流程，步骤 3 由设计者根据实际需要进行取舍。

5.6.2 驱动电机参数匹配

典型的电动汽车用驱动电机的转速 / 转矩特性曲线如图 5-26 所示。转速低于额定转速 N_e 时电机具有恒转矩特性，位于 N_e 和最高转速 N_{max} 之间时电机具有恒功率特性。定义 N_{max} 和 N_e 之比为电机扩大恒功率区系数 k。以此外特性为基础，电机设计选取时应考虑的主要参数包括：峰值功率、额定功率、峰值转矩、额定转速、最高转速等。

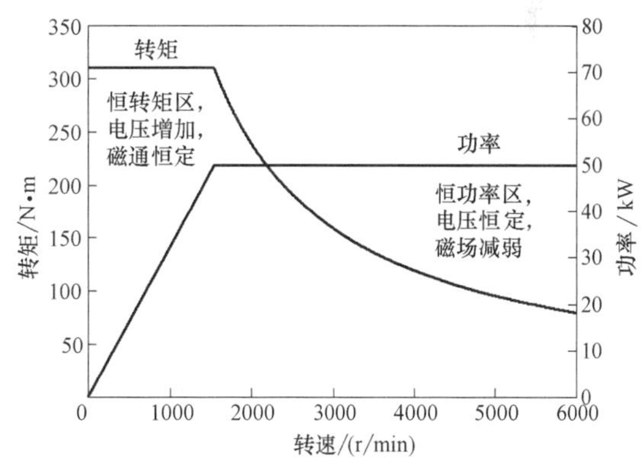

图 5-26 典型电机转速 / 转矩特性曲线

鉴于扩大恒功率区系数 k 对整车动力性能具有重要影响，同时国内外相关研究报道较少，以下对其进行深入研究探讨[16]。

1. 电机扩大恒功率区系数对整车动力性能的影响

（1）满足车辆加速性能要求的电机功率求取

由汽车驱动阻力平衡公式知爬坡坡道角可表示为：

$$\alpha = \arcsin\frac{D - f_r\sqrt{1 - D^2 + f_r^2}}{1 + f_r^2} \tag{5-1}$$

式中 f_r——滚动阻力系数。

动力因数 D 表示为：

$$D = \frac{F_t - F_w}{Mg} = \frac{\frac{T_{max} i_0 i_g \eta_T}{r_d} - 0.5\rho C_D A v^2}{Mg} \tag{5-2}$$

式中 F_t——驱动轮上的驱动力（N）；

F_w——空气阻力（N）；

v——车速（m/s）；

M——车辆质量（kg）；

i_0、i_g——主减速比和变速器传动比；

η_T——电机输出轴到驱动轮之间传动系的机械传动效率；

r_d——驱动轮半径（m）；

ρ——空气密度（$N \cdot s^2 \cdot m^{-4}$）；

C_D——空气阻力系数；

A——迎风面积（m^2）。

由电机特性和 k 系数定义可将电机峰值转矩 T_{max} 表示为：

$$T_{max} = \frac{30 P_m k}{\pi N_{max}} \tag{5-3}$$

式中 P_m——电机驱动功率（W）。

由式（5-1）~式（5-3）可知坡度角 α 是电机 k 系数的函数。

从静止加速到某一较高车速 v_f（m/s）所需时间 t_a（s）可以表示为：

$$t_a = \int_0^{v_e} \frac{M\delta \mathrm{d}v}{\frac{P_m \eta_T}{v_e} - Mgf_r - 0.5\rho C_D A v^2} + \int_{v_e}^{v_f} \frac{M\delta \mathrm{d}v}{\frac{P_m \eta_T}{v} - Mgf_r - 0.5\rho C_D A v^2} \tag{5-4}$$

式中 δ——旋转质量转换系数；

v_e——电机额定转速所对应的车速（m/s）。

v_e 可表示为：

$$v_e = \frac{N_e}{i_0 i_g} \frac{2\pi}{60} r_d \tag{5-5}$$

式（5-4）是 P_m、v_e 的超越方程，对于某给定加速时间 t_a，可以确定满足加速性能约束条件 P_m、v_e。要获得式（5-4）的解析解非常困难，通常用数值解法求解。参考文献［17］给出以下近似式来计算车辆加速运动时所需电机驱动功率：

$$P_t = \frac{M\delta}{2t_a}\left(v_f^2 + v_e^2\right) + \frac{2}{3} Mg f_r v_f + \frac{1}{5}\rho C_D A v_f^3 \tag{5-6}$$

文献［17］假设车辆速度和加速时间之间是二次幂关系，见式（5-7），代入滚动阻力和空气阻力平均消耗公式，即（5-8），求得式（5-6）中后面两项，即克服滚动阻力和空气阻力所需功率。研究发现利用数值解法求解式（5-4）获得的加速所需电机功率值 P_m 大于式（5-6）计算得出的电机功率值 P_t。假设 k=4，利用表 5-6 中给出的性能指标代入式（5-6），求得电机功率为 87.82kW（79.046kW/0.9），用 Matlab 的 quad 和 fzero 函数求解式（5-4）得到的电机功率为 88.159kW。两者的差异在于实际车辆速度和加速时间之间更接近三次幂函数关系，见式（5-9），其中 α_1、α_2、α_3、α_4 为常系数，由整车参数和加速性能要求决定。

$$v = v_f\sqrt{\frac{t}{t_a}}, t = \frac{t_a}{v_f^2}v^2 \tag{5-7}$$

$$\dot{P}_r = \frac{1}{t_a}\int_0^{t_a}\left(Mgf_r v + 0.5\rho C_D A v^3\right)dt \tag{5-8}$$

$$t = \frac{t_a}{v_f^2}(\alpha_1 v^3 + \alpha_2 v^2 + \alpha_3 v + \alpha_4) \tag{5-9}$$

$$t = \frac{10}{100^2}\times(6.68\times10^{-3}v^3 - 0.2847v^2 + 60.91v + 17.51) \tag{5-10}$$

表 5-6 计算时所用车辆参数值

t_a=10s	M=1500kg	f_r=0.012
C_D=0.3	A=2m^2	δ=1.1
v_{max}=150km/h	v_f=100km/h	N_{max}=6000r/min
ρ=1.2258N·s^2·m^{-4}	r_d=0.2768m（165/60R14）	η_T=0.9
$i_0 i_g$=4.17		

由式（5-10）求得电机功率 88.159kW，表 5-6 条件下的车辆加速时间和车速关系如图 5-27 所示。其中方形点线表示用数值方法获取的数据点（车速、加速时间）；实线为三次幂函数拟合曲线；点圆线表示文献中推荐的车速 / 加速度二次幂函数关系。从图中明显看出三次幂函数关系能更好地反映实际车速与加速时间之间的关系。

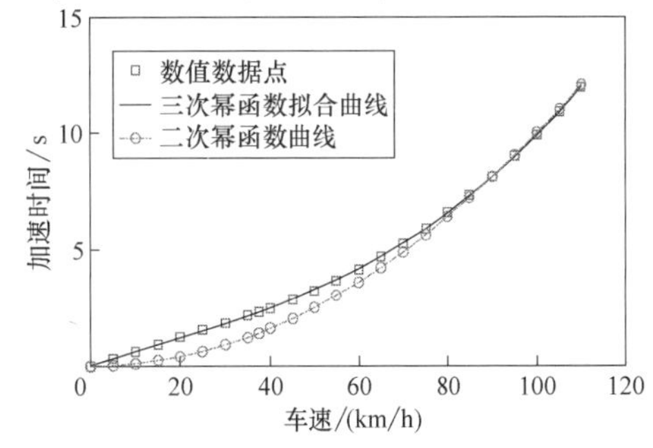

图 5-27 车速与加速时间关系图

（2）电机最高转速 N_{max} 和车辆 0—100 km/h 加速时间要求一定时，k 系数对所需电机驱动功率及车辆动力性能的影响

假设车辆 0—100km/h 加速时间要求是 10s，电机最高转速对应最高车速 v_{max}，可由不同的 k 系数和表 5-6 中参数求得对应额定车速 v_e，然后利用式（5-3）、式（5-4）求得所需电机驱动功率 P_m 和峰值转矩 T_m，结果见表 5-7。不同 k 值对应的电机转速 / 转矩特性曲线如图 5-28 所示。由表 5-7 中结果绘制得到的电机转速 / 功率包络线以及车辆行驶阻力功率曲线如图 5-29 所示。从中可以看出，电机最高转速一定时（即传动系速比确定），存在一条满足 0—100km/h 加速时间要求的电机转速 / 功率包络线。位于该包络线上方的点，0—100km/h 加速时间比设定值短；位于该包络线下方的点，0—100km/h 加速时间比设定

值长；落于该包络线上的点，0—100km/h 加速时间相同。随 k 系数增大，所需电机峰值功率减小，但电机功率上升速率加快，对应的电机峰值转矩增大，车辆爬坡能力提高，低速区段加速能力增强，高速区段加速能力减弱。当 $k>5$ 后，这种所需电机功率降低的趋势不再明显，而峰值转矩增加的趋势依旧。

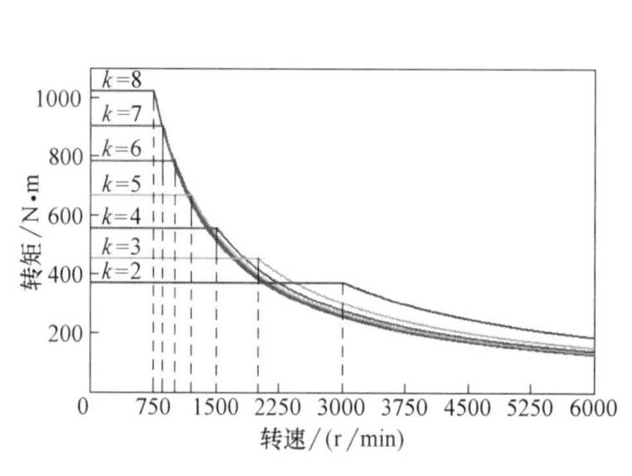

图 5-28　不同 k 值的电机转速 / 转矩特性曲线

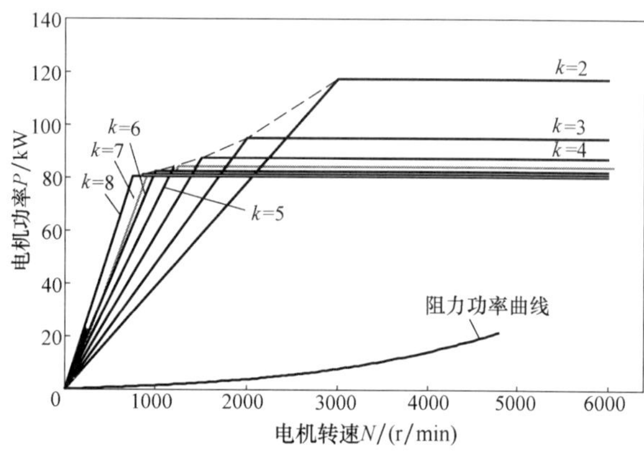

图 5-29　不同 k 系数下的电机转速 / 功率包络线

表 5-7　10s 加速时间要求下不同 k 值所需的电机峰值功率和峰值转矩

k 系数	2	3	4	5	6	7	8
N_e/（r/min）	3000	2000	1500	1200	1000	857	750
P_m/kW	117.4	95.1	87.5	84	82.2	81.1	80.4
T_m/N · m	374	453.9	556.9	668.8	784.9	903.6	1023.4

（3）驱动功率 P_m 和电机最高转速 N_{max} 一定时，k 系数对车辆动力性能的影响

由式（5-3）和 k 系数定义得到不同 k 系数情况下电机转速 / 转矩特性曲线（假设电机驱动功率 60kW，其他参数同表 5-6，如图 5-30 所示。图 5-31 所示为 k=2 和 k=8 两种情况下的车速 / 电机功率特性曲线与车辆行驶阻力功率曲线的关系。从中可以看出，电机功率和最高转速一定时，k 系数越大的电机额定转速越低，电机功率上升速率越快，从而电机对应峰值转矩更大，后备功率充足，有利于增强车辆的加速性能和爬坡能力。

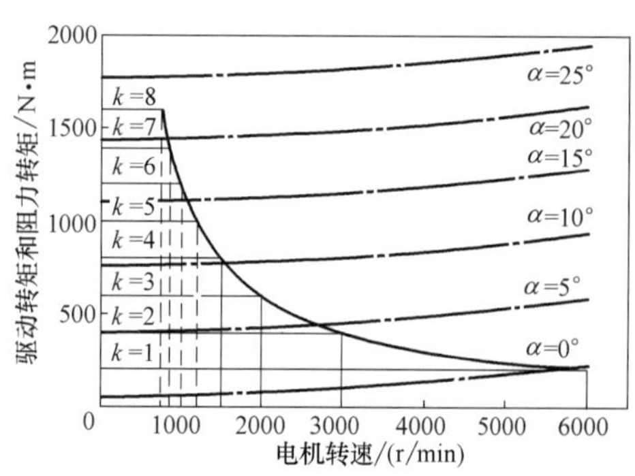

图 5-30　不同 k 系数的电机转速 / 转矩特性曲线

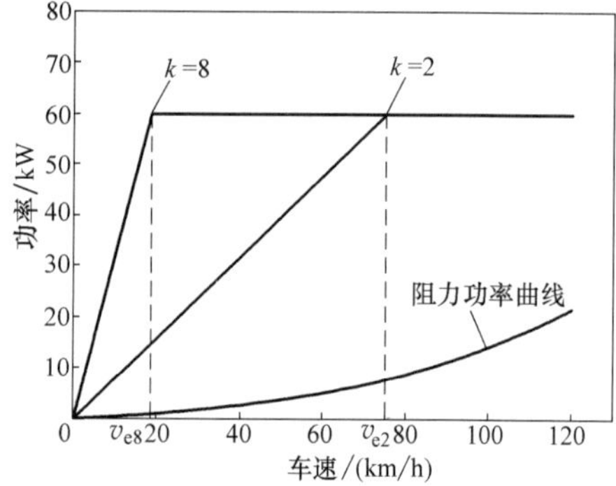

图 5-31　相同 N_{max} 不同 k 系数的车速 / 电机功率特性曲线

为了详细说明 k 系数变化对车辆加速性能的影响，用数值方法分段求解式（5-4），得到0—100km/h 加速过程中恒转矩段和恒功率段所需要的时间，不同 k 系数情况下 0—100km/h 加速时间、k 系数对加速时间的影响见表 5-8 和图 5-32。随 k 系数增加，恒转矩区和恒功率区加速时间呈现相反的变化趋势。其中恒转矩区加速时间逐渐减少，恒功率区加速时间逐渐增加，当 k 系数大于某个值时（例子中 $k>4$），各自变化的趋势均趋缓。并且因 t_1 变化趋势大于 t_2，车辆总的加速时间随 k 增加而减少，加速性能提高。

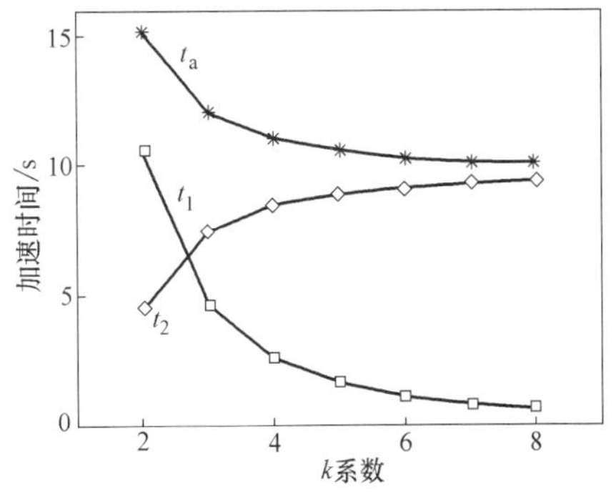

图 5-32　k 系数对加速时间的影响

由以上分析可知，匹配较大的扩大恒功率区系数 k 可以选择较小功率的电机来满足加速、爬坡性能要求（电机功率小，但恒转矩区峰值转矩更大，高转矩区域范围更广），降低车载电池等能量源的功率等级和尺寸大小，简化动力系统结构，节约制造成本。而对于给定功率大小的电机，较大的 k 系数同样可以得到更大的电机峰值转矩和更广的低速高转矩区域，提高车辆加速和爬坡能力。需要指出的是，以上两种情况均在限定电机最高转速的情况下进行讨论。

表 5-8　不同 k 系数情况下的 0—100km/h 加速时间

	k 系数							备注
	2	3	4	5	6	7	8	
v_e/（m/s）	20.833	13.899	10.417	8.333	6.944	5.952	5.208	
t_1/s	10.65	4.6	2.56	1.63	1.12	0.82	0.63	恒转矩区加速时间
t_2/s	4.48	7.46	8.47	8.93	9.18	9.32	9.42	恒功率区加速时间
t_a/s	15.13	12.06	11.03	10.56	10.3	10.14	10.05	总加速时间（0—100km/h P_m=60kW）

（4）驱动功率 P_m 和电机额定转速 N_e 一定时，k 系数对车辆动力性能的影响

电机输出峰值转矩增大需要电机具有更高的支撑能力，同时要求电机和电子设备能承受更大的通过电流，从而增加了硅钢片尺寸和传导损耗。为了减小电机峰值转矩过大带来的不利影响，同时保证电机有较大的扩大恒功率区，可以在保持额定转速不变的情况下，选择高速电机，即提高电机最高转速 N_{max}。N_{max} 提高后对电机峰值功率和低速区电机转矩无影响，但传动系减速比 i_0i_g 增大，增大对电机转矩的放大能力，从而提高车辆加速性能和爬坡能力。图 5-33 所示为电机驱动功率为 60kW、额定转速为 2000r/min，其他参数同表 5-7 条件下的车速与电机功率关系图。从中可以看出，随 k 系数的增加，系统通过提高传动系速比的方式来放大电机

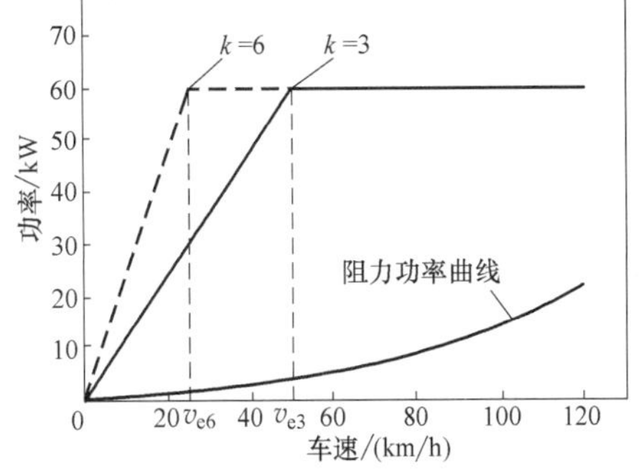

图 5-33　相同 N_e 不同 k 系数的车速 / 电机功率特性曲线

转矩输出，令电机恒功率区域前移，得到与图 5-31 所示类似的效果，从而提高车辆动力性能。

由式（5-4）和表 5-8 可知，对给定电机的功率，加速时间由电机额定转速对应的车速决定。v_e 越小，从零加速到 v_f 所需的时间越短。N_{max} 扩大后对电机功率和低速区电机转速无影响，但传动系减速比 i_0i_g 增大，额定转速对应的车速 v_e 减小，从而提高车辆加速性能。求解式（5-4）得到满足加速性能要求的最大 v_e 值，设为 v_{ta}，(注：为了满足加速时间，存在一个最大额定转速对应的车速，当传动系速比已知时，即存在一个电机最大额定转速)，即

$$v_e \leqslant v_{ta} \tag{5-11}$$

另外，设电机最高转速对应车辆最高车速，有

$$v_{max} = \frac{N_{max}}{i_0 i_g}\frac{2\pi}{60}r_d \tag{5-12}$$

由式（5-5）、式（5-11）和式（5-12）得

$$k = \frac{N_{max}}{N_e} \geqslant \frac{v_{max}}{v_{ta}} \tag{5-13}$$

k 系数的大小可以通过电机类型和控制策略来加以选取与设计。一般感应异步电机通过弱磁作用后，k 值为 3 ~ 5；BLDCM（brushless direct current motor）永磁无刷直流电机和 PMSM（permanent magnet synchronous motor）永磁同步电机由于存在永磁体，通常 $k<2$，通过相绕组解耦处理后，k 系数能够达到 4。开关磁阻电机因为结构简单并且没有转子导体，一般 k 系数为 6 ~ 8。

2. 驱动电机与传动系参数匹配流程及方法

电机参数的匹配选择是一个多变量问题，往往从已有参数出发，利用车辆性能约束条件求解其余参数量，且可分为传动系速比已知或未知两种情况。电机各主要参数匹配选择的正向设计流程如图 5-34 所示。其中 v_{max} 是车辆最高设计车速，t_a 是车辆从静止起步加速到某设计车速所需要的加速时间，α_{max} 是设计的最大爬坡角度。

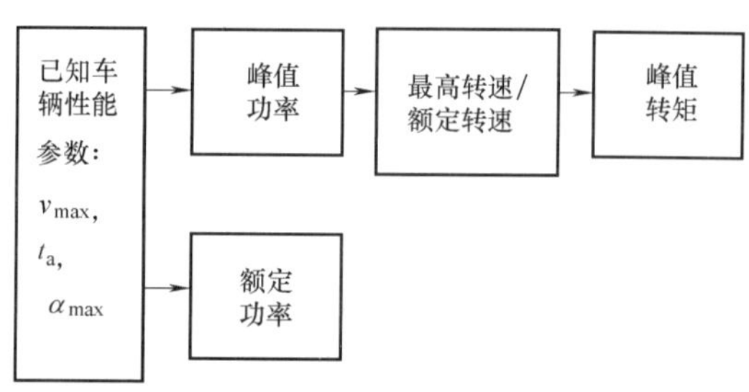

图 5-34 电机各主要参数正向匹配流程

（1）已知 v_{max}、t_a、某车速下最大爬坡角度 α_{max} 及传动系速比 i_0i_g

1）电机峰值功率。燃料电池汽车的动力系统基础是纯电动汽车，车辆行驶所需全部驱动力仅由驱动电机提供。驱动电机的驱动力需要与车辆行驶阻力平衡，同时驱动电机的驱动功率与车辆行驶的阻力功率相平衡。电机峰值功率必须大于或者等于车辆在各设定工况目标下行驶所需要的最大功率。

取平直路面上以最高车速匀速行驶时所需功率 P_1、以某给定车速 v_a 匀速爬行上 α 角度坡度所需功率 P_2 以及满足 t_a 加速要求所需功率 P_3 三者间的最大值为电机峰值功率

P_{m_max}。

$$P_1 = \frac{1}{\eta_T}(Mgf_r v_{max} + 0.5\rho C_D A v_{max}^3) \tag{5-14}$$

$$P_2 = \frac{1}{\eta_T}(Mgf_r \cos\alpha_{max} v_a + Mgf_r \sin\alpha_{max} v_a + 0.5\rho C_D A v_a^3) \tag{5-15}$$

根据所选电机类型初步确定扩大恒功率区系数 k，假设电机最高转速对应最高车速，可得电机额定转速对应的车速，代入式（5-4）中求得 P_3。一般轿车满足加速性能要求所需功率比 P_1、P_2 大。

$$P_{m\_max}=\max(P_1, P_2, P_3) \tag{5-16}$$

2）电机额定功率。可以根据最高车速匀速行驶时所对应的电机功率，或某一较低车速下克服较小坡道坡度持续匀速行驶所需电机功率，来确定电机额定功率 P_{m_e}。

$$P_{m\_e} \geqslant P_1 \tag{5-17}$$

$$P_{m\_e} \geqslant P_4 = \frac{1}{\eta_T}(Mgf_r \cos\alpha_g v_g + Mg \sin\alpha_g v_g + 0.5\rho C_D A v_g^3) \tag{5-18}$$

式中 v_g——设定的较低爬坡速度（m/s）；

α_g——设定的较小坡度角；

P_4——该行驶状况下所需功率（W）。

3）电机最高转速、额定转速。已知最高车速和传动系速比，可以利用式（5-12）和式（5-13）求得电机最高转速和额定转速。

4）电机峰值转矩。确定电机峰值功率和额定转速后，由式（5-3）求得电机峰值转矩。

（2）已知 v_{max}、t_a 及某车速下最大爬坡角度 α_{max}，传动系速比 $i_0 i_g$ 未知

1）电机峰值功率。方法同前文（1）小节的内容。

2）电机额定功率。方法同前文（1）小节的内容。

3）电机最高转速、额定转速。由电机类型和设定的 k 系数可以初步选定 N_{max}。并且由前面的分析可知，较大的 N_{max} 有利于降低电机起动转矩对电机支撑能力的要求。电机最高转速对应最高车速，由式（5-12）求得车辆减速比 $i_0 i_g$。根据 k 系数定义，利用式（5-13）求得电机额定转速。

4）电机峰值转矩。方法同前文（1）小节的内容。

5.6.3 蓄电池参数匹配

燃料电池混合动力汽车的动力蓄电池在动力系统能量管理过程中对负载功率起“削峰填谷”的作用，在燃料电池系统输出功率小于负载需求时补偿不足的功率；在燃料电池系统输出功率大于负载需求以及车辆制动时，动力蓄电池吸收多余功率。动力蓄电池主要的设计参数包括：电压等级、最大充放电功率以及蓄电池组容量。

蓄电池组电压 U_B 等级高，有利于降低母线电流，保护动力蓄电池（考虑最大允许

充电电流的限制），也有利于降低电机电流，提高电机效率，但是电机控制器内部功率电子器件的耐电压等级必须相应提高。同时为获得高电压，需要串联更多的单体电池，带来成本、一致性、电安全性方面的问题。实际选取整车母线电压等级时需综合考虑以上问题，并结合国家标准 GB/T 18488.1—2015 对电动汽车用电机及控制器的相应要求来完成。

动力蓄电池最大放电功率 P_{B_dis} 必须能够独立满足电机峰值功率需求：

$$P_{B\_dis} \geqslant \frac{P_{m\_max}}{\eta_m \eta_{mc}} \tag{5-19}$$

式中 η_m——电机工作效率；

η_{mc}——电机控制器工作效率。

动力蓄电池充电只可能存在以下三种情况。

1. 车辆静止状态充电

该状态时，由车载充电机或燃料电池单独给动力蓄电池充电，或车载充电机和燃料电池共同给动力蓄电池充电。充电机或燃料电池单独充电时的输出功率不能大于电池最大充电功率，二者共同充电时输出功率之和不能大于动力蓄电池最大充电功率。功率关系如下：

$$P_{charger} \leqslant P_{B\_ch} + P_{Aux} \tag{5-20}$$

$$P_{FCS} \leqslant P_{B\_ch} + P_{Aux} \tag{5-21}$$

$$P_{charger} + P_{FCS} \leqslant P_{B\_ch} + P_{Aux} \tag{5-22}$$

式中 $P_{charger}$——充电机输出功率；

P_{Aux}——非驱动负载功率，如果实际值较小，可以忽略。

2. 车辆低速行驶状态

在该状态下，如果燃料电池开启，燃料电池输出功率在满足电机驱动负载需求之外，还能给动力蓄电池充电。

$$P_{FCS} - P_{Aux} - \frac{P_m}{\eta_m \eta_{mc}} \leqslant P_{B\_ch} \tag{5-23}$$

式中 P_{FCS}——燃料电池系统输出功率；

P_{B_ch}——动力蓄电池最大允许充电功率；

P_m——电机驱动负载所需功率。

3. 车辆制动状态

制动状态时，电机回馈制动功率与燃料电池输出功率之和不得大于蓄电池最大充电功率与非驱动负载功率之和。

$$P_{FCS} + P_{Reg} \leqslant P_{B\_ch} + P_{Aux} \tag{5-24}$$

式中 P_{Reg}——电机回馈制动功率。

动力蓄电池类型选定后，电池组最大允许充电电流 I_{B_ch} 通常由电池类型和制造生产工艺决定。动力蓄电池最大充电能力可以用电流的形式表示为：

$$I_{FCS} + I_{Reg} \leqslant I_{B\_ch} \tag{5-25}$$

实际动力系统能量管理控制过程中，控制策略必须保证各种能量源实时产生的充电电流不得大于动力电池允许的最大充电电流。

动力蓄电池容量可以根据纯电动续驶里程来计算。

$$E \geqslant \frac{Pt}{\Delta SOC} = \frac{1}{3600\eta_T\eta_m\eta_{mc}\Delta SOC}\left(mgf + \frac{C_D A V_m^2}{21.15}\right)V_m \frac{S}{V_m}$$

$$= \frac{1}{3600\eta_T\eta_m\eta_{mc}\Delta SOC}\left(mgf + \frac{C_D A V_m^2}{21.15}\right)S \tag{5-26}$$

式中 E——动力蓄电池需提供的能量（kW·h）；

P——汽车以速度 V_m（km/h）行驶时所需功率（kW）；

S——设定的纯电动续驶里程（km）；

η_m——电机效率；

η_{mc}——电机控制器效率；

ΔSOC——电池放电深度。

选取较大的纯电动续驶里程能降低市区排放和日常使用成本，但是动力蓄电池成本增加。纯电动续驶里程可根据目标地区用户日常驾驶习惯统计数据来决定：应确保一定运行工况下市内出行的往返里程（30 ~ 60km）。

5.6.4 燃料电池发动机参数匹配

与内燃机相比，燃料电池发动机的突出优点是排放污染小，振动噪声特性好，能量转化效率高。而燃料电池堆输出端电压随燃料电池堆输出电流的变化会在一个较大的范围内波动，对整个系统的电压稳定是不利的。因此通常在燃料电池堆后端串接一个DC/DC稳压装置，以便燃料电池输出电压能够保持稳定，与母线电压一致。燃料电池发动机的设计参数主要包括燃料电池系统的额定功率、峰值功率及燃料电池发动机额定功率、峰值功率、氢罐容积（氢气质量）。

1. 燃料电池系统/发动机

与内燃机功率设计方法类似，可以选择车辆以某一较高车速匀速行驶时所需功率 P_{v_cruise} 作为燃料电池系统额定功率 P_{FCS_e}。需注意的是，对于燃料电池堆的辅助系统位于DC/DC变换器后端的动力系统结构，为保证蓄电池SOC较低状况下车辆仍然能够保持一定的动力性，设计燃料电池系统额定功率 P_{FCS_e} 时需要考虑燃料电池堆辅助系统消耗功率：

$$P_{FCS\_e}=\frac{P_{v\_cruise}}{\eta_m\eta_{mc}}+P_{Aux} \tag{5-27}$$

$$P_{Aux}=P_{ee\_Aux}+P_{fc\_Aux} \tag{5-28}$$

式中　P_{Aux}——非驱动负载消耗功率；

P_{ee_Aux}——辅助用电器功率；

P_{fc_Aux}——燃料电池堆辅助系统功率。

同样，燃料电池系统的峰值功率 P_{FCS_max} 可以比额定功率稍大，以便降低系统成本。也可以兼顾动力蓄电池最大充电能力的限制，使峰值功率与动力蓄电池最大充电功率 P_{ch_max} 相等：

$$P_{FCS\_max}\leqslant P_{ch\_max}=U_m aC_B \tag{5-29}$$

确定了燃料电池系统额定功率、峰值功率之后，设计燃料电池发动机的额定功率和峰值功率还需要考虑 DC/DC 变换器工作效率。

有如下关系式：

$$P_{fc\_e}=\frac{P_{FCS\_e}}{\eta_{DCDC\_avg}} \tag{5-30}$$

$$P_{fc\_max}=\frac{P_{FCS\_max}}{\eta_{DCDC\_avg}} \tag{5-31}$$

式中　P_{fc_e}——燃料电池堆额定功率；

P_{fc_max}——燃料电池堆峰值功率；

η_{DCDC_avg}——DC/DC 变换器平均工作效率。

在实际使用过程中，应尽量保持燃料电池发动机工作在高效率区。

2. 氢罐容积

设燃料电池堆输出功率为 P_{fc_e}，对应燃料电池堆效率为 η_{fc}，则燃料电池堆产生功率 P_{fc_e} 所需氢气消耗量为：

$$m_{fc\_p}=\frac{P_{fc\_e}}{\eta_{fc}q_{fc\_low}} \tag{5-32}$$

式中　m_{fc_p}——功率 P_{fc_e}（W）对应的氢气消耗量（g/s）；

η_{fc}——功率 P_{fc_e} 对应的燃料电池堆效率；

q_{fc_low}——氢气低热值，约为 120000J/g。

车辆以某给定车速 V_n（km/h）匀速行驶时（假设此时仅由燃料电池堆提供功率），单位时间氢气消耗量可表示为：

$$m_{\mathrm{fc\_p\_V_n}}=\frac{1}{\eta_{\mathrm{fc}}q_{\mathrm{fc\_low}}\eta_{\mathrm{DCDC\_avg}}}\left[\frac{1}{\eta_{\mathrm{T}}\eta_{\mathrm{m}}\eta_{\mathrm{mc}}}\left(mgf+\frac{C_{\mathrm{D}}AV_{\mathrm{n}}^{2}}{21.15}\right)\frac{V_{\mathrm{n}}}{3.6}+P_{\mathrm{Aux}}\right]\mathrm{(g/s)} \quad (5\text{-}33)$$

车辆以某给定车速 V_n（km/h）匀速行驶，增程里程 $S_{\mathrm{ext\_range}}$（km）所需氢气总质量可以表示为：

$$m_{\mathrm{H}}=m_{\mathrm{fc\_p\_V_n}}t=m_{\mathrm{fc\_p\_V_n}}\frac{S_{\mathrm{ext\_range}}}{V_{\mathrm{n}}}\times3600\ \mathrm{(g)} \quad (5\text{-}34)$$

设氢罐容积为 V（m^3），由理想气体公式得车辆运行前后氢罐提供的氢气质量为：

$$m_{\mathrm{H\_tank}}=\frac{m_{\mathrm{H}}V}{R}\left(\frac{P_1}{Z_1T_1}-\frac{P_2}{Z_2T_2}\right) \quad (5\text{-}35)$$

式中 m_{H}——氢气摩尔质量，2.016g/mol；
R——理想气体常数，8.314 J/(mol·K)；
P_1——初始压强（Pa）；
T_1——初始温度（K）；
Z_1——初始压缩系数；
P_2——终了压强（Pa）；
T_2——终了温度（K）；
Z_2——终了压缩系数。

压缩系数由表 5-9 插值得到。

表 5-9 氢气压缩系数表

P/kPa	*T*/K				
	248.15	273.15	298.15	323.15	348.15
101.33	1.001	1.001	1.001	1.001	1.001
1013.25	1.007	1.006	1.006	1.006	1.006
3039.75	1.0199	1.019	1.0182	1.0173	1.0166
5066.25	1.0334	1.0319	1.0303	1.0288	1.0274
10132.50	1.0688	1.0649	1.0613	1.0579	1.0548
15198.75	1.1056	1.099	1.0929	1.0875	1.0825
20265	1.1435	1.1338	1.1252	1.1175	1.1106
25331.25	1.1823	1.1693	1.1579	1.1479	1.1389
30397.5	1.2218	1.2053	1.1909	1.1783	1.1673
35463.75	1.2619	1.2415	1.2241	1.2091	1.1958
40530	1.3022	1.278	1.2574	1.2398	1.2243

令 $m_{\mathrm{H}}=m_{\mathrm{H\_tank}}$，联立式（5-32）~式（5-35）可求得储氢瓶容积 V。

参考文献

[1] 杜微微. 燃料电池客车动力系统的改进研究[D]. 长春：吉林大学，2016.

[2] 吴澈. 燃料电池汽车动力系统匹配及控制策略研究[D]. 太原：中北大学，2016.

[3] 殷婷婷，黄晨东. 燃料电池汽车动力系统运行效率研究[J]. 上海汽车，2012（08）：2-5.

[4] PEI P，CHANG Q，TANG T. A quick evaluating method for automotive fuel cell lifetime[J]. International Journal of Hydrogen Energy，2008，33（14）：3829-3836.

[5] BABAZADEH H，ASGHARI B，SHARMA R. A new control scheme in a multi-battery management system for expanding microgrids，2014[C]. IEEE，[s. n.]，2014.

[6] 衣宝廉，侯明. 车用燃料电池耐久性的解决策略[J]. 汽车安全与节能学报，2011，02（2）：91-100.

[7] CHEN H，SONG Z，ZHAO X，et al. A review of durability test protocols of the proton exchange membrane fuel cells for vehicle[J]. Applied Energy，2018，224：289-299.

[8] 孙明，侯永平. 燃料电池轿车可靠性试验方法及评价体系研究[J]. 科技信息（科学教研），2008（16）：350-374.

[9] 许翔，张众杰，凤蕴，等. 汽车环境适应性试验综述[J]. 装备环境工程. 2013，10（01）：61-65.

[10] 全国汽车标准化技术委员会. 道路车辆电气及电子设备的环境条件和试验：GB/T 28046—2011[S]. 北京：中国标准出版社，2012.

[11] 田奎森，刘春秀，王征宇，等. 电动汽车驱动电机系统的环境适应性设计[J]. 大功率变流技术，2014（02）：27-30.

[12] 孙振东，刘桂彬，李希浩，等. 基于氢燃料电池汽车碰撞安全性的研究[J]. 北京汽车，2009（02）：27-30.

[13] 全国汽车标准化技术委员会. 燃料电池电动汽车安全要求：GB/T 24549—2009[S]. 北京：中国标准出版社，2010.

[14] 刘艳秋，张志芸，张晓瑞，等. 氢燃料电池汽车氢系统安全防控分析[J]. 客车技术与研究，2017，39（06）：13-16.

[15] 黄伟科，何健. 燃料电池轿车碰撞结构安全设计的研究[J]. 汽车工程，2012，34（01）：62-66.

[16] 宋珂，章桐. 纯电动和串联式混合动力汽车电机传动系参数匹配[J]. 汽车工程，2013，35（06）：559-564.

[17] RAHMAN K M，EHSANI M. Performance analysis of electric motor drives for electric and hybrid electric vehicle applications[J]. IEEE Power Electronics in Transportation，1996：49-56.

[18] EHSANI M，RAHMAN K M，TOLIYAT H A. Propulsion system design of electric and hybrid vehicles[J]. IEEE Transactions on Industrial Electronics，1997：19-27.

[19] TOLIYAT H A，RAHMAN K M，EHSANI M. Electric machines in electric and hybrid vehicle applications[C]. Proceeding of ICPE 1995，1995：627-635.

[20] GAO Y，MAGHBELLI H，EHSANI M. Investigation of proper motor drive characteristics for

military vehicle propulsion [G]. Future Transportation Technology Conference, 2003, SAE technical paper, 2003.

[21] 尤寅. 新能源电动汽车动力系统匹配 [D]. 上海：同济大学，2010.

[22] 全国汽车标准化技术委员会. 混合动力电动汽车　动力性能　试验方法：GB/T 19752—2005 [S]. 北京：中国标准出版社，2005.

[23] 全国汽车标准化技术委员会. 电动汽车用电机及其控制器　第1部分：技术条件：GB/T 18488.1—2015. [S]. 北京：中国标准出版社，2015.

[24] 程伟，税方，路华鹏. 插电式串联混合动力汽车系统设计及仿真研究 [J]. 上海汽车，2009 (12)：8-11.

[25] EHSANI M, GAO Y, EMADI A. Modern electric, hybrid electric and fuel cell vehicles : fundamentals, theory, and design[M]. 2nd ed. Boca Raton : CRC Press Taylor & Francis Group, 2010.

[26] DONG T, ZHAO F, LI J, et al. Design method and control optimization of an extended range electric vehicle [C]. IEEE international Conference Vehicle Power and Propulsion (VPPC), 2011：1-6.

[27] SONG K, ZHANG J, ZHANG T. Design and development of a pluggable PEMFC extended range electric vehicle [C]. Proceedings of 2011 Second International Conference on Mechanic Automation and Control Engineering (MACE), 2011：1144-1147.

[28] 胡平，张浩. 基于用户接受度的增程式混合动力汽车控制策略研究 [J]. 汽车工程学报，2011, 1 (5)：455-463.

[29] SALMASI F R. Control Strategies for Hybrid Electric Vehicles : Evolution, Classification, Comparison, and Future Trends [J]. IEEE Transactions on Vehicular Technology, 2007, 56 (5)：2393-2404.

[30] 张承慧，李珂，崔纳新，等. 混合动力电动汽车能量及驱动系统的关键控制问题研究进展 [J]. 山东大学学报（工学版），2011, 41 (5)：1-8.

[31] JALIL N, KHEIR N A, SALMAN M. A rule-based energy management strategy for a series hybrid vehicle [C]. Proceedings of the 1997 American Control Conference, 1997 (1)：689-693.

[32] BRAHMA A, GUEZENNEC Y, RIZZONI G. Optimal energy management in series hybrid electric vehicles [C]. Proceedings of the 2000 American Control Conference, 2000 (1)：60-64.

[33] LIN C C, PENG H, GRIZZLE J W, et al. Power management strategy for a parallel hybrid electric truck [J]. IEEE Transactions on Control Syste ms Technology, 2003, 11 (6)：839-849.

[34] LIN C C, PENG H, GRIZZLE J W. A stochastic control strategy for hybrid electric vehicles [C]. Proceedings of the 2004 American Control Conference, 2004 (5)：4710-4715.

[35] PAGANELLI G, DELPRAT S, GUERRA T M, et al. Equivalent consumption minimization strategy for parallel hybrid powertrains [C]. IEEE 55th Vehicular Technology Conference, 2002, VTC Spring 2002：2076-2081.

[36] DELPRAT S, GUERRA T M, RIMAUX J. Optimal control of a parallel powertrain : from global

第5章

optimization to real time control strategy [C]. IEEE 55th Vehicular Technology Conference, 2002, VTC Spring 2002: 2082-2088.

[37] SCIARRETTA A, BACK M, GUZZELLA L. Optimal control of parallel hybrid electric vehicles [J]. IEEE Transactions on Control Systems Technology, 2004, 12 (3): 352-363.

[38] 舒红，聂天雄，邓丽君，等. 插电式并联混合动力汽车模型预测控制 [J]. 重庆大学学报，2011，34 (5): 36-41.

第 6 章 燃料电池轿车

6.1 术语

燃料电池轿车术语部分参考中华人民共和国国家标准《质子交换膜燃料电池　第 1 部分：术语》(GB/T 20042.1—2017)、《燃料电池电动汽车　术语》(GB/T 24548—2009) 进行编写，具体燃料电池轿车术语见表 6-1。

表 6-1　燃料电池轿车术语

术语名称	英文名称	概　念
燃料电池	Fuel cell	将外部供应的燃料和氧化剂中的化学能通过电化学反应直接转化为电能、热能和其他反应产物的发电装置
燃料电池电动汽车	Fuel cell electric vehicle	以燃料电池系统作为动力源或主动力源的汽车
燃料电池动力系统	Fuel cell power system	包括燃料电池系统、DC/DC 变换器、驱动电机及其控制系统和车载储能装置
车载供氢系统	On-board hydrogen supply system	燃料电池电动汽车上燃料经过所有零部件的集合，包括储氢容器、压力调节装置、管路及附件等
燃料电池辅助系统	Fuel cell auxiliary system	包括空气供应系统、水 / 热管理系统、控制系统、安全保障系统等
质子交换膜	Proton exchange membrane	以质子为导电电荷的膜，燃料电池内的一个独立层，作为电解质和阻隔阳极侧富氢气、阴极侧富氧气的屏障
冷启动	Cold start	经充分的浸车后，在标准环境温度进行启动
热启动	Hot start	关机后启动，此时燃料电池系统温度还在其正常工作温度范围内
启动时间	Start-up time	在启动程序初始化后，燃料电池系统达到规定输出功率的时间
额定功率	Rated power	制造厂规定的燃料电池堆在特定工况下能够持续工作的功率
输出特性	Output characteristics	燃料电池电压和电流关系的特性
怠速状态	Idle state	燃料电池系统处于工作状态，其输出的功率全部用于维持自身辅助系统的消耗、净输出功率为零的状态

（续）

术语名称	英文名称	概　念
气体泄漏	Gas leakage	除正常排气、放空外，供气系统和燃料电池系统中出现的气体外泄现象
最大允许工作压力	Maximum allowable working pressure	由相关法规或指令认证的系统或者部件可以工作的最大表压
最高运行温度	Maximum operating temperature	系统或部件可以非失效工作的最高瞬态温度
额定功率响应时间	Response time to rated power	在燃料电池系统正常工作状态下，从怠速达到额定功率的时间
动态响应时间	Dynamic response time	在正常工作状态下，燃料电池系统从一个状态变化到另一个状态的时间
额定功率启动时间	Start response time to rated power	燃料电池系统从待机状态进入额定功率状态所需的时间，包括额定功率冷启动和额定功率热启动
怠速启动时间	Start response time to idle state	燃料电池系统从待机状态达到怠速状态的时间，达到怠速状态后能够稳定运行，包括怠速冷启动和怠速热启动
过载功率	Over board power	制造厂规定的燃料电池系统在特定工况条件下、在规定时间内工作可输出的最大净输出功率
氢气利用率	Hydrogen utilization rate	在规定的稳定状态运行条件下，燃料电池系统净输出功率与单位时间内进入燃料电池堆的燃料热值之比
燃料消耗率	Fuel consumption rate	在特定运行条件下，燃料电池电动汽车运行 100km 所消耗的燃料量，单位：kg/100km
驱动系统	Propulsion system	车载能源和动力系的组合
储能装置	Energy storage	电动汽车上安装的能够储存电能的装置，包括所有动力蓄电池、超级电容和飞轮电池等或其组合
车载能源	On-board energy source	变换器和储能装置的组合
动力系统	Power train	动力单元与传动系统的组合
再生制动	Regeneration braking	将一部分能量转化为电能储存在储能装置内的制动过程
续驶里程	Range	燃料电池轿车在最大的燃料储备下可连续行驶的总里程
电机	Motor	将电能转换成机械能或将机械能转化为电能的装置，它具有能作相对运动的部件，是一种依靠电磁感应而运行的电气装置
动力蓄电池	Battery	能将所获得的电能以化学能的形式储存并可以将化学能转变为电能的一种电化学装置，它可以重复充电和放电
DC/DC 变换器	Converter	将某一直流电源电压转换成任意直流电压的变换器
整车整备质量	Complete electric vehicle curb mass	指装备有车身、全部电气设备和车辆正常行驶所需的辅助设备的完整车辆的质量
动力系统效率	Power train efficiency	在纯电动情况下，从动力系统输出的机械能除以输入动力系统电能所得的值
质量比功率	Gravitic power density	电堆或燃料电池发电系统额定功率和其质量的比值

6.2　燃料电池轿车性能

燃料电池轿车性能包括动力性、经济性、环境适应性、耐久性、可靠性等几个方面。

6.2.1　动力性

燃料电池轿车的动力性是指汽车在良好路面上直线行驶时由汽车受到的纵向外力决

定的、所能达到的平均行驶速度，是汽车的基本性能之一。汽车行驶遇到的阻力有滚动阻力、空气阻力、坡度阻力和加速阻力，必须有足够的驱动力来克服这些阻力，才能以较高的平均速度行驶。

1. 主要指标

与传统内燃机汽车动力性衡量指标类似，燃料电池轿车动力性指标包括：最高车速、加速时间、爬坡能力。

2. 影响因素

（1）设计因素

燃料电池轿车的动力性受到其本身设计结构及使用条件影响，其中汽车设计本身的影响因素包括：电驱动系统、燃料电池发动机、车身、轮胎、整车等。

1）驱动电机功率及传动系参数。与内燃机车辆不同，燃料电池轿车由电机驱动，电机功率和转矩输出特性直接影响最高车速和加速特性。传动系对汽车动力性的影响取决于减速器传动比。

2）燃料电池发动机的额定功率。燃料电池发动机功率越大，汽车的动力性越好。设计中，燃料电池发动机额定功率的选择必须保证汽车的最高车速需求。燃料电池发动机额定功率越大，能持续提供给电机的电功率也越大，汽车的最高车速也越高。

3）车身流线型及空气阻力。与内燃机汽车类似，流线型影响汽车的空气阻力系数，对汽车的动力性也有影响。因为空气阻力和车速的二次方成正比，克服空气阻力消耗的功率和车速的三次方成正比，所以燃料电池轿车的流线型对汽车的最高车速影响很大。

4）轮胎尺寸与形式。与内燃机汽车类似，燃料电池轿车的驱动力与驱动轮的半径成反比，行驶速度与驱动轮的半径成正比。在良好路面行驶的汽车，由于附着力较大，允许用较小直径的轮胎，可得到较大的驱动力。车速的提高可以通过减小减速器传动比来解决。轮胎尺寸与减速器传动比的减小，使汽车质心高度降低，提高了汽车行驶的稳定性，有利于汽车的高速行驶。有些路面上行驶的汽车，车速不高，要求轮胎半径大些，主要是为了增加附着力。轮胎形式、花纹对汽车的动力性也有影响。为提高汽车的动力性，应尽量采用滚动阻力较小的轮胎，如子午线轮胎；同时合理选用花纹，以增加道路与轮胎间的附着力。

5）汽车整备质量。与内燃机汽车类似，燃料电池轿车整备质量对汽车动力性影响很大。除空气阻力外，其他行驶阻力都与汽车的质量成正比；动力因素与汽车整备质量成反比。因此，随着汽车整备质量的增加，其动力性变差，汽车行驶的平均速度下降。如果能减轻整备质量，则可减小汽车行驶的阻力，使汽车性能得到改善。

（2）使用因素

燃料电池轿车使用过程中的影响因素包括：燃料电池发动机、底盘、行驶条件等。

1）燃料电池发动机状况。由于电堆材料、零部件老化等因素，燃料电池发动机在使用过程中，电化学转换效率会逐渐下降，其最大输出电功率、功率输出响应时间等将发生变化，导致汽车的动力性下降。

2）汽车底盘技术状况。与内燃机汽车类似，汽车传动系统各传动元件的松紧与润滑、前轮定位的调整、轮胎气压、制动性能的好坏、传动系统润滑油的质量等都直接影响汽车的动力性。

3）汽车行驶条件。行驶条件包括气候、环境、路面等。例如，当燃料电池轿车长时间在高温条件下工作时，由于散热功率无法满足要求，导致燃料电池发动机降低功率运行，致使汽车的动力性下降；当汽车行驶在高原地区时，进气压力降低导致燃料电池发动机最大输出功率降低，使汽车动力性下降；当汽车行驶在土路上，不仅滚动阻力会增加，更主要的是由于附着系数减小，致使汽车的动力性大大降低。

6.2.2 经济性

燃料电池轿车的经济性是指以最小的氢气消耗量（或等效氢气消耗量）完成单位运输工作的能力[1]。

1. 主要指标

（1）等速氢耗

汽车在无坡度的平坦好路上以等速行驶时的氢耗为等速氢耗。所谓等速还要计入以不同车速等速行驶的情况，不同车速的等速行驶，百公里氢耗是不同的。

选择一段无坡度的平坦水泥路面或沥青路面，汽车以不同车速（可每隔 10km/h 的车速取一个点）等速行驶完这段路程，往返一次取平均值（消除风和坡度影响），记下氢耗量，即可计算出不同车速下汽车的百公里氢耗。

（2）循环氢耗

由于等速氢耗与实际行驶情况有很大差别，实际上不能全面地评定汽车的氢经济性。一般都采用循环氢耗来评定汽车的氢经济性。循环氢耗是指在一段指定的典型路段内，汽车以设定的不同工况行驶时的氢耗，一般至少包括等速、加速和减速 3 种工况，复杂的还要计入起步和怠速停驶等多种工况，然后折算成百公里氢耗。

2. 影响因素

（1）燃料电池发动机影响

燃料电池系统的效率越高，则氢气能量利用率越高，也就越省氢气。而燃料电池发动机的动态工作效率随工作点变化而变化，一般而言燃料电池系统最高效率工作点出现在 20% ~ 40% 额定功率点，具体要视实际情况而定。

（2）驱动与传动系统影响

电机效率是指电机输出的机械动能与消耗的电能之比，电机效率对燃料电池轿车的经济性有重要影响。

传动系统的传动比主要是指减速器的减速比。在良好的道路上行驶，选用小速比的减速器可提高汽车的经济性。但是减速比过小会造成动力性过低，反而会使汽车的经济性变坏，因此一般设计减速器传动比都有一个范围。

（3）充放电过程及电力变换器效率影响

燃料电池轿车动力系统由于采用了动力蓄电池或超级电容作为瞬时功率缓冲器，在充放电过程中存在一定的电能损失。

为使燃料电池输出电压与驱动电机输入电压匹配，中间通常采用了 DC/DC 变换器，也会导致部分电能损失。

（4）造型影响

汽车的造型对燃料经济性有重要影响，车速越快，影响越大，这就是人们常说的"风阻"。减小空气阻力主要是通过减少汽车的迎风面积和空气阻力系数来实现，一般而言迎风面积取决于汽车的体积，空气阻力系数取决于车身造型。为此，汽车车身紧凑化和流线型是提高经济性的途径。许多轿车的空气阻力系数仅为 0.28 ~ 0.3，对减少氢气消耗起到很大作用。

6.2.3 环境适应性

环境适应性定义为装备（产品）在其寿命期预计可能遇到的各种环境的作用下，能实现其所有预定功能和性能和（或）不被破坏的能力，是装备（产品）的重要质量特性之一。环境适应性是燃料电池轿车诸多特性中影响其普及范围的重要特性。

目前燃料电池轿车的环境适应性主要取决于车载燃料电池系统的环境适应性能力，与车辆选用的材料、总成及零部件的环境适应性，以及所采取的应对环境变化的措施等也有密切关系[2]。一旦汽车完成生产定型，其环境适应性也就基本固定。由于不同环境对汽车影响的机理与作用不同，准确表述汽车的环境适应性比较困难。

环境适应性一般要求在汽车研制需求、产品定位中予以明确，通常只能对某一类环境提出定量与定性要求，要求汽车在一定的环境因素强度下不受损坏或能正常工作，其各项性能参数符合设计要求。

1. 气候环境因素

汽车在各种自然环境因素的交互作用下，功能、性能和寿命均会受到影响。长期研究表明，影响汽车环境适应性能的主要气候因素是气温、湿度、气压、太阳光（辐射）和沙尘等。气候环境因素对燃料电池轿车性能的影响见表 6-2。

表 6-2 气候环境因素对燃料电池轿车性能的影响

环境因素	主要影响	典型故障机理
高温	加热效应、低温差散热困难	材料性能改变、结构强度减弱、总成与零部件过热、润滑与密封失效；燃料电池工作温度低，高温下低温差造成散热困难，导致燃料电池发动机难以输出大功率
低温	结冰、脆化、物理收缩	启动困难，材料变脆、硬化、失去弹性，磨损增大、密封失效
湿热	吸收湿气、传动系等锈蚀	金属表面腐蚀，材料变质，高压电器强度和绝缘电阻降低、电气性能下降
低气压	低气压效应	燃料电池发动机动力性、经济性、热平衡性能下降，启动困难，工作不稳定，密封失效，电气设备性能下降
太阳辐射	加热效应和光化学效应	材料膨胀、破裂、老化、脆化，绝缘失效、密封失效，材料软化发黏
沙尘	磨损、堵塞	磨损增大，机械卡死，过滤器堵塞，电气性能变化，密封性能下降
盐雾	化学反应、锈蚀、腐蚀	机械强度下降、电化腐蚀、电气性能变化、材料腐蚀

（续）

环境因素	主要影响	典型故障机理
污染气体	毒化效应	导致燃料电池发动机膜电极失效，无法进行电化学反应或者加速老化
雨水	降落、扑击和渗透效应	燃料电池发动机进水失效，表面侵蚀，电气设备失灵，金属表面腐蚀加速

2. 低温启动

低温启动是指燃料电池堆在环境温度为 0℃以下所进行的启动程序，也称作冷启动。低温启动能力是衡量燃料电池堆低温性能的重要标准。

美国能源部的冷启动目标见表 6-3，低温（特别是零下低温）、低气压、污染气体对于燃料电池轿车来说是较为普遍并十分严重的影响。

燃料电池的生成物只有水，是零排放的清洁动力源。但水在 0℃以下会结冰，堵塞气体传输通道，造成启动失败，甚至破坏膜电极结构。0℃以下启动是燃料电池轿车冬季运行面临的最大挑战，也是燃料电池轿车在温、寒带地区推广的主要障碍。

表 6-3　美国能源部的冷启动目标

特性	单位	当前水平	2020 年目标	终极目标
环境温度 −20℃	s	20	30	30
环境温度 20℃	s	< 10	5	5
无辅助冷启动温度	℃	−30	−30	−30

目前解决燃料电池汽车低温启动问题的主要方法有加热、通入热空气、冷却水循环加热、氢氧反应加热、氢泵加热和气体吹扫等。其中加热、通入热空气和冷却水循环加热等方法附带的辅助系统质量体积较大，不适合车用；而氢氧反应加热、氢泵加热、气体吹扫等方法，由于其原理是在启动时临时改变内部反应环境，外带设备较少，是国内研究应用的热点。

1）氢氧反应加热法：不增加辅助设备，利用 H_2 和 O_2 在电极阳极或阴极一侧直接接触反应，迅速提高电池温度。

2）氢泵加热法：原理与氢氧反应加热相同，通过外部电流作用使供氧侧电极产生氢气，从而直接反应产生热量。

3. 电磁环境因素

燃料电池轿车的电磁兼容性（Electro Magnetic Compatibility）是指汽车及零部件或独立技术单元在电磁环境中能可靠工作，不对该环境中任何事物造成不应有的电磁干扰的能力。随着现代电子技术在汽车上的广泛应用，汽车性能得到提升的同时，其电磁敏感性也愈发明显。汽车电磁兼容性关系到安全性、节能的有效性、智能控制的可靠性等。

燃料电池轿车电磁环境适应性试验是通过对静电参数、电磁兼容性的测试，来衡量汽车及元器件的抗电磁干扰能力。汽车电磁环境适应性试验一般分为以下几个等级进行：整车电磁辐射干扰试验、整车辐射抗扰性试验（抗外界电磁干扰、抗车内电磁干扰）、整车及零部件静电放电试验、电气部件的干扰试验、电子部件或电子控制系统的电磁抗扰试验。

6.2.4 耐久性

与内燃机汽车类似，燃料电池轿车的耐久性，是指整车和总成在达到极限性能衰退数值或不堪使用之前的工作期限。简单地说，就是汽车的使用寿命。耐久性对汽车的技术完好系数、折旧费、大修费都有直接的影响。目前燃料电池轿车的耐久性主要取决于燃料电池发动机的耐久性水平，而燃料电池发动机的耐久性则与不同使用工况下燃料电池堆的性能衰减机理密切相关。

1. 主要指标

对于全功率燃料电池乘用车用电堆及燃料电池系统（净输出功率 80kW），美国能源部提出的 2020 年寿命目标是 5000h。

日本新能源产业技术综合开发机构于 2017 年 10 月更新燃料电池里程表，将乘用车电堆 2020 年前后的寿命目标从 5000h 改为 15 年。寿命指标从里程改为年数，是基于前期燃料电池市场运营中发现，除了早期人们认识到的电堆老化加速工况，处理不当的长期静置也有可能加速电堆老化。

2. 影响工况

1）启停工况。启停工况对耐久性的影响本质是阳极氢氧界面引起阴极高电位，从而诱发碳腐蚀。

2）冷启动工况。冷启动工况对电堆老化有显著影响，因为冷启动过程伴随有水的生成，其在催化剂层的体积分数有可能接近于 100%。启动时水伴随结冰、融化等相变，导致体积变化，可能破坏催化剂层的结构，引发阴极催化剂层的致密化甚至与高分子膜的局部脱离，带来较大的扩散过电压损失[3]。

3）变载工况。变载工况老化的主要机理为催化剂层中的 Pt 溶解氧化为离子，迁移到质子交换膜，并在 H_2 还原作用下，还原为 Pt 原子，并发生沉积，形成铂金带。

4）大电流工况。在阴极中水的大量生成与移动有可能导致传质微通道坍塌、疏水性的变化，局部大电流密度可能导致局部热点的产生，引起膜的熔化甚至穿孔。

6.2.5 可靠性

与传统内燃机汽车的可靠性定义类似，燃料电池轿车的可靠性是指在规定的使用条件下和规定的行程内完成规定功能的能力。汽车的使用可靠性取决于汽车本身的固有可靠性以及汽车的使用维修水平，并与汽车的使用条件有关。汽车使用时间增长，其出现故障的可能性随之增大，使用可靠性下降。

随着燃料电池堆耐久性的提高，燃料电池示范运营中发现，燃料电池系统部件、功率电子器件、动力系统集成等故障造成的运行停止概率远高于燃料电池堆自身。因此，燃料电池轿车的可靠性技术开发应该建立在整体系统层级上。

1. 评价指标

燃料电池轿车可靠性的主要评价指标包括：平均首次故障里程、平均故障间隔里程、当量故障率。

1）平均首次故障里程。平均首次故障里程是指一批同样型号、同样技术状态的汽车按规定条件行驶，各车首次出现故障的行驶里程平均值。

2）平均故障间隔里程。平均故障间隔里程是指一批同型号、同技术状态的汽车按规定条件行驶，在可靠性检验行驶限额里程内，所有汽车出现故障的总次数中，平均每两次故障之间的行驶里程。

3）当量故障率。将某类故障的故障率按故障的危害程度及排除故障的难易程度所换算成的一种典型故障的故障率。

2. 可靠性试验方法

1）试验场道路耐久试验。汽车试验场道路耐久试验着眼于模拟汽车在实际使用中所碰到的最恶劣的工况，适当设计试验场耐久性试验可以尽快暴露故障，缩短试验周期。试验场道路耐久性试验可以研究燃料电池轿车在实际强化道路和变工况情况下的故障发生特征和振动条件下的工作状况，是研究燃料电池轿车整车可靠性的重要方法。

2）转鼓可靠性试验。燃料电池轿车的动力系统与传统汽车有本质不同，其运行的稳定性和可靠性是最受关注的。转鼓试验通常用于传统汽车的各类发动机试验，如发动机的冷却散热能力试验（在环境试验室中进行）、排放性能试验（在排放试验室中进行）。此外，转鼓试验可以进行汽车的动力性能试验、经济性试验、空调性能试验、制动性能试验和电磁兼容性试验等。

3）整车台架振动试验。燃料电池自身特点导致了汽车受力变化，需要对燃料电池轿车进行振动台架试验以研究汽车的振动性能和结构耐久性；此外，振动台架试验可以研究燃料电池关键部件的抗振性能和在振动下的工作状态。

6.3 动力总成参数匹配

燃料电池轿车分为多种构型，本节以目前较为典型的间接型全功率燃料电池轿车为例，进行参数匹配。

6.3.1 初始条件及工况选择

1. 整车参数及动力性能要求

本文以某 B 级车为例进行动力总成参数匹配。其整车参数及性能目标见表 6-4。

表 6-4 某 B 级车整车参数及性能目标

项目		参考值
整车参数	整备质量（m_0）/kg	1875
	满载质量（m_1）/kg	2200
	迎风面积（A）/m^2	2.02
	风阻系数（C_D）	0.32
	滚动半径（r）/m	0.288

（续）

项目		参考值
整车参数	滚阻系数（f）	0.010
	减速器传动比（i_0）	9
整车性能	1km 最高车速 /(km/h)	140
	最大爬坡度（%）	20
	0—100km/h 加速时间 /s	15
	30min 最高车速 /(km/h)	120
	5% 坡度最高车速 /(km/h)	80

2. 循环工况的选择

燃料电池动力系统匹配设计过程中，循环工况的选择对整车的动力性能有一定的影响。本文选择了两种不同的标准循环工况，分别为 CYC-UDDS 和 CYC-ECE-EUDC。

1）CYC-UDDS（Urban Dynamometer Drive Schedule）即美国城市道路循环工况，是联合测试工况（FTP-75）中的第一部分，常用于轻型车辆测试。

2）CYC-ECE-EUDC 即欧洲循环工况，又名 MVEG-A，在欧洲用来测试轻型汽车的废气排放，包括 ECE 和 EUDC 两段。欧洲经济委员会（ECE）规定，要测量车速为 90km/h 和 120km/h 的等速百公里油耗以及按 ECE-R.15 循环工况的百公里油耗，并各取 1/3 相加作为混合百公里油耗评价指标。目前国内的燃油消耗测试均采用此工况作为标准。

两种循环工况的特征参数见表 6-5。

表 6-5 两种循环工况的特征参数

循环工况	最高车速 /(km/h)	最大加速度 /(m/s^2)	最大驱动功率 /kW	最大驱动转矩 /N·m
UDDS	91.23	1.48	54.53	111.2
ECE-EUDC	120	1.06	45.33	59.93

6.3.2 关键总成选取

1. 驱动电机的选取

应用在新能源汽车上的驱动电机的种类繁多，电机类型对燃料电池轿车的影响较大，主要类型有直流电机、交流感应电机、永磁同步电机和开关磁阻电机四类。直流电机虽然也曾在一些车辆系统中广泛应用，但因其体积庞大、效率低、电刷和换向器需要维护、电磁干扰大、可靠性低以及转速有限等原因已不再适用。永磁同步电机凭借其效率高、成本低、维护便利等特点被广泛采用。

永磁同步电机是常用的驱动电机，其具备以下优点：

1）电机由高能永磁材料励磁，在同样的需求功率下，驱动电机尺寸小、质量轻，功率密度高。

2）由于采用永磁材料，其转子无需任何绕组，相比于其他感应式驱动电机具有效率高的特点。

3）与其他类型的电机相比具有更高的可靠性。

4）转子电磁时间常数小，动态性能好。

综上，永磁同步电机更符合电动汽车对驱动电机的基本要求，其功率密度大、效率高、体积小且质量轻，因此普遍选择永磁同步电机。

2. 辅助储能装置的选取

由于燃料电池存在动态响应慢的问题，车辆起步和加速的过程中不能很好地达到行驶要求，为此要增加动力蓄电池弥补燃料电池的缺陷。同时，增加蓄能系统使其可以吸收制动或减速过程中产生的能量，能提高能源利用率，提高整车的经济性能[4, 5]。目前常用的动力蓄电池包括铅酸电池、镍氢电池、磷酸铁锂电池和三元锂电池等。

1）铅酸电池作为车用动力能源，其优势在于：单体电池电压高，温度特性良好，无记忆效应，能量效率高，应用广泛；其主要缺点是能量密度低、循环寿命短、体积和重量大、需经常维护。

2）镍氢电池相比铅酸电池的优点包括：能量密度高（一次充电可行驶的距离长）、功率密度高、大电流工作时放电平稳、低温放电性能好、循环寿命长、安全性好、无记忆效应、无污染。在电动汽车的研发中，镍氢电池技术成熟，性能稳定，也能够批量生产。

3）常用的锂离子电池类型是磷酸铁锂电池，其安全性高，循环寿命长，充放电稳定，功率密度和能量密度显著优于铅酸电池和镍氢电池，现在广泛应用在电动汽车上。

4）三元锂电池与磷酸铁锂电池相比，其能量密度、功率密度更大。同时，在大倍率充电和耐低温性能方面，三元锂电池也有很大的优势。车用动力蓄电池的主要性能参数见表 6-6。

表 6-6　车用动力蓄电池的主要性能参数

电池类别	平台电压/V	能量密度/(W·h/kg)	功率密度(W/kg)	安全性	寿命	成本
磷酸铁锂	较高（3.2）	中（125）	较高	高	长	低
三元（镍钴锰混合）	高（3.7）	高（170）	高	中	长	中
锰酸锂	高（3.7）	中（110）	较高	中	中	低
磷酸锰铁锂	—	较高（150）	低	较高	短	低
钛酸锂	低（2.2）	低（80）	高	高	长	高

注：数据来源于《2018—2022 年新能源汽车动力蓄电池行业技术发展趋势及市场前景预测报告》。

对于全功率燃料电池轿车，动力蓄电池的主要作用是弥补燃料电池的动态响应性能，同时进行再生制动能量回收，因此对动力蓄电池的功率等级要求相对较高，而对其容量需求不高。综上，选用三元锂电池作为辅助动力源。

3. DC/DC 变换器

因为燃料电池轿车（FCEV）的燃料电池发动机输出特性较软，随着负载加大，燃料电池电压下降的速度较快，而且受温度的影响较大，所以燃料电池和电机之间需要添加一个 DC/DC 变换器，保证燃料电池输出电压始终符合负载要求。燃料电池轿车对 DC/DC 变换器的要求如下：

1）轻量化设计。

2）高传输效率。

3）瞬态响应速度快。

DC/DC 变换器主要有降压型（Buck Converter）、升压型（Boost Converter）和升降压型（Buck-Boost Converter）三类。考虑到燃料电池动力系统的要求，需要选取升压型 DC/DC 变换器。

6.3.3 电机参数的选择

1. 峰值转速

电机峰值转速是电机恒功率区可以达到的最高转速，应满足汽车最高行驶车速的要求。根据车速与转速的对应关系

$$V=\frac{0.377rn}{i} \tag{6-1}$$

式中 V——车辆行驶速度（km/h）；

r——滚动半径（m）；

i——速比；

n——电机转速（r/min）。

将 V_{max}=140km/h、i=9、r=0.288m 代入式（6-1），得到

$$n_{max}=11605\text{r/min}$$

初步取电机峰值转速为 n_{max}=12000r/min。

2. 峰值转矩和峰值功率

根据最小加速时间确定最大功率和额定转速，根据爬坡性能确定最大转矩，校核最高车速所需功率。

根据车辆行驶方程式

$$F_t=F_f+F_w+F_i+F_j \tag{6-2}$$

式中 F_t——车辆行驶驱动力（N）；

F_f——车辆行驶滚动阻力（N）；

F_w——车辆行驶空气阻力（N）；

F_i——车辆行驶坡道阻力（N）；

F_j——车辆行驶加速阻力（N）。

将驱动力和各行驶阻力的表达式代入车辆行驶方程式中，有

$$\frac{Ti\eta_T}{r}=mgf\cos\alpha+\frac{C_DAV^2}{21.15}+mg\sin\alpha+\delta m\frac{\mathrm{d}u}{\mathrm{d}t} \tag{6-3}$$

式中 T——转矩（N·m）；

i——速比；

η_T——减速器效率（%）；

f——滚阻系数；

C_D——风阻系数；

A——迎风面积（m^2）；

V——车速（km/h）；

α——坡度（%）。

峰值转矩可以根据满载下最大坡度匀速行驶工况确定：

$$T=\frac{m_1 g\cos\alpha+\dfrac{C_D A}{21.15}V^2+m_1 g\sin\alpha}{\eta_T i_0}r \tag{6-4}$$

式中 V——额定转矩下的车速 V_e，即电机最大转矩时汽车所能达到的最高车速（km/h）；

η_T——减速器效率（%）。

根据电机的特性曲线，汽车的加速分为恒转矩加速和恒功率加速。考虑汽车的 0—100km/h 加速时间，当 V_e=100km/h 时，满足加速时间≤15s，此时峰值转矩 T_{max}=162.14N·m。初步选取 T_{max}=165N·m，此时对应的峰值功率为

$$P_{max}=\frac{T_{max}n_e}{9550}=\frac{T_{max}V_e i_0}{3600r}=84.45\text{kW} \tag{6-5}$$

初步选取 P_{max}=85kW，对应的转速

$$n_e=\frac{V_e i_0}{0.377r}=4973\text{r/min} \tag{6-6}$$

初步选取 n_e=5000r/min，校核最高车速所需功率

$$P_V=\frac{1}{\eta_T}\left(\frac{m_1 gf}{3600}V_{max}+\frac{C_D A}{76140}V_{max}^3\right)=37.27\text{kW}<P_{max} \tag{6-7}$$

符合要求。

校核爬坡工况转矩

$$T_{maxg}=\frac{m_1 g\cos\alpha+m_1 g\sin\alpha+\dfrac{C_D A}{21.15}V^2}{\eta_T i}r=150.35\text{N}\cdot\text{m}<T_{max} \tag{6-8}$$

符合要求。

3. 额定转矩和额定功率

电机的额定功率和额定转矩又称为持续功率和持续转矩，是指电机驱动系统可以长时间运行、温升不超过限值而达到热平衡的状态，对应于车辆经常运行区域。本文以满足水平路面 120km/h 匀速行驶和 5% 坡度上 80km/h 匀速行驶两种最常用工况来计算额定功率和额定转矩。

在水平路面、半载 m=2037.5kg、V=120km/h 的条件下，有

$$T_{e1}=\frac{mgf+\dfrac{C_D A}{21.15}V^2}{\eta_T i}r=24.08\text{N}\cdot\text{m} \tag{6-9}$$

在 5% 坡度、半载 m=2037.5kg、V=80km/h 的条件下，有

$$T_{e2}=\frac{mgf\cos\alpha+mg\sin\alpha+\dfrac{C_D A}{21.15}V^2}{\eta_T i}r=53.15\text{N}\cdot\text{m} \tag{6-10}$$

$$P_{e2}=\frac{T_{e2}Vi}{3600r}=36.91\text{kW} \tag{6-11}$$

因此选取

$$T_e=60\text{N}\cdot\text{m},\ P_e=40\text{kW}$$

通过上述对各工况的分析和动力性指标的校核，确定电机参数，三种循环工况的特征参数见表 6-7。

表 6-7　三种循环工况的特征参数

电机技术参数	参考值
额定功率 /kW	40
峰值功率 /kW	85
额定转速 / （r/min）	5000
峰值转速 / （r/min）	12000
额定转矩 / N・m	60
峰值转矩 /N・m	165

6.3.4 燃料电池系统参数的选择

燃料电池系统的输出功率应能保证车辆持续高速长时间匀速行驶，因此额定功率应满足电机额定功率的需求[6]。

$$P_{FCE}=\frac{P_e}{\eta_{DC}\eta_I}=\frac{40}{0.95\times0.98}=42.96 \tag{6-12}$$

式中 P_{FCE}——燃料电池系统输出功率（kW）圆整后，取 P_{FCE}=45kW；

P_e——电机额定功率（kW）；

η_{DC}——DC 转换效率（%）；

η_I——减速器效率（%）。

6.3.5 动力蓄电池组参数的选择

动力蓄电池作为辅助动力源，在电机需要最大功率时，与燃料电池并联向电机供电。由于燃料电池发动机存在瞬态响应性差的缺点，在车辆起步、加速、爬坡等恶劣工况时，动力蓄电池提供额外功率和能量以满足车辆动力性要求[7]。

1. 动力蓄电池功率需求

动力蓄电池最大功率需求工况一般发生在起步加速工况。燃料电池轿车冷机启动加速过程如下：动力蓄电池直接向电机驱动器供电用于使车辆起步，当燃料电池发动机到达适宜温度正常工作后，与动力蓄电池形成并联并按照一定的控制策略进行工作。因此，要满足车辆冷机启动加速要求，动力蓄电池组必须在冷机启动期间能够同时满足加速性能要求和燃料电池响应阶段内功率差值的要求。动力动力蓄电池需提供的功率为

$$P_{bat}=\frac{P_{max}}{\eta_d}-P_{FCE}\eta_{DC}=\frac{85}{0.88}-45\times0.95=53.84\ (kW) \tag{6-13}$$

式中 P_{bat}——动力蓄电池功率能量（kW）;

P_{max}——电机峰值功率（kW）;

η_d——电机效率（%）。

圆整后，取 P_{bat}=60kW。

2. 动力蓄电池组参数

一般燃料电池轿车的动力总成母线电压设计波动范围为 345 ~ 405V，单节动力蓄电池的电压波动范围为 3.0 ~ 4.3V，因此要保证电池组电压不超过母线电压波动范围，又要保证尽量少的电池节数。根据以上分析，取燃料电池组的额定电压为 375V。同时可以计算出允许最大放电电流 $I_{max}=P_{max}/V$=160A。以动力蓄电池允许的最大放电电流为依据，一般动力蓄电池允许瞬时最大放电电流不超过 20C，所以初步选择动力蓄电池容量为 8A·h。考虑动力蓄电池的 SOC 值在 30% ~ 80% 之间变化，因此选择动力蓄电池的容量为 16A·h。动力蓄电池的参数见表 6-8。

表 6-8 动力蓄电池参数

动力蓄电池技术参数	参考值
容量 /A·h	16
额定电压 /V	375
允许最大放电电流 /A	160
最大输出功率 /kW	60

在进行了燃料电池动力系统匹配设计之后，还应该进行仿真分析和试验验证，确定燃料电池动力系统可以满足法规要求和使用需求。

6.4 燃料电池轿车结构布置

燃料电池轿车核心部件的布置，不仅要考虑布置方案的优化及零部件性能实现的便利，还要求相关方案必须考虑传统汽车不具备的安全性问题。目前经过国内外几轮样车试制开发，燃料电池系统及电驱系统同时布置在前舱是一种技术趋势，动力蓄电池组沿车身 X 轴纵向布置优于电池组零星布置，氢气瓶的布置更多地考虑碰撞安全性，如图 6-1 所示。

6.4.1 燃料电池轿车主要部件布置

燃料电池轿车动力系统部件多，其整车布置是燃料电池轿车开发的关键，燃料电池发动机、驱动电机、动力蓄电池以及车载储氢装置的布置都有相应的要求。而由于整车

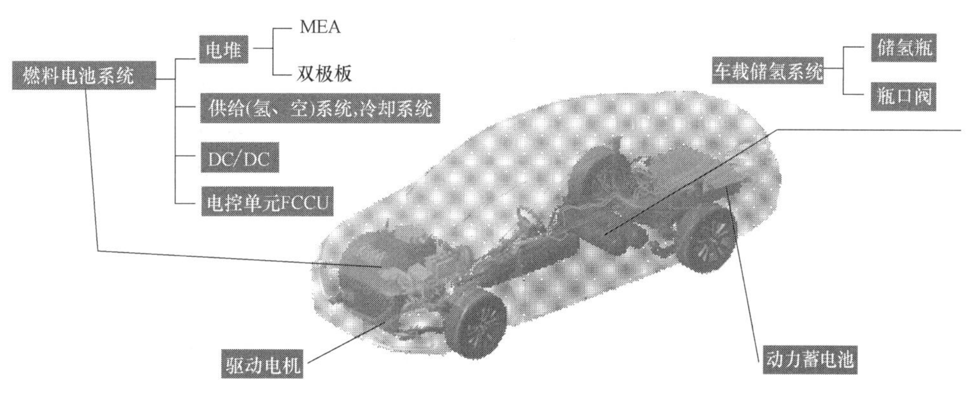

图 6-1 燃料电池轿车结构布置（图片来源：中国一汽）

布置空间有限，其部件的布置在有些情况下会相互受限，合理安排各部件的位置及整车空间能够使燃料电池轿车布置更加合理，结构更加紧凑。

1. 燃料电池发动机布置

燃料电池发动机的布置形式可以分为前置与中置。前置燃料电池发动机类似于传统汽车发动机布置，本田 Clarity 动力系统布置（图 6-2）、奔驰 GLC F-Cell 动力系统布置（图 6-3）以及现代 NEXO 都采用了燃料电池发动机前置的方案。

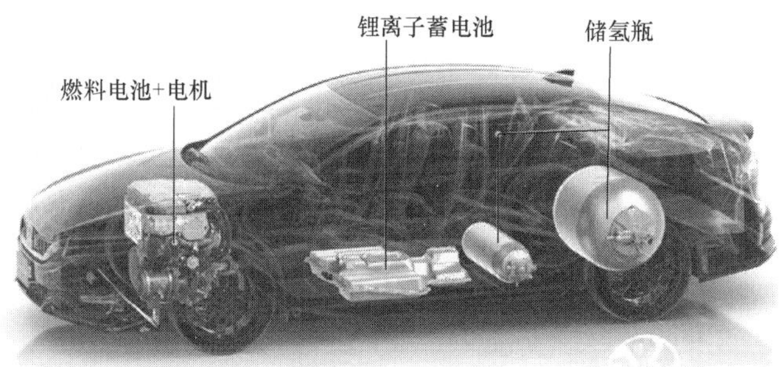

图 6-2 本田 Clarity 驱动系统布置（图片来源：本田公司）

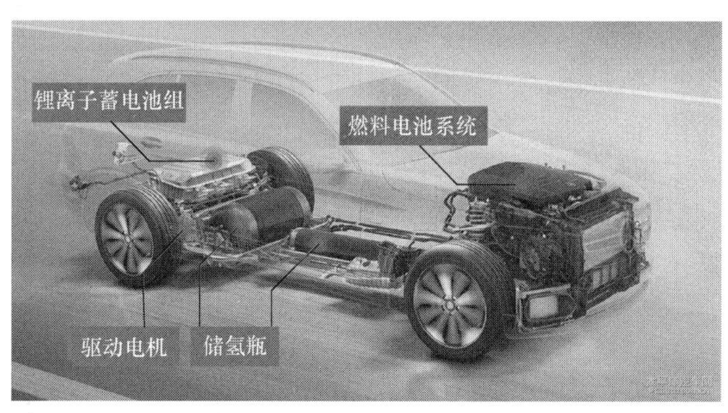

图 6-3 奔驰 GLC F-Cell 动力系统布置（图片来源：奔驰公司）

中置燃料电池发动机位于车辆的前后轴之间，可以使车辆的重量分布接近理想平衡状态，提升车辆转弯能力。丰田 Mirai（图 6-4）采用这种布置方式。

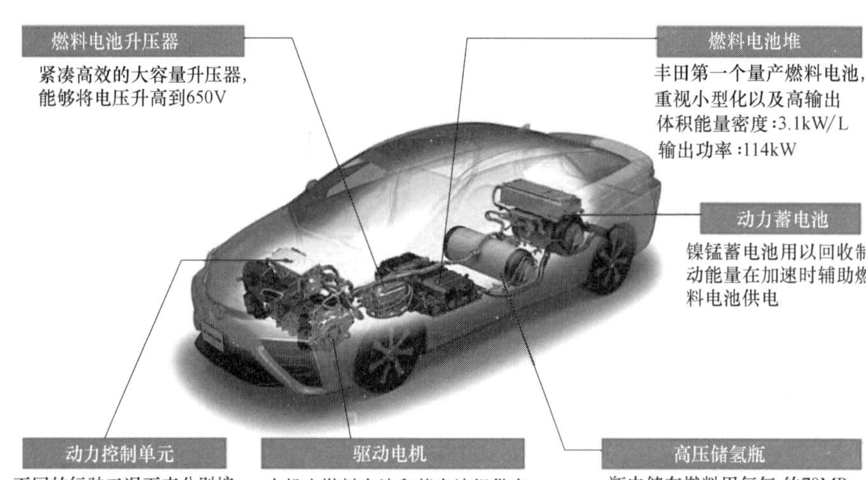

图 6-4　丰田 Mirai 动力系统布置（图片来源：丰田公司）

2. 驱动形式及驱动电机布置

根据驱动系统结构布置的不同，燃料电池轿车可分为两种：单电机集中驱动式燃料电池轿车和多电机分布驱动式燃料电池轿车。

集中驱动式电动汽车与传统内燃机汽车的驱动结构布置方式相似，用电机及相关部件替换内燃机，通过减速器等机械传动装置，将电机输出转矩传递到左右车轮驱动汽车行驶。集中驱动式电动汽车操作实现技术成熟、安全可靠，但存在体积较大、效率相对不高等不足。集中式驱动和分布式驱动的结构如图 6-5 所示。

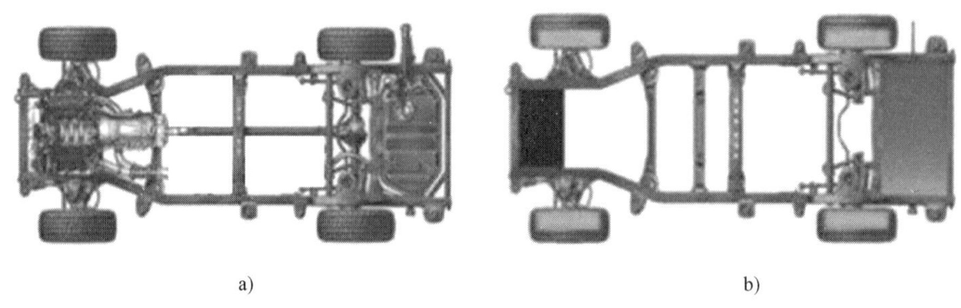

a)　　b)

图 6-5　集中式驱动结构和分布式驱动结构

a）集中式驱动结构　b）分布式驱动结构

轮边电机驱动形式是将驱动电机安放于副车架上，驱动轮从其对应侧输出轴获取驱动力。轮毂电机驱动形式是将电机和减速机构直接放在轮辋中，取消了半轴、万向节、差速器、变速器等传动部件。轮边电机驱动形式和轮毂电机驱动形式均具有结构紧凑、车身内部空间利用率高、整车重心低、行驶稳定性好等优点。目前，丰田推出了分布式轮毂电机驱动的燃料电池概念车 Fine-Comfort Ride 如图 6-6 所示。

3. 车载储氢瓶的布置

车载储氢瓶的布置方式主要有横置与纵置两种方案。丰田、本田和现代都采用储氢瓶横置的方案，宝马采用储氢瓶纵置方案，奔驰新推出的 GLC F-Cell 采用两个储氢瓶分别横置与纵置的方案。

图 6-6　丰田 Fine-Comfort Ride 概念车（图片来源：丰田公司）

国外燃料电池轿车动力系统布置方式见表 6-9。

表 6-9　国外燃料电池轿车动力系统布置

车型 \ 部件	储氢瓶	燃料电池堆	燃料电池（辅助）系统 空压机水热管理系统	动力蓄电池组
丰田 Mirai	后排座椅下	前排座椅下	发动机舱	行李舱
本田 Clarity	后部	发动机舱	发动机舱	前排座椅下
奔驰 GLC	座椅下	发动机舱	发动机舱	行李舱
通用 Hydogery	后排座椅下	发动机舱	—	
福特福克斯 FCV	行李舱	前排座椅下	中部	后排座椅下
三菱 FCV	行李舱	中部	—	前部靠近发动机舱
日产 FCV	后排座椅下	前排座椅下	发动机舱	后部

6.4.2　燃料电池轿车布置方式对整车影响

燃料电池轿车动力系统布置方式的选择，需要考虑整车的多项性能需求，主要包括：车辆通过性、舒适性、行李舱体积、散热性和安全性等。

1. 车辆通过性的影响

为了满足轿车高速行驶操纵稳定性的要求，轿车的离地间隙很小，一般在 120mm 左右。若燃料电池轿车将燃料电池堆布置在中央地板下方，需将中央地板上移或通过更改前后悬架支撑弹簧的强度，使整车抬高，这将影响整车的最小离地间隙，使整车的通过性受到很大的影响。

2. 舒适性的影响

整车开展燃料电池堆、动力蓄电池、储氢瓶布置时，需要考虑乘员舒适性要求，根据人机工程的经验，乘员坐姿角度参考值见表 6-10。

表 6-10　坐姿角参考值

β	靠背角 / (°)	20 ~ 30
γ	躯干与大腿的夹角 / (°)	95 ~ 115
δ	膝角 / (°)	100 ~ 145
α	脚角 / (°)	87 ~ 130

3. 行李舱的影响

对于储氢系统，目前常用储氢瓶储存的方式。各大公司的燃料电池轿车普遍采用储氢瓶布置于行李舱的方式，考虑到储氢瓶安全问题，储氢装置必须与乘员舱隔离。福特福克斯 FCV 燃料电池轿车平台车的行李舱空间为 432L，但布置储氢瓶后只能放置 3 个标准手提箱，有效空间缩小为 165.5L。而消费者一般对行李舱空间还是有一定要求的，因此储氢系统的布置也是将来需要解决的问题。

4. 散热性能的影响

燃料电池轿车的散热问题也直接影响着燃料电池堆输出性能。因此其对前端散热模块的风扇性能及散热器的尺寸和空间有着较高的要求。针对其紧凑的前舱空间布置，必须考虑散热性能的要求。布置中一般可通过两种方式来提高散热性能：一是增加进风面积，即扩大前保险杠进风口的面积；二是合理布置前舱中的其他部件，保证散热器后方留有足够的空间及气流通道以增强散热能力。

5. 整车安全性能的影响

整车安全分为主动安全与被动安全。其中碰撞安全是衡量被动安全的一项重要指标。对燃料电池轿车而言，由于储氢装置布置在后舱，在所有的碰撞试验项目中，后部碰撞必须检查后舱变形及储氢系统是否完好。

6.5 燃料电池轿车电气系统

6.5.1 整车高压电气架构

高压电气系统是燃料电池轿车的一个重要组成部分，主要功用是根据车辆行驶的功率需求，完成从动力蓄电池和燃料电池到驱动电机的能量变换与传输过程。其中燃料电池因输出特性偏软，通常在其输出端接 DC/DC 变换器；高压配电盒负责分配来自动力蓄电池和燃料电池的电能，并将电能供给驱动电机和空调压缩机。供给驱动电机的直流高压电经过电机控制器（MCU）转变为所需幅值和频率的交流电。高压配电盒还要外接一个降压 DC/DC 变换器，用以将高压功率母线上的电能降压后供给低压电器用电。对于插电式燃料电池汽车，整车需要匹配车载充电机，车载充电机将三相交流电转变成高压直流电为动力蓄电池组充电。

一种燃料电池轿车的高压电路拓扑如图 6-7 所示。

燃料电池输出的电能经过升压 DC/DC 变换器后接入高压配电盒。同时，升压后的高压电还要向燃料电池空气供给系统的空气压缩机和冷却系统的水泵、高压水暖加热器供电。在高压系统中为防止电流过大烧毁高压部件，在各高压部件的高压线上都接有熔断器。

1. 高压配电盒

新能源电动汽车高压配电盒（柜 / 箱）是所有纯电动汽车、插电式混合动力汽车以及燃料电池轿车的高压电分配单元（PDU）。它采用集中配电方案，结构设计紧凑，接线布

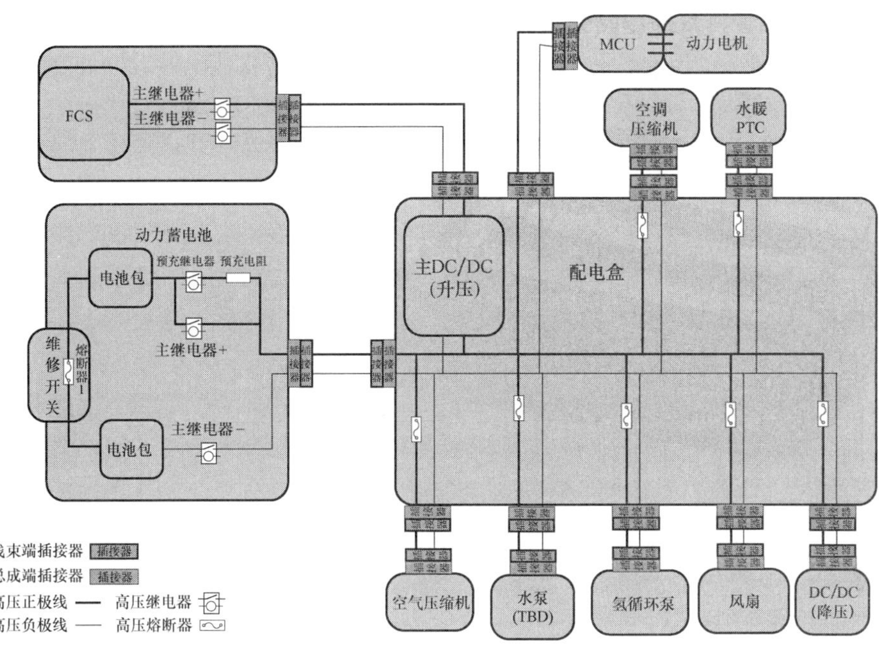

图 6-7 燃料电池轿车高压电路拓扑（图片来源：中国一汽）

局方便，检修方便快捷。根据不同客户的系统架构需求，高压配电盒还集成了部分电池管理系统智能控制管理单元，从而更进一步简化整车配电系统架构的复杂度。

高压配电盒通常采用铸铝外壳，防护等级达到 IP67。其具备电流 / 电压采集功能、高压连接 / 绝缘状态实时监控功能、高压配电管理功能、各路输出控制功能；具备高压安全管理功能，包括过电流 / 过电压保护功能、高压切断功能等；具备 CAN 通信功能，实时交换数据。一种新能源车用高压配电盒如图 6-8 所示。

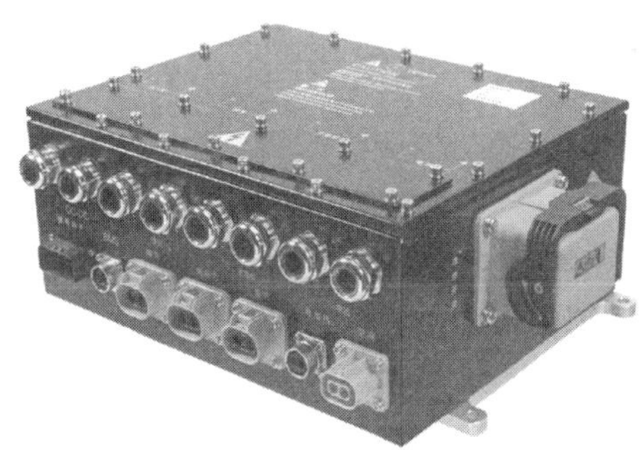

图 6-8 新能源车用高压配电盒（图片来源：深圳巴斯巴科技发展有限公司）

2. 专用 DC/DC 总成

为了实现燃料电池输出电压与动力总线电压匹配，需要有 DC/DC 变换器。DC/DC 变换器在整个动力系统中的主要作用就是输入与输出之间的电压解耦和功率分配。因为燃料电池和动力蓄电池的输出电压范围很难做到一致，同时两者输出电压随输出功率变化的曲线差异也很难允许两者直接并联，所以使用 DC/DC 变换器可以使两者电压解耦，从而实现燃料电池电压与母线电压的匹配。在控制功率输出方面，燃料电池轿车混合动力系统中，电机控制器的输入功率 P_{mot}、燃料电池输出功率 P_{fc} 和动力蓄电池输出功率 P_{bat} 三者之间永远满足：

$$P_{mot}=P_{fc}+P_{bat} \tag{6-14}$$

DC/DC 变换器通常包括主电路和控制电路。主电路一般由电感、电容、功率开关管、二极管以及变压器等元器件组合而成；控制电路一般由控制数字核心、采样电路、驱动电路和保护电路等组成。

根据上述设计原则，DC/DC 变换器可以有不同的拓扑结构，而这些不同的拓扑结构可以根据不同的标准有不同的分类。按照 DC/DC 变换器的功能来分类，可以将其分为三类：升压型、降压型和升降压型。DC/DC 分类如图 6-9 所示。当 DC/DC 变换器的输入电压严格低于输出电压时，DC/DC 变换器属于升压型；反之，则属于降压型。因为燃料电池电压范围与母线电压范围可能有重叠部分，所以 DC/DC 变换器还有升降压型，其工作状态是升压，还是降压，取决于瞬时状态中 DC/DC 变换器的输入电压相比于输出电压的高低。当 DC/DC 变换器的输入端与输出端电压相差较大的时候，则需要变比相对较大的 DC/DC 变换器来满足相应需求，由此发展出多层级联电路以及交错式拓扑结构。这些拓扑结构在满足较大电压变比的同时，利用级联和交错等结构降低了电压电流应力，解决了 DC/DC 变换器在大功率条件下正常工作的问题。

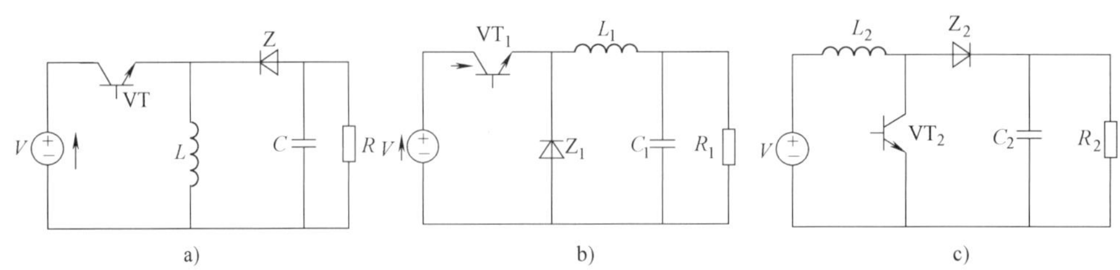

图 6-9　DC/DC 分类

a）Buck-Boost 升降压电路　b）Buck 降压电路　c）Boost 升压电路

按照 DC/DC 变换器是否存在电气隔离结构可分为隔离型和非隔离型两种。两种结构最主要的区别就在于 DC/DC 变换器主电路结构中是否引入变压器。此外，有些 DC/DC 变换器拓扑结构会将隔离式与非隔离式组合在一起构成新的拓扑结构。

非隔离型 DC/DC 变换器广泛应用于大功率或者中等功率需求的工况，主要包括 Buck、Boost、Buck-Boost、Sepic（Single Ended Primary Inductor Converter）和 Zeta 型 DC/DC 变换器（图 6-10）等几种基本拓扑结构类型。其中，Buck、Boost 和 Buck-Boost 三种变换器因为结构简单、控制简便和成本低廉等优点而成为燃料电池轿车应用较为广泛的拓扑结构。

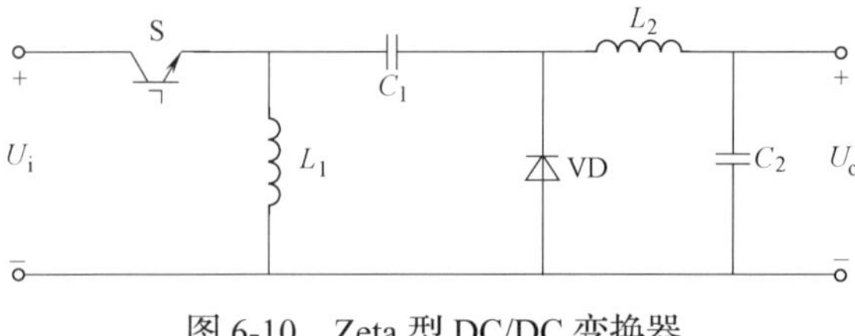

图 6-10　Zeta 型 DC/DC 变换器

隔离型 DC/DC 变换器广泛应用于小功率或者中等功率需求的工况，它与非隔离型拓扑结构的最大不同就是引入高频变压器。变压器在提高升压型 DC/DC 变换器电压变比的同时，能够保证变压器输入端低电压和输出端低电流。由高频变压器带来的电气隔离还可以在过载的时候保护燃料电池。隔离型 DC/DC 变换器拓扑结构主要包括正激式、反激式、推挽式、半桥式以及全桥式等结构。

单端正激电路和单端反激电路如图 6-11 所示。

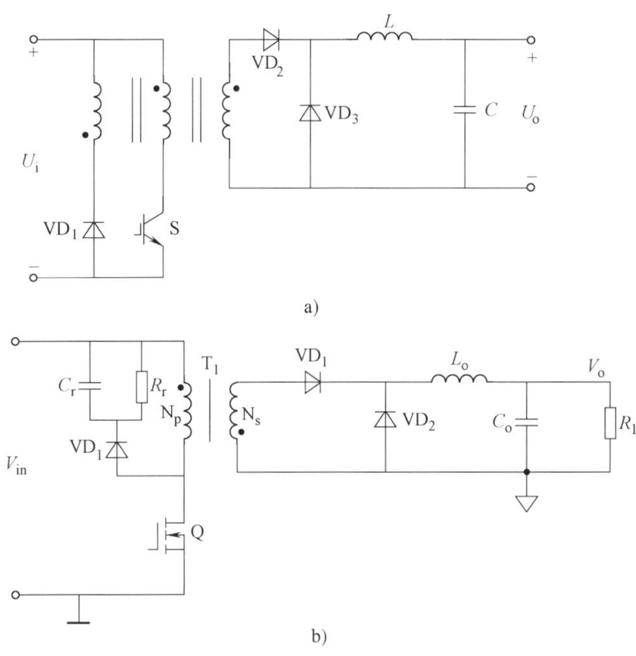

图 6-11 单端正激电路和单端反激电路

a）单端正激电路 b）单端反激电路

对于燃料电池动力系统，DC/DC 变换器的输入端与燃料电池相连接，输出端与辅助动力源并联之后与电机控制器相连接。DC/DC 变换器主要通过控制主电路中的功率开关的通断时间来控制燃料电池的输出功率。不同 DC/DC 变换器的拓扑结构旨在满足功率电路的需求，即将燃料电池的电压调节到一个确定的直流母线电压，同时确保燃料电池的电流纹波保持在一个较低水平以延长燃料电池寿命。由此，DC/DC 变换器的拓扑结构的设计原则大致可以归纳为以下几点：

1）高效率、高功率密度。

2）保证系统运行的可靠性和稳定性。

3）快速的响应特性。

4）小电流纹波以避免燃料电池的损坏和寿命缩短。

5）模块化以及紧凑性。

6.5.2 整车 CAN 总线

总线型网是从计算机的总线访问控制发展而来的，是一种比较简单的计算机网络结构。它采用一条称为公共总线的传输介质，将各计算机直接与总线连接，信息沿总线介质逐个节点广播传送。它将所有的入网计算机通过分接头接入一条载波传输线，网络拓扑结构就是一条传输线。

燃料电池轿车采用的网络拓扑结构如图 6-12 所示，其中动力总成总线包括动力系统各控制器，即电池管理控制器（BMU）、电机控制器（MCU）、燃料电池发动机控制器（FCU）、DC/DC 变换器、高压电安全管理模块（ADM）。动力总成总线信息传输速度快，速度达到 500kbit/s。通过网关来实现燃料电池系统与整车其他各控制系统间的通信，其他系统包括车身控制（BODY）、汽车仪表控制器（IP）、空调（A/C）、座椅（SEAT）、车灯（LIGHT）以及驾驶辅助系统等，总线速率为 250kbit/s。

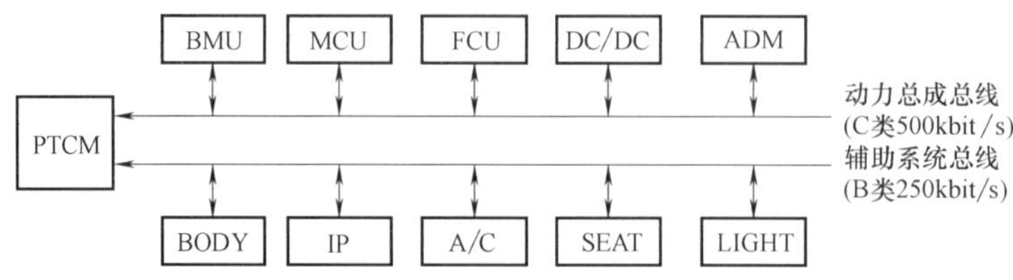

图 6-12　燃料电池轿车网络拓扑结构

CAN 数据帧组成：帧起始（SOF）、仲裁域、控制域、数据域、循环冗余校验域（CRC）、应答域（ACK）、帧结束（EOF），CAN 标准帧与扩展帧格式如图 6-13 所示。

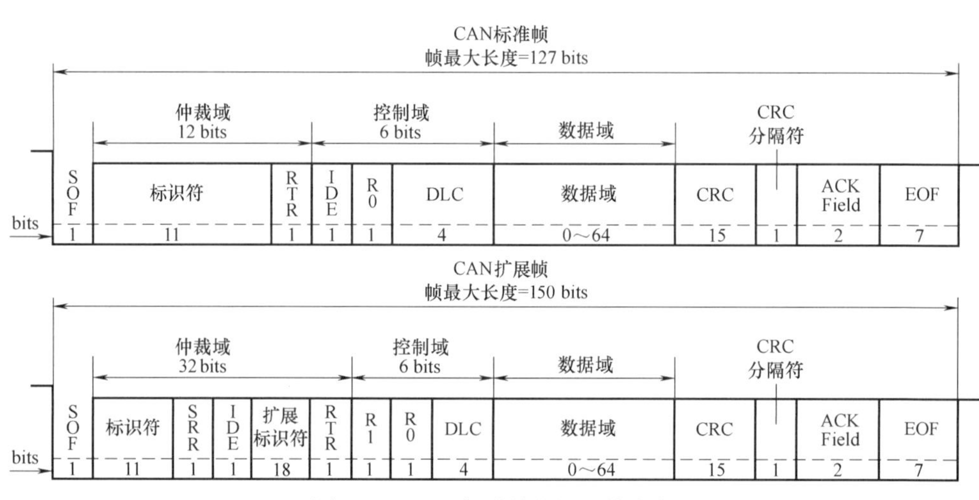

图 6-13　CAN 标准帧与扩展帧格式

对于汽车的 CAN 总线通信协议，国际标准化组织的 ISO 11898 协议给出了详细的规定。ISO 11898 协议文档结构见表 6-11。

表 6-11　ISO 11898 协议文档结构

ISO 11898	车辆网络串行通信的控制总标准	Revised 2007-10-09
ISO 11898-1	物理层，数据链路层	Revised 2003-12-01
ISO 11898-2	高速媒体访问单元	Revised 2003-12-01
ISO 11898-5	低功耗的高速媒体访问单元	Revised 2007-06-15

6.5.3　系统电气架构

燃料电池系统中因不同部件需求电压不同，其内部主要有高低两种等级的电压，下面分别介绍各等级电压的电路拓扑。

1. 高压电路

高压电路向燃料电池系统的空压机和高压水循环泵供电，对于上述两部件在其电路中通常都用预充电阻来避免高压上电时产生过大电流损坏部件。上述各部件中都包含一个电机，相应的有电机控制器，其电机控制器是12V供电，同时与燃料电池控制器（FCU）之间通过CAN进行通信。燃料电池输出的电压经DC/DC变换器升压后供给电子负载，电子负载也会与燃料电池控制器（FCU）通过CAN进行通信。

2. 低压电路

低压电路通常为12V，该等级的电压通常为燃料电池控制器（FCU）供电，同时该电压还为各种继电器、接触器、电磁阀和传感器供电。通常燃料电池系统包含的传感器有空气出口压力传感器、空气入口压力传感器、空气入口温度传感器、空气出口温度传感器、空压机后端压力传感器、空压机后端温度传感器、水循环入口压力传感器、水循环入口温度传感器、水循环出口温度传感器、氢气入口压力传感器。各传感器将测得的信号传给燃料电池控制器（FCU），燃料电池控制器（FCU）还要接收来自整车控制器（VCU）的CAN信号、单片电压巡检系统（CVM）的CAN信号等。燃料电池控制系统综合接收到的信号，控制各继电器、接触器和电磁阀的开闭，同时控制空气进气节气门和空气回路背压节气门的开度。

6.6 燃料电池轿车安全

燃料电池轿车以氢气为燃料，由于氢气的易燃易爆性，燃料电池氢安全成为燃料电池轿车安全问题的重中之重。严格的出厂测试与严密的氢气监控系统能够确保燃料电池轿车的运行安全，当汽车面对事故和极端试验环境，车辆依然保有良好的安全性能。燃料电池系统中存在高达上百伏的高压电，所以高压安全也是需要重点考虑的问题。除此之外的碰撞等其他安全问题，燃料电池轿车与传统燃油车并无太大区别，不另作讨论。

6.6.1 车载供氢系统的安全

为了保证燃料电池轿车的安全稳定运行，需要设计一套安全有效的供氢系统。在燃料电池轿车上，供氢系统一般包括储氢瓶、电磁阀、安全阀、减压阀、单向阀、溢流阀、手动截止阀、温度传感器和压力传感器等，车载供氢系统原理如图6-14所示。车载供氢系统安全措施应从预防与监控两方面着手。

从预防的角度来说，燃料电池轿车的高压储氢瓶通常安装有温度传感器用来检测储氢瓶内气体温度，由该传感器将储氢瓶内气体的温度信号发送到驾驶室仪表上，通过气体温度的变化来判断外界是否有异常情况发生。例如当检测到储氢瓶内气体温度突然急剧上升时，如排除温度传感器故障，则在储氢瓶周围可能有火情发生。

供氢系统的压力传感器主要用于判断储氢瓶中剩余氢气量，以保证车辆的正常行驶，当压力低于某值时可以提示驾驶人加注氢气。其次，驾驶人可根据仪表上的压力读数判断储氢瓶是否有泄漏发生。储氢瓶安全阀也对供氢系统提供了安全保障。

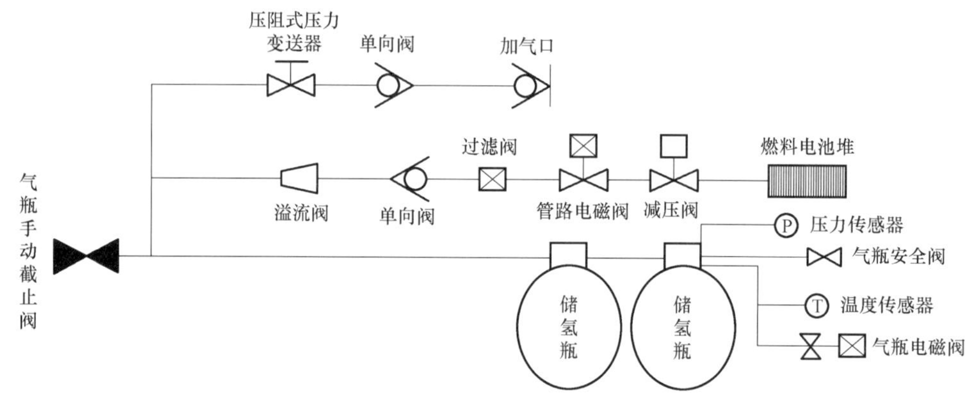

图 6-14　车载供氢系统原理（图片来源：新能源商务网）

当储氢瓶中氢气压力超过设定值时，能通过储氢瓶安全阀自动泄压，例如瓶体温度由于某种原因突然升高造成储氢瓶内气体压力上升，当压力超过安全阀设定值时，安全阀自动泄压，保证储氢瓶在安全的工作压力范围之内。

储氢瓶电磁阀通常与手动截止阀联合作用，当电磁阀能正常工作时，手动截止阀处于常开状态，这时电磁阀由直流电源驱动，无电源时处于常闭状态，主要起开关储氢瓶的作用，其与氢气泄漏报警系统联动，当泄漏氢气浓度达到保护值能自动关闭，从而达到切断氢源的目的。当储氢瓶电磁阀失效时，利用手动截止阀切断氢源，有效避免氢气泄漏。

加气口在加注时与加气机的加气枪相连，以达到加注的目的，同时加气口应具有单向阀以及颗粒过滤功能，应与未遮蔽的电气插头、电气开关和其他点火源保持至少 200mm 的距离。单向阀在加气口或供氢管路出现损坏情况下防止气体向外泄漏，并提高加气口的使用寿命。在给储氢瓶充气时，管路电磁阀可有效防止气体进入燃料电池。减压阀可以将氢气的压力调节到燃料电池堆所需要的压力。当出现危险时，针阀可以将储氢瓶中的残余氢气安全放空。由于供氢管路内氢气高速流动，管路的材质选用不锈钢。溢流阀在系统正常工作时处于关闭状态。只有负载超过规定的极限值（系统压力超过调定压力）时开启溢流阀，进行过载保护，使系统压力不再增加（通常使溢流阀的调定压力比系统最高工作压力高 10% ~ 20%）。过滤阀可防止管路中的杂质进入燃料电池堆中，对其进行保护。

燃料电池轿车装有高压气体容器和高电压电池，因此它也存在不同于传统汽车的安全碰撞性问题，同时由于氢的各种内在特性，氢安全也是一项重要挑战。与氢安全相关的主要是氢泄漏和储氢瓶保护。

1. 泄漏性

氢是最轻的元素，比液体燃料和其他气体燃料更容易从小孔中泄漏。如果发生泄漏，氢气就会迅速扩散。与汽油、丙烷、天然气相比，氢气具有较大的浮力（快速上升）和较强的扩散性（横向移动）。在空气中，氢的燃烧范围很宽，且着火点很低，氢气火焰几乎是看不到的，因为在可见光范围内，燃烧的氢放出的能量很少。接近氢气火焰的人可能不知道火焰的存在，从而增加了危险性。

2. 储氢瓶保护

高压储氢瓶的固定支架和钢带应有足够的强度，以保证在碰撞过程中，高压储氢瓶的动态位移不会太大，避免造成连接管路的断裂、变形和氢气的大量泄漏。图 6-15 所示为一种储氢瓶保护系统，储氢瓶框架通过 3 根横梁和 2 根纵梁将两个储氢瓶集成到一个框架总成。纵梁截面为“Π”形，由几块板材拼焊而成，中部设计出两个圆弧形凹槽，可以对储氢瓶进行有效的固定和保护。

图 6-15 储氢瓶保护系统（图片来源：《燃料电池轿车储氢瓶保护系统设计分析研究》）

6.6.2 高压安全

1. 高压互锁

为确保高压母线快速插接器的连接可靠，在高压电回路中并联一组与快速插接器一起安装的高压互锁回路，并连接到控制单元，用来动态检测高压快速插接器连接的可靠程度。当检验到高压回路的连接没有达到预期的完整性要求时，控制单元将直接或通过整车控制器禁止相关动力电源的输出，直到该故障完全排除为止。否则会存在高压电暴露、连接不良现象，造成动力回路输出功率下降，甚至使插接器烧毁等不良后果。

2. 高压被动安全控制

在遇到紧急情况时，尤其是严重的碰撞，将会出现燃料电池堆、动力蓄电池单元、高压用电器等与车身固定件之间发生碰撞挤压等情况，造成潜在的脱落、短路等瞬间绝缘性能的快速下降或高压主回路电路的短接等非常危险的情况。为适应这种被动控制的需求，在控制单元中可以设置一个加速度传感器的信号输入电路，经过一个专门的数据处理模块，诊断出一个被动安全信号由 CPU 处理，并通过事件 CAN 帧及时与整车控制器通信，快速切断电源系统的输出。

3. 高压接通过程的安全诊断与控制

正确的高压接通过程就是一个检验和确保供电（燃料电池堆、动力蓄电池等）、负载（电机及控制器、DC/DC 等）及高压控制继电器自身安全运行的过程。控制命令可以来自于线控信号，也可以来自于 CAN 网络。所有的请求接通命令，都需要一个定时的确认过程，确认的周期大约为 60ms，与人工操作的反应时间相当。这样就十分有效地兼顾了命令的正确传递和必要的响应速度，提高了高压电接通过程的可靠性。引入预充电电阻，目的就是在安全接通高压系统前，正确感知输出线路是否存在负载过大甚至可能短路等故障。对高压输出端实行预充电，可有足够的时间来实时检测预充电过程高压回路中电压与时间的变化关系，并据此来判断输出线路的状态，以确定下一步的控制操作——完全接通还是禁止接通。这种直流电源与负载接通过程的安全控制，可以最大程度地避免高压用电器的永久性损坏，及时告知驾驶人进行必要的车辆维护。

4. 运行过程中绝缘电阻的安全诊断

燃料电池轿车在行驶过程中，由于振动、冲击以及动力蓄电池腐蚀性液体、气体等的影响，使高压电路与底盘等低压电路之间的当量绝缘电阻成为一个动态变化的物理参量，其大小与高压电路回路中高压用电器的多少及用电的状态有关。为此，对高压电绝缘状态的在线动态检测是安全诊断的关键，它综合了动力蓄电池主供电回路、高压电回路、电机驱动系统等高压用电器与汽车车身之间的绝缘状况。在出现绝缘故障时，首先启动故障诊断程序来对故障进行分级，通过判断故障的变化趋势来确定故障是渐进变化而来，还是突发产生。若故障是突发产生的，则迅速启动事件 CAN 帧通知上级控制器，否则仍然按既定的时序通报给上级控制器，上级控制器应当反馈相应的处理结果。

5. 高压断开过程的控制策略

在正常或无重大故障时，与接通过程一样，接受请求断开的命令也需要一个确认的过程，同时保证命令的正确传递和必要的响应速度，避免电动汽车正常行驶时的非正常断开，提高工作可靠性。而当高压电系统存在故障时，如何断开供电回路，是一个非常值得仔细研究的问题。在人身安全受到威胁的情况下，应当毫不犹豫地断开高压电，而在其他情况下的断开则必须服从一定的优先级。首先必须了解高压电故障的严重等级，了解整车的驱动和能源装置的运行状态，并使整车控制器尽快转入非驱动状态。其中包括：在极端情况下的紧急断开策略，考虑行车档位和车速的高压安全断开策略，考虑各能源装置运行状况的断开策略。一旦断开高压供电，则必须由操作者有意识地进行复位，并在一定的时间间隔后，待原先的故障消失，才能进入下一次的接通过程。

6.7 燃料电池轿车热管理

燃料电池轿车有诸多优点，但是目前尚有不少技术难点未攻克，最突出的就是散热难问题。燃料电池轿车热管理是从整车角度统筹燃料电池系统、空调、动力蓄电池、电机等相关部件及子系统的相关匹配、优化与控制，有效解决整车热管理问题，使得各功能模块处于最佳温度工况区间，保证车辆安全行驶和舒适性。

对于燃料电池轿车，热管理系统涵盖燃料电池冷却系统、电机冷却系统、动力蓄电池冷却系统和空调系统，涉及前机舱气流组织管理、乘员舱舒适性和大功率电器元件冷却等问题。

6.7.1 燃料电池冷却系统

燃料电池一般有两种排热途径：空气或冷却液，往往空气无法满足散热的需求，必须通过换热器对冷却液强制换热。在传统内燃机汽车中，发动机每输出 1kW 的功率，冷却系统仅需为其散掉约 0.5 ~ 0.6kW 的热量，大部分热量通过排气管以尾气形式排出。而燃料电池系统仅有极少的热量通过尾气排出，每输出 1kW 功率就需要通过冷却系统散出约 1kW 的热量，即在输出相同功率时，燃料电池系统发热要大于传统内燃机。同时，燃料电池系统的冷却液温度限值在 80℃左右，而传统内燃机的冷却液温度限值可达 115℃左右，即燃料电池系统可利用的散热温差更小。由此可见，燃料电池冷却系统的散热要求远大于内燃机，这对 FCV 整车的散热系统设计提出了很大的挑战。

1. 系统原理

燃料电池冷却系统主要对燃料电池堆和中冷器进行冷却。燃料电池堆是燃料电池的主要部件，发生化学变化对温度的要求比较高，在化学反应的过程中产生的热量需要及时带走；中冷器负责降低燃料电池堆的进气温度，空气被压缩之后温度上升，这一方面影响到燃料电池堆的工作温度，同时对燃料电池发动机的效率也有影响，因此需要降低进气温度。某燃料电池轿车的冷却系统原理如图 6-16 所示。其中，冷却液经高压电动水泵进入散热器被空气冷却后，分别流入燃料电池堆及中冷器，带走其中的热量后，回到高压电动水泵循环。

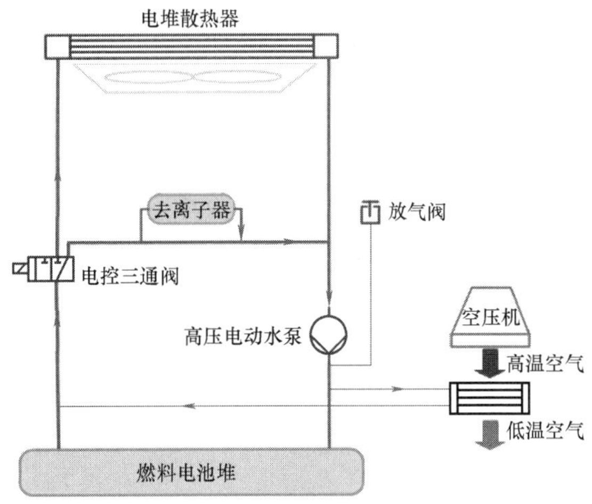

图 6-16　燃料电池冷却系统原理

该燃料电池冷却系统通过配置两组散热器，来提高燃料电池堆冷却系统的散热能力。通过电控三通阀，将冷却系统分为内部自循环和大循环两个模式，燃料电池冷却系统循环模式如图 6-17 所示。当系统温度较低时，进入内部自循环，维持系统温度在合理范围内；当系统温度较高时，进入大循环，通过散热器将系统热量带走。

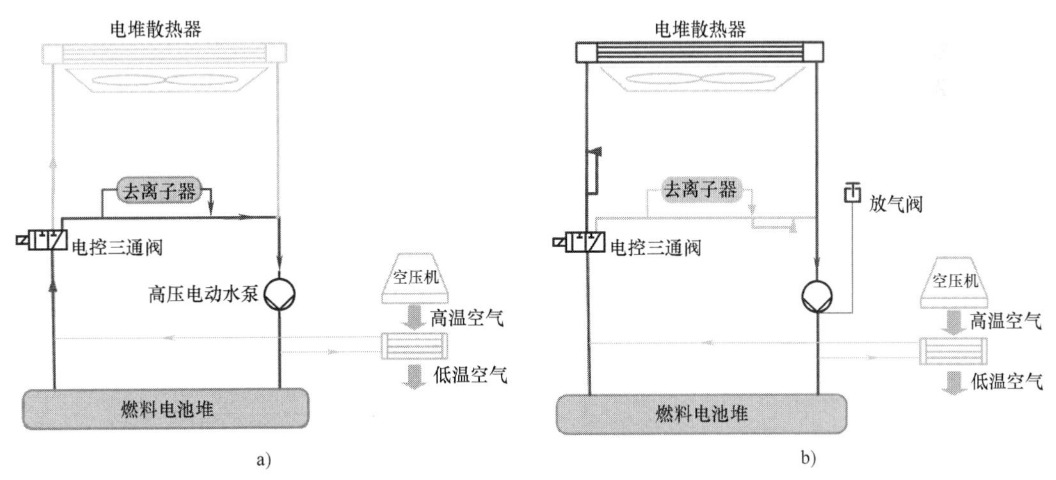

图 6-17　燃料电池冷却系统循环模式

a）内部自循环　b）大循环

2. 技术特点

燃料电池堆对工作环境要求严苛，燃料电池冷却系统除了散热量大之外，还具有如下技术特点：

1）控制温度变化范围小。质子交换膜燃料电池堆要求在 60 ~ 85℃范围内工作，其冷却系统在具有足够散热能力的情况下，还需要具有保温及加热等温度调节手段。

2）保证燃料电池堆内部温度分布均匀。燃料电池堆要求各部分温度基本一致，以保持其工作性能。为提高燃料电池堆内温度分布均匀性。要求进出燃料电池堆冷却液温差应小于 10℃，最好小于 5℃。

3）严禁超过控制温度极限。燃料电池内部进行化学反应，需要保证其反应的场所结构的稳定，控制在某个温度限值以下工作。如果燃料电池堆温度控制不佳，温度高于 100℃，会使膜出现微孔，使空气系统混有氢气，将导致严重的安全事故。

4）冷却系统洁净要求高。燃料电池冷却系统中，冷却液要求采用去离子水，并且所有冷却液流过的零部件（散热器、暖风芯体、管路等）必须满足洁净度的要求，且零部件所用材料必须为特定的钢、铝合金或非金属材料。否则会造成冷却液离子浓度增加，电导率上升，从而导致燃料电池内部出现绝缘故障。

6.7.2 电机冷却系统

电机是燃料电池轿车的动力源，其冷却系统技术较为成熟。燃料电池轿车电机冷却系统通常包括驱动电机及其逆变器冷却、空气压缩机及其逆变器冷却、高压 DC/DC 变换器等部件的冷却，多采用水冷方案。电机冷却系统典型方案如图 6-18 所示。其中，冷却液经水泵依次流入高压 DC/DC 及空压机后，进入散热器被空气冷却，再流入电机及逆变器，带走其中的热量后，回到水泵循环。

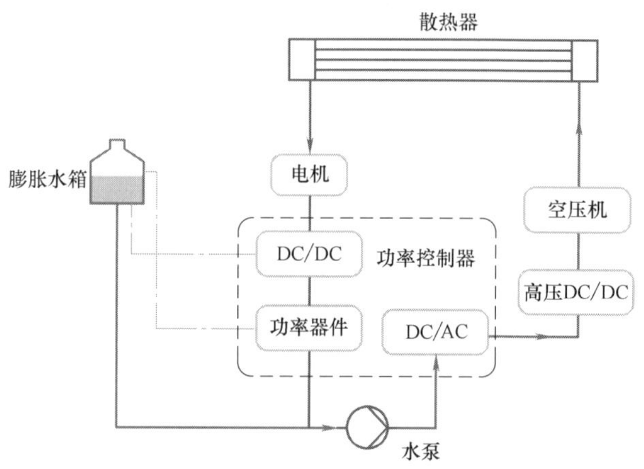

图 6-18　电机冷却系统典型方案

6.7.3 动力蓄电池冷却系统

动力蓄电池作为燃料电池轿车动力系统的关键部件，温度高低对于动力蓄电池的性能，包括动力蓄电池的容量、功率、充放电效率、安全性和寿命等都有着非常显著的影响。温度较低时，动力蓄电池的可用容量将迅速发生衰减，在过低温度下（如低于 0℃）对动力蓄电池进行充电，则可能引发瞬间的电压过充现象，造成内部析锂并进而引发短路。其次，动力蓄电池的热相关问题直接影响动力蓄电池的安全性。生产制造环节的缺陷或使用过程中的不当操作等可能造成动力蓄电池局部过热，并进而引起连锁放热反应，最终造成冒烟、起火甚至爆炸等严重的热失控事件，威胁到车辆驾乘人员的生命安全。另外，动力蓄电池的工作或存放温度影响其使用寿命。动力蓄电池的适宜温度为 10 ~ 30℃，过高或过低的温度都将引起动力蓄电池寿命的较快衰减。动力蓄电池冷却系统包括冷却、加热和保温三部分。

1. 冷却方案

动力蓄电池常见到的冷却方案主要有被动风冷、主动风冷、液体冷却和相变材料冷却，这四种冷却方式的冷却效率依次增强。

（1）被动风冷

采用被动风冷的散热方式是典型的以空气为传热介质的散热方案，直接让动力蓄电池箱体内部的空气穿过动力蓄电池模组，通过空气与动力蓄电池、动力蓄电池箱体等导热部件之间的对流换热，实现对动力蓄电池进行冷却的目的。被动风冷方案具有结构简单、零部件数量少、成本低等优点。

（2）主动风冷

被动风冷的方案比较容易实现，但其散热效果有限。主动风冷是利用风扇使空气产生强制对流，将动力蓄电池箱体内部的热量经过排风风扇带走，散热效率比被动风冷更高。主动风冷的优点是结构较简单、成本较低，缺点是对动力蓄电池内部风道设计要求较高、温度一致性较难控制、防护等级很难达到IP67。主动风冷的原理如图6-19所示，主动风冷结构的动力蓄电池箱体如图6-20所示。

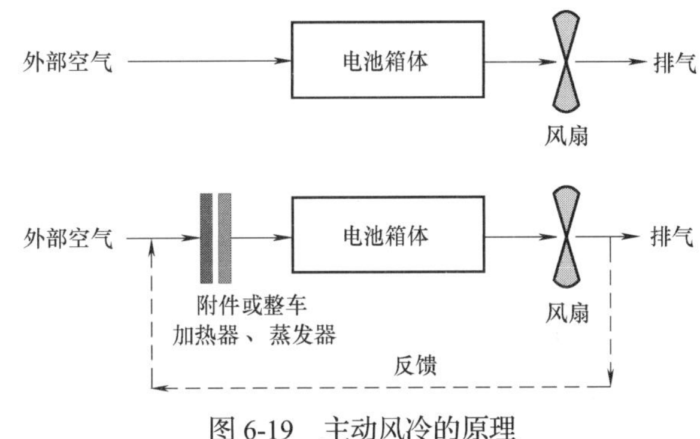

图6-19 主动风冷的原理

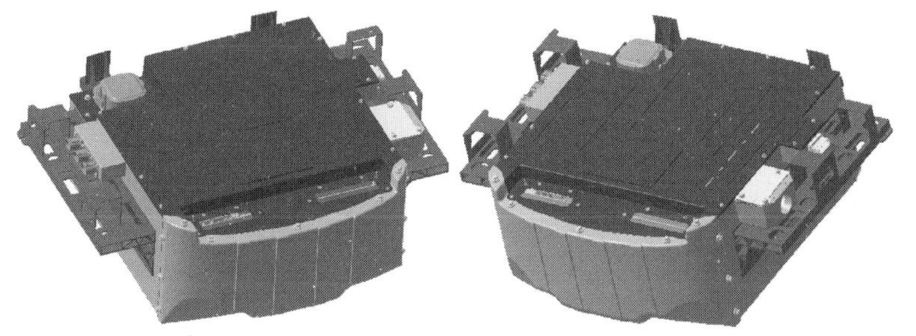

图6-20 主动风冷结构的动力蓄电池箱体

（3）液体冷却

液体冷却的制冷效果远超于被动风冷和主动风冷。在复杂工况下，尤其在高倍率放电、高倍率充电、较高的运行环境温度时，依靠自然冷却和强制风冷很难满足散热需求，而且动力蓄电池之间的温度不均衡性也非常突出，因此需要效率更高的传热介质才能达到散热需求。液体介质相对于空气介质拥有更大的传热系数，通常的设计是动力蓄电池的热量通过液冷板外壁与液体介质实现换热。另外，也有将动力蓄电池直接浸泡在矿物油之中实现换热。液体冷却原理如图6-21所示。

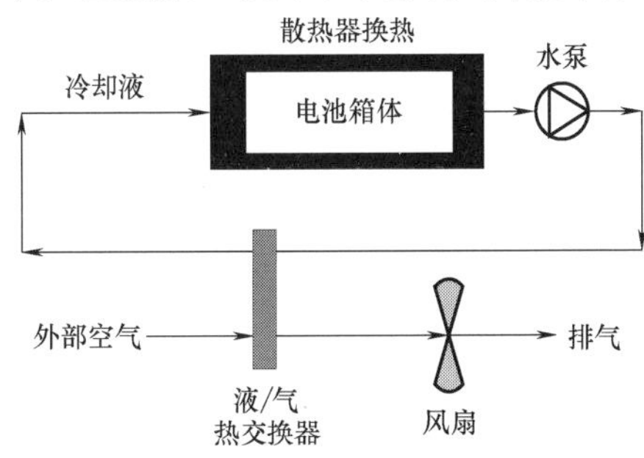

图6-21 液体冷却原理图

（4）相变材料冷却

相变材料是一种能够利用自身的相变潜热吸收或者释放系统热能的材料，在其相变过程中，可以从外界环境吸收热量或者向外界放出热量，从而达到通过能量交换控制环境温度和利用能量的目的。此方案在多动力蓄电池系统中运用较少。

2. 加热方案

一般而言，加热系统是为了在低温环境下使动力蓄电池能正常充电。加热系统主要由加热元件和电路组成，其中加热元件是最重要的部分。常见的加热元件有可变电阻加热元件和恒定电阻加热元件，前者通常称为 PTC（Positive Temperature Coefficient），后者则通常是由金属加热丝组成的加热膜，如硅胶加热膜、挠性电加热膜等。由于汽车地域适用性较为广泛，在寒冷地区要使电动汽车能正常使用，必须对动力蓄电池加入额外的加热装置以满足要求。

PTC 由于使用安全、热转换效率高、升温迅速、无明火、自动恒温等特点而被广泛使用。其中陶瓷 PTC 元件较为常用，其成本较低，对于目前价格较高的动力蓄电池来说，是一个有利的因素。陶瓷 PTC 元件通常不能直接用于加热，而需要设置金属外壳体，陶瓷 PTC 通过加热外壳体将热量传导给冷却介质。

然而，使用陶瓷 PTC 作为加热元件的缺点也很明显，包含 PTC 的加热件体积较大，会占据动力蓄电池系统内部较大的空间。除了常规的陶瓷 PTC 这类相对硬度较高的材质，还存在一类柔性 PTC。柔性 PTC 的组织结构柔软、重量轻、厚度小（通常可做到 0.5mm 以下），它可以根据需要做成任何形状。这类 PTC 广泛应用于汽车座垫加热，目前也正逐步在动力蓄电池加热中使用。但是，这类 PTC 加热器的成本相对较高。

绝缘挠性电加热膜是另一种加热器，它可以根据工件的任意形状弯曲，确保与工件紧密接触，保证最大的热量传递，并且其厚度只有 0.25mm 左右。这种加热器属于恒定电阻加热器，其安全性要比 PTC 差些。

3. 保温方案

保温系统与加热系统的功能类似，但在严格意义上又有区别。保温系统在更多的情况下是为了满足短期内动力蓄电池系统内部温度维持在正常区间内。例如，在冬天低温下，电动汽车临时停车 12h 后再工作，那么在 12h 的时间内，保温系统必须要发挥作用，以防止动力蓄电池系统内部温度过快下降造成的影响。保温系统设计通常采用保温材料或者保温漆等，起到隔绝的作用，防止动力蓄电池系统内部热量过快散发。

6.7.4 空调系统

燃料电池轿车与传统汽车在空调系统构成上既有相同点又存在着差别。燃料电池轿车没有传统内燃机作为空调压缩机的动力源，采用整车高压电为压缩机提供动力，但是燃料电池发动机和传统的发动机同样可以产生比较稳定的余热供空调采暖使用。

1. 制冷系统

对于燃料电池轿车来说，目前可以选择的制冷空气调节方式为电动压缩机制冷。压缩机是制冷系统的心脏，在电动汽车上使用电动压缩机，其结构多采用涡旋式。它从吸气管吸入低温低压的制冷剂气体，对其进行压缩后，向排气管排出高温高压的制冷剂气体，为制冷循环提供动力；高温高压制冷剂气体经管路流入冷凝器后，在冷凝器内散热、降温，冷凝成高温高压的液态制冷剂流出；高温高压液态制冷剂经管路进入干燥储液器内，经过干燥、过滤后流进膨胀阀；高温高压液态制冷剂经膨胀阀节流，状态急剧变化，变成低温低压的液态制冷剂，随后立即进入蒸发器内，在蒸发器内吸收流经蒸发器的空气热量，使空气温度降低，吹出冷风，产生制冷效果，制冷剂本身因吸收了热量而蒸发成低温低压的气态制冷剂；低温低压的气态制冷剂经管路被压缩机吸入，进行压缩，进入下一个循环，从而实现压缩—冷凝—膨胀—蒸发（吸热）的制冷循环。

2. 暖风系统

目前，燃料电池轿车空调系统中最常用的暖风系统热源为燃料电池冷却液和 PTC。

（1）燃料电池冷却液

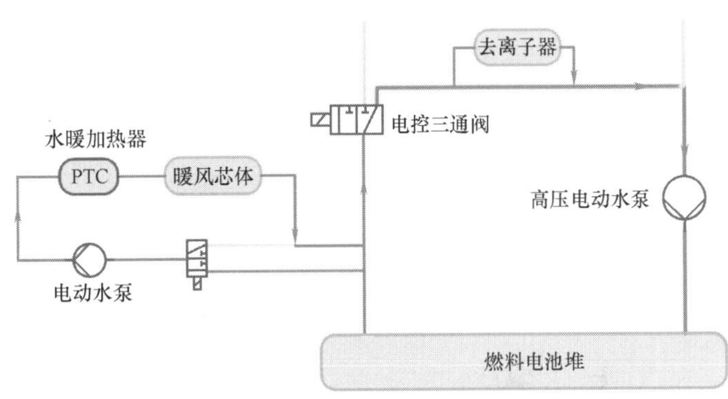

图 6-22　燃料电池冷却液取暖的原理

与传统燃油车类似，燃料电池冷却液的热量可以为乘员舱提供暖风，燃料电池冷却液取暖的原理如图 6-22 所示。

（2）PTC 电加热器

PTC 电加热器是采用 PTC 热敏电阻元件为发热源的一种加热器。用于空调辅助电加热器的是陶瓷 PTC 热敏电阻。PTC 热敏电阻元件具有随环境温度高低的变化，其电阻值随之增加或减小的变化特性，因此 PTC 加热器具有节能、恒温、安全和使用寿命长等特点。PTC 电加热原理如图 6-23 所示。

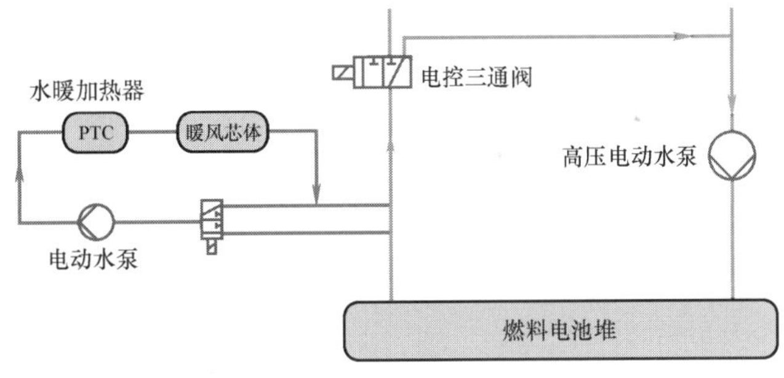

图 6-23　PTC 电加热原理

6.7.5　发动机舱气流分析

发动机舱是一个半封闭的空间，舱内包括了冷却系统、进气排气系统、传动装置、空调以及液压设备等元件，布置结构非常紧凑，这给发动机舱散热带来了更大的挑战。发动机舱气流分析主要可分为发动机舱进气系统分析和发动机舱内部流场分析。

1. 发动机舱进气系统

燃料电池冷却系统需要大量空气，带走系统产生的热量。若进气量不足，直接导致燃料电池散热不理想，系统功能和性能受到直接影响。影响发动机舱进气效率的是进气系统的阻力和进气流通截面大小[8]。燃料电池轿车为增加进气量，常采取增大进气横截面的方法，通过对机舱前脸优化设计，提高进气效率。

发动机舱进气与汽车的前端设计息息相关，主要涉及进气格栅和冷却系统的形状和结构的设计。汽车前端设计不仅要符合美学要求，同时要保证一定的冷却空气流量。冷却系统设计工程师在设计进气格栅开口大小及其结构细节时，需要同造型师进行反复交流，直到得出最优方案，在满足美学要求的前提下找到汽车空气动力学性能和汽车冷却系统功能的最佳平衡。进气格栅开口面积与倾斜角度、散热器组布置、发动机舱盖密封、四周密封装置、空气冲击是进气系统设计的重要考虑因素[9]。

2. 发动机舱内部流场

发动机舱内部流场的流动情况主要影响发动机舱的散热特性以及空气阻力。发动机舱内气流流速的大小、方向，流量的分布情况直接影响发动机舱内的冷却效果[10]。发动机舱内气流的分离以及旋涡导致的回流，会造成流动死区，甚至循环加热，导致热量堆积，散热性能恶化；重要部件周围的流速过低、流量过小也将导致散热不足，引起局部温度偏高[11]。因此，合理布局机舱内的部件，可改善发动机舱内部的流场，避免气流分离产生旋涡，可以大大改善散热条件。

6.8 燃料电池乘用车试验验证

燃料电池乘用车试验验证参考标准见表 6-12。

表 6-12 燃料电池乘用车试验验证参考标准

序号	标准号	标准名称
1	GB 4599—2007	汽车用灯丝灯泡前照灯
2	GB 21259—2007	汽车用气体放电光源前照灯
3	GB 4660—2016	机动车用前雾灯配光性能
4	GB 11554—2008	机动车和挂车用后雾灯配光性能
5	GB 5920—2008	汽车及挂车前位灯、后位灯、示廓灯和制动灯配光性能
6	GB 15235—2007	汽车及挂车倒车灯配光性能
7	GB 17509—2008	汽车及挂车转向信号灯配光性能
8	GB 11564—2008	机动车回复反射器
9	GB 4785—2007	汽车及挂车外部照明和光信号装置的安装规定
10	GB 7258—2017	机动车运行安全技术条件
11	GB 11551—2014	汽车正面碰撞乘员保护
12	GB/T 18384.1—2015	电动汽车安全要求　第 1 部分：车载可充电储能系统（REESS）
13	GB 7063—2011	汽车护轮板
14	GB 11562—2014	汽车驾驶员前方视野要求及测量方法
15	GB 15084—2013	机动车辆间接视野装置性能和安装要求
16	GB 15742—2001	机动车用喇叭的性能要求及试验方法
17	GB 11566—2009	乘用车外部凸出物
18	GB 15083—2006	汽车座椅、座椅固定装置及头枕强度要求和试验方法
19	GB 11550—2009	汽车座椅头枕强度要求和试验方法
20	GB 15086—2013	汽车门锁及车门保持件的性能要求和试验方法
21	GB 12676—2014	商用车辆和挂车制动系统技术要求及试验方法
22	GB 17675—1999	汽车转向系　基本要求

（续）

序号	标准号	标准名称
23	GB 8410—2006	汽车内饰材料的燃烧特性
24	GB 14023—2011	车辆、船和内燃机无线电骚扰特性用于保护车外接收机的限值和测量方法
25	GB 1495—2002	汽车加速行驶车外噪声限值及测量方法
26	GB 13094—2017	客车结构安全要求（含驾驶员大于 23）
27	GB 1589—2016	汽车、挂车及汽车列车外廓尺寸、轴荷及质量限值
28	GB 14166—2013	机动车乘员用安全带、约束系统、儿童约束系统和 ISOFIX 儿童约束系统
29	GB 15741—1995	汽车和挂车号牌板（架）及其位置
30	GB 13094—2013	客车结构安全要求
31	GB 16735—2004	道路车辆车辆识别代号（VIN）
32	GB 18099—2013	机动车及挂车侧标志灯配光性能
33	GB 19151—2003	机动车用三角警告牌
34	GB 18409—2013	汽车驻车灯配光性能
35	GB 20071—2006	汽车侧面碰撞的乘员保护
36	GB 20072—2006	乘用车后碰撞燃油系统安全要求
37	GB 15086—2013	汽车门锁及车门保持件的性能要求和试验方法
38	GB/T 13594—2003	机动车和挂车防抱制动性能和试验方法
39	GB 12676—2014	商用车辆和挂车制动系统技术要求及试验方法
40	GB 15740—2006	汽车防盗装置
41	GB 16897—2010	制动软管的结构、性能要求及试验方法
42	GB 9743—2015	轿车轮胎
43	GB 9744—2015	载重汽车轮胎
44	GB 11568—2011	汽车罩（盖）锁系统
45	GB 18408—2015	汽车及挂车后牌照板照明装置配光性能
46	GB 23255—2009	汽车昼间行驶灯配光性能
47	GB 21260—2007	汽车用前照灯清洗器
48	GB 25991—2010	汽车用 LED 前照灯
49	GB/T 24545—2009	车辆车速限制系统技术要求
50	GB 26134—2010	乘用车顶部抗压强度
51	GB 11552—2009	乘用车内部凸出物
52	GB/T 31484—2015	电动汽车用动力蓄电池循环寿命要求及试验方法
53	GB/T 31485—2015	电动汽车用动力蓄电池安全要求及试验方法
54	GB/T 31486—2015	电动汽车用动力蓄电池电性能要求及试验方法
55	GB/T 18488.1—2015	电动汽车用驱动电机系统　第 1 部分：技术条件
56	GB/T 18488.2—2015	电动汽车用驱动电机系统　第 2 部分：试验方法
57	GB/T 18384.2—2015	电动汽车　安全要求　第 2 部分：操作安全和故障防护
58	GB/T 18384.3—2015	电动汽车　安全要求　第 3 部分：人员触电防护
59	GB/T 18387—2017	电动车辆的电磁场发射强度的限值和测量方法
60	GB/T 4094.2—2017	电动汽车操纵件、指示器及信号装置的标志
61	GB/T 19836—2005	电动汽车用仪表
62	GB/T 18386—2017	电动汽车能量消耗率和续驶里程试验方法
63	GB/T 24552—2009	电动汽车风窗玻璃除霜除雾系统的性能要求及试验方法
64	GB/T 31467.3—2015	电动汽车用锂离子动力蓄电池包和系统　第 3 部分：安全性要求与测试方法

（续）

序号	标准号	标准名称
65	GB/T 24549—2009	燃料电池电动汽车安全要求
66	GB/T 24554—2009	燃料电池发动机性能试验方法
67	GB/T 26779—2011	燃料电池电动汽车加氢口
68	GB/T 26990—2011	燃料电池电动汽车车载氢系统技术条件
69	GB/T 20234.1—2015	电动汽车传导充电用连接装置　第 1 部分：通用要求
70	GB/T 20234.2—2015	电动汽车传导充电用连接装置　第 2 部分：交流充电接口
71	GB/T 20234.3—2015	电动汽车传导充电用连接装置　第 3 部分：直流充电接口
72	GB/T 27930—2015	电动汽车非车载传导式充电机与电池管理系统之间的通信协议
73	GB/T 33978—2017	道路车辆用质子交换膜燃料电池模块
74	GB/T 18388—2005	电动汽车　定型试验规程

参考文献

[1] 李建秋，方川，徐梁飞. 燃料电池轿车研究现状及发展［J］. 汽车安全与节能学报，2014，5（1）：17-29.

[2] 张俊智，卢青春，王丽芳. 纯氢燃料电池汽车性能的仿真［J］. 汽车工程，2001（06）：365-368.

[3] 丁舟波. 电动汽车燃料电池系统性能与优化设计研究［D］. 长沙：湖南大学，2014.

[4] 张琴. 燃料电池汽车动力系统能量管理策略研究［D］. 武汉：武汉理工大学，2013.

[5] 陈禹. 燃料电池汽车混合动力系统及其能量管理研究［D］. 湘潭：湘潭大学，2015.

[6] 黄先国. 燃料电池汽车动力参数匹配与试验技术研究［D］. 上海：上海交通大学，2010.

[7] 王平，黄小枫. 燃料电池汽车混合动力系统参数匹配与优化［J］. 上海：上海汽车，2010（03）：7-11.

[8] 刘水长，李礼夫，张勇，等. 基于双场耦合的发动机舱内流场散热分析与结构改进［J］. 汽车工程，2017，39（08）：879-888.

[9] 谢暴，陶其铭. 基于 CFD 的汽车发动机舱热管理及优化［J］. 汽车安全与节能学报，2016，7（01）：115-122.

[10] 任承钦，蔡德宏，刘敬平，等. 汽车发动机舱散热性能实验及数值研究［J］. 湖南大学学报（自然科学版），2012，39（04）：37-41.

[11] 戴澍凯，周贤杰. 基于 CFD 的轿车发动机舱前端流场优化［J］. 机械研究与应用，2012（05）：7-9.

第 7 章 燃料电池商用车

7.1 术语

本手册涉及的主要术语及概念引自 GB/T 24548—2009、GB/T 19596—2017、GB/T 20042.1—2017 等标准。燃料电池商用车相关术语见表 7-1，燃料电池电动汽车系统框图如图 7-1 所示。

表 7-1 燃料电池商用车相关术语

术语名称	英文名称及缩略词	概念
燃料电池	Fuel cell	将外部供应的燃料和氧化剂中的化学能通过电化学反应直接转化为电能、热能和其他反应产物的发电装置
燃料电池电动汽车	Fuel cell electric vehicle，FCEV	以燃料电池系统作为动力源或主动力源的汽车
燃料电池混合动力电动汽车	Fuel cell hybrid-electric vehicle，FCHEV	采用可充电储能装置与燃料电池系统作为动力源，驱动行驶的电驱动车辆
纯燃料电池汽车	Pure fuel cell vehicle，PFCV	只以燃料电池系统作为能量源驱动行驶的燃料电池汽车
DC/DC 变换器	DC/DC converter	在直流电路中将一个电压值的电能变为另一个电压值的电力电子装置
漏电报警装置	Insulation failure warning	当主电路出现漏电时发出报警信号的装置
续驶里程	Range	电动汽车在动力蓄电池完全充电状态下，以一定的行驶工况，能连续行驶的最大距离，单位为 km
动力蓄电池	Traction battery/Propulsion battery	为电动汽车动力系统提供能量的高压蓄电池，也可以为辅助低压系统供电
额定功率	Rated power	制造厂规定的燃料电池堆在特定工况条件下能够持续工作的功率
燃料电池堆	Fuel cell stack	由多个单体电池、隔板、冷却板、歧管等构成，而且把富氢气体和空气进行电化学反应生成直流电，并同时产生热、水等其他副产物的总成

（续）

术语名称	英文名称及缩略词	概念
高压储氢容器	High pressure hydrogen storage cylinder	储存高压氢气的装置
氢气加注口	Hydrogen fueling receptacle	车辆侧的氢气燃料加注连接装置
额定加注压力	Rated refueling pressure	设计加注的、标准状态下的正常工作压力
最大加注压力	Maximum refueling pressure	在安全工作范围内的最高加注压力（通常为额定加注压力的 1.25 倍）
整车集成	Complete fuel cell vehicle diagram	表明燃料汽车整车各部分构成的框图，如图 7-1 所示（燃料电池堆后端需增加 DC/DC 变换器）
燃料电池动力系统	Fuel cell power systems	包括燃料电池系统、DC/DC 变换器、驱动电机及其控制系统和车载储能装置
燃料电池系统 / 燃料电池发动机	Fuel cell systems	包括燃料电池堆和燃料电池辅助系统，在外接氢源的条件下可以正常工作
燃料电池辅助系统	Fuel cell auxiliary system	包括空气供应系统、燃料供应系统（或氢气供应系统）、水 / 热管理系统、控制系统、安全保障系统等
车载供氢系统	On-board hydrogen supply system	燃料电池电动汽车上燃料经过的所有零部件的集合，包括储氢容器、压力调节装置、管路及附件等

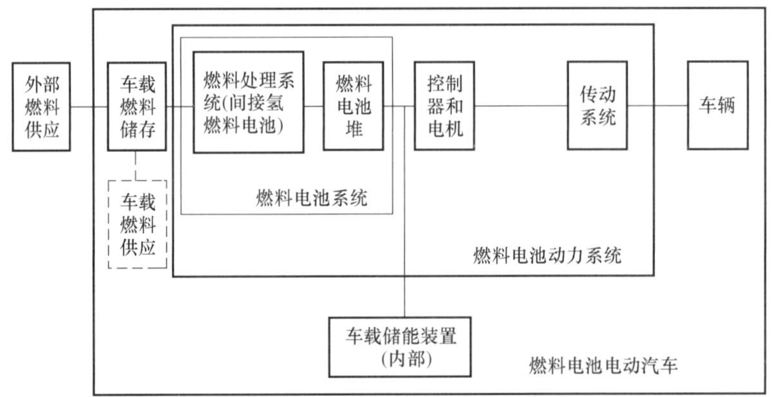

图 7-1　燃料电池电动汽车系统框图

7.2　燃料电池商用车性能

7.2.1　燃料电池公交客车性能

评价燃料电池公交客车性能，主要考虑动力性和经济性，以 12m 燃料电池公交客车为例，典型 12m 燃料电池公交客车性能要求见表 7-2。

表 7-2　典型 12m 燃料电池公交客车性能要求

序号	参数	指标
1	最高车速 /（km/h）	≤ 70
2	最大爬坡度（%）	≥ 15

（续）

序号	参数	指标
3	0—50km/h 加速时间 /s	≤ 20
4	续驶里程 /km	≥ 400
5	氢耗 /（kg/100km）	≤ 7.5
6	燃料电池发动机额定功率 /kW	≥ 50
7	低温启动能力 /℃	≤ –30
8	装车使用寿命 /h	≥ 10000

以“十三五”国家重点研发专项燃料电池公交客车指标为例，燃料电池发动机额定功率（净输出）≥ 50kW；低温启动能力≤ –30 ℃，装车使用寿命≥ 10000h（实车测试≥ 1000h，根据系统实测数据测算寿命）。0—50km/h 加速时间≤ 20s，最大爬坡度≥ 15%。12m 燃料电池公交客车氢耗≤ 7.5kg/100km（工况法），续驶里程≥ 400km（工况法，SOC 变化≤ 10%）。建立燃料电池公交客车批量生产能力，获得公告 1 款以上，开展小批量示范运行，示范车辆≥ 10 辆。

针对燃料电池客车申报公告，需要完成第三方强检报告，与燃料电池相关的主要包括安全要求、燃料电池发动机性能、燃料电池模块、车载氢系统等，燃料电池客车公告强检报告项目见表 7-3。

表 7-3　燃料电池客车公告强检报告项目

序号	检验项目	检验依据
1	燃料电池电动汽车安全要求	GB/T 24549—2009
2	燃料电池发动机性能	GB/T 24554—2009
3	燃料电池汽车加氢口	GB/T 26779—2011
4	燃料电池电动汽车车载氢系统	GB/T 29126—2012、GB/T 26990—2011
5	定型	—
6	电动客车安全技术条件	工信部装［2016］377 号文
7	电动汽车远程服务与管理系统技术规范　第 3 部分：通讯协议及数据格式	GB/T 32960.3—2016
8	电动汽车远程服务与管理系统技术规范　第 2 部分：车载终端	GB/T 32960.2—2016
9	燃料电池系统（发动机）额定功率	《动力电池、燃料电池相关技术指标测试方法（试行）》
10	燃料电池汽车纯电续驶里程	《动力电池、燃料电池相关技术指标测试方法（试行）》
11	质子交换膜燃料电池模块	GB/T 33978—2017

7.2.2 燃料电池公路客车性能

评价燃料电池公路客车性能，主要考虑动力性和经济性，以 10m 燃料电池公路客车为例，典型的公路客车性能要求见表 7-4。

以“十三五”国家重点研发专项燃料电池公路客车指标为例，燃料电池发动机额定功率≥ 80kW；低温启动≤ –30℃，装车使用寿命≥ 10000h（实车测试≥ 1000h，根据系统实测数据测算寿命）。0—50km/h 加速时间≤ 20s，最大爬坡度≥ 20%。10m 公路客车氢耗≤ 8.0kg/100km（工况法），续驶里程≥ 500km（工况法，SOC 变化≤ 10%），30min 最高车速≥ 90km/h。获得燃料电池公路客车公告 1 款以上，开展小批量示范运行，示范车辆≥ 5 辆。

表 7-4　典型 10m 燃料电池公路客车性能要求

序号	参数	指标
1	30min 最高车速 /（km/h）	≥ 90
2	最大爬坡度（%）	≥ 20
3	0—50km/h 加速时间 /s	≤ 20
4	续驶里程 /km	≥ 500
5	氢耗 /（kg/100km）	≤ 8.0
6	燃料电池发动机额定功率 /kW	≥ 80
7	低温启动能力 /℃	≤ -30
8	装车使用寿命 /h	≥ 10000

7.2.3　燃料电池物流车性能

评价燃料电池物流车性能，主要考虑动力性和经济性，以 7.5t 燃料电池物流车为例，典型的物流车性能要求见表 7-5。

表 7-5　典型 7.5t 燃料电池物流车性能要求

序号	参数	指标
1	最高车速 /（km/h）	≥ 80
2	最大爬坡度（%）	≥ 20
3	氢耗 /（kg/100km）	≤ 4
4	燃料电池发动机额定功率 /kW	≥ 30

7.3　燃料电池商用车动力总成参数匹配

7.3.1　公交客车动力系统构型及匹配设计

燃料电池动力系统包括燃料电池发动机、DC/DC 变换器、驱动电机及其控制系统、车载氢系统和动力电池系统，典型的燃料电池客车动力系统构型如图 7-2 所示。

以 12m 燃料电池公交车匹配计算为例，动力性需求见表 7-6。

表 7-6　12m 公交车动力性需求

编号	项目	目标值
1	0—50km/h 加速时间 /s	20
2	最高车速 /（km/h）	69
3	最大爬坡度（%）	12
4	持续爬坡度（%）	6

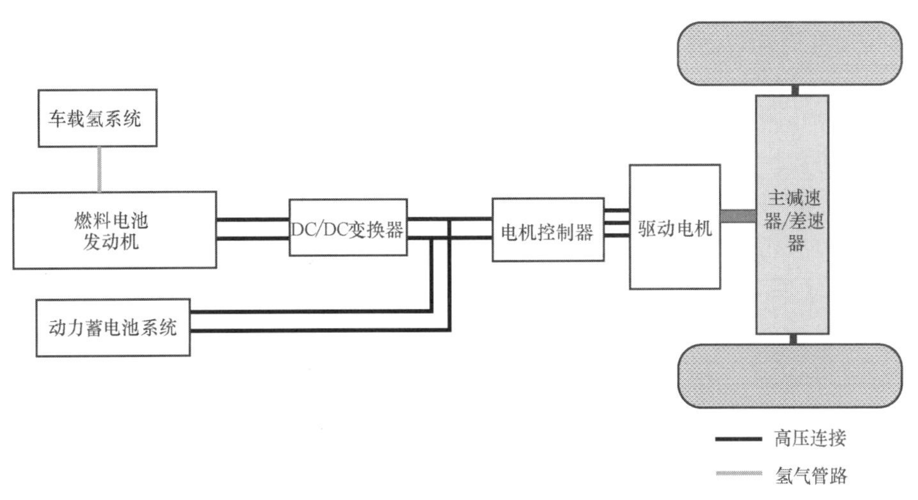

图 7-2 燃料电池客车动力系统构型

12m 公交车匹配计算参数见表 7-7。

表 7-7 12m 公交车匹配计算参数

编号	项目
1	满载质量 /kg
2	整备质量 /kg
3	半载质量 /kg
4	车轮滚动半径 /m
5	后桥速比
6	迎风面积 /m^2
7	风阻系数
8	驱动电机额定 / 峰值转矩 /N・m
9	驱动电机额定 / 峰值功率 /kW
10	驱动电机最高转速 /（r/min）
11	动力电池电量 /kW・h
12	动力电池持续 / 峰值放电功率 /kW

动力性需求根据匹配车辆参数，计算满足动力性要求的所需电机参数结果见表 7-8。

表 7-8 电机参数计算结果

项目	目标值	输出特性	电机功率 /kW
0—50km/h 加速时 /s	20	峰值输出	145
最高车速 /（km/h）	90	持续输出	52
最大爬坡度（%）	12	峰值输出	104
持续爬坡度（%）	6	持续输出	94

电机实际需求额定功率 94kW，峰值功率 145kW，选用额定 / 峰值功率 100/200kW 电机满足要求。选用 108kW・h 磷酸铁锂电池，满足整车动力性需求。

7.3.2 公路客车动力系统构型及匹配设计

以 8m 燃料电池公路客车匹配计算为例，动力性需求见表 7-9。

表 7-9 8m 公路客车动力性需求

编号	项目	目标值
1	0—50km/h 加速时间 /s	20
2	最高车速 /(km/h)	90
3	最大爬坡度（%）	12
4	持续爬坡度（%）	6

8m 公路客车匹配计算参数见表 7-10。

表 7-10 8m 公路客车匹配计算参数

编号	项目
1	满载质量 /kg
2	整备质量 /kg
3	半载质量 /kg
4	车轮滚动半径 /m
5	后桥速比
6	迎风面积 /m^2
7	风阻系数
8	驱动电机额定 / 峰值转矩 /N・m
9	驱动电机额定 / 峰值功率 /kW
10	驱动电机最高转速 /(r/min)
11	动力电池电量 /kW・h
12	动力电池持续 / 峰值放电功率 /kW

根据匹配车辆参数，计算满足动力性需求的所需电机参数，结果见表 7-11。

表 7-11 电机参数计算结果

项目	目标值	输出特性	电机功率 /kW
0—50km/h 加速时间 /s	20	峰值输出	110
最高车速 /(km/h)	90	持续输出	75
最大爬坡度（%）	12	峰值输出	51
持续爬坡度（%）	6	持续输出	50

电机实际需求额定功率 75kW，峰值功率 110kW，选用额定 / 峰值功率 100/200kW 电机满足要求。选用 64.5kW・h 磷酸铁锂电池，匹配额定 30kW 的燃料电池系统，满足整车动力性需求。

7.3.3 物流车动力系统构型及匹配设计

目前的燃料电池物流车以 7.5t 为主，匹配 30kW 燃料电池系统，主要应用于城市物流，东风特汽 7.5t 物流车配置见表 7-12。

表 7-12 东风特汽 7.5t 物流车配置

项目	参数	参数值
整车	最高车速 /（km/h）	85
	最大爬坡度（满载）（%）	≥ 25
	续驶里程（半载 40km/h 等速）/km	>250
	生产企业	东风汽车公司
	轴数	2
	轴距 /mm	3600
	前悬 / 后悬 /mm	1175/1635
	轮距前 / 后 /mm	1680/1586
	轴荷前 / 后 /kg	2750/4760
	轮胎规格	7.50R16 12PR
	轮胎数	6
	车辆外形尺寸（长 × 宽 × 高）/mm	6410 × 2200 × 2850
	车厢内尺寸（长 × 宽 × 高）/mm	3650 × 2150 × 1950
燃料电池系统	生产企业	上海重塑能源科技有限公司
	额定功率 /kW	30
储氢瓶	公称水容积 /L	140
	公称工作压力 /MPa	35
	数量	2
	生产企业	张家港富瑞氢能装备有限公司
动力蓄电池	生产企业	微宏动力系统（湖州）有限公司
	电池类型	锰酸锂电池
驱动电机	生产企业	上海汽车电驱动有限公司
	额定功率 /kW	60

7.4 燃料电池商用车结构布置

燃料电池商用车结构布置主要参考以下原则：

1）燃料电池发动机采用底置式和顶置式两种典型的布置方式。

2）DC/DC 变换器为燃料电池发动机专用，一般就近安装，预留空间应满足安装、检修要求（观察和使用工具）及调试方便性；若安装于密封舱体内，舱体需开格栅进行通风透气；DC/DC 变换器与车架间连接点应保证有套筒工具操作空间，不易接近的位置需在固定点正对位置开检修口。

3）驱动电机采用分布式驱动和集中驱动两种典型的方式。

4）车载氢系统可根据装配位置及装配结构的不同，分为底置式、顶置式两种。

5）动力电池系统参考纯电动布置。

奔驰燃料电池客车动力系统布置如图 7-3 所示，燃料电池发动机、车载氢系统及动力电池系统采用顶置式，采用分布式驱动的轮边电机驱动系统。

厂家	奔驰
型号	Citaro FC Hybrid
电池(A123)	锂离子蓄电池 26kW·h
电驱动桥	2×80kW
燃料电池(AFCC)	2×60kW
储氢瓶	7×205L， 35kg/35MPa

图 7-3　奔驰燃料电池客车动力系统布置（图片来源：奔驰公司）

7.4.1　公交客车总布置设计

一般公交客车燃料电池发动机为底置，车载氢系统为顶置，燃料电池公交客车总布置如图 7-4 所示。

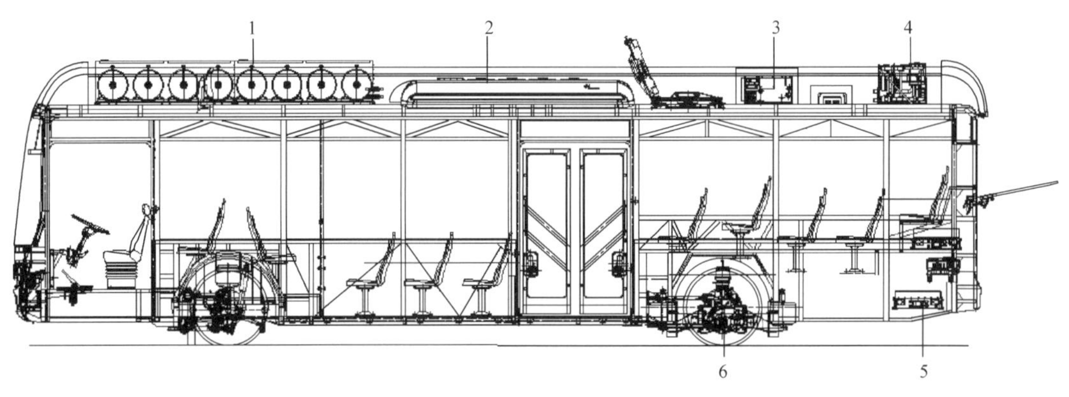

图 7-4　燃料电池公交客车总布置

1—车载氢系统　2—空调　3—燃料电池发动机　4—燃料电池散热系统　5—动力蓄电池　6—驱动电机

燃料电池发动机包括燃料电池堆和燃料电池辅助系统，在外接氢源的条件下可以正常工作。

燃料电池发动机可根据装配位置及装配结构的不同，分为底置式、顶置式两种。

燃料电池发动机顶置式安装采用预埋螺栓配合紧固安装的形式。预埋螺栓优先选全丝型。燃料电池发动机与大顶蒙皮间应使用减振垫缓冲，以免燃料电池发动机与蒙皮直接接触造成磨损。燃料电池发动机顶置式安装结构如图 7-5 所示。

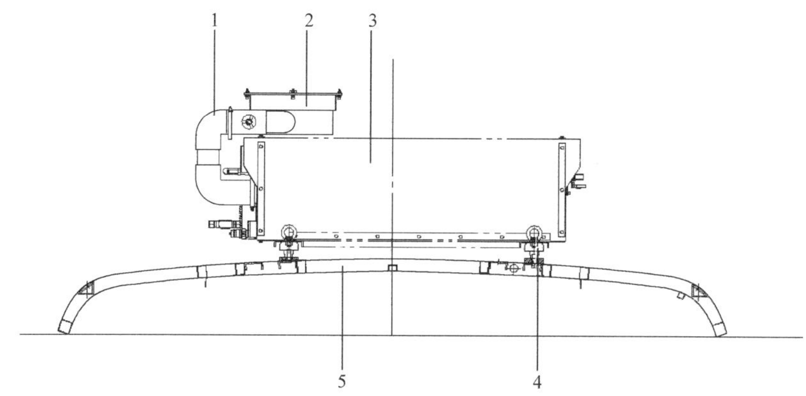

图 7-5　燃料电池发动机顶置式安装结构

1—燃料电池空气进气管路　2—空气滤清器　3—燃料电池发动机
4—固定螺栓　5—车顶骨架

燃料电池公交客车车载氢系统通常采用顶置方案，以 12m 燃料电池公交客车为例，采用 8 瓶组储氢瓶，4 个一组。系统布置如图 7-4 所示。

7.4.2　公路客车总布置设计

车载氢系统是从氢气加注口至燃料电池进氢口，与氢气加注、储存、输送、供给和控制有关的装置。

根据气瓶装配位置及装配结构的不同，气瓶装配的基本形式分为底置式和顶置式两种，公路客车车载氢系统布置如图 7-6 所示。

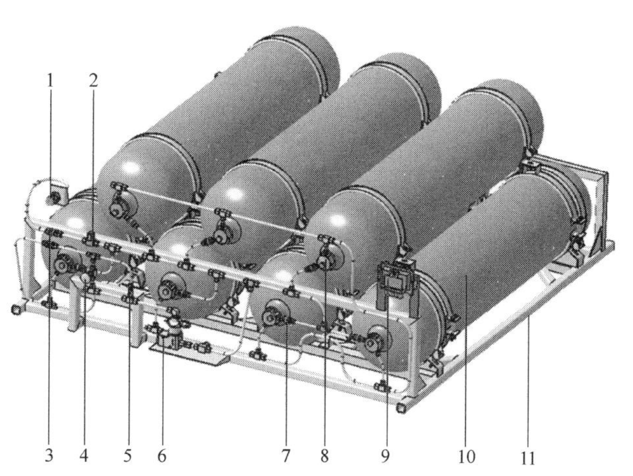

图 7-6　公路客车车载氢系统布置

1—加氢口　2—过滤器　3—单向阀　4—放空阀　5—安全阀
6—减压阀　7—过流量阀　8—瓶阀　9—控制器
10—储氢瓶　11—气瓶支架

7.4.3　物流车总布置设计

目前的燃料电池物流车一般在燃油车或纯电动车的基础上改装，燃料电池系统位于驾驶室下方，氢系统位于驾驶室和货厢之间。燃料电池物流车布置如图 7-7 所示。

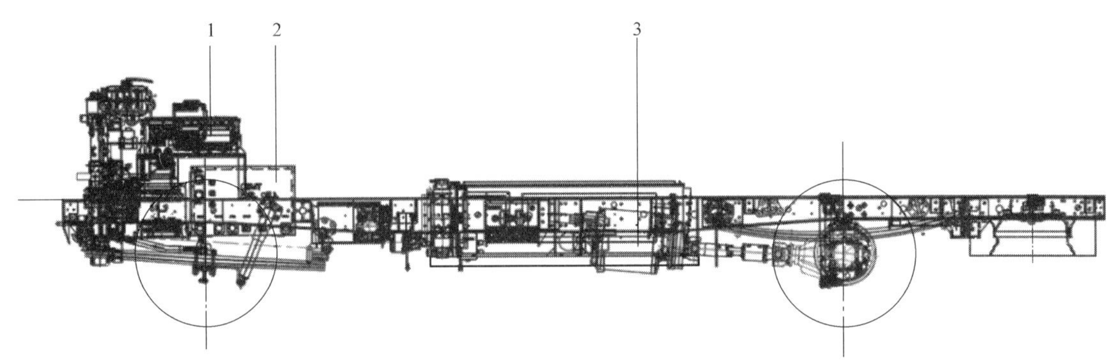

图 7-7　燃料电池物流车布置（图片来源：爱德曼公司）
1—燃料电池 DC/DC　2—燃料电池发动机　3—驱动电机

7.5　燃料电池商用车电力电子系统

7.5.1　公交客车电力电子系统

在燃料电池动力系统中，DC/DC 变换器将燃料电池发动机的电压变换为适合外部使用的电压，同时对燃料电池发动机输出功率进行有效控制。

DC/DC 变换器低压供电由整车提供（24V 或 12V），收到低压供电后通过内部的电源转换芯片转换为不同的电压值供 MCU、驱动电路、检测电路、CAN 通信模块等使用。CPU 通过控制功率开关管的占空比来实现 DC/DC 变换器的功率控制，通过电流反馈回路调整工作电流，通过电压反馈回路调整输出电压。DC/DC 变换器工作原理框图如图 7-8 所示，60kW DC/DC 变换器的典型参数见表 7-13。

1）燃料电池 DC/DC 变换器主要包含：

① 主功率电路。

② 功率控制单元。

③ 功率开关管驱动电路。

④ 各功能检测电路。

⑤ 供电管理单元。

⑥ CAN 通信模块。

2）燃料电池 DC/DC 变换器需满足车用 DC/DC 变换器的通用技术要求，主要包含以下几个方面：

① 输入输出特性要求，主要包括额定 / 峰值功率、输入电压 / 电流、输出电压 / 电流、工作效率、控制精度、响应时间。

② 安全特性要求，主要包括绝缘性能、耐电压性能、电气间隙与爬电距离、安全接地要求、输入电压冲击、支撑电容放电时间、软启动或预充电功能、防火安全及 DC/DC 变换器具备的电压、电流、温度、短路等保护功能。

③ 工作环境要求，主要包括高低温、湿热、盐雾、耐腐蚀、防护等级、机械强度、电磁兼容等。

④ 可靠性、耐久性要求。

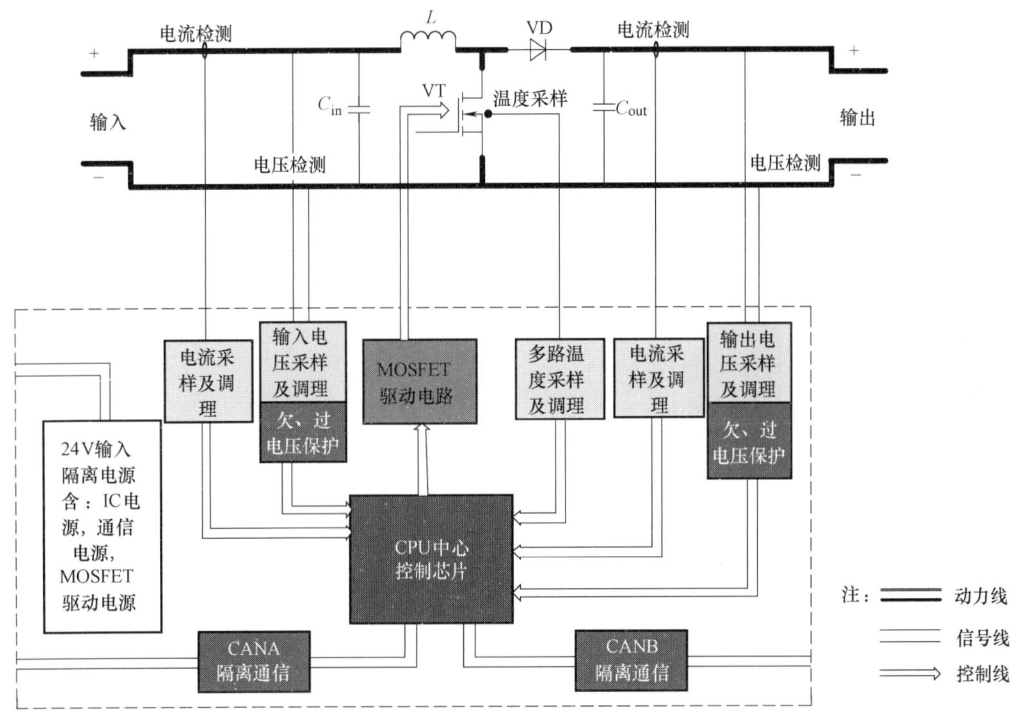

图 7-8 DC/DC 变换器工作原理框图

表 7-13 60kW DC/DC 变换器的典型参数

序号	参数名称	参数描述
1	额定功率 /kW	60
2	输入电压 /V	145 ~ 290
3	输入电流 /A	0 ~ 350
4	最大输出电压 /V	720
5	最高工作效率（%）	> 95
6	工作温度 /℃	-40 ~ 85
7	控制方式	CAN 2.0
8	冷却方式	液冷
9	防护等级	IP67

为了保证 DC/DC 变换器在整车设计过程的顺利匹配，需考虑布置的合理性、检修的方便性，预留空间应满足 DC/DC 变换器安装、检修（观察和使用工具）及调试方便性。

DC/DC 变换器可根据装配位置及装配结构的不同，分为底置式、顶置式两种。DC/DC 变换器顶置式安装结构如图 7-9 所示。

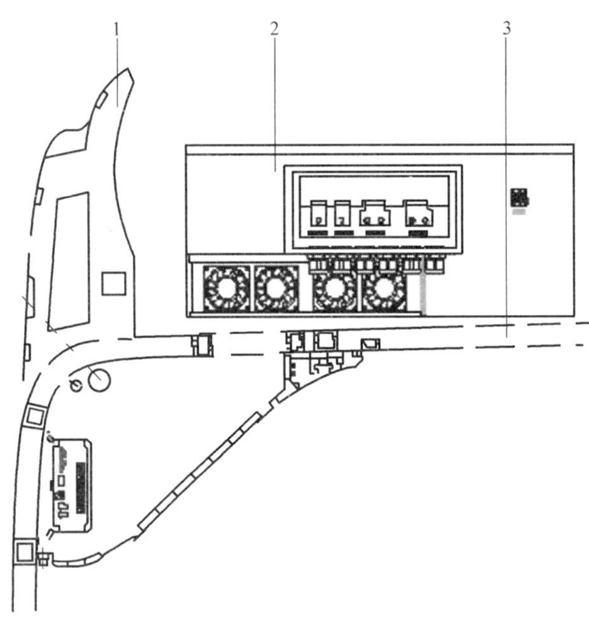

图 7-9　DC/DC 变换器顶置式安装结构

1—车顶装饰　2—DC/DC 变换器　3—车顶骨架

7.5.2　公路客车电力电子系统

公路客车使用的燃料电池专用 DC/DC 变换器需要与燃料电池的电流和电压匹配，主要的设计原则与公交客车相似，同时满足燃料电池对 DC/DC 变换器的纹波电流、电磁兼容、绝缘电阻等技术要求。

7.5.3　物流车电力电子系统

根据物流车的特点匹配燃料电池专用 DC/DC 变换器。物流车相较其他商用车来说，功率需求小，工作电压平台低，运行工况较单一。DC/DC 变换器可以采用风冷或者水冷两种冷却方式，在主要设计准则上与公交客车保持一致。DC/DC 变换器通常设计在驾驶室正下方或者底盘上，维修及操作便利性得到大幅提升。

7.6　燃料电池商用车安全

7.6.1　公交客车安全设计

燃料电池客车氢系统结构安全设计主要涉及储氢瓶固定结构和氢系统结构两方面。储氢瓶固定结构强度应满足 GB/T 26990—2011 相关规定，即储氢瓶紧固后，应能承受上、下、前、后、左、右六个方向上 8*g* 的冲击力，保证储氢瓶与固定座不损坏，相对位移不超过 13mm。如果管路与相邻部件接触或穿越孔板，应采用橡胶套管进行保护，保证管路与相邻部件不产生碰撞和摩擦。氢系统结构方面，应保证储氢瓶及其管路距车辆边缘至少有 100mm 的安全间距，否则应增加保护措施。

根据储氢瓶在客车上的布置位置，氢系统可分为顶置式和底置式。一般来说，公交客车采用顶置式布置方式，公路客车采用底置式布置方式。顶置式氢系统储氢瓶在车顶一般呈横向或纵向放置，并用气瓶支架固定。顶置式氢系统应设置储氢瓶覆盖物或遮阳棚，防止储氢瓶直接暴露在阳光下，导致储氢瓶老化。顶置式气瓶支架结构如图 7-10 所示。

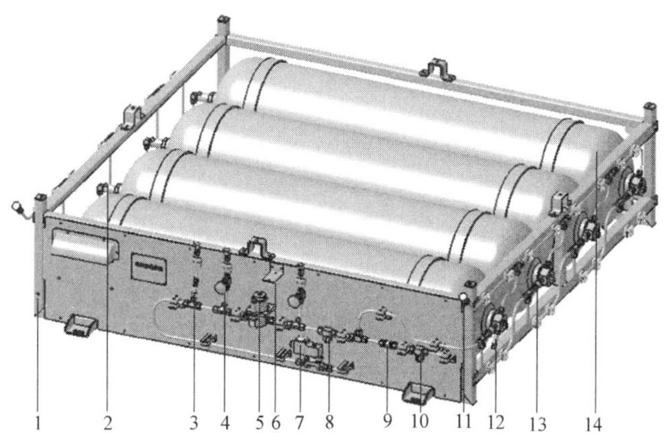

图 7-10 顶置式气瓶支架结构

1—气瓶支架 2—瓶尾 TPRD 3—安全阀 4—减压阀 5—放空阀 6—氢泄漏探头 7—电磁阀 8、10—过滤器 9—单向阀 11—放空口 12—瓶阀 13—过流量阀 14—储氢瓶

燃料电池客车氢安全设计需要考虑以下两个方面。

1）氢安全防护。氢系统管路安装位置及走向要避开热源以及电器、蓄电池等可能产生电弧的地方，至少应有 200mm 的距离，尤其是管路接头不能位于密闭的空间内；加氢口距暴露的电气端子、电气开关和点火源至少应有 200mm 的距离。高压管路及部件可能产生静电的地方要可靠接地，或采取其他控制氢泄漏量及浓度的措施，确保在产生静电的地方，也不会产生安全问题。储氢瓶和管路一般不应布置在乘员舱、行李舱或其他通风不良的地方；如果不可避免要安装在行李舱或其他通风不良的地方时，应设计通风管路或其他措施，将可能泄漏的氢气及时排除。

2）氢泄漏检测。整车存在氢气泄漏的区域应设置氢气泄漏探测器，能实时检测氢气的泄漏量，并将信号传递给氢气泄漏报警装置。整车能够根据氢气泄漏量发出警告或切断氢气供应。

氢系统高压安全设计包括以下三方面：氢系统及储氢瓶型式试验；储氢瓶、阀门、管路和管件密封性能及耐压强度安全；氢系统过压保护。

氢系统装车前应进行各项型式试验，型式试验合格后方可装车，氢系统高压安全型式试验项目见表 7-14。

按 GB/T 26990—2011 中 4.3.1 条要求，氢系统氢气渗透和泄漏量在稳态条件下应不超过 0.15NL/min。储氢瓶、阀门、管路和管道设计压力应高于工作压力，与氢气接触材料应具有良好的抗氢脆性能，管路接口密封结构可靠性应能满足氢系统使用工况要求，常用氢气管路接头密封结构分为卡套密封（图 7-11）[1]、O 形圈密封（图 7-12）[2] 和金属管道采用硬密封（图 7-13）[3]。

氢系统过压保护主要通过设置安全附件及氢系统安全控制实现。氢系统安全附件包括瓶口 TPRD（温度驱动安全泄压装置）、瓶尾 TPRD、管路安全阀、压力传感器和温度传感器等；氢系统安全控制主要可在供氢管路超压时紧急切断供氢等。

表 7-14　氢系统高压安全型式试验项目

序号	试验项目				依据标准
1	车载氢系统	气瓶	A 类和 B 类	缠绕层层间剪切试验	GB/T 35544
2				缠绕层拉伸试验	GB/T 35544
3				缠绕层外观	GB/T 35544
4				水压试验	GB/T 35544
5				气密性试验	GB/T 35544
6				水压爆破试验	GB/T 35544
7				常温压力循环试验	GB/T 35544
8				火烧试验	GB/T 35544
9			A 类	极限温度压力循环试验	GB/T 35544
10				加速应力破裂试验	GB/T 35544
11				裂纹容限试验	GB/T 35544
12				环境试验	GB/T 35544
13				跌落试验	GB/T 35544
14				氢气循环试验	GB/T 35544
15				枪击试验	GB/T 35544
16			B 类	耐久性试验	GB/T 35544
17				使用性能试验	GB/T 35544
18		加氢口		外观检验	GB/T 26779
19				气密性试验	GB/T 26779
20				耐温性试验	GB/T 26779
21				相容性试验	GB/T 26779
22				耐氧老化试验	GB/T 26779
23				液静压强度试验	GB/T 26779
24				耐振性试验	GB/T 26779
25				耐异常压力试验	GB/T 26779
26				耐久性试验	GB/T 26779
27		气瓶支架		氢系统冲击试验	GB/T 29126
28		系统管路		氢系统泄漏试验	GB/T 29126

应根据储氢瓶的容积和工作压力来确定是否需要在瓶口或瓶尾安装 TPRD。瓶口 TPRD 为易熔合金，通过瓶口组合阀直接连通到储氢瓶内部。当储氢瓶温度达到设定温度后，TPRD 开启，释放储氢瓶内氢气。

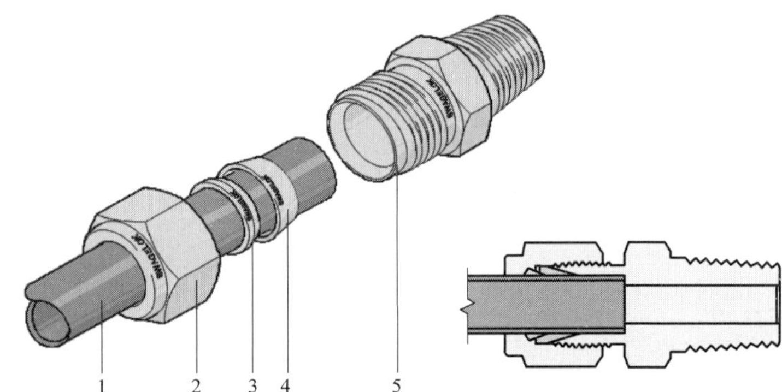

图 7-11　卡套接头密封结构（图片来源：世伟洛克公司）

1—卡套管　2—螺母　3—后卡套　4—前卡套　5—接头本体

瓶尾 TPRD 为易熔合金，部分厂家增加爆破片装置，当储氢瓶温度达到设定温度或储氢瓶压力达到设定压力后，TPRD 开启，释放储氢瓶内氢气。安全阀位于氢系统低压管路上，对氢系统低压管路起超压保护作用。当减压阀下游低压管路达到安全阀开启压力时，安全阀开启，释放低压管路氢气，从而防止低压管路压力进一步升高。

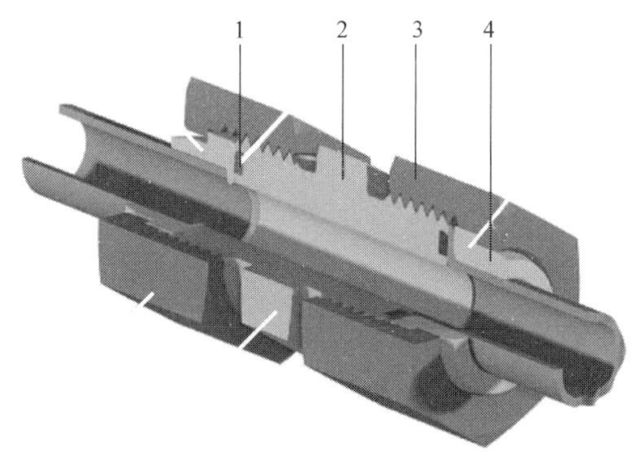

图 7-12 O 形密封圈结构（图片来源：派克公司）

1—O 形密封圈 2—接头 3—螺母 4—法兰套

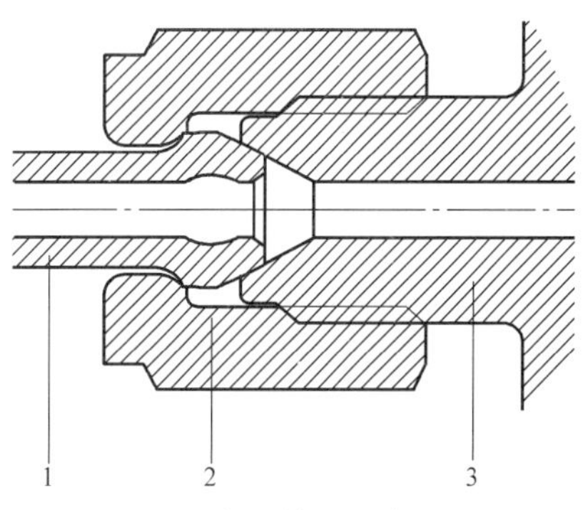

图 7-13 金属管道硬密封结构

1—金属管 2—螺母 3—接头

7.6.2 公路客车安全设计

公路客车车载氢系统一般采用底置式布置方式。底置式氢系统布置于车辆底部，储氢瓶呈一层或多层布置，通过气瓶支架集成后固定于车架或直接悬挂于车架上。底置式氢系统舱室两侧应设置防撞梁，对储氢瓶及管路附件进行防撞保护。底置式储氢瓶悬挂结构如图 7-14 所示。底置式储氢瓶客车储氢瓶舱室应与乘员舱有效隔离，并通过烟雾试验进行检测。氢安全防护和氢泄漏检测方面参照燃料电池公交客车安全设计。

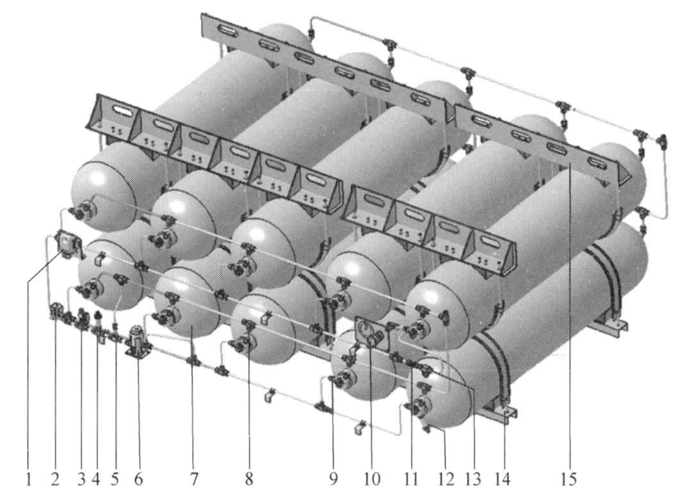

图 7-14 底置式储氢瓶悬挂结构

1—控制器 2—电磁阀 3—放空阀 4—低压传感器 5—安全阀 6—减压阀 7—储氢瓶 8—瓶阀 9—过流量阀 10—加氢口 11—单向阀 12—高压传感器 13—过滤器 14—底层气瓶支架 15—顶层气瓶支架

7.7 燃料电池商用车热管理

7.7.1 公交客车综合热管理

燃料电池公交客车综合热管理主要包括：燃料电池自身热管理、动力电池自身热管理、整车冬季采暖和夏季制冷以及基于燃料电池余热利用的整车综合热管理设计。

燃料电池热管理系统核心零部件主要包括：

1）水泵：驱动冷却液循环。

2）散热器（芯体 + 风扇）：降低冷却液温度，散掉燃料电池余热。

3）节温器：控制冷却液大小循环。

4）PTC 电加热：低温启动时加热冷却液，对燃料电池进行预热。

5）去离子纯化单元：吸收冷却液中离子，降低电导率。

6）燃料电池专用防冻液：冷却用的介质。

燃料电池热管理系统结构原理如图 7-15 所示。热管理系统的主要功能是维持燃料电池在合适的温度区间工作，目标是将燃料电池电堆的进出水口温度差控制得越小越好，一般要求控制在 4 ~ 6℃，最大不超过 10℃。

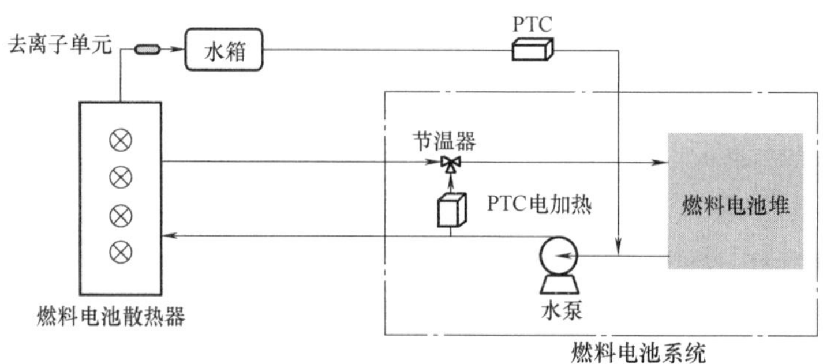

图 7-15 燃料电池热管理系统结构原理

1. 水泵

水泵为整个冷却液的循环提供动力。基于燃料电池的特性，需要热管理系统的水泵有以下几个特点：高的扬程（单体电池越多，扬程要求越高）、高冷却液流量（30kW 散热量≥ 75L/min）和功率可调。根据公式 $Q=mc\Delta t$，由温差 Δt 和散热量 Q 计算出冷却液流量，然后根据冷却液流量标定水泵转速和功率。

燃料电池水泵未来发展趋势：在满足几个指标的前提下，能耗持续降低，可靠性持续上升。

2. 散热器

散热器包括散热器芯体和散热风扇。散热器芯体核心指标为单位散热面积。目前燃料电池散热器并无开发专用产品，与传统汽车散热器相同，为铝制管带式或翅片式散热器。

散热器发展趋势：开发出燃料电池专用散热器，在材料方面有所提升，要求能够提升内部清洁度和降低离子析出程度。

散热风扇核心指标有风机功率和最大风量。目前散热风扇主要为低压风扇，SPAL 产品为主流，504 型号风扇最大风量为 4300m³/h，额定功率约 800W；506 型号风扇最大风量为 3700m³/h，额定功率约 500W。因 504 风扇噪声较大，目前燃料电池车辆以采用 506 风扇为主。

散热风扇发展趋势：散热风扇后续可以在电压平台上变化，直接适应燃料电池或动力电池的电压，不需通过 DC/DC 变换器，提升效率。

3. 节温器

在燃料电池热管理中主要用于控制大小循环，当水温较低时，冷却液不经过散热器，由电堆出来后直接经节温器返回电堆，使电堆快速升温；当水温达到设计值时，开启大循环，冷却液经过散热器返回电堆。

节温器本质为一个三通接头，分为电子节温器和机械节温器，因电子节温器成本和可靠性问题，目前以机械节温器为主。机械节温器内部为石蜡芯体，熔化温度可以根据不同燃料电池电堆需求定制。

节温器发展趋势：电子节温器是未来的趋势，能够根据需求随时控制大、小循环开启量。

4. PTC 电加热

PTC 电加热主要用于冬季燃料电池低温启动过程。PTC 电加热在燃料电池热管理系统中一般有两个位置，如图 7-15 所示，在小循环中和补水管路中，以小循环最常见。

冬季低温时，从动力电池取电，加热小循环和补水管路中的冷却液，热的冷却液再加热电堆，直到电堆温度达到目标值、可以启动燃料电池，停止电加热。

PTC 电加热根据电压平台分为低压和高压，低压主要为 24V，需要通过 DC/DC 变换器把动力电池的高电压转化为 24V。低压电加热功率主要受限于 24V 的 DC/DC 变换器，目前车辆高压转 24V 低压的 DC/DC 变换器最大只有 6kW 的规格。高压主要为 450 ~ 700V，与动力电池电压匹配，加热功率可以比较大，主要取决于加热器的体积。

目前国内的燃料电池系统低温启动主要通过外加热的方式，即通过 PTC 加热暖机；国外的丰田等公司，则不需通过外加热，可直接启动[4]。

燃料电池热管理系统用 PTC 电加热发展方向是小型化、高可靠性、安全的高压 PTC 电加热。

5. 去离子纯化单元

去离子纯化单元的核心部分为离子交换树脂等能够吸收阴阳离子的物质。关注的主要指标为价格、更换周期。需要注意的是，去离子纯化单元不能与燃料电池防冻液产生溶解等物理化学反应。市场上主要厂家有戴纳林（DYNALENE）、曼胡默尔（MANNHUMMEL）等。

目前冷却液电导率要求≤ 5μS/cm（不同燃料电池厂家要求会有不同），而去离子单元正常情况下设计的更换周期为：燃料电池运行每 500h 或整车行驶每 10000km（先到为准）。

冷却液循环过程中需接触双极板（金属）、冷却管路、散热器芯体等诸多金属材质，长期接触不可避免地会导致冷却液中离子浓度和电导率越来越高；而燃料电池、DC/DC 变换器和动力电池通过高压线实现电连接，为高压电，冷却液电导率过高会导致整车绝缘值下降，存在安全风险。因此冷却液中需要去离子纯化单元来不断吸收冷却液中的离子，如果吸收达到饱和需要定期更换。

去离子纯化单元未来发展趋势：使用寿命更长，价格更低廉。

6. 燃料电池专用防冻液

目前国内主流燃料电池厂家只同意使用去离子水（电导率≤ 5μS/cm）或巴斯夫燃料电

池专用防冻液。

燃料电池专用防冻液无色，能够在 –36℃情况下使用，经过长期使用验证，发现对燃料电池无明显影响。目前燃料电池专用防冻液价格较高，未来期望随着参与的公司越来越多，价格能够下降。

随着制冷剂的发展，未来使用制冷剂直接给燃料电池散热也是一个重要的技术方向[5]。

燃料电池在工作过程中，会有大量的热产生，这些热量大部分通过冷却液循环散去，一小部分随尾气排出，造成了能量的浪费。因此利用燃料电池余热主要两方面考虑：冷却液余热和尾气余热。

（1）冷却液余热利用主要方式

1）冷却液直接加热乘员舱。冷却液可以流经乘客舱中水暖散热器，实现冬季给乘客舱供暖。该方法设计简单，但对水暖散热器的洁净度要求高。

2）冷却液通过板式换热器加热乘客舱。通过板式换热器将冷却液中热量传递给乘客舱中的水暖散热器，实现冬季供暖。该方法对水暖散热器的洁净度要求不高，但冷却管路设计相对复杂。

3）冷却液通过空调加热乘客舱。将散热器集成于车载空调内部，空调空气循环系统的风吹过散热器表面时将冷却液中的余热传递给乘客舱。

上述几种方式利用燃料电池冷却液余热都有一定的局限性，氢氧燃料电池反应温度低，多处于 50 ~ 70℃，热品质较低，因此单纯依靠燃料电池余热并不能满足整车取暖需求，还需要配备常规的取暖装置，配合燃料电池余热共同为整车供暖。

（2）尾气余热利用主要方式

1）通过换热器利用尾气余热。燃料电池尾气热量通过尾气换热器，将置换的热量传递给水暖循环水路，再由水暖循环通过车厢内部的水暖散热器传递到乘客舱。该方法会影响燃料电池空气系统的出堆压力，对燃料电池性能的影响需要进一步评估。

2）直接将尾气净化后通入乘客舱。燃料电池尾气中含有大量的水汽和少量氢气，通过气水分离装置除水、氢气吸收装置除氢后可直接将该部分尾气通入乘客舱。

7.7.2 公路客车综合热管理

电池热管理主要功能包括：电池温度精确测量和监控；电池温度过高时有效散热和冷却；电池温度过低时有效保温与加热；电池包内温度场均匀分布。

电池热管理系统主要有三种形式：风冷，即电池与空气换热；液冷，即电池与冷却液换热；直冷，即电池与制冷剂换热。

1. 风冷

该形式主要通过翅片散热器来实现电池热量由内向外传递，从而实现有效散热和冷却。至于加热，则主要通过电池包外加热膜的方式实现。电池风冷原理如图 7-16 所示。

2. 液冷

该形式主要通过导热热管和水冷板实现，热管将电池热量由模组内导出传递给水冷板，水冷板再通过冷却器（chiller）将电池热量交换给空调系统的蒸发器。至于加热，同样通过电池包外加热膜的方式实现。电池液冷原理如图 7-17 所示。

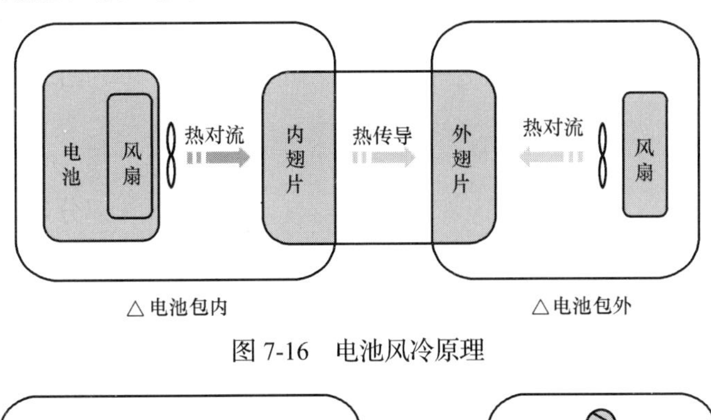

图 7-16 电池风冷原理

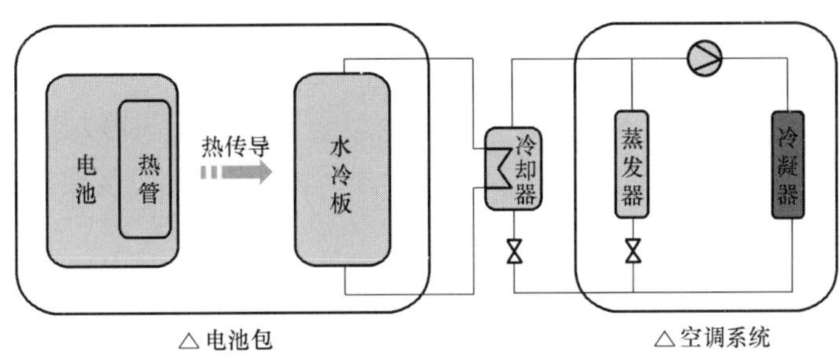

图 7-17 电池液冷原理

3. 直冷

电池内设置水冷板，水冷板作为蒸发器，内部流通制冷剂，制冷剂蒸发吸热带走电池内部的热量，从而实现热管理。直冷是未来的发展趋势，电池直冷原理如图 7-18 所示。

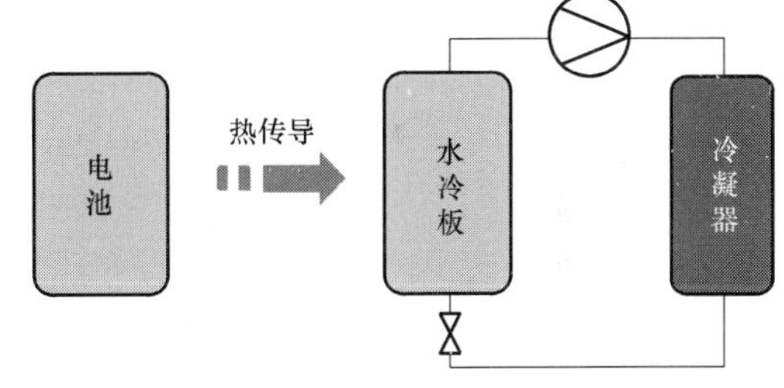

图 7-18 电池直冷原理

目前燃料电池商用车采暖有多种方式：热泵空调，利用热泵原理制热，当温度过低、热泵效应受限时，通过电加热 PTC 制热；水暖散热器，热水流过散热器，通过风扇将热水的热量吹入乘员舱，热水主要通过 PTC 电加热获得；电加热散热器，电加热丝加热空气，风扇将热空气吹入乘客舱，该方式吹出热风温度高、湿度低。

未来的空调会包含更多功能，满足节能、可靠、舒适、智能的要求，空气净化技术将是未来的标准配置。

7.7.3 物流车综合热管理

物流车燃料电池自身热管理，主要设计准则与公交客车一致；动力电池热管理形式与公路客车一致。

物流车驾驶室取暖可使用燃料电池冷却液余热，参照燃油物流车，将燃料电池冷却液通入空调系统风道内散热器，将热量通过空调系统传递到驾驶室。物流车制冷可参考纯电动物流车，使用电空调制冷。

7.8 燃料电池商用车试验验证

燃料电池商用车试验验证参考标准见表 7-15。

表 7-15 燃料电池商用车试验验证参考标准

序号	标准号	标准名称
1	GB 7258—2017	机动车运行安全技术条件
2	GB/T 19596—2017	电动汽车 术语
3	GB/T 24548—2009	燃料电池电动汽车 术语
4	GB/T 4094.2—2017	电动汽车操纵件、指示器及信号装置的标志
5	QC/T 837—2010	混合动力电动汽车类型
6	QC/T 838—2010	超级电容电动城市客车
7	GB/T 18385—2005	电动汽车 动力性能 试验方法
8	GB/T 18386—2017	电动汽车能量消耗率和续驶里程 试验方法
9	GB/T 19752—2005	混合动力电动汽车 动力性能 试验方法
10	GB/T 19753—2013	轻型混合动力电动汽车 能量消耗量 试验方法
11	GB/T 19754—2015	重型混合动力电动汽车 能量消耗量 试验方法
12	GB/T 24552—2009	电动汽车风窗玻璃除霜除雾系统的性能要求及试验方法
13	GB/T 26991—2011	燃料电池电动汽车 最高车速试验方法
14	GB/T 18488.2—2015	电动汽车用驱动电机系统 第 2 部分：试验方法
15	GB/T 24554—2009	燃料电池发动机性能试验方法
16	GB/T 5008.1—2013	起动用铅酸蓄电池 第 1 部分：技术条件和试验方法
17	GB/T 29307—2012	电动汽车用驱动电机系统可靠性试验方法
18	GB/T 29126—2012	燃料电池电动汽车 车载氢系统 试验方法
19	GB/T 19755—2016	轻型混合动力电动汽车 污染物排放控制要求及测量方法
20	QC/T 894—2011	重型混合动力电动汽车 污染物排放车载测量方法
21	GB/T 18387—2017	电动车辆的电磁场发射强度的限值和测量方法
22	GB/T 28183—2011	客车用燃料电池发电系统测试方法
23	GB/T 18388—2005	电动汽车 定型试验规程
24	GB/T 19750—2005	混合动力电动汽车 定型试验规程
25	QC/T 840—2010	电动汽车用动力蓄电池产品规格尺寸
26	GB/T 28816—2012	燃料电池 术语
27	GB/T 25319—2010	汽车用燃料电池发电系统 技术条件
28	QC/T 897—2011	电动汽车用电池管理系统技术条件
29	GB/T 5008.2—2013	起动用铅酸蓄电池 第 2 部分：产品品种规格和端子尺寸、标记
30	QC/T 742—2006	电动汽车用铅酸蓄电池
31	GB/Z 18333.1—2001	电动道路车辆用锂离子蓄电池
32	QC/T 743—2006	电动汽车用锂离子蓄电池
33	QC/T 744—2006	电动汽车用金属氢化物镍蓄电池
34	GB/T 27930—2015	电动汽车非车载传导式充电机与电池管理系统之间的通信协议
35	GB/T 29317—2012	电动汽车充换电设施术语
36	GB/T 29316—2012	电动汽车充换电设施电能质量技术要求
37	GB/T 18487.1—2015	电动汽车传导充电系统 第 1 部分：通用要求
38	GB/T 18487.2—2017	电动汽车传导充电系统 第 2 部分：非车载传导供电设备电磁兼容要求

（续）

序号	标准号	标准名称
39	GB/T 18487.3—2001	电动车辆传导充电系统　电动车辆交流 / 直流充电机（站）
40	GB/T 20234.1—2015	电动汽车传导充电用连接装置　第 1 部分：通用要求
41	GB/T 20234.2—2015	电动汽车传导充电用连接装置　第 2 部分：交流充电接口
42	GB/T 20234.3—2015	电动汽车传导充电用连接装置　第 3 部分：直流充电接口
43	GB/T 18488.1—2015	电动汽车用驱动电机系统　第 1 部分：技术条件
44	QC/T 895—2011	电动汽车用传导式车载充电机
45	QC/T 896—2011	电动汽车用驱动电机系统接口
46	QC/T 893—2011	电动汽车用驱动电机系统故障分类及判断
47	GB/T 29318—2012	电动汽车非车载充电机电能计量
48	GB/T 24549—2009	燃料电池电动汽车　安全要求
49	GB/T 18384.1—2015	电动汽车　安全要求　第 1 部分：车载可充电储能系统（REESS）
50	GB/T 18384.2—2015	电动汽车　安全要求　第 2 部分：操作安全和故障防护
51	GB/T 18384.3—2015	电动汽车　安全要求　第 3 部分：人员触电防护
52	GB/T 29483—2013	机械电气安全　检测人体存在的保护设备应用
53	GB/T 19836—2005	电动汽车用仪表
54	GB/T 24347—2009	电动汽车 DC/DC 变换器
55	GB/T 26779—2011	燃料电池电动汽车　加氢口
56	QC/T 839—2010	超级电容电动城市客车供电系统
57	GB/T 29124—2012	氢燃料电池电动汽车示范运行配套设施规范
58	GB/T 26990—2011	燃料电池电动汽车　车载氢系统　技术条件
59	QC/T 741—2014	车用超级电容器
60	GB/T 28569—2012	电动汽车交流充电桩电能计量
61	GB/T 29123—2012	示范运行氢燃料电池电动汽车技术规范
62	GB/T 29481—2013	电气安全标志
63	GB/T 18655—2018	车辆、船和内燃机　无线电骚扰特性　用于保护车载接收机的限值和测量方法

参考文献

[1] 世伟洛克公司. 管件安装者手册 [Z]. [出版者不详], 2014.

[2] 派克中国服务中心. 流体连接件中国区产品手册 [EB/OL]. (2016-02-01)[2019-09-01]. http://www.parkerhose.cn/show.asp?id=289.

[3] YAMASHITA A, KONDO M, GOTO S, et al. Development of High-Pressure Hydrogen Storage System for the Toyota "Mirai" [J/OL]. SAE International, 2015-01-1169, [2019-09-01]. https://www.sae.org/publications/technical-papers/content/2015-01-1169/.

[4] YOSHIAKI N, KOTA M, HIROYUKI I, et al. Development of System Control for Rapid Warm-up Operation of Fuel Cell [J]. SAE International Journal of Alternative Powertrains, 2012, 1(1):365-373.

[5] 刘波，赵锋，李骁. 质子交换膜燃料电池热管理技术的进展 [J]. 电池，2018(3):202-205.

第7章